经典传家

经典回到生活　阅读从心开始

经典传家

『经典传家』丛书遴选了清代《四库全书》的精华，而且每一种书在注释、译文、解读等方面做了大量的、扎实的工作。

——傅璇琮

国学就是中国人的学问。『经典传家』是一套非常适合大众阅读的国学经典丛书。国学的传承和发展迫切需要好的大众读本。

——毛佩琦

《四库全书》浩如烟海，真正的必读经典就这百余部。

——任德山

国学是相互通融的，切忌断章或是割裂。今人只有从《周易》等原始经典入手，才能真正找到进入国学的门径。

——刘君祖

经典传家系列丛书

图解容斋随笔

洪迈 著

崇贤书院 释译

黄山书社

《容斋随笔》阅读指南

标注读音，顺畅阅读

将文中的生僻字和古今异读字一一标注读音，力求读者阅读古代经典顺畅无碍。

深奥词句，准确注释

详尽地解释古文中的晦涩难懂之处，权威、准确、客观，极具启发性。

选字注音

- 生僻字、多音字标注拼音。
- 古今异读字标注拼音。
- 重复出现字词反复注音。

译文

- 遵循信达雅的原则，用现代人能理解的白话文再现古人心境。

容斋随笔

说："谨在开元十六年八月端午，皇帝诞生的夜晚，献上大衍历。"《唐类表》有宋璟《请以八月五日为千秋节表》说："月惟仲秋，日在端午。"如果这样，那么每月的初五都可以叫端午了。

郭璞葬地

《世说》："郭景纯①过江，居于暨阳。墓去水不盈百步②，时人以为近水，景纯曰：'将当为陆。'今沙涨，去墓数十里皆为桑田。"此说盖以郭为先知也③。世传《锦囊葬经》为郭所著，行山卜宅兆者印为元龟④。然郭能知水之为陆，独不能卜吉以免其非命乎？厕上衔刀之见浅矣。

郭璞

郭璞是东晋名士、文学家，通晓古文奇字，喜阴阳历算五行卜筮之术。据说他擅长预卜未来之事，当世人都认为他占卜的结果十分灵验，对他十分推崇，将他当作先知先觉。

［注释］

①郭景纯：即郭璞，字景纯，晋朝名士、文学家，精通风水方术，有许多著作流传于世，最著名者当属《游仙诗》。

②去：距离。盈：满，充满。

③盖：大概，表推测语气。以：把，拿，将。此处指将郭景纯当作先知。

④"世传"二句：元龟，即大龟，古人用于占卜的工具。这两句意为风水先生把郭璞的《葬经》作为看风水、占卜吉凶的依据。

［译文］

《世说新语》记载："郭景纯南渡后，住在暨阳（今江苏江阴东），墓地距江水不到一百步，当时人都认为距水太近。郭景纯说：'不久就会变成陆地的。'现在泥沙上涨了，离墓地几十里都成了良田。"因此当时的人都把郭璞看成未卜先知的。社会上传说，《锦囊葬经》是郭璞所著，看坟地卜宅基的，把它奉为经典。然而郭璞能知道江水会变成陆地，就不能占卜一个好卦避开杀身之祸吗？厕上衔刀的小术，太浅近了。

容斋随笔

〇〇二

《容斋随笔》阅读指南

原文全译，通俗易懂

全文采用通俗易懂的现代白话文加以翻译，排除古文困扰，保证理解无误。

版画插图，丰富文章表达

精选与文章内容相关、相应的版画、插图，在充分挖掘文章内涵的基础上，突出阅读的趣味性和欣赏性。

容斋随笔

黄鲁直诗

徐陵《鸳鸯赋》①云："山鸡映水那相得，孤鸾②照镜不成双。天下真成长会合，无胜比翼两鸳鸯③。"黄鲁直④《题画睡鸭》曰："山鸡照影空自爱，孤鸾舞镜不作双。天下真成长会合，两凫相倚睡秋江。"全用徐语点化之，末句尤精工。又有《黔南十绝》，尽取白乐天语，其七篇全用之，其三篇颇有改易处。乐天《寄行简》诗，凡八韵，后四韵云："相去六千里，地绝天邈然。十书九不达，何以开忧颜！渴人多梦饮，饥人多梦餐。春来梦何处，合眼到东川。"鲁直翦为两首，其一云："相望六千里，天地隔江山。十书九不到，何用一开颜？"其二云："病人多梦医，囚人多梦赦。如何春来梦，合眼在乡社！"乐天《岁晚》诗七韵，首句云："霜降水返壑，风落木归山。冉冉岁将晏⑤，物皆复本源。"鲁直改后两句七字，作"冉冉岁华晚，昆虫皆闭关。"

万壑松风

松竹、山壑等都是古人笔下常出现的意象。万壑高山巍峨厚重，山间松木苍翠劲拔，为仁者所敬爱。

[注释]

①徐陵《鸳鸯赋》：徐陵，字孝穆，南朝梁陈间诗人、骈文家。他编选的《玉台新咏》流传后世，其中以《孔雀东南飞》《上山采蘼芜》等最为著名。《鸳鸯赋》是他与萧纲的唱和之作。此赋具有诗化的特点，文辞优美。

②孤鸾：鸾，传说中凤凰一类的鸟，是吉祥高洁的象征，多成双成对。孤鸾，即不成双的鸾鸟，文中借指女子形单影只，无人相伴。

③比翼、鸳鸯：比翼鸟和鸳鸯鸟，这两者都是成双成对出现，与前文孤鸾相对。

容斋随笔 〇〇三

古版画与经典图文

- 遴选古人原创插图，确保原汁原味。
- 选图方面，广征博采，保证插图清晰质感。
- 以图释文，书中的文字与插图一一对应。

注　释

- 权威、准确、客观，极具启发性

总序

国学是什么？简单说，就是中国人之所以成为中国人的学问。因此，国学不仅包括数千年积累流传下来的经典，比如“四书五经”、《老子》《庄子》《孙子》《史记》《汉书》、唐诗、宋词，也包含研究中国人思维方式、生活方式、行为方式乃至娱乐方式的各种学问。广言之，国学研究的对象不仅包括文献，也包括实物；不仅包括物质文化遗产，也包括非物质文化遗产，如我国各民族的建筑、服饰、饮食、音乐、绘画、医药、戏曲等等。

国学是不断丰富、不断发展的学问。上面说的从“四书五经”到唐诗、宋词就是一个不断丰富发展的过程。近代以来，国学的研究范围还在不断地扩大，比如敦煌学、甲骨学，是随着有关文物的出土而兴起的；比如红学，是随着文学理论和学术风气的发展变化而兴起和发展的。随着时间的推移和学术的进步，必将有更多的学问被纳入国学研究的范围。

数千年来，中国人做学问形成了自己独特的理论和方法，比如思想理论、史学理论、文学理论，以及训诂学、考据学、音韵学等等。但这些理论和方法并不是一成不变的。比如，在史学研究领域，由于地下文物的出土，王国维等人提出了以地下文物与传世文献相补充互证的“二重证据法”。近代以来，西风劲吹。国人主动借鉴西方学术研究的理论和方法，研究中国学问。王国维借鉴尼采的哲学理论研究中国的文学戏剧，胡适以杜威的实验主义研究中国的“国故”。国学从来没有拒绝外国学问的融合，佛教传入中国后，经过改造，形成了中国独特的佛学、因明学；自明朝末年西学传入中国后，中国的天文学、数学等就已经融入了西学的因素。马克思主义传入中国后，不少人用马克思主义理论研究中国历史文化，它们自然也成为了国学的一部分。因此，国学又是开放的、随时代而进步的。那么，当今我们研究、振兴国学，不允许也不应该倒退，不允许也不应该僵化。

然而，国学又是与西学明显区分的。国学是西学的对应物，是与西学完全不同的学术体系。在近代，西学挟坚船利炮强势进入中国之后，中国人还视自我，对于中国固有之学问的称呼出现了中学、国故学、国粹、国学这样的名称。面对“帝国主义”的强大，中国人自愧不如，一方面拼命地学习、引进西学，另一方面拼命地贬低、抛弃国学。虽然也有一些人，如张之洞为保护中华文化之根本，提出“中学为体，西学为用”，如胡适，提出“整理国故”，以“再造文明”“建立民族自信心”，但其声音终被时代所淹没。国学一再被严重曲解和轻视，造成了中国历史文化的大断裂。也许，这一历史过程是必然的。但回顾过去，中国在走向独立富强的过程中，国学所付出的代价实在太大、太惨重了。

新中国成立后，饱受屈辱的中国人从此站立了起来，民族自信心大大加强，但没有能够及时认识到国学在新时代的重要性，甚至仅存的一点点国学遗产也进一步成为被抛弃的对象。改革开放三十年之后，走向富强的国人终于幡然醒悟，保护和振兴国学逐渐成为全民的共识。一个强大的自立于世界民族之林的国家，必然要有与之相匹配的伟大的民族文化。中国人，从领导者、学术界到普通百姓，都在重新发现国学的现代价值。同时，在走向全球化的进程中，东西方各国也把目光投向了中国。中国学问，中国的一切都在被重新评价。中国不仅为了自身的建设和发展需要从传统文化中汲取智慧，而且也面临着以优秀的中华文化向全人类贡献智慧的责任和挑战。

那么，这套经典传家丛书的编纂就是可喜的，编纂者的初衷和努力就是可敬的。希望这套丛书能发挥点滴作用，如同涓涓细水与千百万有志者的努力一道汇成大潮，去迎接中华民族的伟大复兴！

是为序。

毛佩琦

二〇一五年五月

前言

“南宋笔记小说之冠，御前常备第一奇书”。说《容斋随笔》地位显耀实不过分，它自问世以来，便被加诸各种赞誉。此后流传千年之久，为其撰文作序者亦纷然不绝。宋人称这部书“可以稽典故，可以广见闻，可以正讹误，可以膏笔端，实为儒生进学之地”。明人称这部书“可劝可戒，可喜可愕，其于世教未尝无所裨补”，并说读这部书可以“大豁襟抱，洞归正理。如跻明堂，而胸中楼阁四通八达”。清人则认为这部书“淹通该博，南渡以后诸说部，惟《野客丛书》可与对垒，他家终不逮也”。一代伟人毛泽东也十分推崇《容斋随笔》，不论是戎马倥偬的征战岁月，还是举国安定的和平年代，都随身携带，即时翻阅。

《容斋随笔》成书于宋朝，由儒生洪迈所著。洪迈是南宋著名的文学家，博学多才，泛览天下群书，尝一有所得，便欣然记之，几年乃成《容斋随笔》。该书问世之后震动朝野，就连当朝皇帝也对其爱不释手，并将其作为自己的案头书。蒙受如此恩宠，洪迈欣喜异常，之后再接再厉，又相继写出了《容斋续笔》《容斋三笔》乃至《容斋四笔》《容斋五笔》，前后共耗时近 40 年。为了方便起见，后世统称为《容斋随笔》。

《容斋随笔》一书，涵盖了历史典故、天文地理、轶闻奇说、诸子百家之言及诗文词句。尤为难得的是，洪迈博览群书，思虑缜密，对历史记载提出了许多不同意见，并且辅以翔实确凿的考证资料，对后代学者予以很大的启发。

但是如今各式信息铺天盖地，人心日益浮躁，阅读传统经典者，为数不多。一本旷世奇书，不应就这样湮没无闻。酷爱中国传统文化的我们，心内惋惜，于是殚精竭虑，重新整理了一批国学文化丛书，飨之于读者。这本《容斋随笔》是参考宋朝以来的各种珍本、善本，辅以国内权威的译注，挑选其中精华篇目，集结成书。在我们的努力之下，该书与市场上同类书籍相比，具有许多优势。

一、丰富的版画配图。

《容斋随笔》是古人的随笔小说，距离现代人的想法有一定距离。所以我们查阅大量典籍资料，从卷帙浩繁的古代版画中细心甄选，力求插图与文本一一配合，以图释文，以达到插图是文章的必要阐发，而不是可有可无的装点。所选插图大多出自《帝鉴图说》《孔子圣迹图》《绣像十二楼》《古圣贤像传》《飞影阁画集》等，囊括了大部分优秀古版画作品。

二、注释准确，译文精到。

本着对读者负责的态度，我们查阅了许多经典范本，参照王力《古代汉语词典》，为原文作出准确的注释。针对许多现代不常用的词语，结合当时的时代背景，详细加以说明。对于书中提到的典故与历史名人，也一一详解。译文方面，按照信达雅的原则，尽量保留古人说话风格，再现宋朝学人的思想画卷。

三、独特的注音体系。

本书将生僻字、古今异读字和多音字都标注拼音，还原文章本来面目。因为古时许多字词，随着时代变化，读音也会出现差别，我们都按照古时的读音标注。此外，对于重复出现的字词，我们也反复标注拼音，既免去了读者前后翻阅之苦，也能强化读者的记忆。

本书摘取《容斋随笔》的精华，图文配合，赏心悦目；拼音标注，顺畅阅览；译注准确，深刻理解，再现了宋代笔记小说的精髓。读《容斋随笔》，体悟人生，是编者自己的梦想，也是对读者的期许。愿我们的努力，能激发读者研读、探讨国学文化的浓厚兴趣。

崇賢書院

目 录

容斋随笔

卷 一

卷 二

卷七

卷八

卷九

卷十

卷十一

容斋续笔

卷 一

卷 二

卷 三

卷 四

卷 五

卷 六

容斋三笔

容斋四笔

容斋五笔

卷　一

八月端午

唐玄宗以八月五日生，以其日为千秋节①。张说《上大衍历序》云②："谨以开元十六年八月端午赤光照室之夜献之③。"《唐类表》有宋璟(jǐng)④《请以八月五日为千秋节表》云："月惟仲秋⑤，日在端午。"然则凡月之五日皆可称端午也。

［注释］

①千秋节：农历八月初五日，后亦称"天长节"。因唐玄宗生于八月初五，于是采纳大臣张说的建议，将此日定为"千秋节"，满朝同贺。在庆贺仪式的最后，大臣们纷纷向皇帝敬献各式精美的铜镜，玄宗也会向四品以上的官员颁发铜镜。

②张说：唐朝时名相，开元前期一代文宗。其文章绵密俊秀，清新流畅，经常奉皇帝旨意撰写诏令，特别擅长为人作碑文、墓志铭等。《上大衍历序》：《大衍历》是唐玄宗开元十五年由僧人一行所作，后经丞相张说等人整理成书，开元十七年在全国通行。该历法在当时实属先进，传入日本后，在日本也通行了一百余年。《大衍历》主要讲述历术等具体计算方法，文章结构严谨，为时人所推崇。

③端午：文中的端午非现时常提的端午节，唐朝时每月初五皆可称之为端午。赤光照室：古人认为帝王将相是上天授予，所以降世之时必有异兆，常见的说法有赤光照室、祥龙托胎等。此处以赤光照室来代指玄宗降生。

④宋璟：唐朝名相，与姚崇并称为"姚宋"，两人为开元盛世立下了汗马功劳。宋璟品性高洁，耿直不阿，博学多才，文思深刻，为时人所称道。

⑤仲秋：即中秋，每年农历八月十五为中秋节，故而此处代指八月。另一说法，春夏秋冬，四时成岁，每季都有孟、仲、季三个月，"孟"为一，"仲"为二。依次推来，仲秋便是八月。

［译文］

唐玄宗因为是八月初五日降生的，便把这一天定为千秋节。张说《上大衍历序》

容斋随笔

说:“谨在开元十六年八月端午,皇帝诞生的夜晚,献上大衍历。”《唐类表》有宋璟《请以八月五日为千秋节表》说:“月惟仲秋,日在端午。”如果这样,那么每月的初五都可以叫端午了。

郭璞葬地

《世说》:“郭景纯[1]过江,居于暨(jì)阳。墓去水不盈百步[2],时人以为近水,景纯曰:‘将当为陆。’今沙涨,去墓数十里皆为桑田。”此说盖以郭为先知也[3]。世传《锦囊葬经》为郭所著,行山卜宅兆者印为元龟[4]。然郭能知水之为陆,独不能卜吉以免其非命乎?厕上衔刀之见浅矣。

郭　璞

郭璞是东晋名士、文学家,通晓古文奇字,喜阴阳历算五行卜筮之术。据说他擅长预卜未来之事,当世人都认为他占卜的结果十分灵验,对他十分推崇,将他当作先知先觉。

[注释]

①郭景纯:即郭璞,字景纯,晋朝名士、文学家,精通风水方术,有许多著作流传于世,最著名者当属《游仙诗》。

②去:距离。盈:满,充满。

③盖:大概,表推测语气。以:把,拿,将。此处指将郭景纯当作先知。

④“世传”二句:元龟,即大龟,古人用于占卜的工具。这两句意为风水先生把郭璞的《葬经》作为看风水、占卜吉凶的依据。

[译文]

《世说新语》记载:“郭景纯南渡后,住在暨阳(今江苏江阴东),墓地距江水不到一百步,当时人都认为距水太近。郭景纯说:‘不久就会变成陆地的。’现在泥沙上涨了,离墓地几十里都成了良田。”因此当时的人都把郭璞看成未卜先知的。社会上传说,《锦囊葬经》是郭璞所著,看坟地卜宅基的,把它奉为经典。然而郭璞能知道江水会变成陆地,就不能占卜一个好卦避开杀身之祸吗?厕上衔刀的小术,太浅近了。

黄鲁直诗

徐陵《鸳鸯赋》[1]云："山鸡映水那相得，孤鸾(luán)[2]照镜不成双。天下真成长会合，无胜比翼两鸳鸯[3]。"黄鲁直[4]《题画睡鸭》曰："山鸡照影空自爱，孤鸾舞镜不作双。天下真成长会合，两凫相倚睡秋江。"全用徐语点化之，末句尤精工。又有《黔(qián)南十绝》，尽取白乐天语，其七篇全用之，其三篇颇有改易处。乐天《寄行简》诗，凡八韵，后四韵云："相去六千里，地绝天邈(miǎo)然。十书九不达，何以开忧颜！渴人多梦饮，饥人多梦餐。春来梦何处，合眼到东川。"鲁直翦(jiǎn)为两首，其一云："相望六千里，天地隔江山。十书九不到，何用一开颜？"其二云："病人多梦医，囚人多梦赦。如何春来梦，合眼在乡社！"乐天《岁晚》诗七韵，首句云："霜降水返壑(hè)，风落木归山。冉冉岁将晏(yàn)[5]，物皆复本源。"鲁直改后两句七字，作"冉冉岁华晚，昆虫皆闭关。"

万壑松风

松竹、山壑等都是古人笔下常出现的意象。万壑高山巍峨厚重，山间松木苍翠劲拔，为仁者所敬爱。

［注释］

①徐陵《鸳鸯赋》：徐陵，字孝穆，南朝梁陈间诗人、骈文家。他编选的《玉台新咏》流传后世，其中以《孔雀东南飞》《上山采蘼芜》等最为著名。《鸳鸯赋》是他与萧纲的唱和之作。此赋具有诗化的特点，文辞优美。

②孤鸾：鸾，传说中凤凰一类的鸟，是吉祥高洁的象征，多成双成对。孤鸾，即不成双的鸾鸟，文中借指女子形单影只，无人相伴。

③比翼、鸳鸯：比翼鸟和鸳鸯鸟，这两者都是成双成对出现，与前文孤鸾相对。

④黄鲁直：即黄庭坚，字鲁直，北宋著名诗人、书法家，“苏门四学士”之一，其文章铁骨硬瘦、遒劲老道，被后世“江西诗派”奉为始祖。他善于化用前人诗句，为我所得，江西诗派尤崇他将前人诗句“点铁成金”的做法。

⑤晏：迟、晚。

［译文］

徐陵《鸳鸯赋》说：“山鸡映水那相得，孤鸾照镜不成双。天下真成长会合，无胜比翼两鸳鸯。”黄庭坚《题画睡鸭》说：“山鸡照影空自爱，孤鸾舞镜不作双。天下真成长会合，两凫相倚睡秋江。”全用徐陵的词句，而加以提炼，末一句尤其精妙工整。又有《黔南十绝》，都使用白乐天的词句，其中有七篇几乎全一样，其余三篇稍有改动。白乐天《寄行简》诗，共八韵，后四韵说：“相去六千里，地绝天邈然。十书九不达，何以开忧颜！渴人多梦饮，饥人多梦餐。春来梦何处？合眼到东川。”黄庭坚把它剪开成了两首，其一说：“相望六千里，天地隔江山。十书九不到，何用一开颜？”其二说：“病人多梦医，囚人多梦赦。如何春来梦，合眼在乡社！”白乐天《岁晚》诗共七韵，第一句说：“霜降水返壑，风落木归山。冉冉岁将晏，物皆复本源。”黄庭坚只改了后两句的七个字，成为“冉冉岁华晚，昆虫皆闭关。”

禹治水

《禹贡》[①]叙治水，以冀、兖(yǎn)、青、徐、扬、荆、豫、梁、雍为次[②]。考地理言之，豫居九州中，与兖、徐接境，何为自徐之扬，顾以豫为后乎？盖禹顺五行[③]而治之耳。冀为帝都，既在所先，而地居北方，实于五行为水，水生木，木东方也，故次之以兖、青、徐；木生火，火南方也，故次之以扬、荆；火生土，土中央也，故次之以豫；土生金，金西方也，故终于梁、雍。所谓彝(yí)伦攸(yōu)叙[④]者此也。与鲧(gǔn)之汩(mì)陈五行[⑤]，相去远矣。此说予得之魏几道。

［注释］

①《禹贡》：《尚书》中的名篇，约成书于战国时期，记述了古代水利区划以及水文地理、水象等知识。该书按照大禹治水的传说和当时的地理知识，用自然分区方法把全国分为九个州，假托为禹治水后的政区制度。

②以冀、兖、青、徐、扬、荆、豫、梁、雍为次：兖，即兖州，今山东兖州；青，即青州，约指泰山以东至渤海一带；雍，即雍州，今陕西凤翔及陕西与青海、甘肃交界处。次，次序，排列顺序。

③五行：指金木水火土这五行及其运行和变化。五行相生相克，引发万物消长。

④彝伦攸叙：源出于道家五行之术观念，“五行顺，则彝伦攸叙；五行乱，则彝伦攸斁。”“彝伦”意即常理，攸：所以，“叙”意即不乱，“斁”则为败坏之意。

⑤鲧之汩陈五行：出自于《尚书·洪范》中所说的“鲧堙洪水，汩陈其五行。”指鲧治水而不成的事。该句意为鲧采取堵截的方法治水，违背天道，打乱了五行的正常运行，也搅乱了世间万物的正常秩序。

[译文]

《禹贡》记叙大禹治水，其先后次序是：冀州、兖州、青州、徐州、扬州、荆州、豫州、梁州、雍州。按地理来说，豫州在九州中间，和兖州、徐州接界，为什么却从徐州写到扬州，反把豫州丢下了呢？这是大禹按五行方位治理的缘故。冀州是帝都，应该在先，而且地理位置又在北方，按五行属水，水能生木，木是东方，所以按次序是兖州、青州、徐州；木能生火，火是南方，所以依次是扬州、荆州；火能生土，土是中央，所以再次是豫州；土能生金，金是西方，所以最后是梁州、雍州。这就是《尚书·洪范》所说的常理都有了序列。和鲧乱列五行，是相距很远的。这个说法，我是从魏几道那里得来的。

浅妄书

俗间所传浅妄之书，如所谓《云仙散录》[1]《老杜事实》《开元天宝遗事》之属，皆绝可笑。然士大夫或信之，至以《老杜事实》为东坡所作者。今蜀本刻杜集，遂以入注。孔传《续六帖》，采摭(zhí)[2]唐事殊有功，而悉载《云仙录》中事，自秽其书。《开天遗事》托云王仁裕所著，仁裕五代时人，虽文章乏气骨，恐不至此。姑[3]析其数端以为笑。其一云：“姚元崇[4]开元初作翰林学士，有步辇(niǎn)[5]之召。”按，元崇

姚崇

姚崇是唐朝著名的宰相，与宋璟并称为“姚宋”，辅佐玄宗成就了开元盛世。姚崇曾在武则天、睿宗、玄宗三朝为相，体恤民众，善于进谏，得朝野上下交口称赞。

自武后时已为宰相，及开元初三入辅矣。其二云：“郭元振[6]少时美风姿，宰相张嘉贞[7]欲纳为婿，遂牵红丝线，得第三女，果随夫贵达。”按，元振为睿宗宰相，明皇初年即贬死，后十年，嘉贞方作相。其三云：“杨国忠盛时，朝之文武，争附之以求富贵，惟张九龄未尝及门。”按，九龄去相位十年，国忠方得官耳。其四云：“张九龄览苏颋(tǐng)文卷，谓为文阵之雄师。”按，颋为相时，九龄元未达也。此皆显显可言者，固鄙浅不足攻，然颇能疑误[8]后生也。惟张彖指杨国忠为冰山事，《资治通鉴》亦取之，不知别有何据。近岁，兴化军学[9]刊《遗事》，南剑州学刊《散录》，皆可毁。

[注释]

①《云仙散录》：中国古代一本娱乐性纪实笔记小说，反映了唐朝人的生活状况。文章粗疏鄙陋，但许多文字仍简约有趣。因为格调不高，常遭文人轻视甚至诟病。

②采摭：选取、采集。

③姑：姑且、暂且。

④姚元崇：即姚崇，原名元崇，唐朝名相。曾在武则天、睿宗、玄宗三朝为相。

⑤步辇：轿子的雏形，古代一种用人抬的代步工具。具体形状可在唐朝阎立本的《步辇图》中所见。

⑥郭元振：唐朝将领，武则天时被任命为右武卫铠曹参军，曾出使吐蕃。

⑦张嘉贞：唐朝宰相，生于唐高宗乾封元年（666 年），卒于玄宗开元十七年（729 年）。

⑧疑误：同“贻误”，指这些伪说容易误导后代读书人。

⑨兴化军学：兴化，福建兴化，即现在福建莆田。宋代讲学之风盛行，书院林立，兴化一带官学形成体系，兴化军学和莆田、仙游、兴化三县县学，书院遍立，分布各地。

[译文]

社会上流传的浅陋荒谬书籍，像人们说的《云仙散录》《老杜事实》《开元天宝遗事》一类，都非常可笑。然而有的读书人却很相信，甚至认为《老杜事实》是苏东坡所作。当今蜀地刻的杜甫集，遂把它引入注释里。孔传《续六帖》，采集唐朝史实很有功绩，但全用了《云仙散录》里的故事，自己把书糟蹋了。《开元天宝遗事》假托为王仁裕所著，王仁裕是五代时候人，虽然文章缺乏骨气，恐怕也不至于如此。姑且摘出几件事聊作笑谈。其一说：“姚崇在开元初年作翰林学士，玄宗亲自坐着轿子召他。”据考，姚崇在武后时候就当了宰相，到开元初年，已经三次为相了。其二说：“郭元振年轻时容貌俊美，宰相张嘉贞想招他为婿，遂用牵红丝线的办法，选配了第三个女儿，果然因丈夫而显贵。”据考郭元振是唐睿宗宰相，唐明皇初年就遭贬而死亡，又过了十年，张嘉贞才作了宰相。其三说：“杨国忠势焰熏天之时，朝廷的文武官员，争相依附他求取富贵，只有张九龄不曾登门。”据考，张九龄免去宰相十年，杨国忠方才获得官职。其四说：“张九龄看到苏颋的文章，称他是文坛上的雄师。”据考苏颋当宰相时，张九龄还是个小官呢！这都是最明显可以指出的，浅陋得不值得批驳，但它却很能够贻误年轻人哪！只有张彖指杨国忠势力虽大，不过是座冰山，日出即融。这件事，《资治通鉴》也记载了，不知是根据什么。近几年兴化军学宫刻印的《开元天宝遗事》，南剑州学宫刻印的《云仙散录》，都应该毁掉。

文烦简有当

欧阳公《进新唐书表》曰：“其事则增于前，其文则省①于旧。”夫文贵于达②而已，繁与省各有当也。《史记·卫青③传》：“校尉李朔、校尉赵不虞、校尉公孙戎奴，各三从大将军获王，以千三百户封朔为涉轵（zhǐ）侯，以千三百户封不虞为随成侯，以千三百户封戎奴为从平侯④。”《前汉书》⑤但云：“校尉李朔、赵不虞、公孙戎奴，各三从大将军，封朔为涉轵侯、不虞为随成侯、戎奴为从平侯。”比于《史记》五十八字中省二十三字。然不若《史记》为朴赡（shàn）⑥可喜。

卫 青

卫青是汉武帝时著名将领，皇后卫子夫胞弟，胆识才略都高于常人，曾多次征战疆场，击败匈奴，为汉朝的稳定立下汗马功劳。

[注释]

①省：简约、省略。

②达：畅达、通顺。

③卫青：字仲卿，西汉河东平阳（今山西临汾）人，汉武帝皇后卫子夫胞弟。为人刚毅勇猛，屡立战功，后官拜大将军，封长平侯。

④“校尉李朔……为从平侯”：李、赵、公孙三人每人都曾经三次跟随大将军卫青出征，俘获匈奴王，因有功而被封赏。校尉，下层武职。

⑤《前汉书》：即《汉书》，东汉班固撰，中国首部纪传体断代史，与南朝

范晔的《后汉书》相对而言。

⑥朴赡：朴实丰满。

[译文]

欧阳修《进新唐书表》说："事迹比以前有增加，文字比以前减略。"文章贵在畅达，该繁就繁，该简就简，应视具体情况而定。《史记·卫青传》："校尉李朔、校尉赵不虞、校尉公孙戎奴，都是三次跟随大将军擒获匈奴王子，用一千三百户封李朔为涉轵侯，用一千三百户封赵不虞为随成侯，用一千三百户封公孙戎奴为从平侯。"《前汉书》只是说："校尉李朔、赵不虞、公孙戎奴，都是三次跟随大将军，分封李朔为涉轵侯、赵不虞为随成侯、公孙戎奴为从平侯。"比《史记》的五十八字少了二十三个字，但却不如《史记》朴实丰满。

地　险

古今言地险者，以谓函秦宅关、河之胜[1]，齐负海、岱[2]，赵、魏据大河，晋表里河山[3]，蜀有剑门、瞿(qú)唐[4]之阻，楚国方城以为城，汉水[5]以为池，吴长江万里，兼五湖之固，皆足以立国。唯宋、卫之郊，四通五达，无一险可恃。然东汉之末，袁绍跨有青、冀、幽、并四州，韩遂、马腾辈分据关中，刘璋擅蜀，刘表居荆州，吕布盗徐，袁术包南阳、寿春，孙策取江东，天下形胜尽矣。曹操晚得兖(yǎn)州，倔强其间，终之夷群雄，覆汉祚(zuò)[6]。议者尚以为操挟天子以自重[7]，故能成功。而唐僖、昭之时，方镇擅地，王氏有赵百年，罗洪信在魏，刘仁恭[8]在燕，李克用[9]在河东，王重荣在蒲，朱宣、朱瑾在兖、郓(yùn)，时溥在徐，王敬武在淄、青，杨行密在淮南，王建在蜀，天子都长安，凤翔、邠(bīn)、华三镇鼎立为梗，李茂贞、韩建皆尝劫迁乘舆[10]。而朱温[11]区区以汴、宋、亳(bó)、颍截[12]然中居，及其得志，乃与操等。以在德不在险为言，则操、温之德又可见矣。

[注释]

①函秦宅关、河之胜：函，即函谷关。胜，凭借险要地形而取胜。

②齐负海、岱：秦国倚仗渤海和泰山为地险。岱，泰山。

③晋表里河山：晋国外河里山。晋国在山西，外有黄河流过，境内又有不少山脉，故有此说。

④瞿唐：瞿塘峡，地势险要，自古为人所畏惧。

⑤汉水：即汉江，古时曾叫沔水，与长江、黄河、淮河并称为“江河淮汉”，是长江最长的支流。

⑥覆汉祚：意即曹操建魏，覆灭了汉室。祚，皇位。

⑦挟天子以自重：挟持天子以提高自己的地位。因曹操开始打着尊奉汉献帝的旗号，故有此说。

⑧刘仁恭：深州（今河北深州）人，本为卢龙节度使李可举旗下将领，兵败后投奔河东李克用。后背叛李克用，盘踞幽州，被唐朝政府授予卢龙节度使之职。

⑨李克用：唐末将领，骁勇善战，黄巢起义时，立下赫赫战功，被朝廷授予河东节度使之职。昭宗大顺二年，唐廷封李克用为晋王。此后，李克用长期割据河东，与占据汴州的朱温对峙。天祐四年朱温代唐称帝，国号梁，改元开平，次年病死。

崤山

崤山（今河南陕县东），自古就是险要之地的代表，为兵家必争之地。春秋战国时候是晋国的要塞，曾在此发生过著名的崤之战。周襄王二十六年，晋秦争霸战中，晋襄公率军在晋国崤山全歼秦军。

⑩李茂贞、韩建皆尝劫迁乘舆：李、韩二人都曾经挟持过皇帝。乘舆，古时特指天子和诸侯所乘坐的车驾，后用来代指天子。

⑪朱温：唐末几大割据势力之一，起初跟随黄巢起义，兵败后降唐，被唐僖宗赐名全忠。天祐四年，朱温正式称帝，改名朱晃，取其如日之光之意，庙号太祖。他改元开平，国号大梁，史称后梁。朱温因为荒淫无道，后被自己的儿子所害，抛尸荒野。

⑫截：形容山势高峻。

［译文］

古今说地形险要的，都说秦地凭借函谷、大河的险要地形而取胜，齐地仗恃大海和泰山，赵国魏国依据大河，晋国外河里山，西蜀占有剑门关、瞿塘峡的险阻，楚国用方城作城垣、汉水作城池，吴国有万里长江和太湖的险要，都能够建立国家。只有宋国、卫国的周围，四通八达，没有一处险要可守。然而东汉末年，袁绍占有青州、冀州、幽州、并州四州，韩遂、马腾等分占关中，刘璋凭借蜀地，刘表据有荆州，吕布窃据徐州，袁术包罗南阳、寿春，孙策攻取江东，中国险要之地，都分割完了。曹操最后才得到兖州，据此称强，结果却消灭了群雄，倾覆了汉室。评议的人，还以为曹操挟持皇帝，提高自己的地位，所以能成功。但唐朝僖宗、昭宗时候，藩镇割据，王氏据有赵地一百多年，罗洪信在魏地，刘仁恭在燕地，李克用在河东，王重荣在蒲州，朱宣、朱瑾在兖州、郓州，（王）时溥在徐州，王敬武在淄州、青州，杨行密在淮南，王建在蜀地，皇帝建都长安，凤翔、邠州、华州三镇鼎足而立，不听诏令，李茂贞、韩建都挟持过皇帝。然而朱温用小小的汴州、宋州、亳州、颍州几个地方，孤立地处在中间，等到他志得意满的时候，却和曹操相同。如果说兴盛是依靠德行不是依靠险要，那么曹操和朱温有什么德行可言呢？

《史记》世次

《史记》所纪帝王世次①，最为不可考信。且以稷②、契论之，二人皆帝喾(kù)子，同仕于唐、虞(yú)③。契之后为商，自契至成汤④凡十三世，历五百余年。稷之后为周，自稷至武王凡十五世，历千一百余年。王季盖⑤与汤为兄弟，而世之相去六百年，既已可疑。则周之先十五世，须每世皆在位七八十年，又皆暮年所生嗣(sì)⑥君，乃合此数，则其所享寿皆当过百岁乃可。其为漫诞不稽⑦，无足疑者。《国语》所载太子晋之言曰："自后稷之始基靖民⑧，十五王而文始平之。"皆不然⑨也。

后稷

后稷是上古时代的能人，"后"的意思是君王，"稷"的意思是粮食。据说后稷是帝喾的儿子，名叫弃。后来被帝尧推举为农师，封于有邰，号后稷，别姓姬氏。

［注释］

①世：世代。次：次序，位次。

②稷：即后稷，周的始祖，其母姜原是帝喾的元妃。传说姜原到野外，踏上巨人脚印而怀孕，生下后稷，以为不祥，将他抛到野外，几次三番都得鸟兽相助。姜嫄等认为这是天意，于是捡回抚养。后稷喜好耕种，善于分辨谷物，在尧舜时代担任农官，教导民众采集种子、耕田播种，后世认为种稷和麦也是自他开始。

③唐、虞：唐尧、虞舜，也就是尧舜两代。

④成汤：即商汤，名履，商朝的开国君主，契的后代。夏桀暴虐无道，汤起兵讨伐，建立商朝，开创了中国历史上以武力夺取天下的先例。

⑤盖：大概，应该，表推测语气。

⑥嗣：子孙，此处代指儿子。

⑦漫诞不稽：稽，考核。漫诞不稽即荒诞离奇，经不起推敲。

⑧靖民：安定平民，治理民众。靖，平定，使秩序安定。

⑨然：是，正确。

[译文]

《史记》记载的帝王世代次序，最经不起考验。就拿稷和契来说吧，二人都是帝喾的儿子，同在唐尧、虞舜时代做官。契的后代是商，从契到成汤共十三代，历时五百余年。稷的后代是周，从稷到武王共十五代，历时一千一百多年。论辈分王季（文王之父）应和商汤是兄弟，差了两代，竟差了六百年，这已经很可疑了。那么周朝的先人十五代，必须每代在位七八十年，又都是晚年得子，才符合此数，而他们所享的年寿，要超过一百岁才可以。《史记》记载的荒谬和经不起考察，是无可怀疑的了。《国语》所载太子晋的话："从后稷奠定基础，安定人民，经过十五代至文王才得天下。"都是不对的。

解释经旨

解释经旨[1]，贵于简明，惟孟子独然。其称《公刘》之诗"乃积乃仓，乃裹糇(hóu)[2]粮，于橐(tuó)于囊(náng)[3]，思戢[4]用光，弓矢[5]斯张，干戈戚扬[6]，爰(yuán)方启行。"而释之之词[7]，但云："故居者有积仓，行者有裹囊也，然后可以爰方启行[8]。"其称《烝(zhēng)民》[9]之诗："天生烝民，有物有则[10]，民之秉夷[11]，好是懿(yì)德[12]。"而引孔子之语以释之，但曰："故有物必有则，民之秉夷也，故好是懿德。"用两"故"字，一"必"字，一"也"字，而四句之义昭然。彼训[13]"曰若稽古"三万言，真可覆酱瓿(bù)[14]也。

[注释]

①解释经旨：解释、阐述经书的主旨要义。

②糇：干粮。

③橐、囊：都指口袋。

④戢：收敛、收藏。

⑤矢：箭。

⑥干戈戚扬：比喻扬起武器，准备战斗。干戈，干与戈，古代常用兵器。戚，也是一种古代兵器，形状与斧类似。扬，高举、向上。

⑦而释之之词：而解释它的词。释之，解释它。之，的。

⑧爰方启行：于是方才开始动身前进。爰，于是。

⑨《烝民》：出自《诗·大雅·烝民》，周宣王时大臣尹吉甫所作，赠给仲山甫。尹吉甫用此诗来赞扬仲山甫辅佐周宣王之忠直。烝民，民众。烝，众多。

⑩则：规则、法理。

⑪秉夷：同“秉彝”，持执常道。秉，秉承，坚持。彝，常理，法理。

⑫好是懿德：（民众）喜好美好的德行。好，喜爱、喜好。是，此、这。懿德，美德。

⑬训：训诂，注解。

⑭覆酱瓿：盖酱缸。后用以比喻著作毫无价值，或无人理解，不被重视。在文中则用来说明为“曰若稽古”所作的注释毫无价值，完全多余。

[译文]

解释经书的主旨，最好是简单明了，只有孟轲能够做到如此。他称颂《诗经·大雅·公刘》诗：“（公刘由邰迁豳）谷物积满了粮仓，口袋装满了干粮，用它安定人民，兴旺家邦，然后备好武器，才开始远行。”而他的解释只是说：“所以留下的有积蓄，出行的有干粮，然后才可以出行。”他称颂《大雅·烝民》诗：“上天降生众民，有事物就有法则，老百姓坚持公理，都喜欢好的品德。”但他却只用孔子的话来解释，说：“故有物必有则，民之秉夷也，故好是懿德。”（所以有事物就有法则，人是坚持公理的，因此就喜欢这美好的品德。）用两个“故”字，一个“必”字，一个“也”字，内容就明明白白。像那注释《尚书·尧典》“曰若稽古”一句就用了三万字的，真可以用来盖酱缸了。

坤动也刚

《坤》[1]卦《文言》曰：“坤至柔而动也刚。”王弼(bì)[2]云：“动之方正，不为邪也。”程伊川云：“坤道至柔，而其动则刚，动刚故应乾不违[3]。”张横渠[4]云：“柔亦有刚，静亦有动，但举一体，则有屈伸动静终始。”又云：“积大势成而然[5]。”东坡云：“夫物非刚者能刚，惟柔者能刚尔。畜(xù)[6]而不发，及其极[7]也，发之必决[8]。”张葆(bǎo)光但以训六二之直。陈了翁云：“至柔至静，坤之至也。刚者道之动，方者静之德，柔刚静动，坤元之道之德也。”郭雍(yōng)[9]云：“坤虽以柔静为主，苟无方刚之德，不足以含洪光大。”诸家之说，率不外此。予顷见[10]临安退居庵僧昙莹云：

“动者谓爻之变也，坤不动则已，动则阳刚见[11]焉。在初为《复》，在二为《师》，在三为《谦》，自是以往皆刚也。”其说最为分明有理。

[注释]

①《坤》：周易卦象之一，坤卦，象征地，与乾卦相对。

②王弼：字辅嗣，山阳高平人，三国时期魏国玄学家。好谈儒道，辞才逸辩，与何晏、夏侯玄等提倡玄学清谈。

③动刚故应乾不违：（只要）变化便会很刚强，故而能够和乾卦相应和。

④张横渠：名载，字子厚，北宋哲学家，人称横渠先生。张载提出“太虚即气”之说，认为“气”是充塞宇宙的实体，由于“气”的聚散变化，才形成天地间万事万物。他的说法属于朴素唯物主义，其著作编入《张子全书》中。

⑤积大势成而然：积累趋向到达一定程度成熟才会这样。

⑥畜：通“蓄”，积蓄。

⑦极：极端，临界点。

⑧决：决断，冲决一切。

⑨郭雍：字子和，自号白云先生，南宋著名道学家，曾师从程颐，对易学研究较深，著有《易说》。

⑩顷见：最近见到。顷，刚才，不久以前。

⑪见：通“现”，出现。

[译文]

《坤》卦《文言》说：“坤是最柔和的，但动起来却很刚强。”王弼说：“变化就向正的方面发展，不会走向邪道。”程颐说：“坤的本身是最柔软的，但一变化却很刚强，因它一变就很刚强，所以能和乾卦相应。”张载说：“坤柔中有刚，静中有动，任举其中一体，都有屈和伸、动和静、终和始。”又说：“积累大势达到成熟才能如此。”苏东坡说：“一切事物，不是刚强的能刚强，而是柔弱的能刚强，积蓄力量而不发作，等达到极点，再一发作，定要冲决一切。”张葆光只用这句话解释六二爻的内容。陈了翁说：“至柔和至静，是坤的极致。刚强是体的发动，方正是静的作用，柔和刚、静和动的辩证关系，就是坤元的体和用。”郭雍说：“坤虽然以柔和静为主体，但如果没有方和刚作用，就不能发扬光大。”诸家的说法，大概不出这几种。我最近见到临安（今浙江杭州）退居庵僧人昙莹，他说：“动是指爻的变化，坤不动则已，一动就出现阳刚。在初九是地雷复，在九二是地水师，在九三是地山谦，从此以后便都是阳刚。”这个说法最清楚和有道理。

卷 二

唐重牡丹

欧阳公[1]《牡丹释名》云："牡丹初不载文字[2]，唐人如沈、宋、元、白[3]之流，皆善咏花，当时有一花之异者，彼必形于篇什[4]，而寂无传焉。唯刘梦得[5]有《咏鱼朝恩[6]宅牡丹》诗，但云一丛千朵而已，亦不云其美且异也"。予按[7]，白公集有《白牡丹》一篇十四韵，又《秦中吟》十篇，内《买花》一章，凡[8]百言，云："共道牡丹时，相随买花去。一丛深色花，十户中人赋。"而《讽谕乐府》有《牡丹芳》一篇，三百四十七字，绝[9]道花之妖艳，至有"遂使王公与卿士，游花冠盖[10]日相望""花开花落二十日，一城之人皆若狂"之语。又《寄微之[11]百韵》诗云："唐昌玉蕊会，崇敬牡丹期。"注："崇敬寺牡丹花，多与微之有期。"又《惜牡丹》诗云："明朝风起应吹尽，夜惜衰红把火看。"《醉归盩厔（zhōu zhì）》诗云："数日非关王事系，牡丹花尽始归来。"元微之有《入永寿寺看牡丹》诗八韵，《和乐天秋题牡丹丛》三韵，《酬胡三咏牡丹》一绝，又有五言二绝句。许浑[12]亦有诗云："近来无奈牡丹何，数十千钱买一窠（kē）[13]。"徐凝[14]云："三条九陌花时节，万马千车看牡丹。"又云："何人不爱牡丹花，占断城中好物华。"然则元、白未尝无诗，唐人未尝不重此花也！

[注释]

①欧阳公：即欧阳修。

②初：起初，最初。不载文字：不见于文字记载。

③沈、宋、元、白：沈佺期、宋之问、元稹、白居易，这些都是唐朝著名诗人，对于咏花颇有心得。后文中白公、乐天也是指白居易。

④彼必形于篇什：他们必定会用文字记录下来。形，形诸，用形式表现出来。篇什，《诗经》的《雅》《颂》以十篇为一什，后用篇什指诗篇。

⑤刘梦得：即刘禹锡，字梦得，晚年自号庐山人，唐朝著名诗人，善于学习民歌，其诗文清新自然，健康活泼，充满生活情趣。他最著名的作品当属《陋

室铭》。

⑥鱼朝恩：唐朝有名的宦官，肃宗和代宗时候擅权，执掌朝政，胁迫皇帝，后被代宗借机捕杀。

⑦予按：我考察过。按，考察，研求。

⑧凡：总共。

⑨绝：极，极端的。

⑩冠盖：古代多指官吏的帽子和车盖，也用来代指官吏。

⑪微之：即元稹，字微之，唐大历人，诗文超群。元稹自少与白居易唱和，被当时人称为“元白”，号为“元和体”。其诗辞浅意哀，仿佛孤凤悲吟，极为扣人心扉，动人肺腑。其诗中的“曾经沧海难为水，除却巫山不是云”和“贫贱夫妻百事哀”流传千古。

⑫许浑：字用晦，一作仲晦，唐代诗人。善于托物寄情，风格婉丽秀美。其诗中“山雨欲来风满楼”之句为世人所称道。

⑬窠：同“棵”。

⑭徐凝：唐朝诗人，受白居易、元稹等人赏识，诗文境界开阔，语句朴实无华。

［译文］

欧阳修《牡丹释名》说：“牡丹最初不见文字记载，唐人像沈佺期、宋之问、元稹、白居易等，都是咏花能手，当时有一种奇异的花，都要写入诗中，然而却没有人写牡丹。只有刘禹锡有《咏鱼朝恩宅牡丹》诗，也只说它一丛千朵罢了，并没有夸它美丽和奇异。”我考察过，白乐天集中有《白牡丹》一篇，共十四韵，又有《秦中吟》十篇，其中有《买花》一章，共一百字，说：“都说牡丹开，买花人成队。哪知一丛花，十户一年税。”他的《讽谕乐府》有《牡丹芳》一篇，三百四十七字，极力称道牡丹花的妖艳，甚至有这样的句子：“竟使王公与卿士，看花车马多如云”“牡丹花期二十天，满城争看如发狂。”又《寄微之百韵》诗说：“唐昌观中玉蕊会，崇敬寺里牡丹期。”自注：“崇敬寺正开牡丹花，常邀元微之去看。”又《惜牡丹》诗说：“明天有风

牡丹

唐人尤重牡丹，认为它雍容华贵，是花中之王。传说武则天登基后突发奇想，命百花雪天开放，牡丹不从，于是被贬到洛阳。也由此，世人越发喜爱牡丹。

来，将把花吹落。为看凋残花，夜间灯照看。”为《醉归盩厔》诗说：“几天不在家，不是公事紧，为看牡丹花，直等花开尽。”元稹有《入永寿寺看牡丹》诗八韵，《和乐天秋题牡丹丛》三韵,《酬胡三咏牡丹》一绝句,又有五言二绝句。许浑也有诗说：“近来牡丹真价贵,几万铜钱买一棵。”徐凝说:“大街小巷到花期,车马纷纷看牡丹。”又说:“有谁不爱牡丹花,绝好风光难比它。”既然如此,那么元、白不是没有牡丹诗,唐人也不是不重牡丹啊!

长歌之哀

嬉笑之怒，甚于裂眦(zì)[①]；长歌[②]之哀，过于恸哭。此语诚然。元微之在江陵，病中闻白乐天左降[③]江州，作绝句云:“残灯无焰影憧(chōng)憧，此夕闻君谪(zhé)九江[④]。垂死病中惊起坐，暗风吹雨入寒窗。”乐天以为:“此句他人尚不可闻，况仆心哉！”微之集作“垂死病中仍怅望”，此三字既不佳，又不题为病中作，失其意矣。东坡守彭城，子由[⑤]来访之，留百余日而去，作二小诗曰:“逍遥堂后千寻木，长送中宵风雨声。误喜对床寻旧约，不知漂泊在彭城。”“秋来东阁凉如水，客去山公醉似泥。困卧北窗呼不醒,风吹松竹雨凄凄。”东坡以为读之殆不可为怀,乃和其诗以自解。至今观之，尚能使人凄然也。

[注释]

①裂眦：也写作“裂眥”，多用来形容因发怒而眼睛睁得极大，眼角似乎要裂开的样子，形容极其愤怒的神态，也说“目眥尽裂”。

②长歌：很长篇幅的歌唱或者放声歌唱。

③左降：贬官，多指由京官降职到下面州郡。

④此夕闻君谪九江：现在听闻你（白居易）被贬到九江。白居易关心民生，为人耿直,常作讽喻诗抒发对社会的不满。元和十年,白居易因为上书指斥朝政，再加上他素日的讽喻诗,招致朝廷不满,所以被贬谪到江州。九江,也就是江州，即今江西九江。

⑤子由：即苏辙，字子由，苏轼之弟，与苏轼同为唐宋八大家之一。历任推官、右司谏、御史中丞、尚书右丞、门下侍郎等。苏辙与其兄一样，耿直不羁，因为上书进谏，被贬到雷州，又多次迁徙。

[译文]

带着嬉笑的愤怒，超过吹胡子瞪眼；用歌声表达的悲哀，超过号啕痛哭。这话一点也不错。元稹在江陵时，正在生病，听到白乐天被贬到江州（今江西九江），作绝句说："残灯将灭晃又晃，此夕闻君贬九江。垂死病中惊起坐，窗外风雨打身上。"白乐天认为："这些诗句别人听到都受不了，何况我呢！"元稹集中作："垂死病中仍怅望"“仍怅望”这三个字既不好，又不题是病中作的，就离开原意了。苏东坡做彭城（今江苏徐州）太守，弟弟苏辙来看他，住了一百天才离去。作了两首诗说："逍遥堂后面高大的树木，夜里常送风雨的悲声。我本是高兴地来践约会，哪知道是在凄楚的彭城。""秋天的东阁像凉水一样清冷，客人走后，我只有借酒消愁，一醉如泥。疲倦时躺在北窗之下，叫也叫不醒，和我相伴的是松竹中的凄凉的风雨之声。"苏东坡认为读了实在不能忍受，便和了两首诗，自己宽慰自己。就是今天读起来，仍然使人十分悲凉。

韦苏州

韦苏州[1]集中，有《逢杨开府》诗云："少事武皇帝，无赖恃恩私[2]。身作里中横[3]，家藏亡命儿。朝持摴(chū)蒱[4]局，暮窃[5]东邻姬。司隶[6]不敢捕，立在白玉墀(chí)[7]。骊山风雪夜，长杨[8]羽猎时。一字都不识，饮酒肆顽痴。武皇升仙去，憔悴被人欺。读书事已晚，把笔学题诗。两府[9]始收迹，南宫谬见推。非才果不容，出守抚茕嫠(qióng lí)[10]。忽逢杨开府，论旧涕俱垂。"味此诗，盖应物自叙其少年事也，其不羁乃如此。李肇(zhào)[11]《国史补》云："应物为性高洁，鲜食寡欲，所居焚香扫地而坐，其为诗驰骤建安已还，各得风韵。"盖记其折节后来也。《唐史》失其事，不为立传。高适[12]亦少落魄，年五十始为诗，即工。皆天分超卓，

韦应物

韦应物是唐朝诗人，善五言绝句，尤以山水田园诗见长。青年时代侍卫玄宗，生活不拘小节，豪横放荡。到中年后担任地方州县官员，目睹百姓穷困生活，为人民做了不少实事，诗风也逐渐变得沉郁浑雄。

不可以常理论云。应物为三卫，正天宝间，所为如是，而吏不敢捕，又以见时政矣。

［注释］

①韦苏州：指韦应物，韦应物曾经担任苏州刺史，所以被人称为韦苏州。

②无赖恃恩私：仰仗皇帝的恩宠干尽各种无赖事，为所欲为。

③里中：街坊邻里。横：横行霸道。

④樗蒲：古代一种赌博游戏。汉代即有之，晋时尤盛行，以掷骰决胜负。

⑤窃：窃取，此处指奸污。

⑥司隶：此处泛指一般官吏。

⑦白玉墀：宫殿前的玉石台阶，亦借指朝堂。

⑧长杨：帝王的苑囿，本为秦国历代秦王春搜之所，因为苑中宫殿四周植有杨树数百，遍布宫苑之内，故而称作长杨苑。

⑨两府：指丞相和御史。

⑩茕嫠：无兄弟与无丈夫的人，也用来泛指孤苦无依的人。

⑪李肇：约为唐宪宗元和中前后在世，累官尚书左司郎中，迁左补阙，入翰林为学士。元和中，坐荐柏耆，自中书舍人左迁将作监。著有《翰林志》一卷、《国史补》三卷等。

⑫高适：字达夫，唐朝著名边塞诗人。其诗境界阔大雄浑，笔力雄健，气势奔放。少时贫穷，爱交游，有游侠之风，并以建功立业自期。早年曾游历长安，后到过蓟门、卢龙一带，寻求仕进之路。安史之乱后，曾任剑南节度使，驰骋边关，写下许多雄奇的诗句。

［译文］

韦苏州在文集里，有《逢杨开府》诗说："少时跟随武帝（唐明皇），恃恩干尽坏事。街坊任意横行，罪犯藏在家里。白天招人赌博，夜晚奸污妇女。官吏不敢追捕，照样在朝任职。随上骊山避寒，又去长杨打猎。一个大字不识，用酒消磨岁月。自从明皇死去，沦落便被人欺。读书觉得太晚，拿笔学写诗句。两府（丞相御史）开始收录，礼部破格荐举。不能胜任朝官，抚恤孤儿寡母。忽遇杨家开府，忆旧不觉啼哭。"玩味此诗，乃是韦应物自写少年时历史，竟然放荡到如此地步。李肇《国史补》说："韦应物性情高洁，生活俭朴，没有欲望，住的地方，烧香扫地然后才坐，他的诗很有建安风骨，情致过人。"这乃是他改正以后的事情。《唐书》未录这些事迹，没有给他立传。高适少年时也不得意，到了五十岁才学作诗，但一作就很好。这都是天资过人，不能用常理论断的。韦应物为三卫郎，是在玄宗天宝年间，做事如此无法无天，然而官吏却不敢捕捉，那时时政的好坏，也就可想而知了。

张良无后

张良、陈平[1]，皆汉祖[2]谋臣，良之为人，非平可比也。平尝曰："我多阴谋，道家之所禁，吾世即废矣，以吾多阴祸也！"平传国至曾孙，而以罪绝[3]，如其言。然良之爵但能至子，去其死财十年而绝，后世不复绍封[4]，其祸更促于平，何哉？予盖尝考之，沛公攻峣关，秦将欲连和，良曰："不如因其懈怠击之。"公引兵大破秦军。项羽与汉王约中分天下，既解而东归矣。良有养虎自遗患之语，劝王回军追羽而灭之。此其事固不止于杀降也，其无后宜哉！

[注释]

①张良：字子房，汉初三杰之一，先世原为韩国贵族。秦末起义中投奔刘邦，成为其重要谋士。楚汉之争中，屡出奇计，帮助刘邦赢得天下，被后世推崇。刘邦曾赞其"运筹帷幄之中，决胜于千里外，子房功也"。陈平：西汉的开国功臣，刘邦的重要谋士之一。刘邦用其计离间项羽范增、逮捕韩信。后来刘邦为匈奴困于平城，采纳陈平计策，用厚礼贿赂冒顿单于的阏氏，才得以解围。刘邦因此对陈平十分器重，但是陈平计策过于阴损，为君子所不齿。

②汉祖：即汉高祖刘邦。刘邦是沛郡丰邑（今江苏徐州丰县）人，字季，秦末农民战争中崛起，战胜了项羽，统一天下，定国号为"汉"，建都洛阳，后迁都长安。

③绝：绝迹，灭绝。这里指陈平的后代灭绝。

④绍封：为示优宠殊遇，皇亲和重要功臣的爵位，也可由他们的庶子庶孙承袭。文中指继续被封赏。

[译文]

张良、陈平，都是汉高祖的谋臣，但张良的为人，却不是陈平可以比拟的。陈平曾说："我惯使用阴谋，是道家的禁忌，我的后代就要灭绝了，因为我为子孙种下了祸根啊！"果然陈平传国到他的曾孙，便因有罪被废绝，和他说的一样。然而张良的爵位，却只能传到儿子，距他的死才十年，便被灭绝，后代也不再续封，遭到灾祸的时间比陈平还快，这是怎么回事呢？我曾考察过，沛公刘邦攻打峣关（今陕西蓝田），秦国守将想投降，张良说："不如趁他守备松懈时进攻。"沛公听了张良的话，打败了秦兵。项羽和汉王立约，平分天下，约成，项羽就带兵东去彭城了。刘邦也想回关中，张良说这是蓄养老虎自留后患，劝汉王回兵追项羽灭掉他。这件事，比诛杀降兵还缺德，他应当没有后代呀！

周亚夫

周亚夫[①]距吴、楚，坚壁不出[②]。军中夜惊，内相攻击扰乱，至于帐下[③]。亚夫坚卧不起。顷之[④]，复定[⑤]。吴奔壁东南陬(zōu)[⑥]，亚夫使备西北。已而果奔西北，不得入。《汉史》书之，以为亚夫能持重。按，亚夫军细柳时，天子先驱至，不得入，文帝称其不可得而犯。今乃有军中夜惊相攻之事，安在其能持重乎？

［注释］

①周亚夫：西汉名将，带兵有方，管理属下纪律严明。汉文帝时周亚夫驻守细柳，文帝亲自去犒劳，结果不允许在营中跑马，进入后发现细柳营营垒坚固，将士装束整齐。文帝大为感动。

②坚壁不出：坚守营垒，拒不出战。

③至于帐下：一直闹到周亚夫军帐前。

④顷之：过了一会儿。

⑤复定：又渐渐安静下来。

⑥吴奔壁东南陬：吴军向东南角的营垒进攻。壁，军营的围墙。陬，隅，角落。

周亚夫

周亚夫本来是绛侯周勃的次子，不够格继承爵位，但是长兄早死，于是承袭父亲爵位。后来因为带兵有方，成为西汉著名大将。

［译文］

周亚夫抗拒吴、楚叛军，坚壁清野并不出战。军队夜间受惊，发生骚乱，互相攻击，一直闹到周亚夫帐下。周亚夫躺着一动不动。过了一会儿，又安静下来。吴军攻打营垒的东南角，周亚夫命令防备西北，一会儿吴军果然来攻西北，攻不进来。《汉书》记载此事，认为周亚夫用兵持重。考周亚夫驻军在细柳（今陕西咸阳）时，皇帝骑马率先到达，进不了军营，汉文帝称赞他不能够侵犯。现在有军队夜间受惊互相攻击的事件，怎么能说用兵持重呢？

汉轻族人

爰盎(yuán àng)陷晁(cháo)错[1]，但云[2]："方今[3]计，独有斩错耳。"而景帝使[4]丞相以下劾(hé)奏，遂至父母妻子同产无少长皆弃市。主父偃(yǎn)[5]陷齐王于死，武帝欲勿诛，公孙丞相[6]争之，遂族[7]偃。郭解客杀人，吏奏解无罪，公孙大夫议，遂族解。且偃、解二人本不死，因议者之言，杀之足矣，何遽(jù)至族乎？汉之轻于用刑如此。

公孙弘牧豕

公孙弘少时贫寒，为人牧豕。后钻研儒学，颇有建树。汉武帝时，因贤良征召，被拜为博士，后又拜相。世人都以为他和善亲切，不知他内心狭隘，着意陷害政敌，董仲舒与主父偃都败于他手。

[注释]

①陷：陷害，构陷。晁错：汉朝著名经济学家，年轻时学法家学说，文帝时为太子家令，有辩才，号称"智囊"。景帝时为内史，后升迁御史大夫。曾多次上书主张加强中央集权、削减诸侯封地、重农贵粟。吴、楚等七国叛乱时，被景帝错杀。晁错的经济思想，散见于《汉书》的《食货志》《爰盎晁错传》等篇。

②但云：只是说。

③方今：当今，现时。

④使：指使，命令。

⑤主父偃：汉武帝时名臣，早年曾习纵横之术，中年时代顺应时势习儒术，改学《周易》《春秋》和百家之言。学成后，游历各方，在地方上受到儒生的排挤，于是进长安求见武帝。武帝与其座谈，大为欣赏，得破格任用。他的《推恩令》也得到武帝的重用。

⑥公孙丞相：公孙弘。字季，一字次卿，因贤良被征召为博士。元朔五年（公元前124年），公孙弘被任命为丞相。他表面和善，但实际上工于心计，睚眦必报，因为与主父偃政见不和，便阴谋"杀主父偃，徙董仲舒于胶西"。

⑦族：将其灭族。

[译文]

爰盎陷害晁错，只是说：“为今之计，只有杀掉晁错。”而汉景帝指使丞相等官员弹劾他，竟至父母妻子孩子兄弟姐妹不管老少都被斩首示众。主父偃陷害齐王至死，汉武帝不想杀他，公孙弘丞相坚持，遂灭了主父偃一族。郭解的下属杀了人，官吏判郭无罪，公孙大夫判有罪，遂也灭了他的族。再说主父偃、郭解二人本可以不被杀，因有人主张要杀，杀了也就够了，哪至于灭族呢？汉朝就这样地轻于用刑。

秦用他国人

七国虎争天下[①]，莫不招致四方游士[②]。然六国所用相，皆其宗族及国人，如齐之田忌、田婴、田文[③]，韩之公仲、公叔[④]，赵之奉阳、平原君[⑤]，魏王至以太子为相[⑥]。独秦不然，其始与之谋国以开霸业者，魏人公孙鞅(yāng)[⑦]也。其他若楼缓赵人，张仪、魏冉、范雎(jū)皆魏人[⑧]，蔡泽[⑨]燕人，吕不韦韩人，李斯楚人，皆委国而听之不疑，卒之所以兼天下者，诸人之力也。燕昭王任郭隗(wěi)、剧辛、乐毅，几灭强齐，辛、毅皆赵人也。楚悼王任吴起为相，诸侯患楚之强，盖卫人也！

[注释]

①七国虎争天下：战国时期，齐楚燕韩赵魏秦七雄并立，争夺天下。公元前221年，秦灭六国，统一天下。

②四方游士：四方游说之士。战国时期谋臣策士众多，读书人习纵横之术，游历四方，希图出人头地。

③田忌：战国时齐国名将，曾与田婴等大将帮助韩、赵讨伐魏国，在马陵道杀掉魏国大将庞涓。田婴：田文的父亲，齐国的丞相，讨伐魏国立下大功。田文：即孟尝君，齐国贵族，礼贤下士，有门客数千人，“战国四君子”之一。

④公仲、公叔：战国时韩国贵族。

⑤奉阳：即奉阳君，战国时期赵国贵族。平原君：即赵胜，战国时曾经三次担任赵相，为人谦和贤明，据传有门客三千人，“战国四君子”之一。

⑥魏王至以太子为相：魏哀王九年，魏相田需去世，楚国担心张仪等人任相会对本国不利，于是楚相昭鱼游说苏代（苏秦胞弟）去说服魏王让太子襄王为相。

⑦公孙鞅：即商鞅，本为卫国人，被秦孝公封到商地，故而又称商鞅、商君。他曾出仕魏国，后来入秦为相，辅佐秦孝公变法革新，废井田、开阡陌，奖励耕战，开启了秦国富强之路。

⑧张仪：战国时著名的军事家、外交家，擅长纵横之术。秦惠王时拜相。

秦始皇出诏灭六国

秦国任用四方人才，国家逐步强盛，六国不敌。秦始皇于是出诏灭掉六国，统一天下。

当时秦国和六国敌对，苏秦游说六国合纵抗秦，张仪便策动六国连横以侍奉秦国。秦惠王死后，张仪失宠，六国又继续合纵。张仪又去魏国担任宰相。魏冉：因为辅佐魏昭王即位，被拜将军，封穰侯。前后四次担任宰相，公元前284年，秦、韩、赵、魏、燕五国，合纵破齐，他夺取陶邑，为已加封。由于专权跋扈，人心不附，前266年，被罢官，由范雎代相，后死于陶邑。范雎：字叔，战国时期魏国人。起初侍奉魏国答复须贾，后跟随秦国使者王稽入秦国，用远交近攻的策略帮助秦昭王巩固政权。于是昭王罢免魏冉，而以范雎为相。

⑨蔡泽：战国时期燕国人，曾游说六国，不得，后入秦，被昭王拜为客卿。在范雎后为秦相，不久后辞相位。后出使燕国，游说燕太子丹入秦为人质。

［译文］

七国争雄天下，都在招纳吸收游说四方的人才。但六国所任用的相国，都是他们的宗族和本国人，像齐国的田忌、田婴、田文，韩国的公仲、公叔，赵国的奉阳君、平原君，魏王甚至任用太子当相国。只有秦国不是这样，最初与秦国商讨大计、开创霸业的是魏国人公孙鞅。其他的像楼缓是赵国人，张仪、魏冉、范雎都是魏国人，蔡泽是燕国人，吕不韦是韩国人，李斯是楚国人，秦国把国家托付给他们，没有一点疑心，便是依靠这些人的力量，所以结果就取得了天下，燕昭王任用郭隗、剧辛、乐毅，差点灭了强盛的齐国，剧辛、乐毅却都是赵国人。楚悼王任用吴起为相国，诸侯都惧怕楚国强盛起来，吴起乃是卫国人呀！

曹参赵括

汉高祖疾甚[1]，吕后问曰："萧相国[2]既死，谁令代之？"上[3]曰："曹参[4]可。"萧何事惠帝，病，上问曰："君即百岁[5]后，谁可代君？"对曰："知臣莫若主。"帝曰："曹参何如？"曰："帝得之矣。"曹参相齐[6]，闻何薨（hōng）[7]，告舍人趣治行[8]，吾且入相。居无何[9]，使者果召参。赵括自少时学兵法，其父奢不能难（nàn）[10]，然不谓善，谓其母曰："赵若必将

赵括母上书赵王

赵括是赵奢之子，年少就聪明过人，尤其擅长兵法布阵，对各种兵术了如指掌，就连赵奢也比不过他。其他人都很赞赏，唯独赵奢不喜，认为赵括虽工兵书，但是缺乏实战经验。为避免日后出事，特地叮嘱赵王与妻子，不可让赵括担任将职。赵奢死后，秦国攻赵，赵王任赵括为大将，赵括之母力劝。

之[11]，破赵军者必括也。”后廉颇与秦相持，秦应侯[12]行千金为反间于赵，曰：“秦之所畏，独赵括耳。”赵王以括代颇将。蔺相如谏，王不听。括母上书言括不可使，王又不听。秦王闻括已为赵将，乃阴使白起代王龁（hé）[13]，遂胜赵。曹参之宜为相，高祖以为可，惠帝以为可，萧何以为可，参自以为可，故汉用之而兴。赵括之不宜为将，其父以为不可，母以为不可，大臣以为不可，秦王知之，相应侯知之，将白起知之，独赵王以为可，故用之而败。呜呼！将相安危所系，可不监[14]哉！且秦以白起易王龁，而赵乃以括代廉颇，不待于战，而胜负之形见矣。

［注释］

①疾甚：病重。疾，病。甚，十分、非常。

②萧相国：即萧何，汉初三杰之一。他辅佐刘邦得天下，为人谦卑谨慎，审时度势，深得刘邦信任。高祖死后，他辅佐惠帝。惠帝二年（公元前193年）卒，谥号“文终侯”。病危时，推荐曹参继任相国。

③上：代指汉高祖刘邦。

④曹参：字敬伯，西汉名将，继萧何之后的相国。惠帝二年（公元前193年），萧何临终前向汉惠帝举荐他。曹参在位期间，成日饮酒作乐，清静无为，继续执行萧何留下的政策，不予改变，史称“萧规曹随”。

⑤百岁：死的讳称。

⑥相齐：到齐国任相国。

⑦薨：古代称诸侯或有爵位的大官死去为“薨”。

⑧趣：同“促”，催促，急促。治行：准备行装。

⑨居无何：不久，很短时间之后。

⑩难：刁难、驳倒。

⑪将之：以之（赵括）为将。

⑫秦应侯：秦国应侯范雎。

⑬乃阴使白起代王龁：便暗地里命白起代替王龁为大将。白起，又名公孙起，战国时期秦国名将。白起深通韬略，带兵有方，秦昭王时，被任用为将。长平之战，白起大败赵括，坑杀俘获赵军四十五万余人。赵国元气大伤，从此以后一蹶不振。

⑭监：督察，此处作“谨慎”解。

[译文]

汉高祖病重，吕后问：“萧相国死后，谁可以接替他？”汉高祖说：“曹参可以。”萧何辅佐汉惠帝，病重，惠帝问：“你如有不幸，谁可以接替你？”萧何回答说：“了解臣子没有比君主更清楚的了。”惠帝说：“曹参怎么样？”萧何说：“皇帝找到最合适的人了。”曹参正当齐国相国，听说萧何死了，告诉手下人准备行装，我要入朝当宰相了。不久，使者果然来召曹参进京。赵括从小就学习兵法，他父亲赵奢也难不倒他，但不认为他学得好，对他母亲说：“赵国如一定让他为将，他必定葬送赵国的大军。”其后，廉颇与秦国对垒，秦国的应侯范雎，用一千两黄金到赵国行反间计，说：“秦国所怕的人，只有赵括。”赵王信以为真，便用赵括代替廉颇。蔺相如劝阻，赵王不听。赵括的母亲上书赵王，说赵括不能用，赵王又不听。秦王听说赵括当了赵国的大将，于是暗地让白起代替王龁，遂即打败赵国。曹参适合当相国，高祖认为能够胜任，惠帝认为能够胜任，萧何认为能够胜任，曹参自己也认为能够胜任，所以汉朝用了他，就兴盛起来。赵括不适合当大将，他父亲知道，母亲知道，大臣知道，秦王知道，相国应侯知道，大将白起知道，只有赵王不知道，所以用了他遭到了失败。哎！将和相关系国家安危，怎能不慎重！再说秦国用白起代替王龁，赵国用赵括代替廉颇，不等战争开始，胜败的形势，已经分出来了。

信近于义

“信近于义[①]，言可复也[②]。恭近于礼，远耻辱也。因[③]不失其亲，亦可宗[④]也。”程明道[⑤]曰：“因恭信而不失其所以亲，近于礼义，故亦可宗。”伊川[⑥]曰：“因不失于相近，亦可尚也！”又曰：“因其近礼义而不失其亲，亦可宗也，况于尽礼义者乎？”范纯父(fǔ)[⑦]曰：“君子所因者本，而立爱必自亲始，亲亲必及人，故曰因不失其亲。”吕与叔[⑧]分

程颢

程颢是宋朝著名大儒，与其弟并称为“二程”，两人同受教于周敦颐，立志于孔孟之道，又泛览诸家，确立自己的学术地位。两人在洛阳讲学，前来听课者络绎不绝。

为三事。谢显道[9]曰：“君、师、友三者，虽非天属，亦可以亲，舍此三者之外，吾恐不免于谄贱。惟亲不失其所亲，然后可为宗也。”杨中立[10]曰：“信不失义，恭不悖礼，又因不失其亲焉，是亦可宗也。”尹彦明[11]曰：“因其近，虽未足以尽礼义之本，亦不失其所宗尚也。”予窃以谓义与礼之极，多至于不亲，能至于不失其亲，斯为可宗也。然未敢以为是。

[注释]

①信近于义：守信用接近于义。

②言可复也：说的话可以做到。

③因：依凭，凭借。

④宗：尊崇。

⑤程明道：名颢，字伯淳，人称明道先生，宋洛阳（今河南洛阳）人。程颐的胞兄，亦是著名理学家。曾中进士，在朝为官，因与王安石政见不合，不受重用，于是潜心学术。与弟程颐开创“洛学”，奠定了理学基础。并在嵩阳、扶沟等地设学庠，培育大批弟子，自己亦潜心教育研究，论著颇巨，形成一套教育思想体系。

⑥伊川：即程颐，字正叔，宋末著名理学家。少时曾与兄一同受教于周敦颐，开创了北宋理学，与其兄被世人合称为“二程”。

⑦范纯父：名祖禹，字纯父，宋末华阳（今四川成都）人。曾中进士，官至翰林学士、知国史院事，曾协助司马光撰修《资治通鉴》，后复新法。其《华阳文集》流传于世，为人推崇。

⑧吕与叔：名大临，字与叔，宋朝蓝田（今陕西蓝田）人。曾就学于张载，后师从“二程”，与谢良佐、游酢、杨时并称为“程门四先生”。有《玉溪集》《玉溪别集》流传后世。

⑨谢显道：名良佐，字显道，河南上蔡人。中进士，曾入朝为官，后因言谈失当，被废为庶民。他博闻强记，好引经据典，无一字差漏。著有《论语说》。

⑩杨中立：名时，人称龟山先生。师从“二程”，被东南学界奉为“程氏正宗”，朱熹是其三传弟子。著有《二程粹言》《龟山集》等。

⑪尹彦明：名焞，字彦明，号和靖处士，洛阳人。程颐弟子。金兵陷洛阳，只身逃往四川，以布衣任礼部侍郎，因反对秦桧议和而辞官。著有《和靖集》。

[译文]

“诚信不等于义，如能不违背义，说的话就可以去实践。谦恭不等于礼，如能不违背礼，耻辱就能够远离。与人亲爱而又不失掉可以亲爱的人，也是可以尊崇的。”程明道说：“依凭恭信，不失掉可亲爱的人，又不违背礼义，所以也可以尊崇。”程伊川说：“依凭恭信，如能不违背礼义，也是可以尊崇的。”又说：“因为恭信能近乎礼义，就不会失掉可亲近的人，也是可以尊崇的，何况完全合乎礼义的呢！”范纯父说：“君子所依凭的是本性，而建立爱心必从亲人开始，爱自己的亲人，也一定要爱别人的亲人，所以说亲爱不失掉可亲爱的人。”吕与叔把信、恭、亲分成三件事。谢显道说：“君、师、友这三类，虽然不是天赋本性，也可以亲爱。除这三类以外，就不免陷于谄媚和卑贱。只有亲爱不失掉可亲爱的人，然后才可以崇尚。”杨中立说：“诚信如不失掉义，谦恭如不违背礼，又亲爱不失掉可亲爱的人，这也是可以崇尚的。”尹彦明说：“因为恭信近于礼义，虽然还不完全合乎礼义的本源，也是可以崇尚的。”我以为礼和义的极限，多至于不能亲近，如能够达到不失掉可亲近的人，这是可崇尚的。但不敢自以为是。

卷　三

进士试题

唐穆宗长庆元年，礼部侍郎钱徽(huī)知举[1]，放[2]进士郑朗等三十三人。后以[3]段文昌言其不公，诏中书舍人王起、知制诰(gào)白居易重试，驳放[4]卢公亮等十人，贬徽江州刺史。白公集有奏状论此事，大略云：“伏料自欲重试进士以来，论奏者甚众。盖以礼部试进士，例许用书策，兼得通宵，得通宵则思虑必周，用书册则文字不错。昨重试之日，书策不容一字，木烛只许两条[5]，迫促惊忙，幸皆成就，若比礼部所试事校[6]不同。”及驳放公亮等敕文，以为《孤竹管赋》出于《周礼》正经，阅其程试之文，多是不知本末。乃知唐试进士许挟书及见烛如此。

诏试县令

唐朝沿用隋朝的科举制度，按照文才，开科取士，将天下饱学之士都收入朝中，为唐朝的繁盛做出了很大贡献。玄宗更是亲自审核、任命大小官员，甚至包括地方县令的人选决定。

国朝[7]淳化三年，太宗试进士，出《卮言日出赋》题，孙何等不知所出，相率扣殿栏乞上指示之[8]，上为陈[9]大义。景德二年，御试《天道犹张弓赋》。后礼部贡院言，近年进士惟钞略[10]古今文赋，怀挟入试，昨者御试以正经命题，多懵(měng)所出[11]，则知题目不示以出处也。大中祥符元年，试礼部进士，内出《清明象天赋》等题，仍录题解，摹印以示之。至景祐元年，始诏御药院，御试日进士题目，具经史所出，摹印[12]给之，更不许上请[13]。

［注释］

①知举：即“知贡举”，唐宋时特派主持礼部试（即会试）的大臣。至清代会试的知贡举，都由一二品大臣担任，满汉各一人，只负责事务性事宜，不负责阅卷取士，与乡试之监临官性质相同。此处指担任科举考试的主考官。

②放：选中，入选。

③以：因为。

④驳放：将入选的人员驳回。

⑤木烛只许两条：只允许燃两条木烛，意思是只给两条烛火的时间。

⑥校：比较。

⑦国朝：本朝。

⑧相率：相继，一个接一个。扣：叩拜。

⑨陈：陈述，阐明。

⑩钞略：抄录。

⑪多懵所出：大多茫然不知出处。

⑫摹印：摹写刻印。

⑬上请：向上请求，向皇上求教。

[译文]

唐穆宗长庆元年（821 年），礼部侍郎钱徽任主考官，选中进士郑朗等三十三人。后因段文昌说他不公，皇帝又诏中书舍人王起、知制诰白居易重新考试，驳下卢公亮等十人，贬钱徽为江州刺史。白居易集有奏状评论这件事，大略说：“自从朝廷要重新考试进士以来，上书评论的很多。旧例，礼部考试进士，允许查看书籍，还准许达到通宵，达到通宵，考虑问题就一定周到，使用书籍写出文字就不出差错。昨天重新考试，不许查看书籍，时间也只给两条木烛，紧迫惊慌，勉强完成，和礼部的考试相比，事情有很大的不同。”说到驳下卢公亮等的敕文，以为《孤竹管赋》出自《周礼》正经上，读他们的考试文章，大多不知道它的来龙去脉。从此才知道唐朝考试进士，许可带书和燃烛。本朝太宗淳化三年，太宗考试进士，出《卮言日出赋》试题，孙何等不知道出自何处，考生都到殿上求皇上指示，皇帝告诉了他们大意。真宗景德二年（1005 年），皇帝考试《天道犹张弓赋》。后来礼部考试院上书，说：近来进士只抄取古今的文章诗赋，昨天御试，出正经上的题目，大多茫然不知道出处，从此可知试题是不告诉出处的。真宗大中祥符元年（1008 年），考试礼部进士，由宫中出《清明象天赋》等题目，仍旧抄录解题，摹写刻印好，让考生看。仁宗景祐元年（1034 年），才令御药院，今后御试进士的题目，都从经史所出，摹写刻印好，交给士子，不许再问皇帝。

儒人论佛书

韩文公[1]《送文畅序》，言儒人不当举浮屠之说[2]以告僧。其语云：“文畅，浮屠也，如欲闻浮屠之说，当自就其师而问之，何故谒[3]吾徒而来请也？”元微之作《永福寺石壁记》云：“佛书之妙奥，僧当为予言，予不当为僧言。”二公之语，可谓至当[4]。

[注释]

①韩文公：即韩愈，字退之，河南河阳（今河南孟州）人，郡望昌黎，世称韩昌黎。因官吏部侍郎，又称韩吏部。谥号“文”，又称韩文公，唐代著名文学家、哲学家，古文运动的倡导者，是“唐宋八大家”之一。与柳宗元齐名，被称为“韩柳”，其诗力求险怪新奇，雄浑大气。

②浮屠之说：佛家学说。

③谒：拜谒，求见。

④至当：十分精确恰当。

[译文]

韩愈《送文畅序》，说儒生不应当把佛家学说告诉僧人。序中说：“文畅是佛教徒，如想听佛家学说，自应去问他的师傅，为什么来找我们呢？”元稹作《永福寺石壁记》也说：“佛经的奥妙，僧人应当对我说，我不应当给僧人说。”二人的话可算是十分确切。

四海一也

海一而已，地之势西北高而东南下[①]，所谓东、北、南三海，其实一也。北至于青、沧[②]，则云[③]北海，南至于交、广，则云南海，东渐[④]吴、越，则云东海，无由有[⑤]所谓西海者。《诗》《书》《礼》经所载四海，盖引类而言之[⑥]。《汉·西域传》所云蒲昌海，疑亦渟居一泽尔。班超遣甘英往条支[⑦]，临[⑧]大海，盖即南海之西云。

［注释］

①下：低，与“高”相对。

②青、沧：指青州和沧州。

③云：叫作。

④渐：范围波及。

⑤无由有：没有。

⑥盖：大概，表推测。引类：援引类似的事物。

⑦条支：亦作“条枝”，古西域国名，在安息（今伊朗高原）西数千里，临西海。

⑧临：遇到。

［译文］

大海只是一个，地的形势西北高东南低，所说的东海、北海、南海三个海，其实是一个海。北边到青州、沧州，就叫北海，南边到交州、广州，就叫南海，东到吴、越，就叫东海，没有所说的西海。《诗》《书》《礼》等经书记载的四海，乃是援引同类说的。《汉书·西域传》所记的蒲昌海，我怀疑它只是积存的一个大湖罢了。班超派甘英出使条支，遇到大海，大概就是南海的西面。

李太白

世俗多言李太白在当涂采石[①]，因醉泛舟于江，见月影俯而取之，遂溺死，故其地有捉月台。

予按李阳冰作太白《草堂集序》云[②]：“阳冰试弦歌[③]于当涂，公疾亟(jí)[④]，草藁(gǎo)万卷，手集未修，枕上授简[⑤]，俾(bǐ)为序[⑥]。”又李华[⑦]作《太

白墓志》，亦云："赋《临终歌》而卒。"乃知俗传良不足信[8]，盖与谓杜子美因食白酒牛炙[9]而死者同也。

［注释］

①采石：采石矶，在今安徽当涂。

②按：考察。李阳冰：字仲温，京兆云阳人，李白堂叔。任当涂县令时，李白去投奔他，后为李白诗集作序。

③试弦歌：即任县令。寓用礼乐治民、有政绩之意。

④亟：急切。

⑤枕上授简：在床上将书稿交给我。

⑥俾为序：让我作序。俾，使，让。

⑦李华：字遐叔，赵州人，进士。为李白写墓志。

⑧良不足信：实在不可信。良，实在。

⑨牛炙：牛肉块。

［译文］

世俗传言多说李白在当涂的采石，因喝醉了酒，在长江上行船，见到水中月亮的影子，俯身去捞取，遂淹死在水中，所以采石有捉月台。

我考察李阳冰作太白《草堂集序》说："我任当涂县令时，太白病重，有草稿一万卷，还没有修订，在床上交给我，让我作序。"又李华作《太白墓志》也说："太白写《临终歌》而死。"才知道世俗传言，实在不可信，大概和说杜子美因吃了白酒、牛肉块饱胀而死，是一样的无稽之谈。

太白雪谗

李太白以布衣入翰林[1]，既而不得官。《唐史》言高力士以脱靴为耻，摘其诗以激杨贵妃，为妃所沮止[2]。今集中有《雪谗诗》一章，大率[3]载妇人淫乱败国，其略云："彼妇人之猖狂，不如鹊之强强。彼妇人之淫昏，不如鹑之奔奔[4]。坦荡君子，无悦簧言。"又云："妲己[5]灭纣，褒女[6]惑周。汉祖吕氏，食其在傍。秦皇太后，毐亦淫荒[7]。螮蝀(dì dōng)[8]作昏，遂掩太阳。万乘尚尔，匹夫何伤[9]。词殚意穷，心切理直。如或妄谈，昊天是殛(jí)。"予味此诗，岂非贵妃与禄山淫乱，而白曾发其奸乎？不然，则"飞燕在昭阳"之句，何足深怨也？

容斋随笔

[注释]

①布衣：平民。翰林：指翰林院，内廷掌管供奉的官署。

②“《唐史》”三句：见《新唐书·文艺列传·李白》：“故白亦至长安。往见贺知章，知章见其文，叹曰：‘子，谪仙人也！’言于玄宗，召见金銮殿，论当世事，奏颂一篇。帝赐食，亲为调羹，有诏供奉翰林。白犹与饮徒醉于市。帝坐沉香亭子，意有所感，欲得白为乐章；召入，而白已醉，左右以水靧面，稍解，援笔成文，婉丽精切无留思。帝爱其才，数宴见。白尝侍帝，醉，使高力士脱靴。力士素贵，耻之，擿其诗以激杨贵妃，帝欲官白，妃辄沮止。”沮止，阻止，“沮”通“阻”。

③大率：大多。

④“彼妇人”二句：指鹊、鹑都是雄雌相随，不离不弃，每只鸟都有固定的配偶，而淫乱的妇人却连鸟都不如。《诗经》中此诗用来讽刺淫乱者都落到败家亡国的下场。李白雪谗诗也用其意。

⑤妲己：商纣王的爱妃，世人认为她妖娆妩媚，迷惑纣王，使商朝灭亡。武王伐纣时，妲己被杀。

⑥褒女：即褒姒，褒国美女，深受周幽王的宠爱。褒姒生来沉默寡言，不苟言笑。幽王为了取悦她，甚至点燃烽火台上的烽火，反复戏弄诸侯。褒姒看见来往士兵乱作一团，展颜开怀。后申侯、犬戎入侵，周幽王命人点燃烽火求救，但诸侯因被戏弄多次，不再相信，周朝于是被攻破。

⑦“秦皇太后”二句：秦始皇太后行为不检，与宠臣嫪毐有染，并生下二子。始皇知道后暴怒，后借机斩杀嫪毐，并杀掉自己的两个异父兄弟。

⑧蝃蝀：虹的一种。

⑨万乘：这里代指帝王。匹夫：指百姓。

[译文]

李太白以平民身份进入翰林院，后来没有得到官职。《唐史》说高力士以给李白脱靴为耻辱，便摘取李白诗句，激怒杨贵妃，杨贵妃于是阻碍了李白的前途。现在太白集中有《雪谗诗》一首，大概讲妇人淫乱败坏国政，大略说：“那妇人太猖狂，还不如喜鹊双飞翔。那妇人太淫滥，还不如鹌鹑相随伴。胸怀坦荡的君子啊，不要听从悦耳的细语。”又说：“妲己灭了殷纣，褒姒乱了西周，汉高祖吕

李白斗酒

李白为人旷达不羁，玄宗宣召时他也敢酒醉卧床，并以此作诗明志。“长安市上酒家眠，天子呼来不上船，自称臣是酒中仙”便是也。

后与郦食其同床，秦始皇太后与嫪毐情长。虹霓弄昏暗，遮蔽太阳光。皇帝还如此，百姓又何妨。词说完，意说尽，心情迫切道理公正。如果有假话，皇天来处死。”我体味此诗，莫非杨贵妃与安禄山私通，李白曾揭发过他们的丑事？不然，“飞燕在昭阳”的句子，值得这么怨恨吗？

冉有问卫君

冉有①曰：“夫子②为卫君乎？”子贡③曰：“吾将问之。”入④，曰：“伯夷、叔齐⑤何人也？”曰：“古之贤人也！”曰：“怨乎？”曰：“求仁而得仁，又何怨？”出，曰：“夫子不为也。”说者皆评较蒯聩（kuǎi kuì）、辄之是非，多至数百言，惟王逢原以十字蔽⑥之，曰：“贤兄弟让，知恶父子争矣。”最为简妙。盖夷、齐以兄弟让国而夫子贤之，则不与卫君以父子争国可知矣。晁（cháo）以道亦有是⑦语，而结意不同。尹彦明之说，与逢原同。唯杨中立云：“世之说者，以谓善兄弟之让，则恶父子之争可知，失其旨矣。”其意为不可晓。

[注释]

①冉有：名求，字子有，孔子弟子。率左师抵抗入侵齐军，帮助季氏进行田赋改革，聚敛财富。他的此种举动招致孔子的强烈不满。

②夫子：即孔子，称夫子以示尊敬。

③子贡：即端木赐，孔门七十二弟子之一，能言善辩，利口巧辞，办事通达，曾任鲁、卫两国之相。善于经商，曾经商于曹、鲁两国，富致千金。

④入：进入，进见。

⑤伯夷、叔齐：商朝末年，孤竹国国君二子。国君死后，二人为给对方让位，分别出走，都到了周国。周武王伐纣，二人认为此举有违仁义，极力劝谏，未果。武王灭商后，二人便到殷都附近的首阳山，靠采集野菜野果充饥，不久饿死，被后世人尊奉为贤明之士。

⑥蔽：概括。

⑦是：这样。

[译文]

冉有说：“夫子帮助卫君吗？”子贡说：“我要问问夫子。”遂进见孔子，说：“伯夷、叔齐是什么样的人呀？”孔子说：“是古时的贤人啊！”子贡说：“他们怨恨吗？”孔子说：“追求仁爱，得到了仁爱，还怨恨什么？”子贡辞出，说：“夫子不会帮助卫君的。”解说的人，都是用评比的方法来定蒯聩和辄的是非，多到几百字，只有

王逢原用了十个字就概括了，说："贤兄弟让，知恶父子争矣。"最为简洁精妙。伯夷、叔齐兄弟推让王位，孔子认为他们贤明，则可以推知孔子反对卫国国君父子夺位之事。晁以道也有这样的话，但结句的意思不同。尹彦明的说法，和王逢原相同。只有杨中立说："世上的解说者，以为赞成兄弟让国，就知道反对父子相争，失掉了这句话的主旨。"他的意思是什么，让人不明白。

俗语有所本

俗语谓钱一贯有畸[1]曰千一、千二，米一石有畸曰石[2]一、石二，长一丈有畸曰丈一、丈二之类。按《考工记》[3]："殳(shū)长寻有四尺[4]。"注云："八尺曰寻，殳长丈二。"《史记·张仪传》："尺一之檄(xí)[5]。"汉淮南王安[6]书云：丈一之组[7]。《匈奴传》：尺一牍[8]。《后汉》：尺一诏书。唐，城南去天尺五之类，然则亦有所本云。

［注释］

①有畸：有余。

②石：古代容量单位。

③《考工记》：中国先秦时期的手工艺专著，全书共七千一百多字，记述了木工、金工、皮革、染色、刮磨、陶瓷等六大类三十个工种的内容。此外还有数学、地理学、力学、声学、建筑学等多方面的知识和经验总结。

④殳：古代的一种武器，用竹木做成，有棱无刃。寻：古代的长度单位。一寻等于八尺。

⑤尺一之檄：一尺一的木简。

⑥汉淮南王安：西汉淮南王刘安。汉高祖刘邦之孙，淮南厉王刘长之子。才思敏捷，博览群书，好作文章，曾招致宾客方士数千人编撰了《淮南鸿烈》。

⑦组：古代指丝带。

⑧牍：古代写字用的木片。

［译文］

俗语说钱一吊有余叫一千一、一千二，米一石有余叫一石一、一石二，长一丈有余叫一丈一、一丈二等。按《考工记》："殳长寻有四尺。"注释说："八尺叫寻，殳长一丈二。"《史记·张仪传》："一尺一的木简。"汉淮南王刘安的书说：一丈一的丝。《史记·匈奴传》：一尺一的木牍。《后汉书》：一尺一的诏书。唐时谣谚说："城南韦杜，去天尺五"之类，那都是有根据的呀！

汉昭顺二帝

汉昭帝年十四，能察霍光[①]之忠，知燕王上书之诈，诛桑羊、上官桀(jié)[②]，后世称其明。然和帝时，窦宪兄弟专权，太后临朝，共图杀害[③]。帝阴[④]知其谋，而与内外臣僚莫由亲接，独知中常侍郑众不事豪党[⑤]，遂与定议诛宪，时亦年十四，其刚决不下昭帝。但《范史》[⑥]发明不出，故后世无称焉。顺帝时，梁商为大将军辅政，商以小黄门曹节用事于中，遣子冀与交友，而宦官忌其宠，反欲害之。中常侍张逵、蘧(qú)政、杨定等，与左右连谋，共谮(zèn)商及中常侍曹腾、孟贲(bēn)，云欲议废立，请收商等按罪。帝曰："大将军父子我所亲，腾、贲我所爱，必无是，但汝曹共妒之耳。"逵等知言不用，遂出矫诏收缚腾、贲。帝震怒，收逵等杀之，此事尤与昭帝相类。霍光忠于国，而为子禹覆其宗，梁商忠于国，而为子冀覆其宗，又相似。但顺帝复以政付冀，其明非昭帝比，故不为人所称。

[注释]

①霍光：霍光，字子孟，霍去病的异母弟，武帝时期的重要谋臣。霍光秉持汉朝政权前后达二十年，他忠于汉室，老成持重，而又果敢善断，知人善任，有深谋远略。

②桑羊：即桑弘羊，汉武帝时重臣，历任大司农中丞、大司农、御史大夫等重要职务，与担任大农丞的大盐铁商东郭咸阳、孔仅二人深得武帝宠信。在国内实行盐、铁等经济政策，收到了明显成效。后因与霍光政见发生分歧，被卷入燕王旦和上官桀父子的谋反事件，结果被处死。上官桀：汉朝人，武帝时任太仆。武帝临终时，任命他为左将军，与霍光同受遗诏辅佐少主，封为安阳侯。后来上官桀密谋废昭帝，但事情败露，被株连九族。

③共图杀害：窦宪兄弟与太后共同谋害皇帝。

④阴：暗中，暗地里。

⑤郑众：字季产，出身小黄门。东汉和帝时，外戚专权，郑众不依附外戚，一心兴复王室，得到和帝宠信。后窦宪大破匈奴，权倾朝野，遂阴图篡弑。和帝知道此事后，采用郑众的计策，诛杀窦宪等人。郑众因首功，升任大长秋，封剿乡侯，把持朝政，开启了东汉宦官专权的时代。不事豪党：不勾结豪门奸党。

⑥《范史》：即范晔所著《后汉书》。

[译文]

汉昭帝十四岁时，能够察知霍光的忠诚，知道燕王上书的虚假，杀了桑羊、上官桀，后代说他英明。然而汉和帝时，窦宪兄弟专权，太后垂帘听政，共谋杀害皇帝。和帝暗中了解到他们的计划，但和内外大臣不能接近，他知道中常侍郑众不巴结豪门奸党，遂和郑众定计，杀掉窦宪，当时也是十四岁，刚烈决断不比昭帝差。但范晔《后汉书》没有指出这点，所以后代没有人称赞和帝。汉顺帝时，梁商任大将军辅佐政事，梁商因为小黄门曹节侍候皇帝，就派儿子梁冀和他交朋友，但太监们忌妒他们得到皇帝恩宠，反而想害他们。中常侍张逵、蘧政、杨定等，与皇帝左右的人共同策划诬蔑梁商及中常侍曹腾、孟贲，说他们想另立皇帝，要求逮捕梁商等治罪。顺帝说："大将军父子是我所亲近的，曹腾、孟贲是我喜欢的，绝没有这种事，只不过是你们忌妒他们罢了。"张逵等知道顺帝不听他们的话，遂假托皇帝诏命逮捕曹腾、孟贲。顺帝大怒，把张逵等抓起来杀了，此事尤其与昭帝相似。霍光忠于国家，却因为儿子霍禹的罪灭了族，梁商忠于国家，却因为儿子梁冀的罪灭了族，这事又相似。但顺帝又把政事交托给梁冀，他的英明不能和昭帝相比，所以不被后人称道。

卷 四

温公客位榜

司马温公[①]作相日，亲书榜稿揭于客位[②]，曰："访及诸君，若睹朝政阙(quē)遗，庶民疾苦，欲进忠言者，请以奏牍(dú)闻于朝廷，光得与同僚商议，择可行者进呈，取旨行之。若但以私书宠谕[③]，终无所益。若光身有过失，欲赐规正，即以通封书简分付吏人，令传入，光得内自省讼[④]，佩服改行。至于整会官职差遣、理雪罪名，凡干身计，并请一面进状，光得与朝省众官公议施行。若在私第垂访，不请语及。某再拜咨白。"乾道九年，公之曾孙伋(jí)出镇广州，道过赣(gàn)，获观之。

[注释]

①司马温公：即司马光，字君实，进士出身。仁宗、英宗、神宗三朝为官，反对王安石新法。哲宗时又入朝为相，废弃新法，恢复旧制。死后谥文正，追封温国公。曾编撰《资治通鉴》。

②亲书榜稿揭于客位：亲自书写告示，张贴在会客之处。揭，使隐瞒的事物显露。

③私书宠谕：私下里给我奏书。

④省讼：省，反省。讼，自责。

[译文]

司马光当宰相的时候，亲自写了一篇“小字报”，张贴在会见客人的地方，说：“来访的诸君，如看到朝廷政事有失误遗漏，或百姓疾苦，想提出中肯意见的，请用书策上奏给朝廷，我和同僚们商议，选择可以施行的，呈进给皇帝，经皇帝批准，即刻施行。如果只是把私信给我，始终没有益处。如果我有错误，不吝赐正，就用全封书信交给吏员，让他们给我，我用心考虑，认真改过。至于处理官职的委派、平反罪名等，凡牵涉到自身的，都请送来状纸，我和朝里众官商议施行。如果是到我家私访，请不要来谈。司马光敬作说明。”宋孝宗乾道九年，温公的曾孙司马伋去广州作官，路过赣州（属江西），我看到了榜文。

李颀诗

欧阳公好称诵唐严维诗“柳塘春水慢，花坞夕阳迟”及杨衡“竹径通幽处，禅房花木深”之句，以为不可及。予绝喜李颀(qí)诗云：“远客坐长夜，雨声孤寺秋。请量东海水，看取浅深愁。”且作客涉远，适当穷秋，暮投孤村古寺中，夜不能寐，起坐凄恻，而闻檐外雨声，其为一时襟抱①，不言可知，而此两句十字中，尽其意态，海水喻愁，非过语也。

孤寺雨声

孤寺、秋夜、冷雨都是极忧郁凄凉的景象，尤其对于出门在外的游子来说，更是不堪离愁。

[注释]

①襟抱：襟怀抱负。

[译文]

欧阳公喜欢称诵唐人严维的诗句“柳塘春水慢，花坞夕阳迟”和杨衡的“竹径通幽处，禅房花木深”等句子，以为达不到它的高度。我却非常喜欢李颀的诗："远客坐长夜，雨声孤寺秋。请量东海水，看取浅深愁。"在远方作客，又恰碰上将尽的秋天，一个人夜晚住在孤村的破旧寺院，怎么能睡得着，只好起来独自凄凉，而听到的却是房檐外面淅淅的雨声，这时的情思，不说也可以知道。而这两句各十个字，把情思形态都说完了，用海水比喻忧愁，这不是言过其实。

鬼宿渡河

宋苍梧王当[1]七夕夜，令杨玉夫伺[2]织女渡河，曰："见，当报我；不见，当杀汝。"钱希白《洞微志》载："苏德哥为徐肇祀其先人[3]，曰：'当夜半可已。'盖俟(sì)鬼宿渡河之后[4]。"翟(zhái)公巽(xùn)作《祭仪》十卷，云："或祭于昏，或祭于旦[5]，皆非是，当以鬼宿渡河为候，而鬼宿渡河，常在中夜，必使人仰占以俟之。"叶少蕴云："公巽博学多闻，援证皆有据，不肯碌碌同众，所见必过人。"予案天上经星终古[6]不动，鬼宿随天西行，春昏见于南，夏晨见于东，秋夜半见于东，冬昏见于东，安有所谓渡河及常在中夜之理？织女昏晨与鬼宿正相反，其理则同。苍梧王荒悖[7]小儿，不足笑，钱、翟、叶三公皆名儒硕学[8]，亦不深考如此。杜诗云："牛女[9]漫愁思，秋期犹渡河。""牛女年年渡，何曾风浪生？"梁刘孝仪诗云："欲待黄昏至，含娇浅渡河。"唐人七夕诗皆有此说，此自是牵俗遗词[10]之过，故杜老又有诗云："牵牛出河西，织女处其东。万古永相望，七夕谁见同。神光竟难候，此事终蒙胧。"盖自洞晓其实，非他人比也。

[注释]

①当：正当，在这个时候。

②伺：等候，等待。

③祀：祭祀，拜祭。先人：故去的人，对死人的隐讳称呼。

④俟：等候。鬼宿：星名，是二十八宿之一朱雀七宿的第二宿。有四颗微弱的星，皆属巨蟹座。鬼宿四星围形似柜中有一星团叫"积尸气"，也叫鬼星团。

⑤昏：黄昏。旦：清晨。

⑥终古：万古，自古以来。

⑦荒悖：荒唐无知。

⑧硕学：博学，亦指博学的人。

⑨牛女：牛郎与织女。

⑩牵俗遣词：迁就世俗遣词作诗。

牛郎织女相会

牛郎织女是世人皆知的传说故事，据说织女上天后，经玉帝恩准，每年农历七月初七可以相会一次。

［译文］

南朝宋苍梧王，在七月初七夜里，命令杨玉夫等候织女过河，说："看到了就告诉我；看不到，我就杀了你。"钱希白《洞微志》记载："苏德哥替徐肇祭祀他的祖先，说：'到半夜就可以祭祀。'这是等鬼星过河以后。"翟公巽著《祭仪》十卷，说："有的在黄昏祭祀，有的在早晨祭祀，都不对，应当以鬼星过河为准，而鬼星过河，常在半夜，一定要派人仰面观察细心等待。"叶少蕴说："翟公巽见多识广，引证都有根据，不愿平平淡淡和众人一般，他的见解一定超过别人。"我认为天上星宿，万年不动，鬼星跟随天体向西运行，春天的黄昏出现在南方，夏天的早晨出现在东方，秋天的半夜出现在东方，冬天的黄昏出现在东方，哪有所说的过河和常在半夜的道理？织女星黄昏、早晨，正好与鬼星相反，道理都一样。苍梧王是荒唐背理的小儿，不值得一笑。钱、翟、叶三人，都是有名的儒者和饱学之士，竟也这样不加深考。杜甫的诗说："牛郎织女不要忧心如醉，一到秋期，还能过河相会""牛郎织女年年过河，何曾遇上大风扬波？"梁刘孝仪的诗说："想等到黄昏后，含着娇羞去过河。"唐人的七夕诗，都有这样说法，这都自然是迁就世俗作诗的过错，所以老杜又有诗说："牛郎在河西，织女在河东，始终相望不相会、未相从。神的光辉难以等候，此事终于难说清。"老杜自然清楚地了解事实，不是别人可比的。

孟蜀避唐讳

蜀本石《九经》皆孟昶(chǎng)[①]时所刻，其书"渊、世民"三字皆缺画，盖为唐高祖、太宗讳[②]也。昶父知祥，尝[③]为庄宗、明宗臣，然于"存勖(xù)、嗣(sì)源"字乃不讳。前蜀王氏已称帝，而其所立龙兴寺碑，言及唐诸帝，亦皆半阙[④]，乃知唐之泽[⑤]远矣。

[注释]

①孟昶：后蜀末代皇帝，早期励精图治，兴修水利，注重农桑，实行“与民休息”的政策，国力日强。后期沉迷酒色，不思进取，朝政腐败，日益荒颓，终被赵匡胤所破。

②讳：避忌。

③尝：曾经。

④半阙：笔画有缺失。

⑤泽：恩惠，影响。

[译文]

蜀本石刻《九经》都是后蜀孟昶时刻的，书中遇到“渊、世民”三字都缺一划，这是给唐高祖、唐太宗避讳呀！孟昶的父亲孟知祥，曾为后唐庄宗和明宗的大臣，然而对于“存勖、嗣源”四字却不避讳。前蜀王氏已称皇帝了，然而他们立的龙兴寺碑，说到唐朝诸皇帝的名字，也都有缺划，我才知道唐朝的影响是很远的了。

牛　米

燕慕容皝(huàng)以牛假[①]贫民，使佃[②]苑中，税其什之八[③]；自有牛者，税其七。参军封裕谏[④]，以为魏、晋之世，假官田牛者不过税其什六，自有牛者中分之，不取其七八也。予观今吾乡之俗，募人耕田，十取其五，而用主牛者，取其六，谓之“牛米”，盖晋法也。

[注释]

①假：借给。

②佃：租种。

③税其什之八：以他们收入的十分之八作为租税。

④谏：进谏劝阻。

[译文]

燕国慕容皝把牛借给贫苦农民，让他们租种苑囿中的土地，收高租十分之八；自己有牛的，收十分之七。参军封裕劝阻，认为魏、晋时候，租种官田和使用官牛的，收租不过十分之六，自己有牛的，双方各取一半，不收十分之七或八。现在我们乡的风俗，用佃户耕田，收租十分之五，使用主家耕牛的，收租十分之六，名为“牛米”，这乃是晋朝的制度。

卷　五

汉唐八相

萧、曹、丙、魏、房、杜、姚、宋，为汉、唐名相，不待诵说。然前六君子皆终于位[①]，而姚、宋相明皇，皆不过三年。姚以二子及亲吏受赂，其罢犹有说[②]；宋但[③]以严禁恶钱及疾负罪而妄诉不已者，明皇用优人[④]戏言而罢之；二公终身不复用。宋公罢相时，年才五十八，后十七年乃薨(hōng)。继之者如张嘉贞、张说、源乾曜(yào)、王晙(jùn)、宇文融、裴光庭、萧嵩、牛仙客，其才可睹[⑤]矣。唯杜暹(xiān)[⑥]、李元绂(fú)为贤，亦清介[⑦]龊(chuò)龊自守者。释骐骥(qí jì)[⑧]而不乘，焉皇皇[⑨]而更索，可不惜哉！萧何且死，所推贤唯曹参；魏、丙同心辅政；房乔每议事，必曰非如晦莫能筹之；姚崇避位，荐宋公自代。唯贤知贤，宜后人之莫及也。

唐时名相房玄龄

唐朝太宗前期，励精图治，重用贤臣，许多有才之士纷纷登台富国，房玄龄就是其中一位。他贤能强干，被太宗任命为宰相，在位期间做了许多利国利民的实事，为开元盛世的出现奠定了基础。

[注释]

①终于位：在位而终，即终身担任丞相。

②说：说辞，情由。

③但：只是。

④优人：古代以乐舞、戏谑为业的艺人，地位低下，身份卑贱。

⑤可睹：可以看见，此处引申作显而易见。

容斋随笔

⑥杜暹：唐时将领，曾拜同中书门下平章事、擢户部尚书。并取代李林甫为礼部尚书，卒赠尚书右丞相。为人清正廉洁，不谋私利。

⑦清介：清正耿直。

⑧骐骥：骏马。

⑨皇皇：通“惶惶”，躁乱不安的样子。

［译文］

萧何、曹参、丙吉、魏相、房玄龄、杜如晦、姚崇、宋璟为汉唐名相，不用细说。然而前六位君子终身任丞相之职，而姚崇、宋璟在唐明皇时任丞相，都不到三年。姚崇因为自己两个儿子及亲信小吏收贿赂被罢相，尚属事出有因。宋璟仅仅因为严厉禁止劣质的钱币及嫉恨自己有罪而无休无止告状的人，唐明皇因唱戏的一句戏言而罢掉了他的丞相之位，姚崇、宋璟二人终身再没被起用。宋璟罢相时，年仅五十八岁，过了十七年才死去。后继为相的，如张嘉贞、张说、源乾曜、王晙、宇文融、裴光庭、萧嵩、牛仙客，他们的才能显而易见。只有杜暹、李元纮可称为圣贤，也是廉洁奉公、刚正不阿的人。放弃骏马而不骑，反而急急忙忙去找别的马，真可惜啊！萧何将死，所推荐的贤人只有曹参；魏相、丙吉同心协力，辅佐国政；房玄龄每次商讨国事，必说没有杜如晦参加不能筹划决策；姚崇退避相位之时，推荐宋璟代替自己。只有贤人才了解贤人，后人望之莫及啊！

晋之亡与秦隋异

自尧、舜及今，天下裂而复合者四[①]：周之末为七战国[②]，秦合之；汉之末分为三国，晋合之；晋之乱分为十余国，争战三百年，隋合之；唐之后又分为八九国，本朝合之。然秦始皇一传而为胡亥，晋武帝一传而为惠帝，隋文帝一传而为炀帝，皆破亡其社稷。独本朝九传百七十年，乃不幸有靖康之祸[③]，盖三代以下治安[④]所无也。秦、晋、隋皆相似，然秦、隋一亡即扫地，晋之东虽曰“牛继马后[⑤]”，终为守司马氏之祀[⑥]，亦百有余年。盖秦、隋毒流四海，天实诛之，晋之八王擅兵[⑦]，孽后盗政[⑧]，皆本于惠帝昏蒙，非得罪于民，故其亡也，与秦、隋独异。

［注释］

①四：四次。

②七战国：即战国七雄，齐、楚、燕、韩、赵、魏、秦。

③靖康之祸：靖康本为宋钦宗年号。靖康之变是宋朝的一大耻辱，靖康二年（1127年），都城开封被破，宋钦宗和宋徽宗及后妃、皇子、公主等三千多人被金军俘虏，北宋灭亡。

④治安：治理天下，使天下安定。

⑤牛继马后：指以牛姓代替司马氏继承皇位，这是晋朝时的图谶。据《晋书》记载，宣帝曾得到一幅《玄石图》，上有“牛继马后”的图像，宣帝以为忌讳，用酒毒死大将牛金。却不料恭王妃与小吏牛氏私通，生下儿子，后为元帝。此为野史传闻，并未记入正史。

⑥祀：此处代指社稷、江山。

⑦八王擅兵：西晋初年，司马氏得到天下，分封宗亲。惠帝时，各宗亲王侯为争权夺利，混战达十六年，直到怀帝即位才平息，被称之为“八王之乱”。

⑧孽后盗政：指贾南风擅权乱国之事。

[译文]

从尧、舜至今，天下分裂而又统一的有四次：周朝末年为战国七雄，秦朝统一；汉朝末年为魏、蜀、吴三国鼎立，晋朝统一；晋朝大乱分裂为十几个小国，战争长达三百年，隋朝统一；唐朝之后又分裂为八九个小国，本（宋）朝统一。然而秦始皇传了一世而为胡亥，晋武帝传了一世而为晋惠帝，隋文帝传了一世而为隋炀帝，都是国家灭亡。唯独本朝传了九世有一百七十年，虽中间不幸有靖康年间的大祸，大概三代以来没有如本朝这样大治安定的了。秦朝、晋朝、隋朝都有相似之处，然而秦、隋一旦灭亡即一蹶不振，东晋即使被称为“牛继马后”，终究保持了司马氏的社稷，也享有百余年。大概秦朝、隋朝流毒四海，罪恶极大，上天诛之，晋朝的八王之乱，“孽后”贾南风擅权乱国，都是因为晋惠帝昏庸无能造成的，并不是得罪了百姓，所以它的灭亡和秦、隋两朝的灭亡不同。

汉宣帝忌昌邑王

汉废昌邑王[①]贺而立宣帝，贺居故国，帝心内忌之，赐山阳太守张敞玺书，戒以谨备盗贼。敞条[②]奏贺居处，著[③]其废亡之效。上知贺不足忌，始封为列侯。光武废太子强为东海王而立显宗，显宗即位，待强弥[④]厚。宣、显皆杂霸道，治尚刚严[⑤]，独此事显优于宣多矣。

[注释]

①昌邑王：刘髆之子刘贺。公元前七十四年四月，汉昭帝病死，昭帝无子，霍光等大臣于同年六月迎立刘贺继位。刘贺不学无术，进京后，将京城搅得乌烟瘴气。霍光见他不堪重任，于是奏请上官皇太后下诏，废黜了他，送他回到

封地昌邑，削去王号，改封为山阳郡。不久，又被汉宣帝改封为海昏侯，就国于豫章昌邑城，史称昌邑王。

②条：逐条。

③著：写明，著清。

④弥：更加。

⑤治尚刚严：治理天下崇尚严刑峻法。

［译文］

汉大将军霍光等废黜昌邑王刘贺而立汉宣帝即位，刘贺移居原来被封的国中，汉宣帝内心很疑忌刘贺，赐给山阳太守张敞玉玺手谕，告诫他要谨防强盗反贼。张敞逐条上奏刘贺住在国中的状况，写明了刘贺被废之后的表现。汉宣帝知道刘贺不足为虑，才封他为列侯。光武帝废太子强为东海王，而立刘庄为太子，刘庄即帝位，史称显宗，对待刘强更加优厚。汉宣帝、汉显宗都用“霸道”治国，崇尚严刑峻法，唯独这件事上汉显宗要比汉宣帝宽厚得多了。

韩信周瑜

世言韩信伐赵，赵广武君请以奇兵塞井陉(xíng)口[1]，绝其粮道，成安君[2]不听。信使间人[3]窥知其不用广武君策，还报，则大喜，乃敢引兵遂下，遂胜赵。使广武计行，信且成禽[4]，信盖自言之矣。周瑜拒曹公于赤壁，部将黄盖献火攻之策，会[5]东南风急，悉[6]烧操舡，军遂败。使天无大风，黄盖不进计，则瑜未必胜。是[7]二说者，皆不善观人者也。夫以韩信敌陈余，犹以猛虎当[8]羊豕尔。信与汉王语，请北举燕、赵，正使井陉不得进，必有它奇策矣。其与广武君言曰：“向使[9]成安君听子计，仆亦禽矣。”盖谦以求言之词也。方孙权问计于周瑜，瑜已言操冒行四患，将军禽之宜在今日。刘备见瑜，恨其兵少。瑜曰：“此自足用，豫州但观瑜破之。”正使无火攻之说，其必有以制胜矣。不然，何以为信、瑜？

［注释］

①赵广武君：赵国广武君李左车，名将李牧之孙，秦汉之际谋士。秦末，六国并起，李左车辅佐赵王歇，为赵立下了赫赫战功，被封为广武君。塞：堵塞，防守。

②成安君：即陈余。陈胜起义时，陈余与至交张耳同往谒陈胜，建议以奇

兵略赵地，功成被封。陈胜兵败后，两人交恶。后张耳投汉，与韩信一同伐赵，斩陈余于水上。

③间人：间谍，窥探敌方情报者。

④禽：通“擒”，被俘虏。也说是成禽，成为笼中之鸟。

⑤会：恰巧，正在那时。

⑥悉：悉数、尽数。

⑦是：这。

⑧当：抵挡，对阵。

⑨向使：倘使，如果，一般表示对过去发生事情的假设。

［译文］

世人都说韩信攻打赵国时，赵国的广武君李左车请求用一支奇兵堵塞井陉口防守，断绝韩信大军的粮道，成安君陈余没有采纳。韩信派间谍暗中刺探得知陈余没有采纳广武君李左车的计策，回来报知，韩信大喜，就率军挺进，随即战胜赵国。假使广武君李左车的计策得以实行，韩信将成为笼中之鸟，这大概是韩信自己说的话。周瑜和曹操在赤壁对阵，部将黄盖献火攻之策，正巧遇到很大的东南风，烧毁了曹操的所有战船，曹操军队大败。假使天没起大风，黄盖没献火攻之计，那么周瑜未必能取胜。这两种说法都是不善于观察人的结果。用韩信和陈余相对阵，就好像用猛虎和羊猪对阵一样。韩信对汉王刘邦说，请求向北攻下燕国、赵国，假使井陉口不能前进，必定有其他奇策妙计。韩信对广武君李左车说：“假若成安君陈余采纳您的计谋，我将成为笼中之鸟了。”大概是谦虚而求得彼此沟通的话。当孙权向周瑜询问破操之计时，周瑜已经陈说了曹操贸然进军的四种弊端，将军擒之应该在今日。刘备拜见周瑜，嫌周瑜带的军队太少。周瑜说：“这些军队足够了，您就看我周瑜大破曹军吧。”假使没有火攻之策，周瑜必定有其他制胜的办法。如果不是这样，怎么能称为韩信、周瑜呢？

周 瑜

周瑜是三国时名将，雄姿英发，足智多谋，跟随孙权立下许多功劳。曹操带兵讨伐东吴，群臣震恐，黄盖向周瑜献计，用火攻之法大败曹军，解除了东吴的危机。

汉武赏功明白

卫青为大将军，霍去病始为校尉，以功封侯，青失两将军，亡翕(xī)侯，功不多，不益[1]封。其后各以五万骑深入，去病益封五千八百户，裨(pí)[2]校封侯益邑者六人，而青不得益封，吏卒无封者。武帝赏功，必视法如何，不以贵贱为高下，其明白如此。后世处此，必曰青久为上将，俱出塞致命[3]，正不厚赏，亦当有以慰其心，不然，它日无以使人[4]。盖失[5]之矣。

［注释］

①益：增加。

②裨：副、偏、小。

③致命：卖命，以性命相搏。

④使人：驱使将士。

⑤失：偏颇，失当。

［译文］

卫青为大将军，霍去病起初为校尉，因功被封侯，卫青进攻匈奴时，失掉了两个将军，翕侯阵亡，因为战功不多，没有增加封赠。其后，二人各率五万骑兵深入匈奴腹地，霍去病增加封赠五千八百户，偏将、校尉被封侯增加食邑的共六人，而卫青没有得到增加封赠，手下的吏卒也没有得到封赠。汉武帝论功行赏，必定按法进行，不以贵贱论高下，如此圣明。后世对待这些，必定说：卫青久为上将，每次出塞卖命，即使没有厚赏，也应当有所表示来安慰将士之心，如果不这样，他日无以驱使将士。这种看法是不正确的。

卷　六

带职人转官

绍兴中，王浚(jùn)明以右奉直大夫直秘阁，乞磨勘[1]，吏部拟朝议大夫。时相以为，既带职，则朝议、奉直为一等，遂超转中奉。其后曾

慥踵(zàozhǒng)之[2]。绍兴末，向伯奋亦用此，继而续觱(bì)复然。后省有言，不应蓦[3]三级，自是但得朝议。

予按故事[4]：官制[5]未行时，前行郎中迁少卿，有出身得太常；无出身，司农；继转光禄，即今奉直、朝议也。自少卿迁大卿、监，有出身，得光禄卿；无出身，历司农卿、少府监、卫尉卿，然后至光禄。若带职，则自少农以上径得光卿，不涉余级，至有超五资者。然则浚明等不为过，盖昔日职名不轻与人，故恩典亦异。又，自承务郎至奉议词人，但三转，而带职者乃与余人同作六阶不小异，乃有司之失也。

[注释]

①乞磨勘：磨勘，唐宋官员考绩升迁的制度。唐时文武官吏由州府和百司官长考核分九等。考状期满根据考绩决定升降，并经吏部和各道观察使等复验，称“磨勘”。文中指王浚明向上级请求考核他的政绩，予以升迁。

②踵之：跟随、模仿这样的做法。踵，脚后跟，引申为跟随、继承。

③蓦：跳越。

④故事：过去的事，先例。

⑤官制：设官的制度。

[译文]

宋高宗绍兴年间，一个叫王浚明的人以右奉直大夫的身份在收藏珍贵图书的秘阁中任直秘阁，掌管图书管理工作，当时他向审官院请求考核他的政绩，予以升迁。吏部打算授以四品的朝议大夫，当时的宰相以为既然是带着职务迁升为官的，朝议和奉直属于同一级别，于是就超越了朝议转为中奉。之后，曾慥也按此办法给转了官。宋高宗绍兴末年，向伯奋也按这一办法转了官，紧接着，续觱也给予了同样的办理。后来中书省里却有人说，不应该跳越三级，只能得到吏部原议的朝议大夫之职。

经过认真考察，我了解到，过去的惯例是：官制没有实行时，前行郎中升为少卿，过去有做官经历的，得太常；没有做官经历的，得司农；然后再转而为光禄大夫，就是现在的奉直和朝议一级。从少卿升为大卿和监的人，有做官经历的得光禄卿；没有做官经历的，经过司农卿、少府监、卫尉卿，然后再至光禄大夫。如果是带着职务升迁的，自少农以上可以直接得到光禄大夫的品级，不必经过别的级别，以至于有一次超越五级的。由此可知，王浚明等人的越级并不过分，这是因为从前的职务名分不轻易给人，因而得到的待遇自然也不同。再有，从承务郎升到奉议词人，只经三次转升，可是带职务的人与别人一样也作六阶，这是掌管升迁的机关人员工作中的失误。

上下四方

上下四方不可穷竟[1]。正杂藏庄、列、释氏[2]之寓言，曼衍不能说也[3]。

《列子》[4]："商汤问于夏革曰：'上下八方有极尽乎？'革曰：'不知也。'汤固[5]问，革曰：'无则无极，有则有尽，朕何以知之？然无极之外，复无无极；无尽之中，复无无尽。无极复无无极，无尽复无无尽，朕是以知其无极无尽也，而不知其有极有尽也，焉知天地之表，不有大天地者乎？'"

《大集经》："'风住何处？'曰：'风住虚空。'又问：'虚空为何所住？'答言：'虚空住于至处。'又问：'至处复何所住？'答曰：'至处何所住者，不可宣说。何以故？远离一切诸处所故，一切处所所不摄故，非数非称不可量故。是故至处无有住处。'"

二家之说，如是而已[6]。

［注释］

①穷竟：追根究底。

②释氏：释迦牟尼，代指佛教。

③曼衍：散漫流衍、延伸变化。说：解释、阐明。

④《列子》：道家著作，八卷，相传为列子所撰，约成书于晋太康二年后。列子，名御寇，战国时郑国人，主张空、静、无为，独立处世，善于修身养性。《列子》内容多为民间传说、寓言故事和神话等，文学价值极高，并包含深刻的哲学思想。该书主旨为天地万物生于无形，不停变化，万物都不完美，人要掌握并利用自然界的规律。

⑤固：坚持。

⑥如是而已：不过就是这样罢了。

［译文］

什么是上下四方？这个问题不可追根究底。就是《庄子》《列子》和佛教经典中的一些含义很深的寓言，也不能说清楚。

《列子》中曾说："商汤皇帝问夏革：'上下八方有极尽吗？'夏革说：'不知道。'商汤坚持要问，夏革就说：'无就是没终点，有就是有个范围，我怎么知道它有没有终极？不过，在无终点以外，就不再存在没有终点之说；在没有范围的说法之内，也不存在没有范围。没有终点之外不再没有终点，没有范围之内不再没有范围，所以我只知道没有终点、没有范围的存在，而不知道有终点有范围的存在，既然如此，怎么能知道在看见的天地之外，有没有比天地更大的东西存在呢？'”

佛教的《大集经》却另是一种说法：“‘风住在什么地方？’答：‘风住在虚空那里。’又问：‘虚空又住在哪里？’回答说：“虚空住在至处。’又问：‘至处又住在哪里呢？’回答说：‘至处住的地方是无法说的。为什么呢？因为至处是远离所有的地方的地方，是任何地方都约束不了它的地方，是用什么东西都无法量的地方，这样的地方是找不到的。所以，至处没有住的地方。’”

两家的说法，也不过就是这个样子。

畏无难

圣人不畏多难而畏[①]无难，故曰：“惟有道之主能持胜[②]。”使秦不并[③]六国，二世未亡；隋不一天下服四夷[④]，炀帝不亡；苻(fú)坚不平凉取蜀，灭燕翦(jiǎn)代[⑤]，则无肥水之役[⑥]；唐庄宗不灭梁下[⑦]蜀，则无嗣(sì)源之祸；李景不取闽并楚，则无淮南之失。

[注释]

①畏：畏惧，害怕。

②持胜：保持胜利。

③并：吞并。

④服四夷：使四周少数民族服从。

⑤灭燕翦代：灭掉燕国，翦除代国。

⑥肥水之役：淝水之战，中国历史上著名的以少胜多的战例，确定了南北朝时期长期分裂的格局。西晋末年，社会动荡，南北割据。南方，司马睿建康称帝，建立东晋，占据了汉水、淮河以南大部分地区。北方，由氐族人建立的前秦国统一了黄河流域，以后又将势力扩展到长江和汉水上游。前秦皇帝苻坚欲一举荡平东晋，统一南北。他亲率百万大军进攻建康。以谢安为首的东晋世族奋起抵抗，大败前秦军队。前秦因为这次大败，实力削弱，从此形成南北对峙之势。肥，通“淝”。

⑦下：攻破。

[译文]

真正英明的帝王并不害怕困难多，而是害怕没有困难，一旦没有了困难就容易贪图安逸，不思危亡，所以说：“只有圣明的国君才能始终保持住胜利。”在这方面有大量的反面例证：假如秦国不吞并六国，天下一统，秦二世也未必会很快灭亡；

假如不是隋文帝统一了中国，结束了南北朝的分裂局面，又征服了四周的少数民族，隋炀帝也没有条件大兴土木，骄奢淫逸，终致灭亡；如果十六国时的前秦皇帝苻坚不去平定凉国（今甘肃黄河以西地带），攻取蜀国（今四川西部一带），灭掉燕国（今北京以北以西的地方），翦除代国（今内蒙古中部和山西北端），也不会头脑发胀，征集九十万人马去攻晋国，招致淝水大战的失败；五代时后唐庄宗如不灭梁国，攻蜀国，也不至口出狂言，荒淫专横，终致李嗣源兵变，最后被杀；南唐李璟如果不去攻取闽国和楚国，也就不会有淮南的大败了。

孔子欲讨齐

陈成子弑(shì)[①]齐简公，孔子告于鲁哀公，请讨之。公曰："告夫三子[②]者。"之三子告，不可。《左传》曰："孔子请伐齐，公曰：'鲁为齐弱久矣，子之伐之，将若之何[③]？'对曰：'陈常弑其君，民之不与[④]者半，以鲁之众，加齐之半，可伐也。'"说者以为孔子岂较力之强弱，但明其义而已。能顺人心而行天讨，何患不克[⑤]？使鲁君从之，孔子其使于周，请命乎天子，正名其罪。至其所以胜齐者，孔子之余事也。予以为鲁之不能伐齐，三子之不欲伐齐，周之不能讨齐，通国知之矣。孔子为此举，岂真欲以鲁之半力敌之哉？盖是时[⑥]三子无君与陈氏等，孔子上欲悟哀公，下欲警三子。使哀公悟其意，必察三臣之擅国[⑦]，思有以制之，起孔子而付以政，其正君君臣臣之分不难也。使三子者警，必将曰：鲁小于齐，齐臣弑君而欲致讨，

鲁哀公问道

孔子是至圣大儒，成为几千年来人们尊崇的典范。孔子在世时便以贤德闻名，鲁哀公也曾召集他，向他询问治国之道。孔子教之以德，以仁义中庸来治理天下。

吾三臣或[8]如是，彼齐、晋大国，肯置而不问乎！惜其君臣皆不识圣人之深旨。自是二年，孔子亡。又十一年，哀公竟逼于三子而孙于越，比之简公，仅全其身尔。

［注释］

①弑：臣杀君、子杀父称弑。

②三子：当时执掌鲁国政权的三家贵族，即孟孙氏、叔孙氏、季孙氏。

③将若之何：将会怎么样呢？结果怎么样呢？

④不与：不赞同，不拥护。

⑤克：攻克。

⑥盖是时：大概在那个时候。

⑦擅国：独揽国政，多指臣子越权。

⑧或：如果。

［译文］

春秋时，齐简公四年，齐国大臣陈成子弑杀齐简公，拥立齐平公，自任国相，这时，孔子找到鲁国的国君鲁哀公，请求讨伐陈成子。鲁哀公说：“这件事你去找‘三子’（当时掌握鲁国政权的三家贵族，即孟孙氏、叔孙氏、季孙氏）跟他们说吧。”孔子把他的想法告诉了“三子”，遭到了拒绝。对此事，《左传》的记载是：“孔子请求讨伐齐国，鲁哀公说：‘鲁国比齐国弱已是很久的事实了，你说要讨伐他，结果会怎么样呢？’孔子回答说：‘陈成子（即陈常）杀了他的国君，齐国老百姓不拥护的有一半，现在用鲁国的全部力量和齐国的一半力量，共同去讨伐，是可以胜利的。’”对于这件事，有人评论说：孔子怎么会去计较实力的大小呢？他重在讲仁义，只要从仁义的角度把道理讲清楚就够了。如能顺乎民心而代天讨伐，还用担心不会胜利吗？假如鲁哀公接受了孔子的请求，派孔子出使周朝，请求周天子给陈成子定罪，天下共讨，问题就解决了。至于说能否胜齐的实际力量，在孔子看来是十分次要的。我认为，鲁国因弱小不能讨伐齐国，孟孙氏、叔孙氏、季孙氏三人与陈成子一样居心不良，因而不想伐齐，周天子失去了权威也不能伐齐，这是全国无人不知的道理。那么，孔子的这一举动，难道真的是想以鲁国一半的力量去与齐国相拼吗？不是的。孔子看到，当时鲁国的“三子”目无君主与陈成子是一样的，因此，他的这一做法并不在于去打仗，而在于这样做，上可以使鲁哀公觉悟，下可以警告“三子”。如果鲁哀公明白了孔子的本意，就会认真看待三臣擅权、图谋不轨的事实，设法加以控制，并且起用孔子执掌国政，君臣之间的正常关系也就不难恢复了。假如“三子”因孔子的举动而受到震警，一定会说：鲁国比齐国小，齐国的大臣杀了君主，大家要去讨伐；我们三人如去杀君主，像齐、晋这些大国，怎么会置之不理呢？可惜的是，鲁国的君臣都未能明白圣人的这番深意。二年后，孔子死。又过了十一年，鲁哀公竟在三位大臣的威逼下流亡到越国，与齐简公相比，只是得免一死而已。

韩退之

《旧唐史·韩退之传》，初言："愈常以为魏、晋以还[1]，为文者多拘偶对[2]，而经诰之指归[3]，不复振起。故所为文，抒言立意，自成一家新语，后学之士，取为师法[4]。当时作者甚众，无以过[5]之。故世称'韩文'。"而又云："时有恃才肆意，亦蠡(lǐ)[6]孔、孟之旨。若南人妄[7]以柳宗元为罗池神，而愈撰碑以实之[8]。李贺父名晋，不应进士，而愈为贺作《讳辩》，令举进士。又为《毛颖传》，讥戏[9]不近人情。此文章之甚纰(pī)缪者[10]。撰《顺宗实录》，繁简不当，叙事拙于取舍，颇为当代所非。"裴晋公[11]有《寄李翱书》曰："昌黎韩愈，仆识之旧矣，其人信美材也。近或闻诸侪(chái)类[12]云：恃其绝足，往往奔放，不以文立制，而以文为戏。可矣乎？今之不及之者，当大为防焉尔。"

《旧史》谓愈为纰缪，固不足责，晋公亦有是言，何哉？考公作此书时，名位犹未达，其末云："昨弟来，欲度及时干进，度昔岁取名，不敢自高。今孤茕(qióng)[13]若此，游宦[14]谓何？是不能复从故人之所勉耳！但置力田园，苟过朝夕而已。"然则，公出征淮西，请愈为行军司马，又令作碑，盖在此累年之后，相知已深，非复前比也。

韩愈

韩愈字退之，河南南阳人，祖籍河北昌黎，自称郡望昌黎，世称韩昌黎，是唐代古文运动的倡导者，也是"唐宋八大家"之首。他的文章奇峻峭拔，颇具风骨。

[注释]

①以还：以来。

②拘偶对：拘泥于骈偶对句。

③经诰之指归：经诰，秦汉及以

前的经典文献。指归，通“旨归”，主旨、要义，深层意蕴。

④师法：师从、效法。

⑤过：越过、超过。

⑥鳌：背弃、远离。

⑦妄：轻率。

⑧以实之：使其成为事实。

⑨讥戏：荒诞戏谑。

⑩甚：十分、非常。纰缪：差错、谬误。

⑪裴晋公：裴度，字中立。进士出身。宪宗时因功被封为晋国公，参知政事。文宗时留守东都，无意倾轧，广交文友。

⑫侪类：同辈，多用来代指朋友。

⑬茕：古时称无兄弟作“茕”，后泛指孤独。

⑭游宦：也称“宦游”，指离开家乡，到远地去做官。后来将做官都称作是“游宦”。

［译文］

在《旧唐书·韩愈传》中，前面说：“韩愈认为，自魏、晋时代以来，作文章的人大多拘泥于骈偶对句，致使秦汉及其以前的经典文献中的深层意蕴不能再给以发扬。因此，他的文章在语言运用和表达思想方面，都有所创新，从而自成一家，为后来的人们所效法。当时，虽然作文章的人不可胜数，但没有人能超过他。所以社会上的人特称韩愈的文章为‘韩文’。”可是后边又说：“他经常有自恃才高、任意而为的表现，又违背了孔、孟之道的精神实质。举例说吧：南方人很随便很轻率地把柳宗元称作‘罗池神’，韩愈就撰写碑文予以记载，使之成为事实。李贺父亲名晋，他为了避讳，就不去应考进士，可是韩愈却为李贺作了一篇《讳辩》，劝他去考进士。他还写一篇《毛颖传》的文章，荒诞不经到不近人情的地步。这些都是他的文章在内容方面十分不妥的地方。他写的《顺宗实录》，该细腻的不细腻，该简略的不简略，叙事的选择取舍也很不高明，这些形式方面的问题，也受到当代人的批评。”晋国公裴度有一封《寄李翱书》说：“自称昌黎人的韩愈，我是早就知道他的，这个人实在是有了不起的才能。近来有时也听到有些人说他依仗自己超人的才能，经常过于不受约束，写文章时不是通过文章建立法度，而是以文章为儿戏。这种作法可以吗？当今才能不如他的人，在这点上不仅不能向他学习，还应引以为戒。”

《旧唐书》说韩愈有错误，是可以理解且用不着指责的。但裴度也这样说是为什么呢？因为裴度写这封信时，名誉地位都还没有，信的最后写着：“昨日小弟来，是想能及时在功名上有所进取，我虽起名为‘度’，也不敢自视甚高。现在孤零潦倒到这个地步，出外作官又是为了什么呢？因此，我不能听从老朋友的勉励。今后只去致力于耕种田园，苟且地过日子罢了。”可是到了后来，裴度出征淮西时，请韩愈做他的行军司马，还让他写过碑文，这些事都在许多年之后，二人互相了解已深，与未成名之前二人的关系是不能相比的。

诞节受贺

唐穆宗即位之初年，诏曰：“七月六日，是朕载诞①之辰。其日②，百寮命妇宜于光顺门进名参贺③，朕于门内与百寮相见。”明日，又敕④受贺仪宜停。先是左丞韦绶奏行之，宰臣以古无降诞受贺之礼，奏罢之。然次年复行贺礼。

诞节之制，始于明皇。今天下宴集休假三天，肃宗亦然。代、德、顺三宗皆不置节名，及文宗以后，始置宴如初。则受贺一事，盖自长庆年至今用之也。

［注释］

①载诞：诞辰。

②其日：到那天。

③百寮命妇宜于光顺门进名参贺：百官和各位诰命夫人都能到光顺门将自己的名字呈递上来，表示参加了朝贺。百寮，通“百僚”，百官。命妇，被赐予封号的妇女，一般为官员的母亲、妻子。

④敕：皇帝下诏书。

［译文］

唐穆宗李恒即皇帝位的那年，下诏书说：“七月六日，是我的寿诞之日。到了那天，百官和诰命妇人都可到光顺门把名字递上来，表示参加了朝贺，我可以在门内与百官见面。”第二天，又下诏说，诞辰受百官朝贺的仪式停止。这是怎么回事呢？原来起初是尚书省总辖吏、户、礼三部的左丞韦绶上奏章，要求寿诞受贺，因之允准下诏；接着总揽政务的大臣又以古代就无寿诞受贺为理由，上书要求停止贺礼仪式，于是又下诏停止。但是到了第二年，又开始寿诞贺礼。

皇帝寿诞之日举行贺礼的制度，开始于唐明皇。当时，唐明皇在他寿诞之日下令百官集中设宴庆贺、休假三天，之后，唐肃宗也照此办理。后来，代宗、德宗、顺宗三朝都没有设置这一节日名目。直到唐文宗以后，才像玄宗时一样盛宴百官。由此可知，寿诞受贺之礼，大致从唐穆宗长庆年间一直沿用到现在。

左氏书事

《左传》书晋惠公背[①]秦穆公事曰："晋侯之入[②]也，秦穆姬属贾君焉，且曰，尽纳群公子[③]。晋侯烝(zhēng)于贾君，又不纳群公子，是以穆姬怨之；晋侯许赂[④]中大夫，既而[⑤]皆背之；赂秦伯以河外列城五，东尽虢略，南及华山，内及解梁城，既而不与；晋饥，秦输之粟，秦饥，晋闭之籴(dí)[⑥]。故秦伯伐晋。"观此一节，正如狱吏治囚，蔽[⑦]罪议法，而皋(yáo)陶[⑧]听之，何所伏窜。不待韩原之战[⑨]，其曲直胜负之形见矣。晋厉公绝秦，数其五罪，书词铿訇(kēnghōng)[⑩]，极文章鼓吹之妙，然其实皆诬秦。故《传》又书云："秦桓公既与晋厉公为令狐之盟[⑪]，而又召狄与楚，欲道以伐晋。"杜元凯注云："据此三事，以正秦罪。"左氏于文，反复低昂，无所不究其至。观秦、晋争战二事，可窥一斑矣。

皋 陶

皋陶是黄帝之子少昊的后人，舜帝时负责氏族政权的刑罚、监狱、法治的官员。他尊崇"法治"与"德治"，公正廉洁、铁面无私。洪迈在这里提到皋陶，主要用来说明秦伐晋是正义之举，不得已而为之，即便是皋陶在世，也不能判秦有罪。

[注释]

①背：背弃，背叛。

②入：回去，回（晋国）。

③"秦穆姬"三句：秦穆姬是秦穆公夫人，晋惠公同父异母之姐。晋惠公自秦返晋时，秦穆姬将太子申生的妃子贾君托付给他，又让他把流亡在外的各位晋公子都接回晋国。可是，晋惠公返国之后却与贾君同居，又不招纳各位公子，秦穆姬十分恼怒。晋惠公曾答应给秦的财物、土地和五座城邑，后来也食言不给。

属，嘱托，托付。

④许赂：许诺给以好处。

⑤既而：不久，一会儿，副词。承接上文，指上件事情发生后不久。

⑥籴：买进粮食。

⑦蔽：隐匿，隐藏。

⑧皋陶：黄帝之子少昊之后，舜时被任为掌管刑法的官。据说他公正严明，毫不偏私。

⑨韩原之战：因为晋惠公背约，周襄王八年（前658年），秦穆公率军在韩原进攻晋军，并最终将晋军击败。

⑩铿訇：形容文词铿锵有力。

⑪令狐之盟：公元前580年冬，秦、晋达成和平意向，约定双方在令狐结盟。

［译文］

《左传》在写到晋惠公背弃秦穆公一事的时候说："晋惠公要回晋国的时候，秦穆姬把帮助惠公归国的事托付于贾君，并且说：要让各位公子都回晋国。可是晋惠公后来对贾君也不好，又不让各位公子归国，因此，秦穆姬已有怨恨；晋惠公曾许诺中大夫里克，事成后，把汾阳一带给他为封地，后来也背弃了诺言；回国前他曾答应秦穆公，一旦在秦的帮助下得到王位，要把黄河以南的五城割给秦国，东面包括虢国（今河南三门峡、灵宝，山西平陆一带）的大部分，南边到了华山，黄河以北包括了解梁城（今山西临猗西南部），可是后来又不给；晋国遭到了饥荒，秦国给送去了粮食，可秦国遇到饥荒的时候，晋国则把买进来的粮食也封存起来。由于这些原因，秦国的国君才去讨伐晋国。"看了这段叙述，真如法官审判犯人，以罪绳之以法，想逃遁是办不到的，就是古代最贤明的执法官皋陶听了，也会服气的。不必等到秦晋两国的韩原（一说为今陕西韩城西南，一说为今山西芮城）大战，其间的是非曲直谁胜谁败也就一目了然了。晋厉公与秦断交时，曾罗列秦的五条罪状，言词铿锵有力，极尽其夸张美饰之能事，但其中的事实却全是编造的。于是《左传》写道："秦桓公已经与晋厉公订立了令狐（今山西临猗西）之盟，仍然要与北方的狄人和南方的楚国商议讨伐晋国的事。"对于上面这些记载，杜元凯加的注是："根据上述的三桩事实，就可以认定秦国伐晋并无罪过。"左丘明在《左传》中的文章真是有起有伏，但没有一件事不是追根求源，以事实证其是非的。这只要看看上面叙述的关于秦、晋之间的这两次战事，也就可以见其一斑了。

卷　七

孟子书百里奚[1]

柳子厚[2]《复杜温夫书》云："生用助字，不当律令，所谓乎、欤(yú)、耶、

哉、夫也者，疑辞[3]也。矣、耳、焉也者，决辞[4]也。今生则一[5]之，宜考前闻人所使用，与吾言类且异，精思之则益也。”予读《孟子》百里奚一章曰：“曾不知以食牛干秦缪公之为污也[6]，可谓智乎？不可谏而不谏，可谓不智乎？知虞公之将亡而先去之，不可谓不智也。时举于秦[7]，知缪公之可与有行也而相之，可谓不智乎？”味其所用助字，开阖(hé)变化，使人之意飞动，此难以为温夫辈言也。

［注释］

①百里奚：秦穆公时贤臣，早年贫穷困乏，流落不仕。后到虞国任大夫，虞国被晋国所灭，百里奚被俘。晋献公把女儿嫁给秦穆公，百里奚为陪嫁之臣。他以此为耻，便从秦国逃到宛，被楚国抓获。秦穆公知他贤能，又恐楚国不放人，于是用五张羊皮（奴隶的价格）将他从楚国赎回。百里奚辅佐秦穆公，富国强兵，立下大功。

②柳子厚：即柳宗元，字子厚。

③疑辞：疑问词，表示疑问语气。

④决辞：判断词，表示判断。

⑤一：同一对待，认为它们都一样。

⑥曾不知以食牛干秦缪公之为污也：食牛，给牛吃食，喂养牛。百里奚曾经做过放牛的奴隶，故有此说。

⑦时举于秦：当被秦举荐时。

［译文］

柳宗元在《复杜温夫书》中说：“你在写文章时，使用助字，不合乎规则。人们常用的所谓乎、欤、耶、哉、夫等，是疑问词，表示疑问的意思。所谓矣、耳、焉等，是判断词，表示判断的意思。而今，你认为这些字所表达的意思是一样的，应仔细查考前人对这些字的使用。若与我上面所说的是不同的，从此进行认真的思考分析是有益的。”我在读《孟子》一书时，见到关于百里奚的一段记载。说万章问道：“有人说百里奚用自己卖给秦国养牲畜的人的所得来求秦穆公，这话可信吗？其回答是：他竟不知道用饲养牛的方法来求秦穆公是行为不正的，可谓智乎？他预见到虞公不

百里奚畜牧封侯

百里奚，秦穆公时的贤臣。早年困顿，流落为晋国俘虏，被作为陪嫁送给秦国。后又被楚国俘获，秦穆公听说了他的才名，想要重金赎回，担心楚国不予，于是用五张羊皮（奴隶的价格）将其赎回，并拜其为相。

可以劝阻，便不去劝阻，可谓不智乎？他又预知到虞公将要灭亡，因而早早离开，不可谓不智也。当他在秦国被推举出来的时候，便知道秦穆公是一位可以帮助而有作为的君主，可谓不智乎？”仔细辨别所使用的助字，开合变化，使人思绪飞动，这些对温夫之辈来说是难以理解的。

韩柳为文之旨

韩退之自言：作为文章，上规姚、姒、《盘》《诰》《春秋》《易》《诗》《左氏》《庄》《骚》、太史、子云、相如，闳(hóng)其中而肆其外①。

柳子厚自言：每为文章，本之《书》《诗》《礼》《春秋》《易》，参之《榖梁氏》以厉其气②，参之《孟》《荀》以畅其支③，参之《庄》《老》以肆其端，参之《国语》以博其趣，参之《离骚》以致其幽④，参之太史公⑤以著其洁。此韩、柳为文之旨要，学者宜思之。

［注释］

①闳：宏大充实。肆：汪洋恣肆。

②厉其气：振奋文章的气势。

③畅其支：使文章行文流畅通顺。

④致其幽：使文章意境幽远。

⑤太史公：即司马迁，他著《史记》，语言精炼优美，无冗词。

［译文］

唐代韩愈曾说：写文章时，应当师法上古的名著名篇，诸如《虞书》《夏书》《尚书·盘庚》《尚书·诰》《春秋》《易》《诗经》《左传》《庄子》《离骚》，以及司马迁、扬雄、司马相如的文章，在内容上要充实，在表现上要流畅。

柳宗元则认为，写文章时，应当首先依据《尚书》《诗经》《礼记》《春秋》《易经》这个根本。其次，要参照《榖梁传》的写法，可使文章思路开阔，振奋气势。参照《孟子》《荀子》，可使文章流畅、说理精当。参照《庄子》《老子》，

柳宗元

柳宗元，唐代文学家、哲学家，唐宋八大家之一，与韩愈共同倡导唐代古文运动，并称韩柳。世称柳河东。

可使文章酣畅，妙笔生花。参照《国语》，可使文章情趣横生，耐人寻味。参照《离骚》，可使文章意境幽远，发人深省。参照《史记》，可使文章语言优美，简洁精炼。这是韩愈、柳宗元两人所谈的创作要旨，应当引起学人的重视。

李习之论文

李习之《答朱载言书》论文最为明白周尽[1]，云："《六经》[2]创意造言，皆不相师。故其读《春秋》也，如未尝有《诗》也；其读《诗》也，如未尝[3]有《易》也；其读《易》也，如未尝有《书》也；其读屈原、庄周也，如未尝有《六经》也。如山有岱、华、嵩、衡焉，其同者高也，其草木之荣，不必均也。如渎有济、淮、河、江焉，其同者出源到海也，其曲直浅深，不必均也。

天下之语文章有六说焉：其尚异者曰，文章词句，奇险而已；其好理者曰，文章叙意，苟通而已[4]；溺于时[5]者曰，文章必当对；病于时者曰，文章不当对；爱难者曰，宜深，不当易；爱易者曰，宜通，不当难。此皆情有所偏滞，未识文章之所主也。义不深不至于理，而词句怪丽者，有之矣，《剧秦美新》、王褒[6]《僮约》是也。其理往往有是者[7]，而词章不能工[8]者有之矣，王氏《中说》、俗传《太公家教》是也。古之人能极于工而已，不知其辞之对与否、易与难也。'忧心悄悄，愠(yùn)于群小'，非对也；'遘(gòu)闵既多，受侮不少'非不对也；'朕塈(jí)谗说殄[9]行，震警朕师''菀(yù)[10]彼桑柔，其下侯旬，捋(lǚ)采[11]其刘'，非易也；'光被[12]四表，格于上下''十亩之间兮，桑者闲闲兮'，非难也。《六经》之后，百家之言兴，老聃(dān)[13]、列、庄，至于刘向、扬雄，皆自成一家之文，学者之所师归也。故义虽深，理虽当，词不工者不成文，宜不能传也。"其论于文者如此，后学宜志之。

［注释］

①周尽：周到详尽。

②《六经》：《诗》《书》《礼》《易》《乐》《春秋》。

③未尝：不曾，没有。

④苟通而已：只要通顺就可以了。

⑤溺于时：顺应时俗。

⑥王褒：字子渊，汉宣帝时著名文学家。王褒特别善于写咏物小赋，是汉代写咏物小赋的代表作家。

⑦有是者：有正确的成分。

⑧工：工整。

⑨殄：灭绝。

⑩菀：草木茂盛的样子。

⑪捋采：采集。捋，用手轻轻摘取。

⑫被：遮覆，照耀。

⑬老聃：即老子，姓李，名耳，字伯阳，聃是谥号，春秋时楚国苦县人。主张"清静无为"，以"道"解释宇宙万物的演变，以为"道生一，一生二，二生三，三生万物"。其思想对当时及后世有重要影响，据传孔子曾前去向老子求教。主要思想可参见其著作《老子》。

[译文]

李习之所写的《答朱载言书》，论述写文章最为明白、周到详尽。他在这篇文章中说："《诗经》《书经》《礼记》《乐经》《易》《春秋》六经，立意用语，各有特点，富于创造，不相互仿效引用。所以在读《春秋》的时候，就见不到其中有引用《诗经》的；在读《诗经》的时候，就见不到其中有引用《易经》的；在读《易经》的时候，就见不到其中有引用《书经》的；甚至，读屈原、庄周的著作，也见不到其中有引用《六经》的。譬如高山，有泰山、华山、嵩山、衡山，它们共同的特点是高大，至于说山上草木的茂盛如何，则是不完全相同的。又如河川，有济水、淮河、黄河、长江，它们共同的一点是从发源地流出，都归于大海，至于说河道的曲直，河水是深是浅，则是不完全相同的。

泛舟行

"汤汤川流，中有行舟，随波转薄，有似客游。"此语句出自曹丕《善哉行》，文辞明朗流丽，对仗工整，是后世人模仿的经典之作。

现在评论文章，有六种说法：有崇尚奇特的人说，文章语言词句，要奇特惊险；有喜好辩论的人说，文章叙事论理，要通顺流畅；有拘泥时俗的人说，文章必须讲求对仗；有厌恶时俗的人说，文章不应当讲求对仗；喜爱难的人说，文章应当难，而不应当浅显；喜爱容易的人则说，文章应当通顺不应当难。这六种情形，都是由于人的情感喜怒爱好不同而有所偏狭，未曾涉及文章的主题总旨。有的文章义理说得浮浅不透彻，但是词句离奇华美，扬雄的《剧秦美新》、王褒的《僮约》，便是如此。有的文章讲道理讲得好，但是不注意修辞，语句粗劣，如王通的《中说》、俗传《太公家教》，便是如此。古时候的人，能够在语言文字上狠下一番功夫，但不大明白其词是对仗还是不对仗，是易还是难。‘忧心悄悄，愠于群小’，是不对仗。‘遘闵既多，受侮不少’，是对仗；‘朕塈谗说殄行，震警朕师’‘菀彼桑柔，其下侯旬，捋采其刘’，并不容易。而‘光被四表，格于上下’‘十亩之间兮，桑者闲闲兮’，则并不难。自从《六经》出现之后，百家之言纷纷兴起，老聃、列子、庄子，以至于刘向、扬雄，在文坛上都自成一家，学习写文章的人，纷纷以他们为师。由此可见，有的文章虽然道理讲得很深，说理亦恰当，但是语言文字不好，不能成为好文章，亦不能传之于世。”李习之关于文章的论述，大致是这样，作为后学，应当注意他的这些论述。

将军官称

《前汉书·百官表》：“将军皆周末官，秦因①之。”予按《国语》：“郑文公以詹伯为将军。”又：“吴夫差十旌一将军。”《左传》：“岂将军食之而有不足。”《檀弓》②：“卫将军。”《文子》：“鲁使慎子为将军。”然则③其名久矣。彭宠为奴所缚，呼其妻曰：“趣为诸将军办装④。”《东汉书》注云：“呼奴为将军，欲其赦己也。”今吴人语犹谓小苍头⑤为将军，盖本诸此。

[注释]

①因：因袭，沿用。

②《檀弓》：《礼记》中的篇章。

③然则：由此可见。

④趣：通“促”，赶紧，赶快。诸将军：诸位将军，这里指各位奴隶。办装：置办行装。

⑤小苍头：级别很低的奴仆。

[译文]

《前汉书·百官表》中载：“将军都是周代末年的官，秦代沿用了这个称号。”据查，《国语》里有载：“郑文公以詹伯为将军。”又载：“吴王夫差十旌一将军。”《左传》里记有“岂将军食之而有不足。”《檀弓》里有“卫将军”语。《文子》里亦有“鲁国任用慎子为将军。”可见，将军的称号已经很久了。东汉时，彭宠被奴隶缚捆，他急忙喊叫他的妻子说：“快去为各位将军置办行装。”《东汉书》中在这一句下作注说：“称呼奴隶为将军，是为了要他们释放自己。”现在吴（今江苏苏州）人仍称

容斋随笔

名叫小苍头的奴仆为将军，其根据也在于此。

洛中盱江八贤

司马温公《序赙(fù)礼》，书闾阎[1]之善者五人，吕南公作《不欺述》，书三人，皆以卑微不见于史氏。予顷[2]修国史，将以缀于孝行传而不果成。聊[3]纪之于此。

温公所书皆陕州夏县人。曰医刘太，居亲丧[4]，不饮酒食肉，终三年，以为今世士大夫所难能。

其弟永一，尤孝友廉谨[5]。夏县有水灾，民溺死者以百数，永一执竿立门首，他人物流入门者，辄擿(zhì)出之。有僧寓[6]钱数万于其室而死，永一诣[7]县自陈，请以钱归其弟子。乡人负债不偿者，毁其券[8]。

曰周文粲，其兄耆酒，仰[9]弟为生。兄或时酗殴粲，邻人不平而唁之。粲怒曰："兄未尝殴我，汝何离间吾兄弟也？"

曰苏庆文者，事继母以孝闻。常语[10]其妇曰："汝事吾母小不谨，必逐汝！"继母少寡[11]而无子，由是安其室终身。

曰台亨者，善画，朝廷修景灵宫，调天下画工诣京师，事毕，诏选试其优者，留翰林授官禄，亨名第一。以父老固辞，归养于田里。

南公所书皆建昌南城人。曰陈策，尝买骡，得不可被鞍者[12]，不忍移之他人，命养于野庐，俟(sì)其自毙。其子与猾驵(zǎng)[13]计，因经过官人丧马，即磨破骡背，以炫贾之。既售矣，策闻，自追及，告以不堪。官人疑策爱也，秘之。策请试以鞍，亢亢终日不得被，始谢还焉。有人从策买银器若罗绮者，策不与罗绮。其人曰："向见君帑(tǎng)有之[14]，今何靳(jìn)[15]？"策曰："然！有质钱而没者，岁月已久，丝力糜脆不任用，闻公欲以嫁女，安可以此物病公哉？"取所当与银器投炽炭中，曰："吾恐受质人或得银之非真者，故为公验之。"曰危整者，买鲍鱼，其驵舞秤权阴厚整。鱼人去，身留整傍，请曰："公买止五斤，已为公密倍入之，愿畀(bì)[16]我酒。"整大惊，追鱼人数里返之，酬以直[17]。又饮驵

醇酒，曰：“汝所欲酒而已，何欺寒人为？”曰曾叔卿者，买陶器欲转易于北方，而不果行。有人从之并售者，叔卿与之，已纳价，犹问曰：“今以是何之？”其人对：“欲效公前谋耳。”叔卿曰：“不可，吾缘北方新有灾荒，是故不以行，今岂宜不告以误君乎？”遂不复售。而叔卿家苦贫，妻子饥寒不恤[18]也。

呜呼，此八人者贤乎哉！

[注释]

①闾阎：泛指平民老百姓。闾，泛指门户，人家。中国古代以二十五家为一闾。阎，里巷的门。

②顷：近来。

③聊：暂且。

④居亲丧：为父母守丧。

⑤孝友廉谨：孝顺父母、友爱兄弟，廉洁、谨慎。

⑥寓：寄放。

⑦诣：到，旧时特指造访尊长。

⑧券：契据，常分为两半，双方各执其一。

⑨仰：仰仗、依靠。

⑩语：对……说。

⑪少寡：年纪轻轻便死了丈夫。

⑫得不可被鞍者：得到了一匹不能安马鞍、不能驮物的骡子。

⑬猾驵：狡猾的市场经纪人。驵，市场经纪人。

⑭向：以前，之前。帑：古指收藏钱财的府库或钱财。

⑮靳：吝惜，不肯给予。

⑯畀：给与。

⑰直：通“值”，等值的财物。

⑱恤：体恤，安抚。

[译文]

司马光在《序赙礼》这篇文章中说，民间有善行者五人，吕南公在所撰《不欺述》中，记有三人的事略，这些都是由于他们出身微贱而不为史家所记述。近来，我在编修国史时，曾想将这八人列入孝行传中，结果也未能列入。兹将这八人事略，记之于此。

司马光所说的五人，都是陕州夏县（今属山西）人。一是刘太，是个医生，为父母守丧，三年不饮酒吃肉，始终如一，这是当今士大夫们所难以做到的。

二是他的弟弟永一，尤以孝顺父母友爱兄弟和洁身谨慎而著称。夏县发生水灾，百姓被洪水淹没致死的数以百计，永一拿着一根竹竿，站在门口，凡是看到有人和

东西漂流到家门口的，就打捞上来。有一个僧人，把数万钱寄放在他家里，这个僧人不幸死去，永一到县署述说其事，并且提出请求官府协助把这些钱归还给僧人的弟子。当地人向他借债，言明如期按本付息，有的家中穷困，实在不能偿还的，他就将借贷契约焚毁。

三是周文粲，他的哥哥嗜饮酒，不务正业，依靠弟弟文粲供给为生。他的哥哥在醉酒时，往往对文粲进行殴打，邻居中好打不平的人，对文粲的遭遇深表同情，都去安慰他。每当出现这种情形，文粲就恼火，并且对他们说："我的哥哥不曾打我，你们为什么要在我们兄弟之间进行挑拨离间呢？"

四是苏庆文，殷勤事奉继母，以孝子闻名。他曾对他的妻子说："你要谨慎耐心地事奉我的母亲，如果不是这样，就要把你赶走！"继母年少即守寡，没有儿子，后来，来到苏家安家并且最后病死在这里。

五是台亨，善绘画，朝廷决定修建景灵宫，征调各地著名画工到京师，为景灵宫作画，这件事完成后，朝廷下令选拔其中的优秀者，留他们在翰林院，授给他们官职，发给他们薪俸，台亨名列第一。台亨以其父年迈，坚持辞官，返回故里，侍养双亲。

吕南公说下述三人都是建昌南城（今属江西）人。一是陈策，曾经买一匹骡子，不能安鞍子或让人骑，或驮运货物，不忍心再到市上卖给他人，就叫人在村外草屋进行喂养，让它老死在这里。他的儿子与奸诈的经纪合谋，在这里经过的官人，有的马突然死去急着再买，他们就借此机会，故意将骡子的脊背磨破，牵到市上去卖，并且极力夸耀这匹骡子如何如何。不久，就将它卖了出去，陈策听说后，就连忙前去追赶，见了买主，如实地告诉不能让人骑乘驮运的实情。官人听后，不禁产生疑虑，以为他是喜爱这匹骡子，便问他究竟是怎么一回事。陈策让官人将鞍子放在骡背上，整整折腾了一天，也没有放上，被骡子踢得一塌糊涂，这时官人才明白了实情，从内心里对陈策发出了由衷的感谢，陈策当即把钱退还给了官人，官人把骡子退还给了陈策。又有一次，一个人到陈策家里去买质地轻软带有椒眼文饰的银器，策不卖给。这个人有些生气，就问他道："我明明见你家中有这种东西，现在为什么不卖给我呢？"策回答说："是啊！我家存放的这种银器，是别人借钱抵押给我的，时间已经很长了，受一点点外力就会碎掉，毫不经用，我听说你买这东西是为女儿作陪嫁用的，怎么能用这样过期报废的货物来坑害你呢？"说罢，就将家中所存的银器投进炽热的炭火盆中焚毁，并对买主说："我这东西是从抵押者手中买来的，怕不是真品，作个验证让你看。"二是危整，一天，他到市上买回鲍鱼，经纪舞弄着称锤，故意多给称了几斤。卖鱼人走后，经纪就对危整说："你只买五斤，我暗中给你称了十斤，你得请我喝酒。"整听后，十分吃惊，忙去追赶卖鱼的人，跑了几里才追上，把多给他的鱼，按价付给了卖鱼的人。又把那位经纪请到酒店中饮酒，并对那位经纪说："你想喝酒，何必去欺骗卖鱼的贫苦人呢？"三是曾叔卿，他打算到南方购买一批陶器运到北方贩卖，买回来后，迟迟未能向北方转运。这天，一个跟他一起做陶器生意的人前来买货，叔卿答应卖给，已付了钱，他顺便问道："现在你买这些陶器干什么？"回答说："我是跟你学的，是按照原先你的想法去做的。"叔卿当即斩钉截铁地对他说："你可不能这样做。我是由于北方新近遭灾，所以才未把这批陶器运到北方去卖的，如今岂能不告诉你这一点呢？"于是叔卿决定不再把存货卖给他。而叔卿家中贫穷，连妻子的饥寒温饱都难以顾全。

唉，以上八人，真可谓是善人贤人啊！

汉书用字

太史公《陈涉[1]世家》："今亡亦死，举大计亦死，等死，死国可乎？"又曰："戍死者固什六七[2]，且壮士不死即已，死即举大名耳！"叠用七"死"字，《汉书》因之。《汉·沟洫（xù）志》载贾让《治河策》云："河从河内北至黎阳为石堤[3]，激使东抵东郡平刚；又为石堤，使西北抵黎阳观下；又为石堤，使东北抵东郡津北；又为石堤，使西北抵魏郡昭阳；又为石堤，激使东北。百余里间，河再西三东[4]。"凡五用"石堤"字而不为冗复，非后人笔墨畦径[5]所能到也。

黄河九曲十八弯

黄河流经几千里，穿越无数城镇，河道弯弯曲曲，绵延不绝。

[注释]

①陈涉：即陈胜，字涉。秦二世元年七月，与吴广率领戍卒九百人，在蕲县大泽乡揭竿而起，天下云集响应。待占领陈县，陈胜自立为王，国号张楚。他与秦将章邯战，兵败退回到下城父，为庄贾所害。

②戍死者固什六七：戍边的人，十个当中就有六七个逃脱不了死的厄运。

③河：特指黄河。为石堤：筑造石堤。

④河再西三东：黄河向西拐了两个弯，向东拐了三个弯。

⑤笔墨畦径：循规蹈矩，如法炮制。

［译文］

西汉太史公司马迁在《史记·陈涉世家》中，记载陈胜的话说："今天，逃跑也是一死，造反也是一死，与其坐着等死，何不为国而死呢？"又说道："十个戍边者中，有六七个都逃脱不了死的厄运，况且壮士不死则已，死就得使天下知其大名！"连用了七个"死"字，《汉书》也沿袭它这种用字法。《汉书·沟洫志》记载贾让的《治河策》中说："黄河从河内（今河南武陟）向北流到黎阳（今河南浚县），以此筑起石堤，使黄河折而流向东郡（今河南濮阳）的平刚；又筑起石堤，使黄河折而流向黎阳观一带；又筑起石堤，使黄河折而流向东郡渡口北；又筑起石堤，使黄河折向西北到魏郡（今河北临漳南）的昭阳；又筑起石堤，使黄河折流向东北。百余里内，黄河向西拐了两个弯，向东拐了三个弯。"这段文字共用了五个"石堤"，但并不让人感到重复冗杂，这种文笔不是后人循规蹈矩、如法炮制所能达到的。

卷　八

诸葛公

诸葛孔明千载人[1]，其用兵行师[2]，皆本于仁义节制，自三代以降[3]，未之有也。盖其操心制行[4]，一出于诚[5]。生于乱世，躬耕陇亩，使无徐庶之一言[6]，玄德之三顾，则苟全性命，不求闻达必矣。其始见玄德，论曹操不可与争锋，孙氏可与为援而不可图，唯荆、益可以取。言如蓍（shī）龟[7]，终身不易[8]。二十余年之间，君信之，士大夫仰之，夷夏服之，敌人畏之。上有以取信于主，故玄德临终，至云"嗣子不才，君可自取[9]"。后主虽庸懦无立，亦举国听之而不疑。下有以见信于人，故废廖立而立垂泣，废李严而严致死。后主左右奸辟侧佞[10]，充塞于中，而无一人有心害疾者。魏尽据中州，乘操、丕积威之后，猛士如林，不敢西向发一矢以临蜀，而公六出征之，使魏畏蜀如虎。司马懿案行其营垒处所，叹为天下奇才。钟会伐蜀，使人至汉川祭其庙，禁[11]军士不得近墓樵采，是岂智力策虑所能致哉？魏延每随公出，辄[12]欲请兵

万人，与公异道会于潼关，公制而不许，又欲请兵五千，循秦岭而东，直取长安，以为一举而咸阳以西可定。史臣谓公以为危计不用，是不然。公真所谓义兵不用诈谋奇计，方以数十万之众，据正道而临有罪，建旗鸣鼓，直指魏都，固将飞书告之，择日合战，岂复翳(yì)行窃步，事一旦之谲以规咸阳哉[13]？司马懿(yì)年长于公四岁，懿存而公死，才五十四耳。天不祚(zuò)[14]汉，非人力也。“霸气西南歇，雄图历数屯。”杜诗尽之矣。

诸葛亮

诸葛亮是中国历史上赫赫有名的伟人与智者，他辅佐刘备建立蜀中功业，为后世称道。

[注释]

①千载人：千年的伟人。

②行师：用兵，出兵。

③自三代以降：自从夏商周三代以来。

④操心制行：思想和行为。

⑤一出于诚：全部都出于一片赤诚。一，一概、全部。

⑥使无徐庶之一言：假使没有徐庶对刘备的那一句推荐。徐庶本效力刘备，被曹操扣押了他的母亲，徐庶又是孝子，只得前往曹营。走前，徐向刘备推荐了诸葛亮，说他比自己更有韬略。使无，假使没有。

⑦蓍龟：蓍草、龟壳，两者都是用来占卜的，此处代指占卜算卦。

⑧易：更改，变更。

⑨自取：自取帝位，自己做皇帝。

⑩佞：善辩，巧言谄媚。

⑪禁：禁止。

⑫辄：总是，就。

⑬谲：欺诈，玩弄手段。规：谋划。

⑭祚：福，赐福。

[译文]

诸葛孔明是位千载难遇的伟人，他用兵行军、指挥作战，都以仁义之道为本，这是自夏商周三代以来未曾有过的。他的思想行为，一概出于对刘玄德和恢复汉室事业的忠诚。他生在乱世，亲自种田谋生，假使没有徐庶一句话的推荐，玄德三顾茅庐的热忱，那么他苟且保全性命、不求扬名显达是一定的了。诸葛亮在隆中第一次会见玄德，纵论天下大势时，就提出不可与曹操较量高低，对孙权也只可相互支援，不可图谋，只有荆州、益州可以夺取。这些论断像蓍占、龟卜一样准确，终其一生的政治经历看，真是不容变更之论。在他掌权的二十多年里，国君信任他，士大夫仰慕他，汉族与少数民族的百姓信服他，敌人畏惧他。对上，他以忠诚取得君主的高度信任，所以玄德临死时以至于对他说：“我的儿子没有才能，你可以自取帝位”。后主刘禅虽平庸懦怯无所建树，也把整个国家交给他而毫无怀疑。对下，他的才德威望被部属信赖，所以长水校尉廖立与骠骑将军李严虽都被除名为民，但听到诸葛亮病逝的消息后，廖立垂泣不已，李严病发死去。后主左右奸佞之臣充塞宫中，没有一个人有嫉恨暗害诸葛亮之心。当魏国完全占领中州之地以后，还挟有曹操、曹丕父子生前的积威，军中勇猛的将士如林，却不敢派一兵一卒发一支箭到蜀国，而诸葛亮却率领大军六出祁山、讨伐魏国，致使魏国上下畏惧蜀国如同畏惧老虎。敌帅司马懿仔细考查诸葛亮军营壁垒后，叹服他是天下奇才。敌将钟会征讨蜀国时，特地派人至汉川祭礼诸葛亮庙，并下令军士，禁止在诸葛亮墓附近砍柴，这难道是智力高超或谋略过人所能获得的吗？魏延每次随诸葛亮出兵伐魏，总想请求拨给自己将士万人，他要仿韩信的故事，从暗道与诸葛亮潼关会师，诸葛亮坚决制止，决不允许，魏延又想请求诸葛亮拨给他将士五千人，他要沿秦岭向东走，直取长安，他认为这一军事行动能使咸阳以西之地平定。史臣记载说，诸葛亮认为这是危险之计而不予采纳，其实不然。诸葛公真是人们所说的正义之师，不用诈谋奇计，他正要率领数十万大军，占据通衢要道去讨伐敌人，他树起大旗，高鸣战鼓，直指魏国京都，本来要飞骑传书，通知敌方，择定日期交战，难道又能隐秘行动，暗中行事，以谲诈之计谋图咸阳吗？司马懿比诸葛亮年长四岁，司马懿活着而诸葛亮却不幸死去，享年才五十四岁。上天不保佑汉室，这不是人力所能挽回的。“霸气西南歇，雄图历数屯。”杜甫这两句诗说天命去而汉祚终，是将当时的情势概括尽了。

沐浴佩玉

“石骀（tái）仲卒，有庶子[①]六人，卜所以为后者[②]，曰：‘沐浴佩玉则兆[③]。’五人者皆沐浴佩玉。石祁子曰：‘孰有执亲之丧而沐浴佩玉者乎[④]？’不沐浴佩玉。”此《檀弓》之文也。今之为文者不然，必曰[⑤]：“沐浴佩玉则兆，五人者如之，祁子独不可，曰：‘孰有执亲之丧若此者乎？’”似亦足以尽[⑥]其事，然古意衰[⑦]矣。

[注释]

①庶子：庶出的儿子，不是正妻所生。

②卜所以为后者：占卜看这六个儿子中哪一个可以继承自己的位子。

③兆：吉兆。

④孰：怎么，哪里。执亲之丧：父母亲丧事。

⑤必曰：必定会写。

⑥尽：概括，说尽。

⑦衰：减弱、衰退。

[译文]

“石骀仲（春秋时代卫国大夫）去世，没有嫡子，只有庶出的六个儿子，于是请掌卜的人卜占哪个儿子可以立为后人。掌卜人说：‘如果沐浴并佩戴玉器就能得到吉兆。’于是其中五人都去沐浴佩玉。只有石祁子说：‘居丧应该穿着丧服，悲哀憔悴，哪有在父亲丧事期间而沐浴佩玉的人呢？’只有他不去沐浴佩玉。”这是《礼记·檀弓》篇中的一段文字。如今写文章的人却不这样写，必定写道：“沐浴佩玉就能得到吉兆，五人都这样做，单单祁子不这样做，还说：‘哪有在父亲丧事期间像这样子的人呢？’”似乎也足能概括出这件事，然而古文中的意思就弱多了。

陶渊明

陶渊明高简闲靖①，为晋、宋第一辈人②。语其饥则箪瓢屡空③，瓶无储粟；其寒则短褐穿结④，𫄨绤(chī xì)冬陈；其居则环堵萧然⑤，风日不蔽⑥。穷困之状，可谓至⑦矣。读其《与子俨等疏》云：“恨室无莱⑧妇，抱兹苦心。汝等虽不同生，当思四海皆兄弟之义，管仲、鲍叔，分财无猜⑨。他人尚尔，况同父之人哉！”然则犹有庶子也。《责子》诗云：“雍、端年十三。”此两人必异母尔。渊明在彭泽，悉令公田种秫⑩，曰：“吾常得醉于酒足矣。”妻子固请种秔(jīng)⑪，乃使二顷五十亩种秫，五十亩种秔。其自叙亦云：“公田之利，足以为酒，故便求之。”犹望一稔(rěn)⑫而逝，然仲秋至冬，在官八十余日，即自免去职。所谓秫、秔，盖未尝得颗粒到口也，悲夫！

[注释]

①高简闲靖：高超、淡远、闲适、宁静。

陶渊明

陶渊明品性高洁，宁做清贫的隐士也不愿“为五斗米折腰”，是世人尊崇的君子。

②第一辈人：第一等的人物。

③语：谈论。箪瓢屡空：饭瓢经常空空如也。箪，古代盛饭的圆竹器。瓢，舀水或取东西的工具，多用对半剖开的匏瓜或木头制成。屡，接连着，不止一次。

④短褐穿结：粗布短衫，还补丁烂缀。短褐，短小的粗布衣服。褐，粗布或粗布衣服。穿结，用来比喻衣服洞穿和补缀。

⑤环堵萧然：四面空空，家徒四壁。

⑥风日不蔽：难以遮挡太阳、遮蔽寒风。

⑦至：极，到达顶点。

⑧莱：老莱子。

⑨管仲、鲍叔，分财无猜：管仲与鲍叔牙，两人是好朋友，一同出外做生意，每次赚来的钱财，管仲都多取几分，鲍叔牙从来不计较，依然对他如初。

⑩秫：黏高粱，可以做烧酒，有的地区泛指高粱。

⑪秔：同“粳”，稻的一种。

⑫稔：年，古代稻谷熟一次为一年。

[译文]

陶渊明高超、淡远、闲适、宁静，是晋宋间第一流人物。谈到饥饿他是饭瓢常空，家无存粮；说到寒冷他是粗布短衣，补丁连缀，冬天还穿着夏天的葛衣，没有替换的衣裳；他的住房是四壁空空，难以遮蔽寒风和太阳。穷困之状可说是到了极点了。读他的《与子俨等疏》说：“我常恨家中没有楚国老莱子之妻那样的贤内助来开导我，只有自己怀抱这样的一片苦心了。你们虽然不是一母所生，也应当思索四海之内皆兄弟的意义，齐国的管仲、鲍叔二人是朋友，在经商赢利分财时，所得多少并无猜疑之意。外人尚可以这样，何况你们是同父的兄弟呢！”那么，陶渊明还是有妾生的庶子了。他的《责子》诗说：“雍、端两人年龄都是十三。”看来这两人一定是不同母的弟兄了。陶渊明在彭泽县作县令时，下令公田全都种成高粱，说：“这样我就能常醉酒了，便心满意足了。”但妻子和儿子坚决请求种粳稻，他就下令让二顷五十亩种高粱好酿酒、五十亩种粳稻可食用。他在《归去来兮辞》中自叙也说：“公田的收成，足够做酒，所以顺便求了彭泽令这个小官。”他本希望种的庄稼熟了，一年后离任，然而从仲秋到冬天，他在官仅八十几天，就自动免官离职。无论高粱还是粳稻，实际上一粒也未曾到口，可悲啊！

皇甫湜诗

皇甫湜(shí)、李翱，虽为韩门弟子，而皆不能诗[①]。浯(wú)溪石间有湜一诗，为元结[②]而作，其词云："次山有文章，可惋只在碎。然长于指叙，约洁多余态。心语适相应，出句多分外。于诸作者间，拔戟(jǐ)[③]成一队，中行虽富剧，粹美君可盖[④]。子昂感遇佳[⑤]，未若君雅裁[⑥]。退之全而神，上与千年对。李杜才海翻，高下非可概。文于一气间，为物莫与大。先王路不荒，岂不仰吾辈？石屏立衙衙[⑦]，溪口扬素濑(lài)。我思何人知？徙倚[⑧]如有待。"味此诗乃论唐人文章耳，风格殊无可采[⑨]也。

[注释]

①不能诗：不太会作诗。

②元结：字次山，号漫叟、聱叟，天宝十二载进士及第，大历七年卒。元结是唐朝著名诗人，主张诗文为政治、社会服务，强调诗歌的讽喻作用。

③拔戟：出类拔萃。

④盖：盖过、超过。

⑤子昂感遇佳：子昂的感遇诗虽然好。子昂，即陈子昂，字伯玉，初唐诗人，其诗风骨峥嵘，寓意深远，苍劲有力。现留有感遇诗三十多首。

⑥雅裁：代指佳作。

⑦衙衙：相向而立的样子。

⑧徙倚：徘徊踌躇。

⑨采：采取、借鉴。

[译文]

皇甫湜和李翱，虽然是韩愈门下的弟子，却都不太会写诗。在永州浯溪旁的石刻间有皇甫湜的一首诗，是为元结而作的，内容是："元结所作诗篇都很好，可惜大都残缺不全。但是他长于寄托和描叙，写得简洁而形象。他也擅长以质直古朴的语言准确地表达自己的思想感情，诗中的警句也常常出人意料。本朝诗人众多，将出类拔萃的诗人排成队伍，在中间那一行众多的诗人里，次山你仍以精粹优美的诗篇盖过他人。陈子昂的感遇诗虽好，也不如你的大作。韩愈的诗文全面、优美而神奇，只能往前与千年以来的名家相比。李白、杜甫的才华是大海翻腾的波涛，其高下不是我一句话可以概括的。古往今来，诗文以气为主，没有比'气'更重要的了。自《诗经》以来诗歌反映现实的道路不容荒芜，岂不要仰仗我们这一代人的努力吗？浯溪岸边的石屏排列成行，溪口扬起白色的急流。我的思索什么人知道呢？我徘徊踌躇久久地等待。”玩味这首诗是在评论唐代诗文，但在风格上却没有什么特色可取。

卷 九

霍光赏功

汉武帝外事四夷[1]，出爵[2]劝赏，凡[3]将士有军功，无问贵贱，未有不封侯者。及昭帝时，大鸿胪田广明平益州夷[4]，斩首捕虏三万，但[5]赐爵关内侯。盖霍光为政，务与民休息，故不欲求边功。益州之师，不得已耳，与唐宋璟(jǐng)抑郝灵佺(quán)斩默啜之意同。然数年之后，以范明友击乌桓(huán)[6]，傅介子刺楼兰[7]，皆即侯之[8]，则为非是。盖明友，光女婿也。

[注释]

①外事四夷：对外处理四方少数民族事务。

②出爵：获得官爵，此处指使其获得官爵。劝赏：奖赏。

③凡：但凡，只要。

④平益州夷：平定益州少数民族。

⑤但：只是。

⑥乌桓：古代少数民族，原为东胡部落联盟中的一支，汉武帝时，臣服于汉朝。

⑦楼兰：西域古国，因地势缘故，臣服匈奴和汉朝两方。昭帝时，汉遣傅介子到楼兰，刺杀其旧主，立新王，改国名为鄯善，将楼兰纳入汉朝势力范围。

⑧即：立即。侯之：以之为侯，即给其封侯。

[译文]

汉武帝对外治理少数民族，利用爵位鼓励奖赏将士，只要有了军功，不论出身显贵或低贱，没有不封侯的。等到汉昭帝时，掌管外交礼仪的大鸿胪田广明平定益州少数民族，斩杀并捕获俘虏了三万人，只被赏赐关内侯的爵位。因为霍光处理政务，力求让百姓休养生息，因此不希图在边地建立战功。益州之战，是不得已的，这跟唐代宋璟抑制郝灵佺斩杀突厥可汗默啜的情况相同。但是几年之后，霍光派范明友攻击乌桓，派傅介子刺杀楼兰王，事成之后，都马上给他们封侯，这就不对了。大概是因为范明友是霍光的女婿吧。

汉文失材

汉文帝见李广曰："惜广不逢时，令当高祖世[①]，万户侯[②]岂足道哉！"贾山上书言治乱之道，借秦为喻，其言忠正明白，不下[③]贾谊，曾[④]不得一官。史臣犹赞美文帝，以为山言多激切，终不加罚，所以广谏争之路[⑤]。观[⑥]此二事，失材多矣。吴楚反时，李广以都尉战昌邑下，显名[⑦]，以梁王授广将军印，故赏不行[⑧]。武帝时，五为将军击匈奴，无尺寸功，至不得其死[⑨]。三朝不遇[⑩]，命也夫！

[注释]

①令当高祖世：如果让你活在汉高祖的那个年代。

②万户侯：食邑在万户以上，是汉代侯爵的最高一层。一般都是因军功而被封赏，后世就将"万户侯"作为大官的象征。

③不下：不比……差。

④曾：竟然，还。

⑤广谏争之路：广开劝谏帝王的言路。

⑥观：考察。

⑦显名：名声显赫。

⑧行：施行，实施。

⑨至不得其死：到最后死也没得到任何功名。

⑩遇：知遇。

[译文]

汉文帝召见李广说："可惜李广生不逢时，如果处在汉高祖时代，封个万户侯又算什么！"贾山上书谈论治理乱世的方法，借用秦朝的事打比方，他的言论忠烈正直、明白畅晓，不比贾谊差，可他竟然没有得到一官半职。但是史官们仍然称誉赞颂汉文

李广冥山射虎

西汉飞将军李广威名赫赫，征战边疆，立下汗马功劳。传说李广镇守边境时，夜晚看见草丛中蹲伏着一只老虎，于是便搭弓射箭。翌日，随从去寻找被射死的虎，发现一块蹲伏的大石，李广的白羽箭已深深射入石中拔不出来。众人皆叹服。

帝，认为贾山的言辞过于激烈热切，最后也没有受到责罚，这是汉文帝用来广开劝说帝王言路的方法。考察这两件事，汉文帝丧失人才太多了。吴国、楚国反叛时，李广以都尉的身份在昌邑作战，因而名声显赫，但由于梁王授予李广将军之印，违背了禁忌，因此没有得到奖赏。汉武帝的时候，李广五次作为将军攻打匈奴，没有为他建立任何功名，直至最后死时也没有得到任何功名。李广历经文帝、景帝、武帝三朝，却没有得到知遇之礼，这真是命啊！

陈轸之说疏

战国权谋之士，游说从横[1]，皆趋[2]一时之利，殊[3]不顾义理曲直所在。张仪欺楚怀王，使之绝齐而献商於之地。陈轸(zhěn)[4]谏曰："张仪必负王，商於不可得而齐、秦合，是北绝齐交，西生秦患。"其言可谓善矣。然至云："不若阴合而阳绝于齐[5]，使人随张仪，苟[6]与吾地，绝齐未晚。"是轸不深计齐之可绝与否，但以得地为意耳。及秦负约[7]，楚王欲攻之，轸又劝曰："不如因赂之以一名都，与之并兵而攻齐，是我亡地于秦，取赏[8]于齐也。"此策尤乖谬不义[9]。且秦加亡道于我，乃欲赂以地；齐本与国，楚无故而绝之！宜割地致币[10]，卑词谢罪，复求其援，而反欲攻之！轸之说于是疏矣。乃知鲁仲连[11]、虞卿为豪杰之士，非轸辈所能企及也。

［注释］

①游说：泛指多方活动陈述自己的建议，希望自己的建议和主张被采纳、实施。游说此举主要出现在春秋战国时期，那时群雄并立，士人聚徒讲学，传授知识，各国国君招徕并任用贤士，以谋富国强兵之道。从横：合纵连横。

②趋：趋向，追求。

③殊：特别，很。

④陈轸：战国时期有名的纵横之士，投奔秦惠王，为其出谋划策，扩张势力。

⑤阴合而阳绝于齐：暗地里与齐国联合，但是表面上与它断交。

⑥苟：如果。

⑦负约：背弃盟约。

⑧赏：这里用作补偿。

⑨乖谬不义：荒唐乖谬不合道义。

⑩割地致币：割让土地，贡献财物。

⑪鲁仲连：战国末期齐国人，擅长计谋，常周游各国，助各国排解烦难。

曾游说赵、魏两国联合抗秦，被后世人认为是正义之士。

［译文］

战国时的权术谋略之士，进行游说，合纵连横，都追求一时的利益，根本不考虑道义正理和是非曲直在哪一方面。张仪欺蒙楚怀王，让楚国跟齐国断交并把秦国的商於之地（今陕西商南、河南淅川及内乡一带）献给楚王。陈轸劝谏道："张仪一定会背弃大王，商於不能得到，而齐国、秦国却会联合，这样做就是在北边断绝与齐国的交往，在西面又造成秦国的忧患。"这些话可以说是正确的了。但是当他说到："不如暗地里跟齐国联合而表面上跟它断交，派人跟着张仪，如果给我们土地，再跟齐国断交不迟。"这就是陈轸不能深远地考虑能不能跟齐国断绝交往，只以得到土地作为心愿罢了。等到秦国背弃了盟约，楚王想攻打秦国，陈轸又劝说道："不如趁机奉送秦国一个著名都市，跟秦国合并军队去攻打齐国，这样我国在秦国丧失的土地就可以从齐国那里得到补偿了。"这种决策更是荒谬不合道义。况且秦国把灭亡之名强加于楚国，楚国却打算把土地奉送给它；齐国本是同盟国，楚国竟要无故地跟它断交！楚国应该向齐国割让土地赠送礼物，用谦卑的辞令承认过错，再请求齐国援助，怎么能反过来想攻打齐国呢！陈轸的主张在这里就太过疏失了。相比之下，这才知道鲁仲连、虞卿是豪放杰出的士人，不是陈轸之流所能赶上的。

简师之贤

《皇甫持正集》有《送简师序》，云："韩侍郎[①]贬潮州，浮图之士，欢快以抃(biàn)[②]，师独愤起，访余求序，行资适潮，不顾蛇山鳄水万里之崄(xiǎn)毒，若将朝得进拜而夕死者。师虽佛其名[③]，而儒其行；虽夷狄其衣服，而人其知。不犹愈于冠儒冠[④]，服朝服[⑤]，惑溺[⑥]于经怪之说以斁(dù)彝伦邪[⑦]？"予读其文，想见简师之贤，而惜其名无传于后世，故表而出之[⑧]。

［注释］

①韩侍郎：即韩愈，因他曾任刑部侍郎，又任吏部侍郎，故有此称呼。

②浮图之士，欢快以抃：崇信佛法的人都欢欣鼓舞，拍手称快。因为韩愈反对礼佛，上书谏佛骨，所以对于他被贬，佛法一派会有此反应。

③佛其名：表面上皈依佛门。

④冠儒冠：戴着儒生的帽子。

⑤服朝服：穿着朝官的衣服。

⑥惑溺：迷惑沉溺。

⑦彝：法理，常理。邪：语气助词，无实义。
⑧表而出之：特意将他表彰出来。

[译文]

《皇甫持正集》中有《送简师序》，写道："韩愈侍郎被贬官到潮州，崇信佛法的人都欢欣地拍手称快，简法师独自愤慨而起，拜访我，请求我写序文送行，资助他到潮州去，不管路途遥远，有毒蛇猛兽的艰险，好像是要早上进见晚上死了也甘心的样子。简法师虽然名义上皈依佛门，但行为上却是儒者；虽然穿着外族的袈裟，却有着汉族人的智慧。这岂不更胜过戴着儒者帽子、穿着朝官衣服，却迷惑沉溺于佛经怪异之说而败坏天地人伦的常道的人吗？"我读了这篇序文，想到简师的贤良，因而遗憾他的名字没有流传到后代，所以把他表彰出来。

老人推恩

唐世赦宥(yòu)[①]，推恩[②]于老人绝优。开元二十三年，耕籍田。侍老百岁以上，版授[③]上州刺史；九十以上，中州刺史；八十以上，上州司马。二十七年，赦[④]。百岁以上，下州刺史，妇人郡君；九十以上，上州司马，妇人县君；八十以上，县令，妇人乡君。天宝七载，京城七十以上，本县令；六十以上，县丞；天下侍老除官与开元等。国朝之制，百岁者始得初品官封，比唐不侔(móu)矣。淳熙三年，以太上皇帝庆寿之故，推恩稍优，遂有增年诡籍以冒荣命者[⑤]。使如唐日，将如何哉？

[注释]

①赦宥：赦免有罪的人，宽恕人的过失。
②推恩：实施恩惠。
③版授：封号，受封。
④赦：皇帝大赦天下。
⑤遂：便，于是。增年：虚报岁数。诡籍：谎报籍贯。

[译文]

唐代赦免罪人、宽恕过失，对老人施及的恩惠非常优厚。开元二十三年（735 年），皇帝亲行籍田礼。侍奉老人百岁以上的，封给上州刺史的头衔；九十岁以上的，封中州刺史；八十以上的，封上州司马。开元二十七年（739 年），赦免天下。百岁以上的老人，封下州刺史，百岁以上的妇女，封为郡君；九十岁以上的老人，封上州司马，妇女封为县君；八十岁以上的，封县令，妇女封乡君。唐天宝七年（748 年），京城里七十以上的老人，依照县令的待遇；六十以上的，按县丞对待；京城外全国侍奉老人，安排官衔跟开元年间一样。我们宋朝的制度，百岁的人才能得到初品官的封衔，跟唐代就不相等了。淳熙三年（1176 年），因为太上皇帝庆寿的缘故，施加恩惠稍为优厚，于是有虚加岁数谎报籍贯来冒领光荣职命的人。如果像唐代那样，将会怎么样呢？

忠义出天资

忠义守节之士，出于天资，非关[1]居位贵贱、受恩深浅也。王莽移汉祚(zuò)[2]，刘歆以宗室之隽(xīn)[3]，导之为逆，孔光为宰相辅成其事。而龚胜以故大夫守谊以死；郭钦、蒋诩以刺史、郡守，栗融、禽庆、曹竟、苏章以儒生，皆去官不仕[4]；陈咸之家，至不用王氏腊[5]。萧道成篡宋，褚(chǔ)渊、王俭，奕世达官，身为帝甥、主婿，所以纵臾[6]灭刘，唯恐不速；而死节者乃王蕴、卜伯兴、黄回、任候伯之辈耳。安禄山、朱泚(cǐ)之变，陈希烈、张均、张垍(jì)、乔琳、李忠臣，皆以宰相世臣，为之丞弼；而甄济、权皋(gāo)、刘海宾、段秀实，或以幕府小吏，或以废斥列卿，捐身立节[7]，名震海内。人之贤不肖，相去何止天冠地屦(jù)[8]乎！

萧道成

萧道成是南北朝时南朝人，灭齐建宋，大戮宋臣，为世人所不齿，以至于跟随萧道成者也都遭人诟病。像褚渊、王俭等人，都遗臭万年，不得翻身。

［注释］

①非关：与……无关。

②王莽移汉祚：王莽篡夺了汉朝的皇位。

③刘歆：刘向之子，西汉王族，编撰《七略》，在古文经学、目录学、天文学方面都有深入研究。后王莽篡位，他谋划诛杀王莽，事情泄漏，被杀。隽：

俊秀，杰出。

④仕：入仕，做官。

⑤腊：年终的祭祀物品。

⑥纵臾：也作“纵踊”，怂恿，鼓动别人做坏事。

⑦捐身立节：献出生命来树立名节。

⑧天冠地屦：天上的帽子地下的鞋，喻指天上地下相去太远。

［译文］

忠于道义保持节操的人，是因为他们的天赋，与所处的地位高低、所受的恩惠多少没有关系。王莽篡夺了汉朝的皇位，刘歆身为汉朝宗室中才智出众的人却诱导王莽叛逆汉朝，孔光身为宰相也帮助王莽促成其事。而龚胜作为免职的大夫遵守道义而死；郭钦、蒋诩作为刺史、郡守，栗融、禽庆、曹竟、苏章作为读书人，都抛弃官职不求仕进；陈咸的家中，甚至不采用王莽的年终祭礼。萧道成篡夺了南朝宋的政权，褚渊、王俭都是历代显达的官宦，身为皇帝的外甥、主上的女婿，怂恿鼓动颠覆刘宋，只嫌不够快速；面对保持气节而死的人竟是王蕴、卜伯兴、黄回、任候伯这些小臣了。安禄山、朱泚叛乱，陈希烈、张均、张垍、乔琳、李忠臣，身为宰相做了他们的助手；而甄济、权皋、刘海宾、段秀实，有的作为军营公署中的小官，有的作为被罢免贬斥的卿相，献出生命建立名节，声名震动全国。人是否贤良，相差的何止是天上地下呀！

卷　十

袁盎温峤

赵谈常[1]害袁盎，盎兄子种曰：“君与斗，廷辱之[2]，使其毁不用。”文帝出，谈参乘[3]，盎前曰：“天子所与共六尺舆[4]者，皆天下豪英，陛下奈何与刀锯余人[5]载？”上笑下谈，谈泣下车。温峤(qiáo)将去王敦[6]，而惧钱凤为之奸谋，因敦饯别，峤起行酒，至凤，击凤帻(zé)坠，作色曰：“钱凤何人，温太真行酒而敢不饮！”及发后，凤入说(shuì)敦曰：“峤于朝廷甚密，未必可信。”敦曰：“太真昨醉，小加声色，岂得以此便相谗贰[7]？”由是凤谋不行。二者之智如此。

［注释］

①常：通“尝”，曾经。

②廷辱之：在朝廷上羞辱他。

③参乘：也作“骖乘”，古时乘车在车右陪坐的人。

④舆：泛指车驾。

⑤刀锯余人：受过宫刑的人，也就是宦官。

⑥温峤：字太真，温憺之子，太原人，东晋时有名的政治家。去：离开。王敦：字处仲，琅玡临沂（今山东临沂）人，王导的堂兄，东晋有名的政治家。

⑦相谗贰：相信谗言而分崩离析。馋，谗言，中伤他人。

［译文］

赵谈曾害过袁盎，袁盎哥哥的儿子袁种说：“您跟他斗，在朝廷上羞辱他，使他名声被毁而不受重用。”汉文帝外出，赵谈陪坐在车右边，袁盎上前说：“跟天子同坐六尺车舆的人，都是天底下的英雄豪杰，陛下怎么跟宦者同坐车中呢？”皇上笑着让赵谈下去，赵谈流着泪下了车。温峤要离开王敦，但怕钱凤为王敦出奸诈谋略，乘着王敦设宴送别，温峤站起来劝酒，走到钱凤跟前，打落了钱凤的头巾，变了脸色说：“钱凤是什么人，温太真劝酒竟敢不喝！”等到温峤出发以后，钱凤进来劝说王敦道：“温峤跟朝廷联系非常紧密，不可轻信。”王敦说：“温太真昨天醉了，稍微对你有点不好的言语和神色，怎么能根据这一点就说他坏话制造分裂呢？”因为这件事，钱凤的计谋没有实行。这两个人的智慧就像这样。

周勃

周勃是汉初名将，跟随刘邦开创江山，每次征战都当先杀敌。刘邦开国后赐给他列侯的爵位，号称“绛侯”。文帝继位后，周勃因为功劳太高，反遭皇帝疑忌，朝中心怀不轨者也纷纷落井下石。周勃于是不容于朝廷，自己与子孙也不得善终。

爰盎小人

爰盎真小人，每事皆借公言而报私怨，初非尽忠一意为君上者也。尝为吕禄舍人，故①怨周勃。文帝礼下②勃，何豫盎事③？乃有“非社稷臣”之语，谓勃不能争吕氏之事，适会④成功耳。致文帝有轻勃

心，既免使就国，遂有廷尉之难。尝谒[⑤]丞相申屠嘉，嘉弗为礼，则之丞相舍折困之[⑥]。为赵谈所害，故沮止[⑦]其参乘。素不好晁错，故因吴反事请诛之。盖盎本安陵群盗，宜其忮(zhì)[⑧]心忍戾如此。死于刺客，非不幸也[⑨]。

［注释］

①故：因此，以其故。

②礼下：以礼相待。

③何豫盎事：关爰盎什么事情？

④适会：恰巧碰上。

⑤谒：进谒，求见。

⑥舍：住所。折困：折辱为难。

⑦沮：通“阻”。

⑧忮：嫉妒。

⑨非不幸也：并非是不幸的事情。

［译文］

爰盎真是个小人，每件事都是假借公言来报私人的怨恨，最初并不是竭尽忠诚一心一意地为君上办事的。他曾经做过吕禄的舍人，因此怨恨周勃。汉文帝礼待周勃，跟爰盎有什么相干？竟然说周勃“不是国家的忠臣”的话，说周勃不能为吕氏的事劝诤，正好碰上诛诸吕成功罢了。致使汉文帝有不看重周勃的想法，周勃被免职回到封国之后，于是遭受刑狱之难。爰盎曾经求见丞相申屠嘉，申屠嘉不礼待他，他就到丞相住处去折辱为难他。爰盎被赵谈害过，因此阻止赵谈作为皇上车右的陪乘。爰盎素来不喜欢晁错，因此趁着吴王造反的事请求杀了晁错。爰盎家本来是安陵的一伙盗匪，难怪他心怀猜忌残忍乖张到这种地步。他被刺客杀死，没有死于王法，并不是不幸的事。

唐书判

唐铨(quán)选[①]择人之法有四：一曰身[②]，谓体貌丰伟；二曰言[③]，言辞辩正；三曰书[④]，楷法遒(qiú)美；四曰判[⑤]，文理优长。凡试判登科谓之“入等”，甚拙者谓之“蓝缕”，选未满而试文三篇谓之“宏辞”，试判三条谓之“拔萃”，中者即授官。既以书为艺[⑥]，故唐人无不工楷法；以判为贵，故无不习熟。而判语必骈俪，今所传《龙筋凤髓判》及《白

乐天集·甲乙判》是也。自朝廷至县邑，莫不皆然，非读书善文不可也。宰臣每启拟一事，亦必偶数十语，今郑畋敕语、堂判犹存。世俗喜道琐细遗事[7]，参以滑稽[8]，目为“花判”，其实乃如此，非若今人握笔据案[9]，只署一字亦可。国初[10]尚有唐余波，久而革去之[11]。但体貌丰伟，用以取人，未为至论[12]。

［注释］

①铨选：选择人才授予官职。

②身：身材体貌。

③言：言谈举止。

④书：书法字迹。

⑤判：判状文辞。

⑥以书为艺：将书法当作傍身的技艺。

⑦遗事：古代遗留下来的轶事。

⑧参以滑稽：夹杂着诙谐的话语。

⑨据案：靠着书案。

⑩国初：本朝初年，即宋朝初年。

⑪革去之：被革除、消除掉。

⑫未为至论：不能算妥善的评论。

［译文］

唐代量才授官，选择人才的原则有四条：第一是身体标准，要求身体相貌丰满伟岸；第二是言谈标准，言语辞令雄辩公正；第三是书写，楷书法式遒劲秀美；第四是判状，文辞条理优美通畅。凡通过吏部考试录取的称为“入等”，非常拙劣的称为“蓝缕”，未通过吏部考选而通过三篇文章的称为“宏辞”，通过判状三条的称为“拔萃”，选中的授予官职。既然靠书法作为艺业，因此唐代人没有不擅长楷书法式的；既然以判状为重要，因此没有不学习熟练的。而判状的语言一定讲究对偶整齐，现在流传的《龙筋凤髓判》以及《白乐天集·甲乙判》就说明这一点。从朝廷到县城，没有不是这样，不读书、不善长作文章就不行。朝廷辅政大臣每逢报告草拟一件事，也一定对偶几十句话，现在郑畋写的敕书、堂判仍然留存着。世俗喜欢谈论琐碎的古代遗事，夹杂着诙谐的话语，被看成“花判”，那事实就是这样，不像现在的人提笔靠着书案，只签署一个字也可以。宋朝初年还有唐代的遗风，久而久之就被除去了。只是用身体相貌丰盈高大来取用人才，不能算妥善的评定。

古彝器

三代彝(yí)器①，其存至今者，人皆宝②为奇玩。然自春秋以来，固重③之矣。经传所记④，取郜(gào)大鼎于宋，鲁以吴寿梦之鼎贿⑤荀偃(yǎn)，晋赐子产莒之二方鼎，齐赂晋以纪甗(yǎn)、玉磬(qìng)，徐赂齐以甲父之鼎，郑赂晋以襄钟，卫欲以文之舒鼎、定之鞶(pán)鉴纳鲁侯，乐毅为燕破齐，祭器⑥设于宁台，大吕陈于元英，故鼎反⑦乎磨室是已。

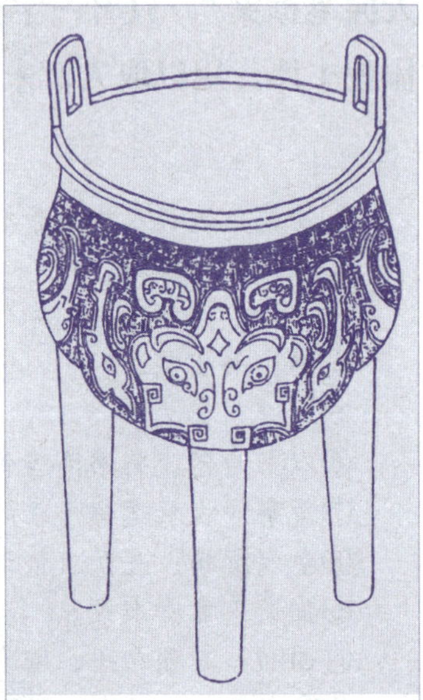

商父乙鼎

鼎是青铜器的一种，也是最常见和最神秘的礼器。上图中的鼎上比较完整地记载了商王武丁组织的一次狩猎活动，是十分珍贵的器物。

[注释]

①彝器：青铜器。
②宝：珍视，将其当作宝物。
③重：看重，重视。
④经传所记：根据文献典籍的记载。
⑤贿：赠送。
⑥祭器：祭祀的青铜器。
⑦反：通“返”，运回。

[译文]

夏商周三代的青铜器，留存到现在的，人们都珍视它并作为奇异古玩。然而自春秋以来，本来就很重视它们了。根据文献记载，把郜国的大鼎取到宋国，鲁国用吴国的寿梦鼎送给荀偃，晋国赏赐给子产莒国的两个方鼎，齐国用纪甗、玉磬馈赠给晋国，徐国把甲父鼎赠给齐国，郑国把襄钟送与晋国，卫国想用文氏的舒鼎、定氏的鞶鉴送给鲁侯，乐毅替燕国打败齐国，把祭祀的青铜器安设在宁台，奏乐协律用的青铜器大吕钟陈列在元英，原来是鼎器运回到磨室宫中，这些都是证据。

玉蕊杜鹃

物以希见为珍，不必异种也。长安唐昌观玉蕊，乃今玚(yáng)花，又名米囊，黄鲁直易①为山矾者。润州鹤林寺杜鹃，乃今映山红，又名红踯躅(zhí zhú)者。二花在江东弥山亘野②，殆③与榛莽相似。而唐昌所产，至于神女下游，折花而去，以践玉峰之期；鹤林之花，至以为外国僧钵盂(yú)中所移，上玄命三女下司之，已逾百年，终归阆苑。是不特④土俗罕见，虽神仙亦不识也。王建宫词云："太仪前日暖房来，嘱向昭阳乞药栽。敕赐一窠(kē)红踯躅，谢恩未了奏花开。"其重如此，盖宫禁中亦鲜云⑤。

[注释]

①易：更改，改称。

②江东：江左，长江北岸。弥山亘野：漫山遍野，到处都是。弥，弥漫。

③殆：几乎。

④不特：不仅仅。

⑤宫禁：皇宫。鲜：稀少，少见。

[译文]

事物以少见为珍奇，不一定非是奇异的品种。长安的唐昌观中玉蕊花，就是现在的玚花，又名米囊，黄鲁直改称为山矾的那种花。润州的鹤林寺中的杜鹃花，就是现在的映山红，又叫红踯躅的那种花。这两种花在江东漫山遍野，几乎跟丛生的野草一样。而唐昌观中所种的玉蕊，甚至神女下凡游赏都要折一枝花才离去，去赴玉峰仙境的约会；鹤林寺的杜鹃花，人们甚至认为是从外国僧人的钵盂中移来的，上天命令三位仙女主管它已经超过一百年了，最终要回到阆风仙苑。这说明不仅仅民间世俗很少见到，就是神仙也不认识。王建的宫词咏道："太仪前日暖房来，嘱向昭阳乞药栽。敕赐一窠红踯躅，谢恩未了奏花开。"对它这样地看重，可见皇宫之中也很稀有。

卷十一

将帅贪功

以功名为心，贪①军旅之寄，此自将帅习气，虽古来贤卿大夫，未有能知止自敛者也。廉颇既老，饭斗米、肉十斤，被甲上马②，以示可用，致困郭开之口，终不得召。汉武帝大击匈奴，李广数自请行③，上以为老，不许。良久乃许之，卒有东道失军之罪。宣帝时，先零羌反，赵充国年七十余，上老之④，使丙吉问谁可将，曰："亡逾于老臣

郭子仪

郭子仪征战一生，八十多岁仍披挂上阵，为唐朝立下汗马功劳，可惜最后被德宗免职。众人都为此慨叹不已，同情他英雄晚景凄凉。洪迈一反常情，认为他有此下场，皆因自己贪功求名所致。此种说法虽不与世同，但也有可取之处。

者矣[⑤]。”即驰至金城，图上方略，虽全师制胜，而祸及其子卬(áng)。光武时，五溪蛮夷畔，马援请行，帝愍(mǐn)[⑥]其老，未许。援自请曰：“臣尚能被甲上马。”帝令试之，援据鞍顾盼[⑦]，以示可用。帝笑曰：“矍铄哉！是翁也！”遂用为将，果有壶头之厄。李靖为相，以足疾就第，会吐谷浑寇边[⑧]，即往见房乔曰：“吾虽老，尚堪一行。”既平其国，而有高甑(zèng)生诬罔[⑨]之事，几于不免[⑩]。太宗将伐辽，召入谓曰：“高丽未服，公亦有意乎？”对曰：“今疾虽衰，陛下诚不弃，病且瘳(chōu)[⑪]矣。”帝悯其老，不许。郭子仪年八十余，犹为关内副元帅、朔方河中节度，不求退身，竟为德宗册罢[⑫]。此诸公皆人杰也，犹不免此，况其下者[⑬]乎？

[注释]

①贪：喜好，热心。

②饭斗米、肉十斤，被甲上马：每顿饭吃一斗米、十斤肉，披上铠甲翻身上马。

③数自请行：许多次主动请求出征。

④上老之：圣上认为他年老。

⑤亡逾于老臣者矣：没有能够胜过老臣我的了。亡，通“无”。逾，超过，胜过。

⑥愍：通“悯”，怜悯，体恤。

⑦据鞍顾盼：坐在马鞍上左右顾盼。

⑧会吐谷浑寇边：正好碰见吐谷浑进犯边疆。

⑨诬罔：诬蔑欺瞒。

⑩几于不免：差点不能幸免。

⑪瘳：病愈，康复。

⑫册罢：下令罢免。

⑬其下者：比他们（文中所言廉颇等人）才能低下的人。

［译文］

把功名放在心上，热心于寄身军队之中，这自然是将帅的习气，即使是古代以来贤明的卿大夫，也没有能够知道退止和自我收敛的。廉颇老了以后，还每顿吃一斗米、十斤肉，披铠甲上战马，来表示还可以被任用，但却因郭开谗言陷害最终不能被召用。汉武帝大举进击匈奴，李广屡次请求参战，皇上认为他老了，不同意。李广请求了很久才同意，最后却有迷失方向贻误军机的罪过。汉宣帝时，先零羌反叛，赵充国七十多岁了，皇上认为他太老了，让丙吉问他谁可以当将领，赵充国说："没有谁能胜过我了。"于是奔驰到金城，画出北方的疆界，虽然保全了军队取得了胜利，但却使他的儿子赵卬遭到灾祸。汉光武帝时，五溪的少数民族反叛，马援请求出征，光武帝悯恤他年老，没有同意。马援请求说："我还能够披甲跨马。"光武帝让他试一试，马援跨上马鞍左顾右盼，来表示可被任用。光武帝笑道："这个老者真是勇健啊！"于是任他为将，结果在壶头山遭到厄运。李靖当过宰相，因为脚有毛病辞职，遇上吐谷浑进犯边疆，就去见房乔说："我虽然老了，但还能出征一次。"平定了吐谷浑国，却有遭到高甑生诬陷欺骗的事，几乎不能幸免。唐太宗打算攻打辽东，召他进来对他说："高丽还不臣服，您也有出征的意思吗？"他回答说："现在我有病虽然衰弱，但陛下真的不嫌弃我的话，我的病就快好了。"皇帝怜悯他年龄大了，不同意。郭子仪八十多岁，还当着关内副元帅和朔方、河中节度使，不想到辞职退居，最后被唐德宗下令罢免。这些人都是人中英杰，还不能免于贪功求名，何况比他们低下的人呢？

汉二帝治盗

汉武帝末年，盗贼滋①起，大群至数千人，小群以百数。上使使者衣绣衣②，持节虎符③，发兵以兴击，斩首大部或④至万余级。于是作《沈命法》，曰："群盗起⑤不发觉，觉而弗捕满品者，二千石以下至小吏主者皆死。"其后小吏畏诛，虽有盗，弗敢发⑥，恐不能得，坐⑦课累府，府亦使不言。故盗贼浸多，上下相为匿，以避文法⑧焉。光武时，群盗处处并起。遣使者下郡国，听群盗自相纠擿（tī），五人共斩一人者除其罪。吏虽逗留回避故纵者，皆勿问，听以禽讨为效。其牧守令长坐界内有盗贼而不收捕者，及以畏懦捐城委守者，皆不

以为负，但取获贼多少为殿最，唯蔽匿者乃罪之。于是更相追捕，贼并解散。此二事均为治盗，而武帝之严，不若光武之宽，其效可睹也。

［注释］

①滋：生长，滋生。

②衣绣衣：穿上锦绣衣服。

③持节虎符：拿着符节作凭证。持节，拿着旄节。节，旄节，也叫符节，以竹为竿，上缀以旄牛尾，是使者所持凭证。虎符，古时帝王调兵遣将用的兵符，用青铜或者黄金做成伏虎形状的令牌，一分为二，其中一半交给将帅，另一半由皇帝保存，只有两个虎符同时使用，才可以调兵遣将。

④或：有的。

⑤起：出现。

⑥发：揭发，上报。

⑦坐：定罪。

⑧文法：法令条文。

［译文］

汉武帝末年，盗贼越来越多，大的盗匪群多达数千人，小的也有几百人。皇上派使者穿上绣衣，拿着符节凭证，派军队进行攻击，斩首大的部队有的达一万多首级。于是建立《沈命法》，法律规定：“成群的盗匪出现没有发觉，或者发觉了而没有捕获到规定标准的，从二千石以下的官员到下级官吏主持这件事的人都判死刑。”这以后，下级官吏害怕被杀，即使有盗贼也不敢上报，唯恐不能捕获，违犯规定连累郡府，郡府也让他们不要上报。因此盗贼渐渐增多，上上下下却相互隐瞒，好躲避法令条文的制裁。汉光武帝时，成群的盗贼到处兴起。汉光武帝派遣使者下到各郡，听任盗贼们自己相互纠纷揭发，五个人共同斩杀一人的，免除他们的罪行。官吏们即使停留拖延、回避不前、故意放纵盗贼的，都不加追问，只以捉获讨伐的成效论。那些郡守、县令犯了管辖区域内有盗贼而不收容捕捉的罪过的，或因为害怕、软弱丢弃城池和职守的人，都不看作过失，只根据捕获盗贼的多少来评定优劣，只有包庇隐藏的人才判罪。于是互相追捕，盗贼们都解体逃散。这两件事都是治理盗贼的，而汉武帝的严厉不如汉光武帝宽缓，它们的效果不同是很明显的。

汉封禅记

应劭(shào)《汉官仪》载马第伯《封禅仪记》[①]，正纪建武东封事，每称天子为国家，其叙山势峭崄、登陟[②]劳困之状极工，予喜诵之。其略云："是朝上山，骑行，往往道峻峭，下骑步牵马，乍步乍骑且相半。至中观，留马，仰望天关，如从谷底仰观抗峰。其为高也，如视浮云；其峻也，石壁窅窱(yǎotiǎo)，如无道径。遥望其人，端如[③]行杇兀，或为白石，或雪。久之，白者移过树，乃知是人也。殊不可上，四布僵卧石上，亦赖赍(jī)酒脯[④]，处处有泉水。复勉强相将行，到天关。自以已至也，问道中人，言尚十余里。其道旁山胁，仰视岩石松树，郁郁苍苍，若在云中。俯视溪谷，碌碌不可见丈尺。直上七里，赖其羊肠逶迤[⑤]，名曰环道，往往有絙索，可得而登也。两从者扶挟，前人相牵，后人见前人履底，前人见后人顶，如画。初上此道，行十余步一休[⑥]。稍疲，咽唇燋(qiáo)[⑦]，五六步一休，牒牒[⑧]据顿地，不避暗湿，前有燥地，目视而两脚不随。"又云："封毕，诏百官以次下，国家随后。道迫小，步从匍匐邪上，起近炬火，止亦骆驿[⑨]。步从触击大石，石声正欢，但欢石无相应和者。肠不能已，口不能默。明日，太医令问起居，国家云：'昨上下山，欲行迫前人，欲休则后人所蹈，道峻危险，国家不劳。'"又云："东山名曰日观，鸡一鸣时，见日始欲出，长三丈所。秦观者望见长安，吴观者望见会稽，周观者望见齐。"凡记文之工悉如此，而未尝见称于昔贤；秦、吴、周三观，亦无曾用之者。今应劭书脱略[⑩]，唯刘昭补注《东汉志》仅有之，亦非全篇也。

[注释]

①应劭：东汉学者，字仲远，少年好学，博览群书。灵帝时，以孝廉被征召。现存著作有《汉官仪》《风俗通义》等。《风俗通义》内有大量泰山史料，如《封泰山禅梁父》《五岳》等。《封禅仪记》：留存于世的最早的游记，由马第伯作，记叙了建武三十二年（56年）的泰山封禅仪式。

②登陟：登上。

③端如：端然，庄重的样子。

④赖：依靠，仰仗。贲：带着，怀抱着。
⑤逶迤：蜿蜒曲折。
⑥休：停下来休息。
⑦燋：干渴，如同火烧般。
⑧牒牒：迭迭，频频。
⑨骆驿：连续不断。
⑩脱略：脱漏省略。

[译文]

应劭的《汉官仪》载录的马第伯《封禅仪记》，正是记录了建武年间到东边祭祀上天的典礼的事，每提到皇帝时就称作国家，文章叙述山势险峻、登攀劳累困难的情状非常精细，我喜欢诵读它。文章大致写道："这天早上上山，骑马而行，常常道路险要陡峭，就下马步行牵马，一会儿走路、一会儿乘马，基本上各占一半。到了中观，留下马匹，抬头远望天关，好像从山谷底下仰看高峰一样。山的高耸，如同看飘浮的云彩；山的险峻，石壁深远，好似没有山间小径。远远地望见山上的人，确实像行走的枯树在摇晃，有的像是白色的石头，有的像是雪。长时间地看着他，白色的物体移动经过树木时，才知道是人。实在上不去时，就四散开来僵直地卧倒在山石的上面，也幸好带着酒和肉干，到处都有泉水。再努力地互相搀扶着行走，到达了天关。我们自认为已经到了，问路上的人，却说还有十多里。在那道路旁边，山的两侧，抬头看岩石上的松树，苍翠茂盛，犹如在浮云之中。低头看山谷中的溪流，石块累累，不能看清它们的尺寸。又直着向上七里路，靠的是那弯曲漫长的羊肠小路，名叫作环道，常常有绳索，可以用来攀登。两个随从的人在旁边扶着，前边的人拉着向上爬，后边的人可以看见前边人的鞋底，前边的人可以看见后边人的头顶，就像画中那样。刚走上这条路，走十多步歇一次。渐渐疲乏了，喉咙嘴唇干渴，五六步就歇一次，休息时跌跌绊绊地双手支撑一下坐倒在地上，也不管坐在阴潮的湿土上，前面有干燥的地方，眼睁睁地看着，两条腿却迈不动。"文章又写道："祭完上天以后，皇上命令众官员按顺序下山，皇上跟在后面。道路拥挤窄小，随从跟着爬上斜坡，站起来举近火把，停下来时也连接不断。随从敲击大石头，石头的声音真是响亮，但却没有谁敲石头跟他相应相和。肚肠鸣叫不能停止，嘴里也不能沉默而气喘不止。第二天，皇帝的医官询问皇上的身体状况，皇上说：'昨天上山下山，想走就迫近前面的人，想休息就会被后边的人踩上，道路险峻危险，但我不劳累。'"文章还写道："东面的山叫作日观，鸡一叫时，就看见太阳将要出来了，有三丈多高。秦观那地方可以看到长安，吴观那地方可以望见会稽，周观那地方可以望见齐地。"大致记叙文笔的精细都像这样，可是没有被过去的贤人称引；秦、吴、周三观，也没有人曾经提到过。现在应劭的书有脱漏省略，只有刘昭所补注的《东汉志》有这篇文章，也不是全篇了。

屯蒙二卦

《屯》《蒙》二卦，皆二阳而四阴[1]。《屯》以六二乘初九之刚[2]，《蒙》以六三乘九二之刚。而《屯》之爻曰："女子贞不字[3]，十年乃字"，《蒙》之爻曰："勿用取[4]女，见金夫[5]，不有躬[6]"，其正邪不同如此者。盖《屯》二居中得正，不为初刚所诱，而上从九五，所以为贞。《蒙》三不中不正，见九二之阳，悦而下从之，而舍上九之正应，所以勿用。士之守身居世[7]，而择所从所处，尚监兹哉[8]！

［注释］

①皆二阳而四阴：都是两个阳爻四个阴爻。爻为《周易》中组成卦的符号。"—"为阳爻，"--"为阴爻。每三爻合成一卦，可得八卦；两卦（六爻）相重则得六十四卦，称为"别卦"。

②《屯》以六二乘初九之刚：《屯卦》的六二爻位在初九之上，现出阴柔凌驾阳刚之象。

③贞：贞洁。不字：不生育。

④取：通"娶"。

⑤金夫：有财物的丈夫。

⑥不有躬：失去贞洁。

⑦士之守身居世：士人守信守节、处身处世。

⑧尚监兹：还要借鉴这些道理。

［译文］

《屯》卦、《蒙》卦两卦的卦象，都是两个阳爻四个阴爻。《屯卦》的六二爻位在初九之上，呈阴柔凌驾阳刚之象；《蒙》卦的六三在九二之上，也呈阴柔凌乘阳刚之象。但是《屯》卦的爻辞说："女子贞洁，不生育，十年才生育"；《蒙》卦的爻辞却说："不要娶女子，她见到有财物的丈夫，就会失身的"，它们的正直和奸邪是这样地不同。《屯》卦的二爻在下卦位里处在中间，得到中正，不受初爻的阳刚诱惑，而且在上卦位里是九五，上下卦位阴阳都处在中间，相互呼应，这就是贞洁的道理。《蒙》卦的三爻不在卦体的正中，见到九二的阳刚之象，就喜悦地向下跟随着它，而舍弃了与上九的正当呼应，这就是不要娶的道理。士人守信守节、处身处世，选择跟随的对象、处世的方法，还要借鉴这些道理呀！

谊向触讳

贾谊[①]上疏文帝曰："生为明帝，没[②]为明神。使顾成[③]之庙，称为太宗，上配太祖，与汉亡极。虽有愚幼不肖之嗣[④]，犹得蒙业而安。植遗腹[⑤]，朝委裘，而天下不乱。"又云："万年之后，传之老母弱子。"此既于生时谈死事，至云"传之老母"，则是言其当终于太后之前，又目其嗣（sì）为"愚幼不肖"，可谓指斥[⑥]，而帝不以为过，谊不以为疑。刘向上书成帝谏王氏事曰："王氏与刘氏，且不并立，陛下为人子孙，守持宗庙，而令国祚移于外亲，降为皂隶[⑦]，纵不为身[⑧]，奈宗庙何？"又云："天命所授者博，非独一姓。"此乃于国存时说亡语，而帝不以为过，向不以为疑，至乞援[⑨]近宗室，几于[⑩]自售，亦不以为嫌也。两人皆出于忠精至诚，故尽言触忌讳而不自觉。文帝以宽待下，圣德固尔，而成帝亦能容之，后世难及也。

［注释］

①贾谊：又称贾太傅、贾长沙、贾生，河南洛阳人，西汉时著名的文学家。贾谊少年得志，步步高升，但三十二岁时，因招嫉恨，被贬到长沙，做长沙王的太傅。后被召回长安，为梁怀王太傅。梁怀王坠马而死，贾谊心生惶恐，不久忧郁而死。

②没：死去。

③顾成：汉文帝的庙名。

④愚幼不肖之嗣：愚顽幼小不成器的后代。嗣，后代。

⑤植遗腹：扶植遗腹太子。

⑥指斥：指责、斥责。

⑦皂隶：衙门里的官差。

⑧纵不为身：纵使不为自己考虑。

⑨乞援：乞求援助。

⑩几于：几乎，近于。

［译文］

贾谊奏进疏文给汉文帝说："活着做英明的皇帝，死了做圣明的神灵。如果让顾成庙（汉文帝自立的宗庙）称为太宗，上面可跟太祖相配，那么汉朝兴旺就没有尽头了。即使有愚顽幼小的不成器的后代，仍然可以承蒙您留下的基业而平安。即使扶植未出世的太子，朝拜您留下的衣服，天下也不会动乱。”又说：“您死了以后，传位给老母亲或弱小的太子。”这既是在帝王活着的时候谈他死后的事，甚至说到“传位给老母亲”，又是说皇帝会死在太后的前面，且把他的后代看成是“愚顽不成器”，可以说是指斥责备了，可是汉文帝不认为是罪过，贾谊也不因此而疑虑。刘向上书给汉成帝进谏王氏的事说：“王氏和刘氏，将不能并立，陛下作为汉室的子孙，守护维持宗庙，却让国家的权位转移到外姓亲戚手中，自己地位下降为奴仆，即使不为自己考虑，也要为宗庙考虑啊！”又说：“天命授给的人很多，不仅仅是一姓的人。”这是在国家还存在的时候说亡国的话，可是汉成帝不以此为罪过，刘向不因此而疑虑，说到请求帮助与自己相近的宗室，几乎是自我举荐，也不认为是涉嫌。这两个人都是出于忠心的精神、最高的诚意，因此畅所欲言，触犯了忌讳也没有自我觉察。汉文帝以宽厚的态度对待下属，他圣明的德行当然是这样，而汉成帝也能容忍触犯忌讳，这是后代难以企及的。

宠昵飞燕

汉成帝为人熟知的事情就是宠溺赵飞燕姐妹，世人都以为他是昏庸无道的君王，但其实他对臣子十分宽厚仁慈，善于纳谏。不能因为他过于宠幸飞燕，就将其政治上的可取之处一并抹去。

卷十二

利涉大川

《易》①卦辞称“利涉大川”者七，“不利涉”者一。爻辞称“利涉”者二，“用涉”者一，“不可涉”者一。《需》《讼》《未济》，指《坎》体而言。《益》、《中孚》，指《巽》(xùn)体而言。《涣》指《坎》《巽》而言。盖《坎》为水，有大川之象；而《巽》为木，木可为舟楫以济川。故《益》之彖(tuàn)②曰：“木道乃行”，《中孚》之彖曰：“乘木舟虚”，《涣》之彖曰：“乘木有功”。又舟楫之利，实取诸《涣》，正合二体以取象也。《谦》《蛊》

则中爻有《坎》《同人》《大畜》则中爻有《巽》。《颐》之反，对《大过》，方有《巽》体，五去之远，所以言“不可涉”，上则变而之对卦，故“利涉”云。

［注释］

①《易》:《易经》，又名《周易》，原是上古卜筮的学术，经由周文王的整理和注述，辑录成册，成为一部谨严的哲学著作。

②彖:《易经》中解释卦义的文字。

［译文］

《易经》的卦辞说到“利涉大川”的话有七次，“不利涉”的话一次。爻辞说到“利涉”的话有两次，“用涉”的话一次，“不可涉”的话一次。《需》卦、《讼》卦、《未济》卦中的话，是针对《坎》卦的卦体而说的。《益》卦、《中孚》卦是针对《巽》卦的卦体而说的。《涣》卦则针对《坎》卦、《巽》卦而说的。《坎》卦的象义是水，有大河的取象；而《巽》卦的象义是木，木可以做成船和桨来渡河。因此《益》卦的彖传说：“木道乃行”，《中孚》卦的彖传说：“乘木舟虚”，《涣》卦的彖传说：“乘木有功”。另外，船和桨的便利，实际上是取象于《涣》卦的，《涣》卦正是合《坎》(水)、《巽》(木）两个卦体来取象的。《谦》卦、《蛊》卦则是中爻有《坎》卦，《同人》卦、《大畜》卦则是中爻有《巽》卦。《颐》卦的阴爻阳爻反过来，就变成对卦《大过》卦，变成《大过》卦才有了《巽》卦的卦体，九五爻与《巽》卦卦体离得太远，所以说“不可涉”，上位的经卦如果阴阳爻互变，就变成对卦《巽》卦了，所以说“利涉”。

刘秀

刘秀本是汉高祖刘邦的九世孙，西汉农民起义爆发，刘秀随之起事，后建立了东汉。

光武弃冯衍

汉室中兴①，固皆②光武之功，然更始③既即天子位，光武受其爵秩④，北面⑤为臣矣，及平王郎、定河北，诏令罢兵，辞⑥不受召，于是始贰⑦焉。更始方困于赤眉⑧，而光武杀其将谢躬、苗曾，取洛

阳、下河东，翻[9]为腹心之疾。后世以成败论人，故不复议。予谓光武知更始不材[10]，必败大业，逆取顺守[11]，尚为有辞。彼鲍永、冯衍，始坚守并州，不肯降下，闻更始已亡，乃罢兵[12]来归，曰：“诚惭以其众幸富贵。”其忠义之节，凛然可称。光武不能显[13]而用之，闻其言而不悦。永后以他立功见用，而衍终身摈斥[14]，群臣亦无为之言者，吁！可叹哉！

［注释］

①中兴：国家由衰退到复兴。

②固皆：固然都是。

③更始：即更始帝刘玄，字圣公，南阳蔡阳（今湖北枣阳）人，汉光武帝刘秀的族兄。公元23年，绿林军拥立刘玄为帝，年号更始。他才能平庸，性格懦弱。更始三年，赤眉军进攻，刘玄投降，被封畏威侯，不久改封为长沙王。十二月，被赤眉将张昂派人缢死。

④爵秩：爵禄。

⑤北面：对人称臣。古代君主坐北朝南，臣子朝见君主则面朝北，所以对人称臣称为北面。

⑥辞：推辞，退却。

⑦贰：背叛，变节。

⑧赤眉：新莽末年山东东部兴起的一支农民起义军，为和绿林相区别，用赤色染眉，故称赤眉军，主要力量是贫苦农民。赤眉兴起后，势力急剧壮大，几年间，发展到十万人以上，但终被刘秀势力所击败。

⑨翻：翻转过来，此处指反而。

⑩不材：不能成材。

⑪逆取顺守：以武力夺取天下，用文治治理天下。

⑫罢兵：停战收兵。

⑬显：使其显贵。

⑭摈斥：排挤，排斥。

［译文］

汉朝衰微而又复兴，固然都是光武帝的功劳，但是更始帝刘玄即天子位之后，光武帝接受了他的封爵官位，面向北做了臣子，等到平定了王郎、安定了河北，更始命令撤军，但光武帝推辞不受召见，在这时开始有了二心。正当刘玄被赤眉军围困时，光武帝却杀了他的将领谢躬、苗曾，攻取洛阳、打下河东，反而成了刘玄的腹心之疾。后代根据成功或失败来评论人，因此不再议论。我认为光武帝

知道刘玄不成材，一定会败坏大业，因此用武力夺取政权，用文教治理天下，还算可以辩解。那鲍永、冯衍，开始时坚守并州，不肯投降，听到刘玄已死，才停战来归顺光武帝，说道："我实在惭愧带领我的部众来幸得富贵。"他的忠义节操，威严正气，值得称赞。光武帝不能提拔重用他，听到他的言谈就不高兴。鲍永后来因为另外立了功被任用了，而冯衍却终身被摈弃排斥，大臣们也没有谁替他说话的，唉！可叹哪！

逸《诗》《书》

逸《书》逸《诗》[1]，虽篇名或存，既亡其辞，则其义不复可考[2]。而孔安国[3]注《尚书》，杜预注《左传》，必欲强为之说，《书》"汩作"注云"言其治民之功""咎单作《明居》"，注云："咎单，主土地之官，作《明居》，民法。"《左传》"国子赋辔(pèi)之柔矣[4]"，注云："义取宽政以安诸侯，若柔辔之御刚马。"如此之类。予顷教授福州日，林之奇少颖[5]为《书》学谕，讲"帝厘下土"数语，曰："知之为知之，《尧典》《舜典》之所以可言[6]也；不知为不知，《九共》《稿饫》略之可也。"其说最纯明可嘉[7]，林君有《书解》行于世，而不载此语，故为表出之。

［注释］

①逸：散失。《书》：《尚书》。《诗》：《诗经》。

②考：考证。

③孔安国：孔子的十一世孙，约汉景帝元年到昭帝末年间在世，跟随申公学《诗经》，又跟随伏生学《尚书》。汉武帝末年，鲁共王在孔子的旧宅中发现了古文《尚书》《礼记》《论语》，都是蝌蚪文字，当时没人能够认识。只有孔安国能解，用当时的文字将尚书批注出来，一共有58篇。

④国子：公卿大夫的子弟。辔：驾驭牲口的嚼子和缰绳。

⑤林之奇少颖：林之奇，字少颖。

⑥可言：可以解说。

⑦可嘉：值得嘉奖、表彰。

［译文］

散失的《尚书》、散失的《诗经》，虽然有些篇名留存着，但既然它的内容亡佚了，那么它的意义就不再能够考证了。可是孔安国注《尚书》、杜预注《左传》，一定想要给它们作出解释。《尚书》的"汩作"，孔安国注释说，"这是说他治理百姓的功劳"，"咎单作《明居》"，注解说："咎单，是管理土地的官，写了《明居》，是关于民法的。"《左

传》中“国子赋辔之柔矣”，杜预注解道：“它的意义在于，要用宽松的政治来使诸侯安定，就像柔软的缰绳驾驭刚烈的骏马一样。”像这一类的有很多。我不久前在福州任儒学教授时，林之奇做了《尚书》学的教谕，在讲“帝厘下土”几句的时候，他说：“知道就是知道，这就是《尧典》《舜典》可以解说的道理；不知道就是不知道，《九共》《稿饫》略去它也是可以的。”这种观点是最精纯明白值得表彰的，林之奇有《书解》流行在社会上，可是没有写上这几句话，因此我为他发表出来。

巽为鱼

《易》卦所言鱼，皆指《巽(xùn)》也。《姤》卦《巽》下《乾》上，故九二有鱼，九四无鱼。《井》内卦为《巽》，故二有射鲋(fù)之象。《中孚》外卦为《巽》，故曰“豚鱼吉”。《剥》卦五阴而一阳。方一阴自下生，变《乾》为《姤》，其下三爻，乃《巽》体也。二阴生而为《遁》，则六二、九三、九四乃《巽》体。三阴生而为《否》，则六三、九四、九五乃《巽》体。四阴生而为《观》，则上三爻乃《巽》体。至五阴为《剥》，则《巽》始亡。故六五之爻辞曰：“贯鱼”，盖指下四爻皆从《巽》来，如鱼骈头而贯[①]也。或曰[②]：“《说卦》不言‘《巽》为鱼’，今何以知之？”曰：“以类而知之，《说卦》所不该者多矣。如‘长子’‘长女’‘中女’‘少女’见于《震》《巽》《离》《兑》中，而《坎》《艮(gèn)》之下，不言‘为中男’‘为少男’之类，它可推也[③]。”

[注释]

①骈头而贯：首尾相接，依次穿过。

②或曰：有人说。

③他：其他。推：推理。

[译文]

《周易》卦中所说的鱼，都是指的《巽》卦。《姤》卦的卦体是《巽》卦在下、《乾》卦在上，因此它的九二爻的爻辞提到鱼，而九四爻没有鱼。《井》卦的下位卦为《巽》卦，因此第二爻有射猎鲋鱼的卦象。《中孚》卦的上位卦是《巽》卦，因此说“豚鱼吉”。《剥》卦有五个阴爻、一个阳爻。当一个阴爻刚从下面生出时，就从《乾》卦变成了《姤》卦，《姤》卦下位卦的三爻，就构成了《巽》卦的卦体。两个阴爻生出，就成了《遁》卦，那么它的六二、九三、九四就构成《巽》卦的卦体。三个阴爻生出，就成了《否》卦，那么六三、九四、九五就构成《巽》卦的卦体。四个阴爻生出，就成了《观》卦，那么上位卦的三爻就是《巽》卦卦体。到五个阴爻在下就成了《剥》卦，那么《巽》卦的卦体就没有了。因此《剥》卦的六五爻的爻辞说到“贯鱼”，指的是下面的四爻都是从《巽》卦来的，就像鱼头尾相接依次穿过。有人说：“《说卦传》没有说‘《巽》卦的象义是鱼’，现在怎么会知道它是鱼呢？”我的回答是：“根据类推就可以知道，《说卦传》没有全面提到的多了。例如‘长子’‘长女’‘中女’‘少女’在《震》卦、《巽》卦、《离》卦、《兑》卦中出现，而《坎》卦、《艮》卦等等，却不提‘为中男’‘为少男’之类的话，这是因为其他可以类推的缘故。”

虎夔藩

黄鲁直《宿舒州太湖观音院》诗云：“汲[①]烹寒泉窟，伐烛古松根。相戒莫浪出，月黑虎夔(kuí)藩。”“夔”字甚新，其意盖言抵触之义，而莫究[②]所出。惟杜工部[③]《课伐木》诗序云：“课隶人入谷斩阴木[④]，晨征暮返。我有藩篱，是阙是补，旅次[⑤]于小安。山有虎，知禁[⑥]。若恃爪牙之利，必昏黑撑突。夔人屋壁，列树白桃，镘(màn)焉墙，实以竹，示式遏。为[⑦]与虎近，混沦[⑧]乎无良宾客。”其诗句有云：“藉汝跨小篱，乳兽待人肉。虎穴连里闾，久客惧所触。”乃知鲁直用此序中语。然杜公在夔府所作诗，所谓“夔人”者，述其土俗[⑨]耳，本无抵触之义，鲁直盖误用之。又《寺斋睡起》绝句云：“人言九事八为律，傥[⑩]有江船吾欲东。”按《主父偃传》：“上书言九事，其八事为律令，一事谏伐匈奴。”谓八事律令而言，则“为”字当作去声读，今鲁直似以为平声，恐亦误也。

[注释]

①汲：汲水，打水。

②究：追究。

③杜工部：杜甫，因杜甫曾任左拾遗、检校工部员外郎，所以常被人称作杜拾遗、杜工部。

④阴木：山北所生长的树木。

⑤旅次：旅途中小住的地方。

⑥禁：畏忌。

⑦为：因为。

⑧混沦：弄混，混淆。

⑨土俗：民土风俗。

⑩傥：通“倘”，倘若，如果。

［译文］

黄鲁直《宿舒州太湖观音院》诗写道：“汲烹寒泉窟，伐烛古松根。相戒莫浪出，月黑虎夔藩。”“夔”字非常新奇，它的意思大概是抵触的意义，可是没有人追究它的出处。只有杜甫《课伐木》诗的诗序说：“督促罪犯到山谷中砍伐山北所生长的树木，早上出去，晚上回来。我们有篱笆，哪儿缺了就在哪儿补上，居处的地方于是能够稍得安宁。山上有老虎，老虎也知道畏忌。如果它依仗着坚利的爪牙，一定会在天色黑时来冲撞的。夔州人的房屋墙壁，是排列着的白桃枝，涂上泥而成为墙的，当中用竹子填实，用来表示阻遏。因为跟老虎离得近，常把老虎和宾客到来的声音弄混。”这首诗的诗句说：“藉汝跨小篱，乳兽待人肉。虎穴连里闾，久客惧所触。”由此可知黄鲁直是用这首诗的诗序中的话。然而杜甫在夔州府所作的这首诗中，所谓的“夔人”，是记述当地的风土民俗罢了，本来没有抵触的意义，黄鲁直大概是错用了这个字。另外，《寺斋睡起》这篇绝句说：“人言九事八为律，傥有江船吾欲东。”考察《主父偃传》，原话是：“上书说了九件事，其中八件都是谈论律令的，一件事是谏伐匈奴的”。意思是八件事是就律令而说的，那么“为”字应该读成去声，现在黄鲁直似乎是认为该读平声，恐怕也错了。

卷十三

谏说之难

韩非作《说难》，而死于说难①，盖谏说之难，自古以然。至于知其所欲说，迎而拒之，然卒②至于言听而计从者，又为难而可喜者也。秦穆公执晋侯，晋阴饴(yí)甥往会盟，其为晋游说无可疑者。秦伯曰：“晋国和乎？”对曰：“不和。小人曰必报仇，君子曰必报德。”秦伯曰：“国谓君何？”曰：“小人谓之不免，君子以为必归；以德为怨，秦不其然？”秦遂归晋侯。

秦伐赵，赵求救于齐。齐欲长安君③为质，太后不肯，曰：“复言者，老妇必唾其面！”左师触龙④愿见，后盛气而胥之人，知其必用此事来也。左师徐坐，问后体所苦，继乞以少子补黑衣⑤之缺。

后曰："丈夫亦爱怜少子[6]乎？"曰："甚于妇人。"然后及其女燕后，乃极论赵王三世之子孙无功而为侯者，祸及其身。后既寤[7]，则言："长安君何以自托于赵？"于是后曰："恣君之所使！"长安君遂出质。

范雎(jū)见疏于秦，蔡泽入秦，使人宣言感怒雎，曰："燕客蔡泽，天下辨士也，彼一见秦王，必夺君位。"雎曰："百家之说，吾既知之，众口之辩，吾皆摧之，是恶能夺我位乎[8]？"使人召泽，谓之曰："子宣言欲代我相，有之乎？"对曰："然。"即引商君、吴起、大夫种之事。雎知泽欲困己以说，谬曰："杀身成名，何为不可？"泽以身名俱全之说诱之，极之以闳(hóng)夭[9]、周公之忠圣。今秦王不倍功臣，不若秦孝公、楚越王，雎之功不若三子，劝其归相印以让贤。雎竦然[10]失其宿怒，忘其故辩，敬受命，延[11]入为上客。卒之代为秦相者泽也。

秦始皇迁其母，下令曰："敢以太后事谏者杀之。"死者二十七人矣。茅焦请谏，王召镬(huò)将烹之。焦数以桀(jié)、纣狂悖之行，言未绝口，王母子如初。

吕甥之言出于义，左师之计伸于爱，蔡泽之说激于理，若茅焦者真所谓劘(mó)虎牙者矣。范雎亲困穰(ráng)侯而夺其位，何遽(jù)[12]不如泽哉？彼此一时也！

［注释］

①韩非作《说难》，而死于说难：韩非作《说难》，却死于劝谏君王而招致的灾难。韩非，也称韩非子，战国末期韩国公子，精于刑名法术之学，与李斯同就学于荀子。韩非文辞斐然，思想深刻，有许多著述，大多收在《韩非子》一书中。较有名的著作有《孤愤》《五蠹》《内外储》《说林》《说难》等。他强调严刑峻法，主张以法治国，其学说深得秦始皇赏识。但因李斯担心韩非子事秦，自己的地位将不保，于是毒死了韩非子。所以说韩非也是因《说难》而招致灭顶之灾。说，游说，劝说。

②卒：最后，终于。

③长安君：赵惠文王之子，被赵悼襄王封于饶地，孝成王时，当作人质被送到齐国。

④左师：战国时赵国有名无实的高级官员。触龙：也叫触詟，战国时赵国左师，

有远见卓识。

⑤黑衣：代指王宫卫士，因古时王宫卫士都着黑衣。

⑥少子：小儿子。

⑦寤：省悟过来。

⑧是：这样。恶：如何，怎么样。

⑨闳夭：西周开国功臣，与散宜生、太颠等齐名。西伯侯姬昌被纣囚禁，闳夭等设计用美色重赂，营救西伯脱险，后又佐武王灭商。

⑩竦然：肃然恭敬的样子。

⑪延：引进，请。

⑫遽：猝然，一下子。

［译文］

韩非作《说难》，却死于劝谏君王而招致的灾难，看来规劝君主反招祸，自古如此。至于国君知道人家所要规劝的内容，接见他却不接纳他的意见，可是终究还是言听计从了，这又是变灾难而成可喜可贺的事了。秦穆公俘虏了晋惠公，晋国的阴饴甥前往秦国参加会盟，他将替晋国游说是毫无疑问的。秦穆公问："晋国和睦吗？"阴饴甥回答说："不和睦。小人说一定要报仇，君子说一定要报答恩德。"秦穆公问："全国认为国君的前途将如何？"阴饴甥答："小人认为他不会被赦免，君子认为他一定会回来；把感恩变成怨恨，秦国是不会这样的吧？"秦国终于让晋惠公回到晋国。

秦国攻打赵国，赵国向齐国请求援救。齐国提出要让赵太后的小儿子长安君作人质，赵太后不肯，说："有再说让长安君作人质的，老妇一定要向他脸上吐唾沫！"左师触龙表示希望晋见太后，太后气呼呼地请他进来，知道他必定是因为这件事而来的。左师从容落座，先询问太后身体有无病痛，接着请求让自己的小儿子当个宫廷黑衣卫士。太后问："男子汉也爱怜自己的小儿子吗？"触龙答："比女人们更爱怜。"后来话题涉及太后的女儿燕后，接着又深入探讨赵王三代以下没有功绩而封侯的子子孙孙，灾祸涉及他们自身的情况。太后省悟之后，触龙就问："长安君凭什么把自己托身在赵国？"在这种情况下，太后说："任凭您支派他吧！"长安君于是被派出国去作人质。

范睢（"睢"又作"雎"）在秦国受到冷落，蔡泽来到秦国，让人公开讲一些激怒范睢的话，说："燕国来的客卿蔡泽是天下的善辩之士，他只要一见到秦王，一定会使范睢丧失相位。"范睢说："诸子百家的学说，我全都懂得，众人的论辩，我都挫败过他们，这样还怎么能使我失去相位呢？"让人招来蔡泽，问他说："您扬言要取代我任相国，有这事吗？"蔡泽答道："是的。"接着又引据商鞅、吴起、大夫种（越国大夫文种）的事例。范睢知道蔡泽要用游说之词难为自己，故意心口不一地说："牺牲性命，成就名声，为什么不可以？"蔡泽拿生命、名声都要保全的道理诱导他，以闳夭、周公的忠贞圣明为他树立榜样。忠告他当今秦王并不加倍优遇功臣，不像秦孝公、楚越王那样，你范睢的功劳也比不上商鞅等三人，规劝他归还相印，把相位让给贤者。范睢对蔡泽肃然起敬，抛却了原先的恼怒，失去了原有

容斋随笔

的辩才，恭恭敬敬听他的意见，把他请到家中待如上宾。最终取代范雎作了秦相的就是蔡泽。

秦始皇把母亲放逐出秦都，下令说：“有敢拿太后的事来劝谏的，杀死他。”为这件事而死的已经有二十七人。茅焦请求入宫劝谏，秦王让人抬来大锅准备煮死他。茅焦借夏桀、殷纣狂乱悖理的行为来责备秦王，话还未说完，秦王母子就和好如初了。

阴饴甥的言论出自于正义，左师的计谋发挥于爱心，蔡泽的劝说激发于情理，至于茅焦，真是所谓老虎嘴里拔牙的人了。范雎曾使擅权三十余年的秦昭王的舅父穰侯遭受困厄，从而夺取了他的相位，为什么一下子就不如蔡泽了呢？这就叫此一时彼一时啊！

萧房知人

汉祖至南郑，韩信亡去[1]，萧何自追之。上[2]骂曰：“诸将亡者以十数，公无所追，追信，诈[3]也。”何曰：“诸将易得，至如信，国士无双，必欲争天下，非信无可与计事者。”乃拜信大将，遂成汉业。唐太宗为秦王时，府属[4]多外迁，王患之[5]。房乔曰：“去者虽多不足吝，杜如晦[6]王佐才也，王必欲经营四方，舍如晦无共功者。”乃表留幕府，遂为名相。二人之去留，系兴替治乱如此，萧、房之知人，所以为莫及也。樊哙从高祖起[7]丰、沛，劝霸上之还，解鸿门之厄，功亦不细矣，而韩信羞与为伍。唐俭赞太宗建大策，发薄津之谋，定突厥之计，非庸臣也，而李靖[8]以为不足惜。盖以信、靖而视哙、俭，犹熊罴（pí）[9]之与狸狌耳。帝王之功，非一士之略，必待将如韩信、相如杜公，而后用之，不亦难乎？惟能置萧、房于帷幄中，拔茅汇进，则珠玉无胫而自至矣[10]。

［注释］

①亡去：逃走。

②上：汉高祖刘邦。

③诈：欺骗，诓骗。

④府属：府中幕僚臣属。

⑤患之：以之为患。患，担忧。

⑥杜如晦：字克明，唐初名相，凌烟阁二十四功臣之一。李世民为秦王时，

杜如晦便跟随他征战各方，出谋划策，后又帮助李世民夺取王位，居功至伟。太宗李世民即位后，杜如晦和房玄龄共同辅佐太宗，开创了贞观之治的局面。

⑦起：起事，兴兵。

⑧李靖：字药师，唐朝著名统帅，是隋朝名将韩擒虎的外甥，少有大略。李渊起事后，李靖被秦王李世民征召为幕府，在对各方的战争中，他的军事才能逐渐展现。唐朝建立后，李靖也多次率军出征，为大唐江山的稳固立下汗马功劳。李靖严于治军，赏罚分明，不避亲疏与仇雠，以惩恶劝善，激励将士。曾著《六军镜》《阴符机》《玉帐经》《霸国箴》等军事作品。

⑨熊罴：熊和罴，两者皆为猛兽。

⑩珠玉无胫而自至：像珠玉般宝贵的人才便会不请自来。珠玉，珍珠宝玉，此处代指优秀的人才。胫，小腿。

［译文］

汉高祖刘邦行军到达南郑，韩信不告而别，萧何亲自去追赶他。高祖骂萧何道："将领们逃跑了几十人，你都没有去追赶，说追赶韩信，是骗我的。"萧何说："将领不难找到，至于像韩信这样的人，是国之奇士，天下无二，您一定想要争夺天下，除了他再没有一起计议天下大事的人了。"于是高祖封授韩信为大将，终于完成汉室大业。唐太宗李世民为秦王时，幕府属吏很多外调任职，秦王为此忧虑。房玄龄说："离去的人尽管不少，也不值得可惜，杜如晦是辅佐君王之才，大王想要经营天下大业，舍弃如晦就没有能共事的人了。"于是上疏请杜如晦留在幕府中，终成一代名相。韩、杜二人的去留，与兴衰治乱的关系密切到这种程度，萧、房二人的善于发现人才，是无人能比得上的。樊哙跟随高祖在丰、沛起兵，攻占咸阳后劝高祖还军霸上，鸿门宴上解除高祖困厄使之脱险，功劳也不算小了，可是韩信把自己与樊哙身份相当看作是羞辱。唐俭帮助高祖、太宗下决心灭隋建唐，在薄津揭发孤独怀恩发动叛乱的阴谋，帮太宗制定诱降突厥的办法，不能说是平庸之臣，可是李靖认为失去他也不值得惋惜。以韩信和李靖来看樊哙、唐俭，也不过是拿熊罴比狸猫而已。创建帝王之业，绝非个别谋士的谋略可

萧何

萧何辅佐刘邦，为刘邦招贤纳士，平定天下。萧何尤为著名的事迹就是月下追韩信，为刘邦追回了一员得力干将。后人都将萧何当作识英雄、重英雄的典范。

成，一定要等到有了韩信那样的大将、杜如晦那样的贤相，然后才加重用，岂不太难了吗？只要能把萧何、房玄龄一类人安排到帐下，选贤进能，那么，珍珠宝玉般珍贵的人才就会不请自来了。

吴激小词

先公在燕山，赴北人张总侍御家集[①]。出侍儿佐[②]酒，中有一人，意状摧抑可怜[③]。叩[④]其故，乃宣和殿小宫姬也。坐客翰林学士吴激赋长短句纪之[⑤]，闻者挥涕。其词曰："南朝千古伤心地，还唱《后庭花》[⑥]。旧时王、谢，堂前燕子，飞向谁家？恍然相遇，仙姿胜雪，宫髻堆鸦。江州司马，青衫湿泪，同是天涯[⑦]。"激字彦高，米元章[⑧]婿也。

[注释]

①集：集会，聚会。

②佐：劝。

③摧：伤痛。抑：抑制，压抑。

④叩：打听，询问。

⑤赋长短句纪之：吟诵词记下这件事情。赋，吟咏，吟诵。长短句，即词，因其句子长短不一，故有此称，又称诗余。

⑥《后庭花》：南朝陈后主颓靡荒淫，终日沉溺酒色，不理朝政。当百姓揭竿而起、国家动荡之时，陈后主还在后宫寻欢作乐。他曾作一首《玉树后庭花》，中有"花开花落不长久，落红满地归寂中"之语，被人们认为是亡国之音，是不祥的预兆。隋朝大军攻破陈廷，后主躲避不及，跳入枯井中，仍难逃被杀命运。

⑦江州司马，青衫湿泪，同是天涯：唐朝白居易被贬江州，一晚与友送别时，听到江边舟中传来悠扬动听的琵琶曲，遂邀琵琶女同饮，言谈得知该女本为长安歌妓，年老色衰，委身为商人妇。白居易听闻，泪湿青衫，感慨地说："同是天涯沦落人，相逢何必曾相识"。

⑧米元章：即米芾，字元章，北宋书法家、画家，与苏轼、黄庭坚、蔡襄并称宋代四大书法家。其绘画擅长枯木竹石，尤工水墨山水。

[译文]

先父在燕山，到北国人张总侍御家聚会。侍女出来劝酒，其中有一人，强抑悲伤的样子，令人可怜。询问缘故，原来她是流落在外的宣和殿小宫女。座中宾客翰林学士吴激吟诵词一首记下这件事，听众无不挥泪。那首词道："南朝千古伤心地，还唱《后庭花》。旧时王、谢，堂前燕子，飞向谁家？恍然相遇，仙姿胜雪，宫髻堆鸦。江州司马，青衫湿泪，同是天涯。"吴激，字彦高，是米芾的女婿。

晏子扬雄

齐庄公之难[1]，晏子不死不亡[2]，而曰："君为社稷死则死之，为社稷亡则亡之。若为己死而为己亡，非其私昵[3]，谁敢任[4]之？"及崔杼[5]、庆封盟国人曰："所不与崔、庆者"，晏子叹曰："婴所不唯忠于君，利社稷者是与，有如上帝[6]！"晏子此意正与豫子所言"众人遇我"之意同，特[7]不以身殉庄公耳。至于毅然据正以社稷为辞，非豫子可比也。扬雄仕汉，亲蹈王莽之变。退托其身于列大夫中，不与高位者同其死，抱道没齿[8]，与晏子同科。世儒或以《剧秦美[9]新》贬之，是不然，此雄不得已而作也。夫诵述新莽之德，止能美于暴秦，其深意固可知矣。序所言配五帝冠三王[10]，开辟以来未之闻，直[11]以戏莽尔。使雄善为谀佞[12]，撰符命[13]，称[14]功德，以邀[15]爵位，当与国师公同列，岂固穷如是[16]哉？

扬雄

扬雄，字子云，西汉著名学者、辞赋家。

[注释]

①难：遇难，被杀。

②不死不亡：不自尽也不逃亡。

③私昵：个人宠爱。

④任：担任、承担。

⑤崔杼：又称崔子、崔武子，春秋时齐国大夫，齐惠公时为正卿。惠公死后，出奔卫国。后返齐，侍奉灵公，灵公死后，迎立故太子光，即齐庄公。因齐庄公行为不检，怒而杀之，立杵臼为君，即齐景公，自己为右相。两年后，家族内讧，在左相庆封的威逼下自杀。

⑥上帝：天帝。

⑦特：只，不过。

⑧没齿：终生，一辈子。

⑨美：美化。

⑩五帝：关于五帝的说法不一，最常见说法是太昊、炎帝、黄帝、少昊、颛顼五人。冠：冠盖，超过。三王：一般指夏商周三代之君，即夏禹、商汤和周武王。

⑪直：只不过。

⑫谀佞：奉承献媚。

⑬撰：杜撰。符命：符兆，预示着天命神授。

⑭称：称颂。

⑮邀：求取。

⑯如是：这个样子。

［译文］

齐庄公遇难被杀之时，晏子既不去死，也不逃亡，而是说："君主为国家而死，那么就为他而死；为国家而逃亡，就为他而逃亡。如果君主为自己而死，为自己而逃亡，不是他个人宠爱的人，谁敢承担责任？"等到崔杼、庆封和国内的人在太公的宗庙结盟说："有不亲附崔氏、庆氏的"时，晏子叹气说："我晏婴如果不亲附忠君利国的人，有天帝为证！"晏子这番话正和豫子所说"众人待我如何如何"那番话意义相同，只是不为庄公献出生命罢了。至于他坚决地据守正义，拿国家利益作理由，不是豫子能比得上的。扬雄在西汉做官，亲身经历王莽篡汉的变乱。退步托身在一般士大夫行列中，不和官位高的人一同去死，终身坚持正道，与晏子同等。社会上有些儒生拿他的《剧秦美新》来贬斥他，其实是不对的，因为这是扬雄迫不得已才写的。颂扬新莽的恩德，结果只能是美化残暴的秦王朝，其中深意不难体会。序中所说新莽与传说中圣明的五帝一样，甚至比夏禹、商汤、周武王还强之类的话，有史以来没有听人说过，这只不过是在戏弄王莽罢了。如果扬雄善于逢迎讨好，杜撰符命，称颂功德，以此求取高官厚禄，本应与国师公等同了，怎会一直穷困如此呢？

卷十四

汉祖三诈

汉高祖用韩信为大将，而三以诈临[1]之：信既定赵，高祖自成皋（gāo）度河[2]，晨自称汉使驰入信壁[3]，信未起，即其卧[4]，夺其印符[5]，麾

召诸将易置之[6]；项羽死，则又袭夺其军；卒[7]之伪游云梦而缚信。夫以豁达大度开基[8]之主，所行乃如是。信之终于谋逆[9]，盖有以启之矣。

[注释]

①临：对付。
②河：黄河。
③壁：营垒，军营。
④即其卧：进入他的卧室。
⑤印符：帅印符节。
⑥麾：大将的旗帜。易：更改。置：处置。
⑦卒：最后。
⑧开基：开创基业，代指开国。
⑨谋逆：图谋叛乱。

[译文]

汉高祖任用韩信作为大将，却三次用诈术对付他：韩信平定赵地之后，高祖从成皋渡过黄河，一大早自称汉王使节飞马驰入韩信军营，韩信尚未起床，进入他的卧室收取他的印信符节，用大将的旗帜召来将领们，改变了他们的职位；项羽死后，再次用突然袭击的方式收取韩信的军权；最后假托巡游云梦而捉拿了韩信。凭着一个豁达大度的开国君主的身份，所作所为竟然如此。韩信终于图谋叛乱，看来萌生这种念头是有原因的。

有心避祸

有心于避祸，不若无心于任运[1]，然有不可一概论者。董卓盗执国柄[2]，筑坞[3]于郿(méi)，积谷为三十年储，自云：“事不成，守此足以毕老。”殊不知一败则扫地，岂容老于坞耶？公孙瓒(zàn)[4]据幽州，筑京于易地，以铁为门，楼橹[5]千重，积谷三百万斛(hú)，以为足以待天下之变，殊不知梯冲舞于楼上，城岂可保耶？曹爽[6]为司马懿(yì)所奏，桓范[7]劝使举兵，爽不从，曰：“我不失作富家翁。”不知诛灭在旦暮耳，富可复得耶？张华[8]相晋，当贾后[9]之难不能退，少子以中台星坼(chè)[10]，劝其逊位[11]，华不从，曰：“天道玄远，不如静以待之。”竟为赵王伦[12]所害。方事势不容发，而欲以静待，又可嗤[13]也。他人无足言，华博物有识，亦暗[14]于几事如此哉？

司马懿谋杀曹爽

曹爽是曹魏宗亲，给司马氏夺取政权造成很大阻碍。司马懿于是便想尽办法杀掉了曹爽，一步一步朝着独掌大权的道路迈进。

［注释］

①任运：听凭命运安排。

②盗执国柄：窃取国家大权。

③坞：城堡。

④公孙瓒：字伯圭，西汉辽西人，勇猛好战，才能过人，后升至中郎将，后自己盘踞北方。其与袁绍相争，起初占据优势，后战略不当，逐渐被袁绍击败，自焚其身。

⑤楼橹：城楼。

⑥曹爽：字昭伯，沛国谯县（今安徽亳州）人，曹操任孙。少年时谨慎持重，备受魏明帝恩宠。后随着位高权重，一步步独揽朝中大权，招来众臣嫉恨。司马懿兵变，假太后令，罢免曹爽兄弟官职。后曹爽及其兄弟全被处斩，并夷灭三族。

⑦桓范：字元则，为人颇有见识，依附曹爽，为其谋划。曹爽被司马懿弹劾时，他劝曹爽挟魏帝到许昌，曹爽不听，被诛。桓范也被诛杀。

⑧张华：字茂先，西晋文学家、政治家。张华年少便好学不倦，曹魏末期，因愤世嫉俗作《鹪鹩赋》，引起巨大反响，自此他便声名鹊起，后官职一路上升。西晋取代曹魏后，又屡迁黄门侍郎，封广武县侯，官至司空。晋惠帝时，遭司马伦杀害。他曾编撰《博物志》，对后世影响很大。

⑨贾后：贾南风，西晋晋惠帝的皇后，又称惠贾皇后。本人其貌不扬，但是善于钻营，精于权术。晋惠帝懦弱无能，朝中大小事务，悉出于贾后之手。她为掌握朝政大权，肃清异己，滥杀无辜，朝政动荡不安。

⑩坼：裂开。

⑪逊位：退位。

⑫赵王伦：赵王司马伦。司马伦，字子彝，晋宣帝司马懿第九子，西晋八王之乱其一王。晋武帝司马炎建国后，封琅玡郡王。后自立为皇，改元建始，未几，便被其他王族攻灭，自己也被赐死。

⑬嗤：讥笑。

⑭暗：昧暗、糊涂。

[译文]

为躲避灾祸大动脑筋，倒不如漫不经心地听凭命运作安排，不过也有不能一概而论的情况。董卓盗掌国务大权，在郿(今陕西眉县东北)修筑号称“万岁邬”的城堡，积储了足用三十年的粮食，自称：“大事不成，守着这座城堡，也完全可以终生到老。”殊不知，一朝中计被杀，财产即刻扫荡净尽，哪里容他老死在郿坞？公孙瓒占据幽州，在易（今河北雄县西北）修筑高丘，人称易京，用铁造门，高台望楼千层，积存粮食三百万斛，以为足以应付天下之变，殊不知袁绍的云梯、冲车舞动在楼前，坚城怎能保守得住呢？曹爽被司马懿弹劾，桓范鼓动他发动兵变，曹爽不听，说：“我即使不行还可做个大富翁啊。”岂不知满门抄斩就在眼前，富翁还能当得成吗？张华辅佐西晋任司空，当贾后在宫廷发动事变时不能辞官避祸，小儿子张韪因中台星分裂，劝他让出官位，他不听，说：“天象的规律玄奥深远，不如静心等待。”终于被赵王司马伦所害。当情势万分紧迫时，却想静心等待，太可笑了。别人不必说，张华学识渊博，也对机密之事糊涂到这种程度吗？

蹇解之险

《蹇(jiǎn)》卦《艮(gèn)》下《坎》上，见险而止，故诸爻皆有蹇难之辞。独六二重言蹇蹇①，说者以为六二与九五为正应，如臣之事君，当以身任国家之责，虽蹇之又蹇，亦匪躬以济之②，此解释文义之旨也。若寻绎爻画，则有说焉。盖外卦一《坎》，诸爻所同，而自六二推之，上承九三、六四，又为《坎》体，是一卦之中已有二《坎》也，故重言之。《解》卦《坎》下《震》上，动而免乎险矣。六三将出险，乃有负乘致寇之咎③，岂非上承九四、六五又为《坎》乎？《坎》为舆为盗，既获出险而复蹈焉，宜其可丑而致戎④也，是皆中爻之义云。

[注释]

①重言蹇蹇：说两次“蹇”。

②匪躬以济之：应当全力以赴，鞠躬尽瘁。

③负乘致寇之咎：背负外来之“寇”袭击的凶相。

④宜其可丑而致戎：在极端困难的情况下又出现新的外患也没什么奇怪。

[译文]

《蹇》卦乃是《艮》下《坎》上，见险而止，所以各爻都有蹇难之辞。唯独六二爻说两次“蹇”，解卦的人认为六二爻与九五爻为正应，如臣子侍奉君主，当亲身肩负国家重任，即使难之又难，也应当全力以赴，鞠躬尽瘁，这是解释卦辞的主旨。如果推演爻象，就有另外一种解释。外卦（上卦）为一个《坎》卦，各爻所同，而从六二向上推，上承九三爻、六四爻，又为《坎》卦，这即是一卦之中有两个《坎》卦，于是说两个“蹇”。《解》卦乃《坎》下《震》上，只要动就可免于险。六三爻表示将脱离险境，又会有外来之“寇”袭击的凶相，此爻上承九四、六五二爻，难道不又是一个《坎》卦吗？《坎》表示“舆”，表示“盗”，即将脱险又陷于险，在极端困难的情况下又出现新的外患也没什么奇怪，这都是中爻所表现出来的含义。

士之处世

士[1]之处世，视富贵利禄，当如优伶之为[2]参军。方其据几正坐[3]，噫(yī)呜诃棰(hē chuí)，群优拱而听命，戏罢则亦已矣。见纷华盛丽，当如老人之抚节物[4]。以上元、清明言之，方少年壮盛，昼夜出游，若恐不暇。灯收花暮[5]，辄怅然移日不能忘[6]。老人则不然，未尝置欣戚[7]于胸中也。睹金珠珍玩，当如小儿之弄戏剧[8]，方杂然前陈，疑若可悦，即委之以去，了无恋想。遭横逆机阱，当如醉人之受骂辱，耳无所闻，目无所见，酒醒之后，所以为我者自若也，何所加损哉？

[注释]

①士：士子，读书人。

②为：扮演。

③方：当……的时候。几：几案。正坐：正襟危坐。

④节物：应时节的景物。

⑤暮：凋零，垂暮。

⑥辄：便，就。移日：移动日影，指不算短的一段时间。

⑦欣戚：欢乐与悲戚。

⑧戏剧：游戏闹剧。

[译文]

读书人为人处世，看待富贵利禄，应该像戏剧演员扮演军官。当他身凭几案，正襟危坐，哇哇啦啦发号施令时，众演员拱手而立听从他的命令，一出戏演完，一切也就结束了。见到豪华艳丽的场面，就如同老年人对待应时节的景物。拿上元、清明节来说，正当年轻力壮的人，昼夜出游，似乎唯恐时间不足。彩灯收了，鲜花

凋零，就一副懊恼的样子，长时间不能忘怀。老年人则不然，不曾把欣喜、忧戚一直放在心上。而对黄金、珠宝、珍贵器物，应当如同儿童做游戏，当那些东西杂乱摆在面前时，看似喜欢的样子，倘若丢下它走开，一点也不留恋。遇上强暴无理、设计陷害的事，应当如同醉酒之人遭受辱骂，支着耳朵什么也没听到，睁着眼睛什么都没看见，酒醒之后，我还是原来那副老样子，又有什么损害呢？

卷十五

任安田仁

任安、田仁，皆汉武帝时能臣也，而《汉史》载其事甚略，褚(chǔ)先生曰："两人俱为卫将军舍人，家监使养恶啮马[1]。仁曰：'不知人哉！家监也！'安曰：'将军尚不知人，何乃家监也！'后有诏募择卫将军舍人以为郎[2]。会贤大夫赵禹来，悉[3]召舍人百余人，以次问之，得田仁、任安，曰：'独此两人可耳，余无可用者。'将军上籍[4]以闻。诏召此二人，帝遂用之。仁刺举[5]三河，时河南、河内太守皆杜周子弟，河东太守石丞相子孙，仁已刺三河，皆下吏诛死。"观此事，可见武帝求才不遗微贱，得人之盛，诚非后世所及。然班史[6]言："霍去病既贵，卫青故人门下多去事之，唯任安不肯去。"又言："卫将军进言仁为郎中。"与褚(chǔ)先生所书为不同。《杜周传》云："两子夹河为郡守，治皆酷暴。"

卫青钳徒论相

卫青出身寒微，后得以驰骋疆场，功拜大将军。他府中舍人众多，但如任安、田仁这等有才能的人并未得到他的赏识，反而让他们去做养马之类低贱粗鄙的活儿。可见，卫青也不是知人善任者。

亦不书其所终，皆阙[7]文也。

［注释］

①家监使养恶啮马：卫将军家的总管让他们去养顽劣咬人的马。家监，家臣，这里特指总管。恶，顽劣。啮，啃，咬。

②诏：诏书。募：招募。郎：郎官。

③悉：全部。

④上籍：上报他们的户籍。

⑤刺举：检举奸恶。

⑥班史：班固的史书，即班固所撰《汉书》。

⑦阙：缺失遗漏。

［译文］

任安、田仁，都是汉武帝时的才能出众之臣，可是汉代《史记》记载他们的事情甚为简略，褚少孙先生补充说：“两人都作卫将军的舍人，卫家总管叫他们去喂养顽劣的咬人之马。田仁说：‘总管太没有知人之明了！’任安说：‘将军都不能知人善任，更何况总管呢！’后来有诏书要从卫将军的舍人中挑选合适的人作郎官。碰巧由贤明的士大夫赵禹来主持其事，他把一百多名舍人全都召集起来，按着次序进行口头考试，得到了田仁、任安，说：‘只有这两个人可以，其余的没有可用之人。’卫将军就向朝廷上报他们的户籍并使群臣了解此事。武帝下诏书召见这两个人，随即委以重任。田仁作了丞相长史，检举三河地区长官贪财不法，当时河南（今河南洛阳）、河内（今河南武陟）二郡的太守都是御史大夫杜周的子弟，河东（今山西夏县）太守是丞相石庆的子孙，田仁检举揭发之后，他们都被交给法官刑讯、处死。”于此可见，汉武帝寻求贤才并不遗漏地位低贱之人，得到的人才非常之多，实在不是后世君主所可比拟的。可是班固的《汉书》称：“霍去病受宠之后，卫青的老朋友和门下宾客很多离去，为霍去病服务，只有任安不肯离去。”又说：“卫将军推荐田仁做了郎中。”这跟褚先生所写的内容不同。《杜周传》说：“杜周的两个儿子在黄河两岸紧靠着的两个郡作太守，统治都非常严酷残暴。”也没有写他们最终的结果，这些，都是记述遗漏的文字。

杜延年杜钦

《前汉书》称：“杜延年本大将军霍光吏，光持[1]刑罚严，延年辅之以宽，论议持平[2]，合和朝廷；杜钦在王凤幕府，救解冯野王、王尊之罪过，当世善政[3]，多出于钦。予谓光以侯史吴之事，一朝杀九

卿三人，延年不能谏。王章言王凤之过，天子感悟，欲退凤，钦令凤上疏谢罪。上不忍废凤，凤欲遂退，钦说之而止。章死，众庶冤之，钦复说凤，以为："天下不知章实有罪，而以为坐④言事，宜因章事举直言极谏，使天下咸知主上圣明，不以言罪下。若此，则流言消释矣。"凤白⑤行其策。夫新莽盗国，权舆⑥与凤，凤且退而复止，皆钦之谋。若钦者，盖汉之贼也，而谓当世善政出其手，岂不缪哉？

[注释]

①持：主持。

②论议持平：量刑定罪，力求做到公平。

③善政：好的政策条文。

④坐：因为。

⑤白：告白，告诉，这里指向皇帝说明。

⑥权舆：始，开始。

[译文]

班固《前汉书》称："杜延年本来是大将军霍光的属吏，霍光主持刑罚很严厉，杜延年用宽仁的态度来辅助他，定罪量刑务求公平，使整个朝廷和睦团结；杜钦是大将军王凤的幕僚，曾经拯救冯野王、王尊之，消释了他们的罪过，当时社会的好的施政措施，大多出自杜钦的筹划。我认为霍光根据侯史吴藏匿桑迁之事，一天就杀掉了位居九卿之列的大臣三人，可是杜延年并没能谏止。王章上言论王凤的罪过，天子受到感动有所省悟，想罢免王凤，杜钦叫王凤上疏谢罪。后因皇上又不忍心罢免，可王凤却仍想着借机引退，杜钦劝说他打消了这种念头。王章死后，百姓都认为王章冤枉，杜钦复又劝说王凤，他认为："天下之人不了解王章真有罪过，就认为他是由于上言国事的缘故，应该借着王章这件事提拔直言极谏之人，使天下人都知道君主至明，不因为陈述意见治臣下之罪。如果这样做了，那么，流言就会消释了。"王凤把这些话告诉了皇上，皇上按照他的计策行事。新朝的王莽窃国，是从王凤开始的，王凤将要引退却又中止了，都是杜钦在出谋划策。像杜钦这种人，就是汉朝的国贼，《汉书》却说当时天下善政是出自他的手，这难道不荒谬吗？

范晔作史

班 固

班固作《汉书》，记载西汉历史，对后世影响深远。南北朝著名史学家范晔对此颇不平，竭尽心力著出《后汉书》，为史学界添彩。但许多文人如洪迈等，仍旧认为范晔太过夸张，其作远不如班固《汉书》谨严精彩。

范晔(yè)在狱中，与诸甥侄书曰：“吾既造《后汉》，详观古今著述及评论，殆少可意者。班氏最有高名，既任情无例[1]，不可甲乙[2]，唯志可推[3]耳。博赡(shàn)[4]可不及之，整理未必愧也。吾杂传论，皆有精意深旨。至于《循吏》以下及六夷诸序论，笔势纵放[5]，实天下之奇作。其中合[6]者，往往不减《过秦篇》。尝共比方班氏所作，非但[7]不愧之而已。赞自是吾文之杰思，殆无一字空设，奇变不穷，同合异体[8]，乃自不知所以称[9]之。此书行，故应有赏音者[10]。自古体大而思精[11]，未有此也。”晔之高自夸诩如此。至以谓过班固，固岂可过哉？晔所著序论，了无可取[12]，列传如邓禹、窦融、马援、班超、郭泰诸篇者，盖亦有数也。人苦不自知，可发千载一笑。

［注释］

①任情无例：随心任意写作，没遵循什么体例。例，体例。

②不可甲乙：不能评论谁优谁劣。甲乙，评定优劣。

③推：推崇，优点。

④博赡：全面和丰富。博，广博，全面。赡，丰赡，丰富。

⑤笔势纵放：文笔富有气势，挥洒自如。

⑥合：合适，适当。

⑦非但：绝不只是。

⑧同合异体：相同的内容用不同的语言方式表达出来。

⑨称：称道，称赞。

⑩尝音者：赏其音者，代指欣赏阳春白雪这样高雅音乐的人。

⑪体大而思精：体例宏大且思虑精密周到。

⑫了无可取：实在没什么可取之处。

［译文］

范晔在狱中时，对他的甥侄辈写信道：“我已经写成了《后汉书》，细看古今的著述及有关的评论，很少有符合自己心意的。班固的名望最高，全是随心所欲之作，一无体例，不值得评判其优劣，只是他著书的志向可嘉罢了。在材料的全面和丰富上我可能比不上他，若论材料的整理我却未必感到惭愧。我写的杂传末尾的议论文字，都有精深的意旨。至于《循吏》以下及至六夷部分的诸篇序论，笔力雄健，尽情挥洒，实在是天下的奇作。其中适当的篇章，往往不低于贾谊的《过秦论》。曾经同班氏所作之书放在一起比较，强之多多，并不只是不感到惭愧。赞语的部分自然是我文章的杰出构思之处，大抵没有一字虚设，行文求变出奇，精彩处一个接一个，就是相同的内容也要用不同的叙述方式，竟然连我自己都不知道怎么称赞它。这部书出现于社会，自然应该有人赏其阳春白雪之音。自古以来结构宏大并且思致精审之作，还没有这样的。”范晔自高自大、自吹自擂居然达到如此地步。至于自称超过了班固，最是不当，班固难道是随便可以超过的？范晔所写的序论，全无可取之处，列传如邓禹、窦融、马援、班超、郭泰诸篇，差强人意，大抵也只有这数出来的几篇。人最怕没有自知之明，像范晔之流，千载之后也免不了被人耻笑。

唐诗人有名不显者

《温公诗话》①云：“唐之中叶，文章特盛②，其姓名湮没不传于世者甚众，如：河中府鹳雀楼有王之奂、畅诸二诗。二人皆当时所不数③，而后人擅诗名者④，岂能及之哉？”予观《少陵集》⑤中所载韦迢、郭受诗，少陵酬答，至有“新诗锦不如”“自得随珠觉夜明”之语，则二人诗名可知矣，然非编之杜集，几于无传焉。又有严恽(yùn)《惜花》一绝云：“春光冉冉归何处，更向花前把一杯。尽日问花花不语，为谁零落为谁开？”前人多不知谁作，乃见于皮、陆《唱和集》⑥中。

容斋随笔

大率唐人多工[7]诗，虽小说戏剧，鬼物假托[8]，莫不宛转不思致，不必颛(zhuān)门[9]名家而后可称也。

［注释］

①《温公诗话》：司马光所作。

②文章特盛：文学创作的风气非常兴盛。

③所不数：数不着，排不上名次。

④擅诗名者：擅长作诗的名诗人。

⑤《少陵集》：杜甫的诗集。因为杜甫长期居住在少陵附近，所以自称“少陵”“少陵布衣”“杜陵野老”“杜陵野客”，他的诗集也以《少陵集》命名。

⑥皮、陆《唱和集》：皮日休和陆龟蒙的《唱和集》。皮日休，字逸少，后改为袭美，自号间气布衣、醉吟先生、鹿门子等。晚唐诗人，其诗文多是抨击时弊、反映民生疾苦之作。陆龟蒙，字鲁望，与皮日休为友，相互唱和。皮日休与陆龟蒙并称为“皮陆”。

⑦工：精于。

⑧鬼物假托：假托鬼物，来影射现实。

⑨颛门：通“专门”。

［译文］

《温公诗话》说：“唐代中期，文学创作蔚然成风，作家姓名湮没无闻，不传于世的，非常之多，比如：河中府鹳雀楼题有王之奂、畅诸的两首诗。这两人都是当时数不着的，可是后代具有诗名的一些人，哪儿能比得上他们呢？”我看到《少陵集》中载有韦迢、郭受的诗，杜甫酬答的诗中，以至有“新诗锦不如”“自得随珠觉夜明”的句子，那么，二人作诗的名气就可以想见了，可是要不是编到杜甫的文集里面，那就几乎一点也流传不下来了。还有严恽的绝句《惜花》一首：“春光冉冉归何处，更向花前把一杯。尽日问花花不语，为谁零落为谁开？”以前的人大都不知道是谁作的，原来出现在皮日休、陆龟蒙的《唱和集》中。大体上说，唐代人大多工于作诗，但即使创作小说戏剧，假话鬼物影射现实，也无不情节曲折、富于情致，不一定非为专门作家之后才值得称道。

世事不可料

秦始皇并[1]六国，一[2]天下，东游会稽，度浙江，㨊然谓子孙帝王万世之固，不知项籍已纵观其旁，刘季起喟然之叹于咸阳矣。曹操芟

夷[3]群雄，遂定海内，身为汉相，日夜窥伺龟鼎[4]，不知司马懿(yì)已入幕府矣。梁武帝杀东昏侯，覆齐祚(zuò)[5]，而侯景以是年生于漠北。唐太宗杀建成、元吉，遂登天位，而武后已生于并州。宣宗之世，无故而复河、陇[6]，戎狄既衰，藩镇顺命，而朱温生矣，是岂智力谋虑所可为哉[7]？

始皇大营宫室

秦始皇统一天下，在上林苑营造阿房宫，自以为子孙世代可以在此尽享富贵。岂料不过几十年，项羽起兵，一把大火将阿房宫烧得一干二净。

［注释］

①并：并吞。

②一：统一。

③芟夷：翦除，消灭。

④龟鼎：元龟与九鼎。古时是国家的重器，后常用来比喻帝位。

⑤覆齐祚：颠覆齐朝王室。

⑥无故：没有什么波动。复：收复。

⑦是：这些。岂：难道。

［译文］

秦始皇兼并六国，一统天下，往东巡幸到会稽，渡过了浙江，倨傲地宣称子子孙孙相继作帝王千秋万代绝不会动摇，不知道项羽已经在其旁恣意观看立志取而代之，刘邦在咸阳时亦曾为之喟然长叹涎羡“大丈夫当如此”了。曹操扫除群雄，进而平定海内，身为汉相，日夜盘算着篡夺帝位，不知司马懿已经进入其幕府之中了。梁武帝杀掉了东昏侯，倾覆齐朝的帝统，可是侯景在这一年出生于大漠之北。唐太宗杀掉了建成、元吉，而登上天子之位，可是武后已经降生于并州（今山西太原）了。唐宣宗时代，太平无事而且收复了河州、陇州，少数民族势力衰减，所造成的外部威胁随之减轻，内部的藩镇势力也顺从朝廷领导，可是朱温出生了，这些，难道是凭着智慧谋略所能发觉的吗？

卷十六

文章小伎

“文章一小伎[1]，于道未为尊。”虽杜子美有激而云[2]，然要为失言，不可以训[3]。文章岂小事哉？《易·贲》之彖[4]言：“刚柔交错，天文也；文明以止[5]，人文也。观乎天文，以察时变；观乎人文，以化成天下[6]。”孔子称帝尧焕乎[7]有文章。子贡曰：“夫子之文章，可得而闻[8]。”《诗》美[9]卫武公，亦云有文章。尧、舜、禹、汤、文、武、成、康之圣贤，桀、纣、幽、厉之昏乱，非《诗》《书》以文章载之，何以传？伏羲画八卦，文王重之，非孔子以文章《翼》之[10]，何以传？孔子至言要道，托《孝经》《论语》之文而传。曾子、子思、孟子传圣人心学，使无《中庸》及七篇之书，后人何所窥门户？老、庄绝灭礼学，忘言去为[11]，而五千言与《内》《外篇》极其文藻。释氏之为禅者，谓语言为累，不知大乘诸经[12]可废乎？然则诋[13]为小伎，其理谬矣！彼后世为词章者，逐末而忘其本，玩其华而落其实，流宕自远，非文章过也。杜老所云“文章千古事”“已似爱文章”“文章日自负”“文章实致身”“文章开突奥”“文章憎命达”“名岂文章著”“枚乘文章老”“文章敢自诬”“海内文章伯”“文章曹植波澜阔”“庾信文章老更成”“岂有文章惊海内”“每语见许文章伯”“文章有神交有道”，如此之类，多指诗而言，所见狭矣！

［注释］

①小伎：小技艺，不足道的技艺。

②有激而云：有感而发。

③训：典式，法则。

④彖：《易经》中解释卦义的文字。

⑤文明以止：举止文明。

⑥观乎天文，以察时变；观乎人文，以化成天下：观看日月星辰等天体的运行，用来体察时序的变化更迭。观察人间诗书礼乐之类的典章，用它们来教化、治理天下。

⑦焕乎：光明灿烂的样子。

⑧可得而闻：能够听到。

⑨美：赞美。

⑩非孔子以文章《翼》之：如果不是孔子写作《十翼》，进行解说。

⑪忘言去为：狂妄轻率地说什么无为。

⑫大乘诸经：大乘佛法之类的经典。

⑬诋：诋毁。

[译文]

“文章一小伎，于道未为尊。”这两句诗虽然是杜甫有所感而发，但是应该算是失言，不可以为典式。文章难道是小事吗？《易·贲》的《彖》辞中说：“刚柔互相交错，形成天文；以文明之道立身处事，形成人文。观看天上日月星辰的运行，用以体察一年四季的时令变化；观察人间诗书礼乐之类的典章制度，据此以教化大治天下。”孔子称赞帝尧的文物制度光明灿烂。子贡说：“老师关于文献方面的学问，可以听到。”《诗经》中赞美卫武公，也称其有文章，能够遵守礼仪规范。唐尧、虞舜、夏禹、商汤、周文王、周武王、周成王、周康王等贤明君主的光辉业绩，夏桀、殷纣王、周幽王、周厉王等昏君的丑恶嘴脸，没有《诗经》《尚书》用文章的形式记载下来，怎么能流传后世呢？伏羲画八卦，文王推演为六十四卦，如果不是孔子用文章的形式作了《十翼》，进行解说，怎么能让后人了解？孔子高明深刻的道理，是寄托在《孝经》《论语》的文字形式中流传。曾子、子思、孟子传授孔圣人的儒家学说，假使没有《礼记》的《中庸》和七篇《孟子》等书，后代的人从哪里窥其门径？老子、庄子主张消灭礼仪制度，狂妄地说什么无为，可是五千言的《道德经》和分内、外篇的《庄子》却又极文藻之能事。佛门弟子参禅，说语言是累赘，不知道大乘诸经典可不可废弃？既然如此，那么诋毁为小道，其理由是荒谬的！那些后代的作文章的人，只注意它的表面形式却忘了写文章要载道的根本目的，追求文辞的华美却忽视其内容，形成风气，彼此推波助澜，以致越走越远，这不是文章本身的过错。杜甫所说的“文章千古事”“已似爱文章”“文章日自负”“文章实致身”“文章开宊奥”“文章憎命达”“名岂文章著”“枚乘文章老”“文章敢自诬”“海内文章伯”“文章曹植波澜阔”“庾信文章老更成”“岂有文章惊海内”“每语见许文章伯”“文章有神交有道”，如此之类，大多是指诗歌而言，识见甚是狭窄！

容斋随笔

南宫适

南宫适

南宫适，姓南宫，名适，春秋末年鲁国人。他言语谨慎，崇尚仁德，能做到"邦有道，不废；邦无道，免于刑戮"。孔子对他非常尊崇，称赞他是"君子""尚德之人"，并把自己的侄女嫁给了南宫适。

南宫适问羿、奡（ào）不得其死，禹、稷有天下，言力可贱而德可贵[1]。其义已尽，无所可答，故夫子俟（sì）其出而叹其为君子，奖其尚德，至于再言之，圣人之意斯可见矣。然明道先生[2]云："以禹、稷比孔子，故不答。"范淳父以为禹、稷有天下，故夫子不敢答，弗敢当也。杨龟山云："禹、稷之有天下，不止于躬稼[3]而已，孔子未尽然其言，故不答。然而不正之者，不责备于其言，以沮其尚德之志也，与所谓'雍之言然'则异矣。"予窃谓南宫之问，初无以禹、稷比孔子之意，不知二先生何为有是言？若龟山之语，浅之已甚！独谢显道云："南宫适知以躬行为是[4]，是以为之君子。知言之要[5]，非尚德者不能，在当时发问间，必有目击而道存，首肯之意，非直不答也。"其说最为切当。

［注释］

①言力可贱而德可贵：声言武力是无足轻重的，只有光明的道德品行才是可贵的。

②明道先生：即程颢，北宋理学大家。

③躬稼：亲自种地。躬，亲自。稼，耕种庄稼。

④以躬行为是：将亲力亲为当作大事。

⑤知言之要：知道他说话的重点。

［译文］

南宫适问孔子请教羿、奡不得好死，而禹、稷却得到天下的问题，声言武力不值得重视，而光明的道德品行才是最为可贵。他的话已经把道理说清楚了，没有什么可以解答的，所以孔夫子等他出去之后叹他是位君子，褒奖他崇高美好的道德，以至于说了两次，圣人的意见从这里就可看出来了。可是程颢说："把禹、稷同孔子相比，所以不回答。"范淳父认为禹、稷得到了天下，所以孔夫子不敢回答，是不敢当的意思。杨龟山说"禹、稷得到天下，并不只是靠着亲自种庄稼一件事，孔子不认为南宫适的话全对，所以不回答。可是没有纠正他的话，是为了不对他的话求全责备，不阻止他崇高道德的志向，这同其他场合所说的'冉仲弓的话正确'之类全然是不同的。"我私下以为南宫适的问话，全无拿禹、稷比孔子的意思，不知道二位先生为何说这种话？像杨龟山的意见，浅陋之极！唯有谢显道说："南宫适知道把亲身施行当成大事，因此称他为君子。知道他说话的要点，不是崇高道德的人是难以做到的，在发问的当时，肯定有用眼神示意的情况，表示了首肯的意思，并非只是不回答。"他的说法最为恰当。

吴王殿

汉高祖五年，以长沙、豫章、象郡、桂林、南海立番君吴芮为长沙王。十二年，以三郡封吴王濞（bì），而豫章亦在其中。又赵佗先有南海，后击并桂林、象郡。则芮所有，但①长沙一郡耳。按，芮本为秦番阳令，故曰番君。项羽已封为衡山王，都邾（zhū），邾，今之黄州也。复侵夺其地。故高祖徙之长沙而都临湘，一年薨（hōng），则其去番也久矣。今吾邦犹指郡正厅为吴王殿，以谓芮为王时所居。牛僧孺《玄怪录》载：唐元和中，饶州刺史齐推女，因止州宅诞育②，为神人击死，后有仙官治其事，云："是西汉鄱阳王吴芮，今刺史宅，是芮昔时所居。"皆非也。

［注释］

①但：只，不过。

②诞育：诞生生命，即生小孩。

［译文］

汉高祖五年（公元前202年）的时候，用长沙、豫章、象郡、桂林、南海数郡之地册立番君吴芮作长沙王。十二年（公元前 195 年），用包括豫章在内的其中三郡册封了吴王刘濞。又加上赵佗原先拥有南海，后来又攻占了桂林、象郡。那么，吴芮所占据之地，仅长沙一郡罢了。据查，吴芮本来是秦时番阳县县令，所以称番君。项羽已经把他封为衡山王，建都于邾，邾，就是现在的黄州（今湖北黄冈）。后来又侵占夺取了他的土地。所以汉高祖把他迁移到长沙做了长沙王，建都于临湘（今湖南长沙），一年就死了，那么，他离开番阳已经很久了。可是现在我家乡的人还指认郡府官署的正厅为吴王殿，把它说成是吴芮为王时所居住的。牛僧孺《玄怪录》记载：唐代元和年间，饶州刺史齐推的女儿，因为在州府官宅里生小孩，被神人击死，后来有道士办理这件事，说：“这是西汉鄱阳王吴芮为祟，现在的刺史官宅，是吴芮过去的居住地。”这都是错的。

魏徵

魏徵以敢于进谏而著名，凡太宗有不是之处，他总是及时指出。魏徵劝谏十分注意技巧，所以太宗能够接受并改正。虽魏徵善谏，但也只有太宗这样的明君才肯听谏。

王卫尉

汉高祖怒①萧何，谓王卫尉曰：“李斯相秦皇帝，有善归主，有恶自予②，今相国请吾苑以自媚于民，故系治之。”卫尉曰：“秦以不闻其过亡天下，李斯之分过，又何足法哉？”唐太宗疑三品以上轻魏王③，责之曰：“我见隋家诸王，一品以下皆不免其踬顿，我自不许儿子纵横耳。”魏郑公曰：“隋高祖不知礼义，宠纵诸子，使行非礼，寻皆罪黜(chù)④，不可以为法，亦何足道！”观高祖、太宗一时失言，二臣能用其所言随即规正⑤，语意既直⑥，于激切中有婉顺体，可谓得谏争之大义。虽微二帝，其孰不降心⑦以听乎？

[注释]

①怒：对……生气。

②有善归主，有恶自予：有了好事就都归功于君王，有了坏事则自己承担。

③魏王：李泰，太宗的第四子。

④寻皆罪黜：不久之后都因罪而被罢免。寻，不久之后。

⑤规正：规劝改正。

⑥语意既直：语意直截了当。

⑦降心：虚心。

[译文]

汉高祖刘邦对相国萧何感到很恼火，于是对王卫尉说："李斯辅佐秦朝皇帝，有了好事归国君，有了坏事自己承担，现在相国萧何竟然请求开垦我的上林苑荒地以便自己讨好老百姓，所以我将他收审治罪。"王卫尉说："秦朝皇帝因为听不到自己的过失而丢了天下，李斯分担失误责任又有什么用处呢？这种作法难道值得后人学习吗？"唐太宗李世民怀疑三品以上官员轻视自己的儿子魏王李泰，便责备他们说："在隋朝，我看见一品以下官员见到诸王时无不毕恭毕敬地行礼，我当然是不会允许皇子们随心所欲，胡作非为的。"魏徵闻听，说道："隋高祖不知礼义，过分地宠爱、放纵自己的儿子，使他们多行非礼，不久诸王就都因罪被罢免，这种作法是不值得学习的，也不值一提！"汉高祖和唐太宗一时失言，王、魏二臣能在听到后随即规劝纠正，直截了当，但是在激切中又不失婉转、恭敬，可谓深得谏争之大义。即使不是汉高祖和唐太宗这两位具有雄才大略的明君，其他人谁能不虚心听取、诚恳接受呢？

前代为监

人臣引古规戒①，当近取前代②，则事势相接，言之者有证③，听之者足以监④。《诗》曰："殷监不远，在夏后之世。"《周书》曰："今惟殷坠厥命⑤，我其可不大监⑥？"又曰："我不可不监于有殷⑦。"又曰："有殷受天命，惟有历年⑧，惟不敬厥德，乃早坠厥命。"周公作《无逸》，称⑨商三宗。汉祖命群臣言吾所以有天下，项氏所以失天下，命陆贾著秦所以失天下。张释之为文帝言秦、汉之间事，秦所以失，汉所以兴。贾山借秦为喻。贾谊请人主引商、周、秦事而观之。魏郑公上书于太宗云："方隋之未乱，自谓必无乱；方隋之未亡，自谓必无

容斋随笔

极言时政

贞观四年，唐太宗诏发大批军卒修治洛阳宫乾阳殿“以备巡幸”。大臣张玄素上书谏阻，借鉴汉朝高祖等人事迹，终于使得太宗废止这项劳民伤财的工程。

亡。臣愿当今动静[10]以隋为监。”马周云：“炀帝笑齐、魏之失国，今之视炀帝，亦犹炀帝之视齐、魏也。”张玄素谏太宗治洛阳宫曰：“乾阳毕功，隋人解体，恐陛下之过，甚于炀帝。若此役不息，同归于乱耳！”考《诗》《书》所载及汉、唐诸名臣之论，有国者之龟镜也，议论之臣，宜以为法。

［注释］

①规戒：规劝告诫。

②当近取前代：应当选取离现在较近的之前的史实。

③言之者有证：规劝的人有了强有力的证据支持。

④听之者足以监：听的人也足以引为借鉴。

⑤殷坠厥命：商朝断送了自己的社稷。殷，殷商，即商朝。坠，毁坏，断送。厥，其。

⑥我其可不大监：我们周朝怎么能不深深地引以为戒呢？其，通“岂”。

⑦我不可不监于有殷：我们不能不将商朝灭亡的事情作为教训，引以为鉴。

⑧惟有历年：经历许多年。

⑨称：称赞，称颂。

⑩动静：行为，举措。

［译文］

臣僚引述古代的事例规劝君主时，应当选取时代较近的前代史实，这样事势相接，说的人得到了强有力的证据，听的人足以引以为戒。《诗经》说：“殷监不远，在夏后之世。”《尚书·周书》说：“现在商朝已经葬送了自己的江山，我们周朝难道能不深深地引以为鉴吗？”又说：“我们不能不以商朝为借鉴。”又说：“商朝承受天命的年数不少了，因为不敬天命，不修其德，以致过早地亡了国。”周公旦作《尚书·无逸》，文中称颂商朝的中宗、高宗和祖甲三位国王。汉高祖命群臣谈论自己为什么能得天下，项羽为什么失天下，又命陆贾撰文论述秦朝之所以灭亡的原因。张释之为汉文帝讲解秦、汉之间的历史，以此证明秦朝之所以失败、汉朝之所以成功的根源。贾山借秦朝作比喻，来说明朝代更替的原因。贾谊建议君主阅读有关商朝、周朝和秦朝历史的书籍。魏徵给太宗上书说：“当隋朝尚未乱的时候，自以为必定不会乱；当隋朝尚未亡的时候，自以为必定不会亡。我希望现在的举措应以隋朝为鉴。”马周说：“隋炀帝嘲笑齐、魏亡国，今天看隋炀帝，也如同炀帝看齐、魏。”张玄素谏唐太宗整修洛阳宫说：“乾阳宫修成，隋朝瓦解，我担心陛下的过失比隋炀帝更甚。如果这项工程不停，唐朝也将与隋朝一样陷于动乱！”考察《诗经》和《尚书》所载，以及汉、唐诸名臣的论述，的确可以作为拥有国家之人的借鉴，负责谏议的大臣们也应当深入地学习，用心地体会。

和诗当和意

古人酬和诗，必答其来意，非若今人为次韵所局①也。观《文选》所编何劭(shào)、张华、卢谌(chén)、刘琨、二陆、三谢诸人赠答，可知已。唐人尤多，不可具载②，姑取杜集数篇，略纪于此。高适寄杜公云：“愧尔东西南北人。”杜则云：“东西南北更堪论。”高又有诗云：“草《玄》今已毕，此外更何言？”杜则云：“草《玄》吾岂敢，赋或似相如。”严武寄杜云：“兴发会能驰骏马，终须重到使君滩。”杜则云：“枉沐旌麾出城府，草茅无径欲教锄。”杜公寄严诗云：“何路出巴山”“重岩细菊班，遥知簇鞍马，回首白云间。”严答云：“卧向巴山落月时”“篱外黄花菊对谁，跋(bá)马望君非一度。”杜送韦迢云：“洞庭无过雁，书疏莫相忘。”迢云：“相忆无南雁③，何时有报章④？”杜又云：“虽无南去雁，看取北来鱼。”郭受寄杜云：“春兴不知凡几首？”杜答云：“药裹关心诗总废。”皆如钟磬在霡(mài)，叩之则应，往来反复，于是乎有余味矣。

［注释］

①次韵所局：诗歌用韵的次序。

②具载：一一记载。

③南雁：往南飞的大雁。大雁每年冬天从北往南飞，人见雁亦有所思。

④报章：报纸。这里代指音讯、消息。

［译文］

古人酬和诗歌，必定要答其来意，不像当今的人在与人唱和时拘泥于原诗用韵的次序。从《文选》中所编的何劭、张华、卢谌、刘琨、二陆（指陆机、陆云）、三谢（指南朝的谢灵运、谢惠连、谢朓）等人的赠答诗，就可清楚地看到这一点。唐人的例子尤其多，无法一一具载，这里姑且从杜甫集中选取几首，略记于此。高适寄给杜甫的诗说：“愧尔东西南北人。”杜则说：“东西南北更堪论。”高又有诗说：“草《玄》今已毕，此外更何言？”杜则说：“草《玄》吾岂敢，赋或似相如。”严武寄给杜甫的诗说：“兴发会能驰骏马，终须重到使君滩。”杜则回答：“枉沐旌麾出城府，草茅无径欲教锄。”杜甫寄给严武的诗说：“何路出巴山”“重岩细菊班，遥知簇鞍马，回首白云间。”严的答诗说：“卧向巴山落月时”“篱外黄花菊对谁，跋马望君非一度。”杜甫送韦迢的诗说：“洞庭无过雁，书疏莫相忘。”韦迢的答诗说：“相忆无南雁，何时有报章？”杜甫又说：“虽无南去雁，看取北来鱼。”郭受寄给杜甫的诗说：“春兴不知凡几首？”杜答说：“药裹关心诗总废。”这些诗都铿锵有力，如同挂在架子上的钟磬，叩之则应，往来反复，因而余味无穷。

稷有天下

“稷躬稼而有天下”“泰伯三以天下让①”“文王一怒而安天下之民”，皆以子孙之事追言之。是时，稷始封于邰(tái)，古公方邑于梁山之下，文王才有岐周之地，未得云天下也。禹未尝躬稼，因稷而称之。

［注释］

①泰伯三以天下让：泰伯多次辞让，不接受天下。泰伯，周朝太王古公亶父长子，本应继承父亲之位，但因看到三子季历（姬昌之父）适合执掌天下，于是坚持退却天子之职，将其让给季历。

［译文］

“周族的祖先后稷亲自耕作因而拥有天下”“周太王的长子泰伯多次辞让天下”“周文王一怒而安天下之民”，古书中的这些说法都是以子孙之事追述。当时，后稷刚被封于邰（今陕西武功县），古公亶父（即周太王）刚刚在岐山下修筑城邑，周文王刚刚据有岐周（今陕西岐山县）之地，还远远谈不上天下。夏禹不曾亲自耕作，因而通过同时代的后稷而称赞他。

容斋续笔

卷 一

戒石铭

“尔俸尔禄，民膏民脂，下民易虐，上天难欺。”太宗皇帝书此以赐郡国，立于厅事之南，谓之《戒石铭》。按成都人景焕，有《野人闲话》一书，乾德三年所作。其首篇《颁令箴》，载蜀王孟昶(chǎng)为文颁诸邑云：“朕念赤子[1]，旰(gàn)食宵衣[2]。言之令长，抚养惠绥[3]。政存三异[4]，道在七丝[5]。驱鸡为理，留犊为规。宽猛得所，风俗可移[6]。无令侵削，无使疮痍。下民易虐，上天难欺。赋舆是切，军国是资[7]。朕之赏罚，固不逾时。尔俸尔禄，民膏民脂。为民父母，莫不仁慈。勉尔为戒[8]，体朕深思。”凡二十四句。昶区区爱民之心，在五季诸僭(jiàn)伪之君为可称也[9]。但语言皆不工，唯经表出者，词简理尽，遂成王言。盖诗家所谓夺胎换骨法也。

［注释］

①念：关心、想念。赤子：对君主忠诚的百姓。

②旰食宵衣：天很晚才吃饭，天不亮就穿衣起床。形容勤于政务。

③惠绥：安抚。

④政存三异：处理政务要达到三种奇迹出现，即蝗虫不入境内，鸟兽也知礼仪教化，孩童也明了仁厚之心。

⑤道在七丝：治理地方如同拨弦弄琴一样。七丝，古琴的七根弦，也借指七弦琴。

⑥宽猛得所，风俗可移：处理政事要松紧适当，这样才能移风易俗。

⑦赋舆是切，军国是资：田赋收入是国家切身要事，军队和政府都要靠这些来养活。

⑧勉尔为戒：劝导你们要以此为戒。

⑨五季：五代。僭伪：割据一方的非正统的王朝政权。五代十国的时候，群雄并起，大多文人都认为这些政权不是正统皇室，所以称之为“僭伪”。

[译文]

“你们做官得的薪俸，都是人民的血汗膏脂，虽然百姓容易虐待，上天却难欺骗。”宋太宗写了这四句，颁发给各地方官员，立碑在公堂南面，称作《戒石铭》。过去成都人景焕，著有《野人闲话》一书，是宋太祖乾德三年时作的。第一篇名《颁令箴》，记载了后蜀国主孟昶曾作文颁给各地方长官，说：“寡人十分关心百姓，为他们很晚才吃饭，天不明就起床。所以才给你们讲这番话，望你们要爱护黎民百姓。治理地方要达到蝗虫不入境、鸟兽懂礼仪、孩童有仁心这三种异事出现，而达到圣人之治，关键还在于地方官们如弹琴一样，把政务调理得好。要像驱鸡那样恰到好处，为政清廉的法规决不能荒废。政治要宽猛适当，才能移风易俗扶植正气。不能让百姓利益受到侵害，不能使百姓生活受到破坏。当官的虐待百姓很容易，可是上天却难被你们欺瞒。田赋收入是国家切身要事，军队和政府都是靠百姓养活。寡人对你们的赏罚，是决不会拖延时间的。你们做官所得的薪俸，都是人民的血汗膏脂。凡为官者，没有不懂得对百姓仁慈的。希望你们都要以此为戒，要很好地体会寡人这个意思。”共写了二十四句。孟昶这一点爱护百姓的心思，在五代十国那些割据地方、称王称霸的君主里面，可以算是比较好的了。但他这篇文章语言不精炼，唯有从中归纳出来的四句，言辞简要，道理尽说，遂成为宋太宗的不朽名言。这种归纳法，就是诗人们常用的脱胎换骨的写作方法啊。

李建州

建安城东二十里，有梨山庙，相传为唐刺史李公祠。予守郡日[①]，因作祝文曰：“亟(jí)回哀眷”，书吏持白“回”字犯相公名[②]，请改之，盖以为李回也。后读《文艺·李频传》，懿(yì)宗时，频为建州刺史，以礼法治下。时朝政乱，盗兴相椎敓(duó)，而建赖频以安。卒官下[③]，州为立庙梨山，岁祠之[④]。乃证其为频。继往祷而祝之云，俟(sì)获感应，则当刻石纪实。已而得雨，遂为作碑。偶阅唐末人石文德所著《唐朝新纂》一书，正纪频事。云除建州牧，卒于郡。曹松有诗悼之曰：“出旌临建水，谢世在公堂。苦集休藏箧(qiè)[⑤]，清资罢转郎。瘴中无子奠，岭外一妻孀。恐是浮吟骨，东归就故乡。”其身后事落拓如此。《传》又云：“频丧归寿昌，父老相与扶柩葬之。天下乱，盗发其冢，县人随加封掩。”则无后可见云。《稽神录》载一事，亦以为回，徐铉失于不审[⑥]也。

[注释]

①予守郡日：我在这里担任太守的时候。

②犯相公名：和相公李刺史的名字相同，犯了忌讳。

③卒官下：死在任上。

④岁祠之：每年都去祭拜他。

⑤箧：箱子。

⑥审：考证，查究。

[译文]

福建建安郡城东二十里，有座梨山庙，相传是唐代一个姓李的刺史的祠庙。我在这里担任太守的时候，曾写了祝文去祭祀他，文中有“亟回哀眷”一句，办事的书吏说这个“回”字犯了李刺史的讳，请我改一下，这是因为他以为李刺史就是李回。后来，我读了《新唐书》中的《文艺·李频传》，其中记有唐懿宗时，李频担任建州刺史，用礼法治理地方的事情。当时朝政混乱，到处有盗贼杀人抢劫，而建州独因有李频在而十分安定。后来李频死在任上，建州百姓为纪念他建庙于梨山，每年都要去祭祀。这就证明了是李频的祭庙。以后我又再次去祀祷并许愿说，如果能得到灵验，一定要刻块石碑把他的事迹记下来。不久，果然下了一场雨，遂给他立了一块碑。后来偶然看到唐末人石文德所著《唐朝新纂》一书，正好记载有李频的事。书上说，李频担任建州太守，死在任上。曹松曾经写了一首诗悼念他说：“摆着仪仗到建水做官，却死在任上。辛苦吟成的诗集不要埋没在箧中，清贫无钱从此不必再为升迁发愁。在这烟瘴的地方竟没有一个儿子送终，遥远的岭外只留下一个可怜的遗孀。恐怕你只能怀着苦吟的灵魂，往东去飞回故乡。”他死后的事竟然穷困潦倒到这种地步。他的传记里又说：“李频去世后送回故乡寿昌（今浙江建德）时，是由故乡父老乡亲把他的灵柩安葬入土的。后来天下大乱，有盗墓的把他的坟挖了，县里人又帮助封掩起来。”这样，可见李频确是没有后代的。宋朝的《稽神录》也载了这件事，亦当成了李回，是因其作者徐铉没有很好地考证而造成的错误。

存亡大计

国家大策，系于安危存亡。方变故交切，幸而有智者陈至当之谋[①]，其听而行之，当如捧漏瓮以沃焦釜[②]。而愚荒之主，暗于事几[③]，且惑于谀佞孱懦者之言，不旋踵而受其祸败，自古非一也。曹操自将征刘备，田丰劝袁绍袭其后，绍辞以子疾不行。操征乌戎，刘备说刘表袭许，表不能用，后皆为操所灭。唐兵征王世充于洛阳，窦建德自河北来救，太宗屯虎牢以扼之，建德不得进，其臣凌敬请悉兵济河，攻

曹操仓亭破袁绍

东汉末年，各地豪雄并起，地方割据无数，袁绍的兵力就是其中势力最强大的一支。但是袁绍有勇无谋，缺乏远见，又刚愎自用，不听下属的劝谏，最终被曹操所破。

取怀州、河阳，逾太行，入上党，徇汾、晋，趣蒲津，蹈无人之境，取胜可以万全，关中骇震，则郑围自解。诸将曰：“凌敬书生，何为知战事，其言岂可用？”建德乃谢[4]敬。其妻曹氏，又劝令乘唐国之虚，连营渐进，以取山北，西抄关中，唐必还师自救，郑围何忧不解。建德亦不从，引众合战，身为人擒，国随以灭。唐庄宗既[5]取河北，屯兵朝城，梁之君臣，谋数道大举，令董璋引陕、虢、泽、潞之兵趣太原，霍彦威以汝、洛之兵寇镇定，王彦章以禁军攻郓(yùn)州，段凝以大军当庄宗。庄宗闻之，深以为忧。而段凝不能临机决策，梁主又无断，遂以致亡。石敬瑭以河东叛，耶律德光赴救，败唐兵而围之[6]，废帝问策于群臣。时德光兄赞华，因争国之故，亡归在唐，吏部侍郎龙敏请立为契丹主，令天雄、卢龙二镇分兵送之，自幽州趣西楼，朝廷露[7]檄(xí)言之，虏必有内顾之虑，然后选募精锐以击之，此解围一算也，帝深以为然。而执政恐其无成，议竟不决，唐遂以亡。皇家靖康之难，胡骑犯阙[8]，孤军深入，后无重援，亦有出奇计乞用师捣燕者，天未悔祸，噬(shì)脐弗及[9]，可胜叹哉！

[注释]

①陈至当之谋：陈述正确的谋略。

②捧漏瓮以沃焦釜：捧着漏了的水瓮去浇烧焦的锅，比喻虽形势危急，但仍能缓解。釜，烧饭的锅。

③暗于事几：看不清事情的全貌。

④谢：谢绝，拒绝。

⑤既：已经。

⑥败唐兵而围之：打败了前来的唐军，并将其包围起来。

⑦露：出示，张贴。

⑧胡骑犯阙：金兵侵犯都城。

⑨噬脐弗及：若不提早作打算，以后就会像要咬自己的肚脐却够不着一样没有办法了。比喻后悔莫及。

［译文］

国家重要决策，关系到安危存亡。当各种变故交织在一起时，幸而有聪明的人提出正确的谋略，有人听从他们的话去实行，好比捧着漏的水瓮去浇烧焦的锅一样可救急。而愚昧的君主，看不清全局形势，而且容易被谄媚小人的话迷惑，这样的人必然很快就会垮台，自古以来这样的例子不止一个了。三国时期曹操曾亲自领兵去征伐刘备，田丰劝袁绍趁机袭击曹操的后方，袁绍借口儿子有病而不出兵。曹操领兵去攻打北方的乌戎，刘备劝说刘表趁机从南方袭击曹操的后方许都（今河南许昌），刘表没有采纳他的建议，结果袁绍、刘表都先后被曹操所灭。唐朝时唐兵去洛阳攻打郑国的王世充，窦建德从河北出兵来救援，唐太宗李世民把军队屯于虎牢关来阻挡，窦建德攻打不进，他的部下凌敬献计让建德把兵渡过黄河，占领怀州、河阳（今河南沁阳、孟州），再翻过太行山，进入山西上党（今山西长治）境内，沿汾水、晋州（今山西临汾）直指蒲津关（今山西永济西），这一段路没有唐兵，必然如入无人之境，是取胜的万全办法，使关中地区（今陕西西安一带）震动，洛阳之围就可以解了。可是，建德部下的将军们却说："凌敬不过是个书生，懂得什么军事，他的话怎能采用？"建德便谢绝了凌敬的建议。建德的妻子曹氏，又劝他趁唐国后方空虚，集中兵力，稳扎稳打，夺取山北的地方，再向西包抄关中，唐兵必然要回来救援，郑国的包围便自然而解。建德仍未听从，而领兵与唐兵进行硬拼，结果被唐兵活捉，他的国家也随之灭亡。五代的后唐庄宗占领河北地方后，屯兵于朝城，梁国君臣商议，决定分兵几路大举进攻，让董璋领陕州（今河南陕县）、虢州（今河南灵宝）、泽州（今山西晋城）、潞州（今山西长治）四州之兵攻打太原，霍彦威领汝州和洛阳的兵攻打镇定（今河北石家庄一带），王彦章领禁军攻郓州（今山东郓城），而以招讨使段凝统率主力去抵挡后唐庄宗。庄宗得知这个消息，十分担忧，但是由于段凝不能当机决策，梁国国君又优柔寡断，拖延不出兵，结果导致灭亡。后唐的河东节度使石敬瑭叛乱，契丹部落的领袖耶律德光领兵去救援他，打败了来征伐的唐兵，并把唐兵包围起来，后唐废帝听到这消息，向群臣征求对策。当时德光的哥哥耶律赞华，因和德光争夺王位失败，在后唐逃亡，吏部侍郎龙敏便请求策立赞华为契丹国王，让天雄、卢龙两镇（管辖河北大名至北京以北一带）节度使派兵送他回国即位，经幽州（今北京西南）直往西楼（今内蒙古林西），朝廷再出檄文通告这项决定，契丹必然担心国内争位乱起，军心动摇，这时再派精兵去袭击他，这是解围的一个方法，废帝也觉得是个好办法。可是执政的大臣怕没有把握，迟疑不决而失去时机，后唐也因此而亡国了。我们大宋经历靖康之难，金国的兵侵犯国都东京（今河南开封），孤军深入，无有力的后援，当时亦有人献出奇计，请派精锐兵力趁机直捣金国后方的幽燕地区，大概是老天有意给大宋降下灾祸，而此计没被采用，以致后悔也来不及了，真是可叹啊！

重阳上巳改日

唐文宗开成元年，归融为京兆尹，时两公主出降，府司供帐事繁，又俯近上巳曲江赐宴①，奏请改日。上曰：“去年重阳取九月十九日，未失重阳之意，今改取十三日可也。”且上巳、重阳，皆有定日，而至展②一旬。乃知郑谷所赋《十日菊》诗云：“自缘今日人心别，未必秋香一夜衰。”亦为未尽也。唯东坡公有“菊花开时即重阳”之语，故记其在海南艺菊九畹（wǎn），以十一月望③，与客泛酒作“重九”云。

［注释］

①俯近：临近。上巳：古时的传统节日。汉以前以农历三月上旬巳日为“上巳”；魏晋以后，定为三月三日，不必取巳日。

②展：延后。

③望：月圆之日，农历每月十五日前后。

［译文］

唐文宗开成元年，归融担任京兆府尹时，正好有两个公主出生，府里和有关衙门供应物品和庆贺事宜特别繁忙，而时又临近三月三日的上巳节，皇帝照例要在这一天去京都郊外的风景区曲江大宴群臣，府尹实在忙不过来，便上奏请求改宴会日期。皇帝说：“去年重阳节改为九月十九日，并没失去重九的本意，今年上巳就改为三月十三日吧。”自古以来，上巳、重阳都有固定的日期，但也有可延期十天的例子。由此可知，唐朝诗人郑谷所作《十日菊》诗说：“自缘今日人心别，未必秋香一夜衰。”也是重阳没有过去的意思。唯有苏东坡有过“菊花开时即重阳”的诗句，是记他在海南做官时种菊花九畹（三十亩为一畹），于十一月十五日与客人饮酒，仍能当作“重九”来过。

卷二

岁旦饮酒

今人元日[1]饮屠酥酒，自小者起，相传已久，然固有来处[2]。后汉李膺(yīng)、杜密以党人同系狱，值元日，于狱中饮酒，曰："正旦从小起。"《时镜新书》晋董勋云："正旦饮酒先从小者，何也？勋(xūn)曰：'俗以小者得岁，故先酒贺之，老者失时，故后饮酒。'"《初学记》载《四民月令》云："正旦进酒次第，当从小起，以年小者先起。"唐刘梦得、白乐天元日举酒赋诗，刘云："与君同甲子[3]，寿酒让先杯。"白云："与君同甲子，岁酒合谁先？"白又有《岁假内命酒》一篇云："岁酒先拈辞不得，被君推作少年人。"顾况云："不觉老将春共至，更悲携手[4]几人全。还丹寂寞羞明镜，手把屠酥让[5]少年。"裴夷直云："自知年几偏应少，先把屠酥不让春。倘更数年逢此日，还应惆怅羡他人。"成文幹云："戴星先捧祝尧觞(shāng)[6]，镜里堪惊两鬓霜。好是灯前偷失笑，屠酥应不得先尝。"方幹云："才酌屠酥定年齿，坐中皆笑鬓毛斑。"然则尚矣。东坡亦云："但把穷愁博长健，不辞最后饮屠酥。"其义亦然。

解鞍沽酒共论文

行旅途中，正逢元日，偶遇知己，便解下马鞍，推杯换盏，共同探讨诗文风物，实乃人生快事。

［注释］

①元日：正月初一。

②来处：来源，典故。

③同甲子：同岁。

④携手：携手同游者，此处代指朋友。

⑤让：推让。

⑥戴星：顶着星星。觞：酒杯。

［译文］

今人每逢正月元旦都要喝屠酥酒，由年纪小的人先喝，相传已很久了，这是有它的来源的。后汉时李膺、杜密以同属党人被囚禁在监狱中，逢元旦，在狱中喝酒，说："过元旦要从年小的先喝。"《时镜新书》里记载晋朝时董勋的话："元旦时饮酒先从年小的开始，这是为什么？董勋说：'旧时风俗以年纪小的，还有很多年可以过，所以先饮酒，以表示对他的祝贺，老年的，已失去很多岁月，所以后饮酒。'"《初学记》转引的《四民月令》说："元旦饮酒，当从小起，从年小的人开始先喝。"唐朝刘禹锡、白居易在元旦饮酒吟诗，刘说："我和你年岁相同，寿酒请你先喝。"白说："我和你年岁相同，寿酒该谁先喝？"白居易又有《岁假内命酒》一首诗说："岁酒先喝推辞不掉，是因为被推为年小的人。"顾况诗里说："不觉年老和春节一齐来到，更伤感的是过去的朋友还有几人在世。没有长生仙丹的孤独老人害怕照镜，手里捧着屠酥酒让少年先喝。"裴夷直诗里说："自知我的年纪最小，先捧起屠酥酒不把青春让别人。假如再停几年逢到今天的日子，又该惆怅地羡慕比自己更年轻的人。"成文幹诗里说："黎明星辰未落时就捧起贺年的酒杯，对着镜子惊讶自己已经两鬓白发。只好在灯前偷偷地一笑，屠酥酒不应该由我先喝了。"方幹的诗里说："刚饮屠酥酒时排定年龄大小，在座的人都笑那两鬓白发的人。"这些诗都可以看出元旦饮屠酥酒的风尚。苏东坡诗里也说："只管安心受穷愁，只要能换得身体健康，不必怕最后去饮屠酥酒。"意思也是一样的。

存殁绝句

杜子美有《存殁》绝句二首云："席谦不见近弹棋，毕曜仍传旧小诗。玉局①他年无限笑，白杨今日几人悲②。""郑公粉绘随长夜，曹霸丹青已白头③。天下何曾有山水，人间不解重骅骝（liú）④。"每篇一存一殁，盖席谦、曹霸存，毕、郑殁也。黄鲁直《荆江亭即事》十首，其一云："闭门觅句陈无已，对客挥毫秦少游。正字⑤不知温饱未，西风吹泪古藤

州。”乃用此体，时少游殁而无已存也。近岁新安胡仔著《渔隐丛话》[6]，谓鲁直以今时人形入诗句，盖取法于少陵，遂引此句，实失于详究云。

［注释］

①玉局：白玉的棋盘。

②白杨今日几人悲：迎风招展的白杨树今天又让多少人感到悲伤。

③郑公粉绘随长夜，曹霸丹青已白头：郑虔的粉绘，随着他的死亡早已变成绝笔，曹霸虽然还画着丹青，但也已白了头。

④骅骝：周穆王八骏出游时其中之一。后泛指骏马。

⑤正字：陈无己的官职名。

⑥《渔隐丛话》：又称《苕溪渔隐丛话》诗话集，南宋胡仔编著。此书分《前集》六十卷，《后集》四十卷。所收诗话，评论对象上起春秋，下至南宋初。以人为纲，按年代先后排列。

［译文］

杜甫作有《存殁》绝句二首说：“近来不见席谦玩弹棋，毕曜的小诗依旧在世上流传。那时一起下棋是多么欢乐啊，而如今迎风的白杨又让几人感到悲伤呢？”“郑虔的粉绘，随着他的死亡早已变成绝笔，曹霸虽然还画着丹青，但也已白了头。天下谁的山水画能比得上郑虔，人世上很多人不懂得曹霸画马的宝贵啊。”每篇写一个在世的人和一个去世的人，席谦、曹霸仍活着，毕曜、郑虔已经故世了。黄庭坚的《荆江亭即事》诗十首，其一首中说：“陈无己是关着房门推敲诗句，秦少游是对着客人挥笔写诗。陈无己不知道是不是得到温饱，西风吹着悲泪悼念死在古藤州的秦少游。”也是用这种写法，当时少游已死而无己还在世。近年来新安（今安徽绩溪）胡仔著有《苕溪渔隐丛话》，谓黄庭坚是以现代在世人的形象写诗句，是模仿杜甫的手法，才写出这样诗句，其实是胡仔未能深入考究以致弄错了。

汤武之事

汤、武之事，古人言之多矣。惟汉辕固、黄生争辩最详。黄生曰：“汤、武非受命，乃杀也[1]。”固曰：“不然，桀、纣荒乱，天下之心皆归汤、武，汤、武因[2]天下之心而诛桀、纣，不得已而立，非受命为何？”黄生曰：“冠虽敝必加于首，履虽新必贯于足。今桀、纣虽失道，君上也；汤、武虽圣，臣下也，反因过而诛之，非杀而何？”景帝曰：“食肉毋食马肝[3]，未为不知味；言学者毋言汤、武受命，不为愚。”遂罢。颜师古注云：“言汤、武为杀，是背经义，故以马肝为喻也。”《东

周武王

商纣王无道，周武王顺应民意，出兵讨伐纣王。后世儒生有的认为武王伐纣是弑君之举，有人则认为这是顺天理而行之，争执不下。

坡志林》[④]云："武王非圣人也，昔孔子盖罪汤、武。伯夷、叔齐不食周粟，而孔子予之，其罪武王也甚矣。至孟轲始乱[⑤]之，使当时有良史，南巢之事[⑥]，必以叛书；牧野之事，必以弑书。汤、武仁人也，必将为法受恶。"可谓至论。然予窃考孔子之序《书》，明言伊尹相汤伐桀，成汤放桀于南巢；武王伐商，武王胜商杀受，各蔽以一语，而大指皎如[⑦]，所谓六艺折衷，无待于良史复书也。

［注释］

①汤、武非受命，乃杀也：商汤和周武王并不是受命于天的君主，他们都是靠杀了旧有的君王才当上君主的。

②因：顺应。

③食肉毋食马肝：古人认为马肝有毒，所以吃马肉的时候都不吃肝。

④《东坡志林》：苏轼杂说史论集。其内容广泛，无所不谈，文章形式不拘。

⑤乱：淆乱，混乱。

⑥南巢之事：商汤把夏桀流放到南巢的事情。

⑦大指皎如：意旨明白清晰。

［译文］

商汤和周武王的事情，古人议论的已经很多了。唯有汉朝的辕固和黄生二人，争辩的观点最详明。黄生说："商汤和周武王不是受命于天当上国君的，而是靠杀了旧君才当上国君的。"辕固说："不是这样，夏桀和殷纣王是荒淫残暴的国君，当时天下人心已转向商汤和周武王，商汤和周武王是先获得天下人心才去诛杀桀、纣，这是不得已的事，民心就是天心，这不是受命于天又是什么呢？"黄生说："帽子虽然破旧，仍然得戴在头上；鞋子虽新，只能穿在脚上。如今桀、纣虽然无道，终久仍是君王；商汤和周武王虽然是圣人，终久仍是臣子，反因君主有过就把他们杀掉，这不是杀弑又是什么？"汉景帝说："吃肉的人不吃有毒的马肝，未必就是

不知道肉味；讲究学问的人不说商汤、武王是受天命当君主的，也不一定就愚昧无知。”于是才停止争论。唐朝的颜师古注解这一段话时说：“主张汤、武是杀君的，是违背了经书上本义的，所以才用马肝作比喻。”《东坡志林》里讲：“武王不能算是圣人，过去孔子也是责备商汤和武王的。伯夷、叔齐不愿吃周朝的粟米而饿死，孔子给他们以很高评价，这也等于狠狠责备了周武王。直到在孟子的书里，才把这种看法混乱颠倒过来，假如当时有比较好的史官，商汤把夏桀流放到南巢（今安徽巢湖县南），一定会记成商汤叛乱；周兵大战殷纣王于牧野（今河南淇县南），一定会记成周武王弑君。商汤、武王都是仁德的人，也必然会依据法规接受弑君犯上的恶名。”这一段可以说是十分中肯的议论。但是我考察了孔子给《尚书》写的序言，明确地说过，伊尹做商汤的丞相起兵征伐夏桀，商汤把夏桀流放到南巢；武王征伐殷商，武王获胜而杀纣王，孔子各给他们一句有好有坏的评语，把自己的观点说得十分明白透彻，这就是六艺里讲的折衷方法，这样便不需要什么优秀的史官重新去评写历史了。

龙且张步

韩信击赵，李左车劝陈馀勿与战，馀曰：“今如此避弗击，诸侯谓吾怯，而轻来伐我。”遂与信战，身死国亡。是时，信方为汉将，始攻下魏、代，威声犹未暴白[1]，陈馀易之[2]，尚不足讶。及灭赵服燕，则关东六国，既定其四矣。信伐齐，楚使龙且来救。或言汉兵不可当，龙且曰：“吾平生知韩信为人易与耳，不足畏也，何为而止？”一战而没，项随之亡。耿弇(yǎn)讨张步，斩其大将军费邑，走邑之弟敢，进攻西安、临淄，拔其城，又走其弟蓝，势如破竹。先是，弇已破尤来、大枪、延岑、彭宠、富平、获索矣。时步所盗[3]齐地，太半为弇所得。然步犹曰：“以尤来、大肜(róng)十余万众，吾皆即其营而破之。今弇兵少于彼，又皆疲劳，何足攉乎。”竟出兵大战，兄弟成擒。兵法云：“知彼知己，百战不殆。”龙且、张步，岂复识此哉！梁临川王宏[4]伐魏，魏元英御之，宏停军不前。魏人劝英进据洛水，英曰：“萧临川虽呆，其下有良将韦、裴之属，未可轻也。宜且观形势，勿与交锋。”宏卒败退。英之识见，非前人可比也。然遂进军围钟离，魏邢峦以为不可，魏主召使还，英表称必克[5]，为曹景宗、韦睿所挫，失亡[6]二十余万人。智于前而昧于后，为可恨耳！

韩信登坛拜将

韩信军事才能出色，为萧何所识，举荐给刘邦。韩信南征北战，立下赫赫战功，为刘邦统一天下打下坚实基础。

［注释］

①暴白：显露出来。

②陈余易之：陈余认为他容易对付。

③盗：占领。

④梁临川王宏：南朝梁的临川王萧宏。

⑤克：攻克。

⑥失亡：损失。

［译文］

韩信领兵去征讨赵国，李左军劝赵国的主帅代王陈馀不要和韩信打仗，陈馀说："如果逃避不和他交战，诸侯会认为我懦弱害怕，以后都会来攻打我们。"遂与韩信交战，结果战败被杀，赵国也亡了。这时候，韩信刚当上汉朝大将，开始攻打魏、代的时候，他的威力和声名还没有显示出来，陈馀认为容易对付，这还不足怪。等到灭了赵国、燕国以后，则关东的六国，已被韩信灭掉了四个。后来韩信又去征伐齐国，楚国派了龙且来救援。有人告诉龙且说汉兵是很难抵挡得住的，龙且说："我平生深知韩信这个人是很容易对付的，不用害怕他，何必按兵不动？"结果一仗全军覆没，楚霸王项羽也在不久后灭亡了。东汉时耿弇去征伐张步，杀了张步的大将费邑，击败了费邑的弟弟费敢，接着进攻西安（今山东益都西）、临淄（今山东益都），占领了这二城，又击败张步的弟弟张蓝，一路势如破竹。在此以前，耿弇已经攻破了尤来、大枪、延岑、彭宠、富平、获索这些山东的地方和部队。这时张步所占领的齐国地方，大部分都已被耿弇占领了。可是张步还说："过去尤来、大彤等地十几万兵马，我都能立刻攻破他们的营寨而击败他们。如今耿弇兵比他们的少，又都连续作战疲劳，我用不了多少力量就可以将其摧毁。"便出兵与耿弇大战，结果张步兄弟二人统统被耿弇活捉。兵法上说："知彼知己，百战不殆。"龙且、张步岂能懂得这一点！南朝时梁国的临川王萧宏去征伐北魏，北魏派大将元英领兵抵御，萧宏便扎营不前进，准备作战。北魏有人劝元英引兵前进占据洛水，元英说："萧宏虽然是个愚笨的人，但他手下有韦睿、裴邃这几员良将，是不能轻视的。宜停兵观察一下形势，现在还不能和他们作战。"结果，萧宏终于败走。元英的见识，是前人所比不上的。但是元英竟率兵挺进，包围了钟离，魏国的邢峦认为不可孤军深入，魏国国君也下令召元英回来，元英表示一定能够攻占这座城，结果被梁国的曹景宗、韦睿打得大败，损失兵员二十多万人。元英有智谋在前，却又愚昧在后，实在太遗憾了！

义理之说无穷

经典义理之说最为无穷。以故解释传疏，自汉至今，不可概举，至有一字而数说者①。姑以《周易·革卦》言之，“已日乃孚，革而信之”，自王辅嗣以降②，大抵谓“即日不孚，已日乃孚”，已字读如矣音，盖其义亦止如是耳。唯朱子发③读为戊己之己。予昔与《易》僧昙莹论及此，问之曰：“或读作己日如何？”莹曰：“岂唯此也，虽作巳日亦有义。”乃言曰：“天元十干，自甲至己，然后为庚，庚者革也，故“己日乃孚”，犹云从此而革也。十二辰自子至巳六阳，数极④则变而之阴，于是为午，故“巳日乃孚”，犹云从此而变也。”用是知好奇者欲穿凿附会，固各有说云。

[注释]

①至有一字而数说者：甚至出现一个字有好几种不同说法的现象。

②自王辅嗣以降：自从王弼以来。王弼，字辅嗣，魏山阳（今山东济宁）人，三国时期有名的玄学家。他好谈儒道，辞才超逸。主要论著有：《周易注》《周易略例》《老子注》《老子指略》。

③发：主张。

④数极：数到极点。

[译文]

经典著述里讲的道理是深厚无穷的。所以各种注释和讲解的本子，自汉朝到现在，多得不胜枚举，甚至一个字有好几种不同说法。拿《周易·革卦》来说，其中“已日乃孚，革而信之”一句话，自三国时王弼注释《周易》以来，大体上都把这句话解释成“当日还不能为人所信服，到已日才能让天下万民信服”，已字应读为矣音，大概这句话的意思也是这样。唯有朱熹主张读作戊己的己。我过去和研究《易经》的和尚昙莹讨论过这个问题，问他说：“或者读作己（音纪）日行不行？”昙莹说：“岂止只这一种说法，就是读作巳（音似）亦能解释得通。”于是他解释说：“天元分为十干，从甲至己，己以后是庚，庚就是革，所以说“己日乃孚”，意思

就是说从此而开始变革了。十二辰从子到巳共六个数，应该为阳，数到极点就要变，变就成为阴，于是下边就是午，午属阴，所以“巳日乃孚”，可以解释为从这里开始让人信服了。”这都是好奇的人想穿凿附会，便各有各的说法了。

卷 三

太史慈

三国当汉、魏之际，英雄虎争，一时豪杰志义之士，磊磊落落，皆非后人所能冀[1]，然太史慈者尤为可称。慈少仕东莱本郡为奏曹吏，郡与州有隙，州章劾之，慈以计败其章，而郡得直[2]。孔融在北海为贼所围，慈为求救于平原，突围直出，竟得兵解融之难[3]。后刘繇为扬州刺史，慈往见之，会孙策至，或劝繇(yáo)以慈为大将军，繇曰：“我若用子义，许子将不当笑我邪。”但使慈侦视轻重，独与一骑，卒遇策，便前斗，正与策对[4]，得其兜鍪(móu)。及繇奔[5]豫章，慈为策所执，捉其手曰：“宁识神亭时邪？”又称其烈义，为天下智士，释缚用之[6]，命抚安繇之子，经理其家[7]。孙权代策，使为建昌都尉，遂委以南方之事，督治[8]海昏。至卒时，才年四十一，葬于新吴，今洪府奉新县也，邑人立庙敬事。乾道中封灵惠侯，予在西掖[9]当制，其词云：“神早赴孔融，雅谓青州之烈士。晚从孙策，遂为吴国之信臣。立庙至今，作民司命[10]。揽一同之言状，择二美以建侯，庶几江表之间，尚忆神亭之事。”盖为是也。

[注释]

①冀：比冀，比较。

②而郡得直：这样郡守的冤屈才得以澄清。

③“孔融在北海……竟得兵解融之难”四句：孔融在北海郡当太守时被贼寇包围，太史慈为他到平原（今属山东）求救兵，单身冲出包围，终于搬来刘备的兵马，解了孔融的围困。

④正与策对：与孙策恶斗一场。

⑤奔：奔逃。

⑥释缚用之：为太史慈松绑，并任命他为大将。
⑦经理其家：安排好他家人的生活。
⑧督治：督率治理。
⑨西掖：中书或中书省。
⑩作民司命：被人们尊敬地奉养。

[译文]

三国时正当汉、魏两朝交替，英雄龙争虎斗，一时有志气的豪杰们，磊磊落落，都是后人比不上的，至于太史慈这人，则尤其应当称颂。他年轻时在他故乡东莱郡（今山东半岛一带）担任奏曹吏，郡守和州官有矛盾，州官上奏章弹劾郡守，太史慈用计破坏了他的诬告，郡守的冤屈才获得澄清。孔融在北海郡（今山东寿光东南）当太守时被贼寇包围，太史慈为他到平原（今属山东）求救兵，单身冲出包围，终于搬来刘备的兵马，解了孔融的围。后来刘繇当扬州刺史时，太史慈去求见，正好孙策领兵来攻扬州，有人劝刘繇任命太史慈为大将军，抗拒孙策，刘繇觉得太史慈资历太低，便说："我如果用子义为将，恐怕许子将要笑话我部下无能人。"于是仅派太史慈一人一马去前方侦察孙策军队人数的多少，在神亭的地方与孙策相遇，双方便打起来，与孙策恶斗一场，夺得孙策的头盔回来。后来刘繇失败逃往豫章（今江西南昌），太史慈被孙策擒获，孙策握着他的手说："还记得咱二人在神亭时那场恶斗吗？"又称赞太史慈忠义勇烈，是当今天下有才能的人，便为太史慈松绑，任用他为将，并让太史慈去安抚刘繇的儿子，安排好刘繇家属的生活。孙权代替孙

太史慈

太史慈，字子义，三国时期孙吴大将，长臂美髯，武艺高超。

策在东吴执政后，任使太史慈为建昌（今江西奉新）都尉，遂委派他管理吴国南方的军政事务，督率治理海昏（今江西永修）。到他去世时，年仅四十一岁，葬他于新吴，这就是现在洪府奉新县，当地的人给他盖了庙来祭祀他。宋孝宗乾道年间，皇帝又下诏封太史慈为灵惠侯，被尊奉为神，我当时在朝廷西宫门的办公处担任起草文告的官职，写了祭太史慈庙的祭词，说："太史慈早年营救孔融，被誉为青州之烈士。晚年随从孙策，成为吴国之信臣。自从建庙祭祀到现在，为人们所尊奉。总揽所言之情状，用封侯建庙二件美善的事来敬奉，为了使长江流域一带的百姓，都记得在神亭大战的壮烈。"就是这个事。

汉文帝受言

汉文帝即位十三年，齐太仓令淳于意有罪当刑[1]，其女缇萦，年十四，随至长安。上书愿没入[2]为官婢，以赎父刑罪。帝怜悲其意，即下令除肉刑。丞相张苍、御史大夫冯敬议，请定律，当斩右止者反弃市[3]，笞者杖背五百至三百，亦多死。徒有轻刑之名，实多杀人。其三族之罪[4]，又不乘时建明，以负天子德意，苍、敬可谓具臣[5]矣。史称文帝止辇(niǎn)受言[6]，今以一女子上书，躬自省览，即除数千载所行之刑，曾不留难，然则天下事岂复有稽滞不决者哉？所谓集上书囊以为殿帷[7]，盖凡囊封之书，必至前也。

淳于缇萦

淳于缇萦，西汉临淄人，著名医学家淳于意之女。其父因为不肯趋炎附势，被权贵陷害，送去长安受肉刑。淳于缇萦随父西去京师，上书汉文帝，痛切陈述父亲廉平无罪，自己愿意身充官婢，代父受刑。文帝深受感动，免去淳于意之罪，并且废除了肉刑。

[注释]

①有罪当刑：犯了法当受刑罚。

②没入：进入队伍，充当。

③当斩右止者反弃市：应当砍去右脚的，反而改为杀头的死刑。

④其三族之罪：古时刑法严苛，如有人犯了重罪，则不仅本人被杀，还要株连三族。

⑤具臣：用来充数的臣子，比喻不称职。

⑥止辇受言：史书记载，汉文帝善于纳谏，每次出外视察，只要有官员上书陈言者，哪怕正在路上，也一定会停下车马，听受其言。

⑦集上书囊以为殿帷：将装意见书的袋子拿来作宫殿前的帷幕。

[译文]

汉文帝即位的第十三年，齐地担任管理接收糟粮的太仓令淳于意，有罪得受刑罚，他的女儿缇萦，才十四岁，随着押淳于意的差役一同到了京城长安。缇萦上书汉文帝，愿自己去充当官婢，以换取免除父亲的刑罚。文帝怜悯她的孝顺，免了她父亲的罪，并下令废除肉刑。丞相张苍和御史大夫冯敬商议，请重新制定刑律，结果，本来应当砍去右脚的，反而改为杀头的死刑，该定拷打的，要在脊背上打五百或三百下，亦多有被打死的。空有减轻肉刑的名义，实际上反而多杀了人。至于株连三族的大罪，又不趁修订刑律时加以建议和陈明，结果实在是辜负了皇帝怜恤犯人的好意，张苍和冯敬真可谓是不称职的臣子了。史书上称汉文帝能停下车听取百官和人民的意见，如今一个女子上书，能亲自批阅，并因此立即废除沿用了几千年的肉刑，没有一点刁难，如像这样去处理天下的事，还有什么事会拖拉不决的呢？如果皇帝要用装意见书的囊袋来做宫殿前的帷幕，那么装有奏书的袋子就会源源不断地收到了。

丹青引

杜子美《丹青引赠曹将军霸》云：“先帝天马玉花骢(cōng)，画工如山貌不同。是日牵来赤墀(chí)[①]下，迥立阊(chāng)阖生长风[②]。诏谓将军拂绢素，意匠惨澹(dàn)经营中。斯须九重真龙出，一洗万古凡马空。玉花却在御榻上，榻上廷前屹相向。至尊含笑催赐金，圉人、太仆皆惆怅[③]。”读者或不晓其旨，以为画马夺真，圉人、太仆所为不乐。是不然。圉人、太仆盖牧养官曹及驭者，而黄金之赐，乃画史得之，是以惆怅，杜公之意深矣。又《观曹将军画马图》云：“曾貌先帝照夜白[④]，龙池十日飞霹雳。内府殷红玛瑙盘，婕妤(jié yú)传召才人索。”亦此意也。

[注释]

①赤墀：皇宫中的台阶，因其以赤色丹漆涂饰，所以有此称呼。

②迥立阊阖生长风：卓然站在殿前四蹄生风。阊阖，宫门的正门。

③圉人：养马的官员。太仆：为天子执御，掌管车马畜牧的官员。

④照夜白：马的名字，因为其毛色雪白，可以照夜，故有此名。

[译文]

杜甫写的《丹青引赠曹将军霸》一诗中写道："先帝乘坐的御马玉花骢，在画家的大笔下画得确实与众不同。把马牵到殿下的台阶旁，卓然站在殿前四蹄生风。皇帝下诏让将军展开画绢，用心挥笔在绢上惨淡经营。不一会精神抖擞的龙马跃然绢上，一下子把世上的凡马都压倒了。画出的玉花骢被捧到御床之上，床上的马和殿下的马相对地挺立着。皇帝含笑催促快赏金银，养马和管马的人心里都十分惆怅。"读这段诗的人或许不知道其意思，以为画马可以夺真，所以养马和管马的人心中不高兴。这是不对的。意思是圉人和太仆是养马和管马的人，却把黄金赏给画马的人，所以他们心里不高兴，杜甫这样说，其中还含有深意。另外杜甫还有《观曹将军画马图》一诗说："曾经给先帝的名马照夜白画过像，仿佛龙池（唐明皇旧居）十天都能听到龙马飞腾的蹄声。皇宫里用殷红色的玛瑙盘装上金银，女官们有的传旨有的让快去取出。"也是赏赐画家的意思。

诗文当句对

唐人诗文，或于一句中自成对偶，谓之"当句对"。盖起于《楚辞》"蕙蒸兰藉""桂酒椒浆""桂棹兰枻(yì)""斫冰积雪"。自齐、梁以来，江文通[1]、庾子山[2]诸人亦如此。如王勃《宴滕王阁序》一篇皆然。谓若"襟[3]三江带五湖，控蛮荆引瓯越；龙光牛斗，徐孺陈蕃；腾蛟起凤，紫电青霜；鹤汀凫渚，桂殿兰宫；钟鸣鼎食之家，青雀黄龙之轴；落霞孤鹜，秋水长天；天高地迥，兴尽悲来；宇宙盈虚，丘墟已矣"之辞是也。于公异《破朱泚(cǐ)露布》亦然。如"尧、舜、禹、汤之德，统元立极之君；卧鼓偃旗，养威蓄锐；夹川陆而左旋右抽，抵丘陵而浸淫布濩(huò)；声塞宇宙，气雄钲(zhēng)鼓[4]；貙(chū)兕作威，风云动色；乘其跆(tái)藉[5]，取彼鲸鲵(ní)[6]；自卯及酉，来拒复攻；山倾河泄，霆斗雷驰；自北徂南，舆尸折首；左武右文，销锋铸镝"之辞是也。杜诗"小院回廊春寂寂，浴凫[7]飞鹭晚悠悠；清江锦石伤心丽，嫩蕊浓花满目斑；书签药里封蛛网，野店山桥送马蹄；戎马不如归马逸，千家今有百家存；犬羊曾烂漫，宫阙尚萧条；蛟龙引子过，荷芰逐花低；干戈[8]况复尘随眼，鬓发还应雪满头；百万传深入，环区望匪他。象床玉手，万草千花；落絮游丝，随风照日；青袍白马，金谷铜驼；竹寒沙碧，菱刺

藤梢；长年三老，捩[9]舵开头；门巷荆棘底，君臣豺虎边；养拙干戈，全生麋鹿；舍舟策马，拖玉腰金；高江急峡，翠木苍藤，古庙杉松，岁时伏腊，三分割据[10]，万古云霄，伯仲之间，指挥若定，桃蹊李径，栀子红椒，庾信罗含，春来秋去，枫林桔树，复道重楼”之类，不可胜举。李义山[11]一诗，其题曰《当句有对》云：“密迩平阳接上兰，秦楼鸳瓦汉宫盘。池光不定花光乱，日气初涵露气干。但觉游蜂饶舞蝶，岂知孤凤忆离鸾。三星自转三山远，紫府程遥碧落宽。”其他诗句中，如“青女素蛾”对“月中霜里”“黄叶风雨”对“青楼管弦”“骨肉书题”对“蕙兰蹊径”“花须柳眼”对“紫蝶黄蜂”“重吟细把”对“已落犹开”“急鼓疏钟”对“休灯灭烛”“江鱼朔雁”对“秦树嵩云”“万户千门”对“风朝露夜”，如是者[12]甚多。

[注释]

①江文通：江淹，字文通，南朝著名诗人。

②庾子山：即庾信，字子山，南阳新野（今河南新野）人。早期在梁宫廷，为宫体文学的代表作家，作品富丽冶艳；后期到了北朝，文章一转而为沉郁顿挫，苍劲悲凉。

③襟：连接。

④钲鼓：钲和鼓。古代行军或歌舞时用以指挥进退、动静的两种乐器。

⑤跆藉：践踏。

⑥鲸鲵：本指鲸鱼，此处代指凶恶的敌人。

⑦浴凫：在水中游的野鸭。

⑧干戈：指战争。

⑨捩：扭转。

⑩三分割据：指魏蜀吴三国分天下。

⑪李义山：即李商隐，字义山，晚唐著名诗人，其诗风格纤丽哀婉，为人称道。

⑫如是者：这样的例子。

[译文]

唐朝人的诗文，常有在一句当中自成对偶的，这叫作“当句对”。它是起于《楚辞》里的“蕙蒸兰藉”“桂酒椒浆”“桂棹兰枻”“斫冰积雪”这些句子。自南北朝以来，诗人江淹、庾信等人，也是这样。再如唐朝王勃写的《宴滕王阁序》这篇文章中的“当句对”更多。像“襟三江带五湖，控蛮荆引瓯越；龙光牛斗，徐孺陈蕃；腾蛟起凤，紫电青霜；鹤汀凫渚，桂殿兰宫；钟鸣鼎食之家，青雀黄龙之轴；落霞孤鹜，秋水长天；天高地迥，兴尽悲来；宇宙盈虚，丘墟已矣”之类的词。于公异《破朱泚露布》也是这样。像“尧、舜、禹、汤之德，统元立极之君；卧鼓偃旗，养威蓄锐；夹川陆而左旋右抽，抵丘陵而浸淫布濩；声塞宇宙，气雄钲鼓；貙兕作威，风云动色；乘其跆藉，取彼鲸鲵；自卯及酉，来拒复攻；山倾河泄，霆斗雷驰；自北徂南，舆尸斩首；左武右文，销锋铸镝”等词都是。杜甫的诗中有“小院回廊春寂寂，浴凫飞鹭晚悠悠；清江锦石伤心丽，嫩蕊浓花满目斑；书签药里封蛛网，野店山桥送马蹄；戎马不如归马逸，千家今有百家存；犬羊曾烂漫，宫阙尚萧条；蛟龙引子过，荷芰逐花低；干戈况复尘随眼，鬓发还应雪满头；百万传深入，环区望匪他。象床玉手，万草千花；落絮游丝，随风照日；青袍白马，金谷铜驼；竹寒沙碧，菱刺藤梢；长年三老，捩舵开头；门巷荆棘底，君臣豺虎边；养拙干戈，全生麋鹿；舍舟策马，拖玉腰金；高江急峡，翠木苍藤，古庙杉松，岁时伏腊，三分割据，万古云霄，伯仲之间，指挥若定，桃蹊李径，栀子红椒，庾信罗含，春来秋去，枫林橘树，复道重楼”之类，也是多得不胜枚举。李商隐写过一首诗，其题目就叫《当句有对》，内言：密迩平阳接上兰，秦楼鸳瓦汉宫盘。池光不定花光乱，日气初涵露气干。但觉游蜂饶舞蝶，岂知孤凤忆离鸾。三星自转三山远，紫府程遥碧落宽。”在他的其他诗句中，比如“青女素蛾”对“月中霜里”“黄叶风雨”对“青楼管弦”“骨肉书题”对“蕙兰蹊径”“花须柳眼”对“紫蝶黄蜂”“重吟细把”对“已落犹开”“急鼓疏钟”对“休灯灭烛”“江鱼朔雁”对“秦树嵩云”“万户千门”对“凤朝露夜”等等，这样的句子还有很多。

东坡明正

东坡《明正》一篇送于伋失官东归云：“子之失官，有为子悲如子之自悲者乎？有如子之父兄妻子之为子悲者乎？子之所以悲者，惑于得也；父兄妻子之所以悲者，惑于爱①也。”按《战国策》齐邹忌谓妻曰：“我孰与城北徐公美？”其妻曰：“君美甚②，徐公何能及公也。”复问其妾与客，皆言“徐公不若君之美”。暮寝而思之，曰：“吾妻之美我者私③我也；妾之美我者畏我也，客之美我者欲有求于我也。”东坡之斡旋④，盖取诸此。然《四菩萨阁记》云：“此画乃先君之所嗜⑤，既免丧，以施浮图惟简，曰：‘此唐明皇帝之所不能守者，而况于余乎！余惟自度不能长守此也，是以与子。’”而其末云：“轼之以是与子者，凡以为先君舍也。”与初辞意益不同，晚学⑥所不晓也。

［注释］

①惑：通“或”，或者。

②美甚：甚美，非常美。

③私：偏爱。

④斡旋：调解。

⑤嗜：珍爱。

⑥晚学：晚生后辈，对自己的谦辞。

［译文］

苏东坡写了《明正》这篇文章，是送于伋被免官东回故乡的，文章说：“你被免去官职，有没有因此而为你悲伤，像你自己一样悲伤的人呢？有没有像你父兄妻子一样为你悲伤的人呢？你自己所以悲伤，是因为计较得失；父兄妻子所以为你悲伤，是因为爱护你。”根据《战国策》里记载，齐国的邹忌曾对妻子说：“我和城北徐公，谁长得漂亮？”他的妻子说：“当然是你长得漂亮多了，徐公怎能比得上你呢。”邹忌又问他的妾和客人，都说“徐公不如你长得漂亮”。晚上，邹忌躺在床上想：“妻子说我比徐公漂亮，是因为她偏爱我；妾说我漂亮是因为怕我，客人说我漂亮是因为有事求我帮忙。”苏东坡用来调解于伋失官的悲伤的做法，就是从这里套来的。但他在《四菩萨阁记》那篇文章里说：“这画是我父亲生前所珍爱的，既然没有失去，便布施给和尚惟简，并且说：‘这是唐明皇的遗物，他不能让子孙永远保存这幅画，那么何况我呢！我自觉不能长期拥有这幅画，所以才取出赠送给你。’”而在这篇文章末尾又说：“我之所以把这幅画送给你，都是代替我父亲施舍的。”与文章开头的意思又不相同，这是我无法理解的。

苏东坡

苏东坡文章名动天下，为世人传颂。他一生著述无数，不论王朝更替还是家里长短，皆可入于文中。

无望之祸

自古无望之祸[1]玉石俱焚者，释氏谓之劫数，然固自有幸不幸者。汉武帝以望气者言长安狱中有天子气，于是遣使者分条中都官诏狱系者，亡轻重[2]一切皆杀之，独郡邸狱系者[3]，赖丙吉得生。隋炀帝令嵩山道士潘诞合炼金丹不成，云无石胆石髓，若得童男女胆髓各三斛六斗，可以代之，帝怒斩诞。其后方士言李氏当为天子，劝帝尽诛海

内李姓。以炀帝之无道嗜杀人，不啻[4]草莽，而二说偶[5]不行。唐太宗以李淳风言女武当王，已在宫中，欲取疑似者尽杀之，赖淳风谏而止。以太宗之贤尚如此，岂不云幸不幸哉！

［注释］

①无望之祸：即无妄之灾，突如其来的灾祸。

②亡轻重：不分罪行轻重。

③独郡邸狱系者：只有藩王亲属被关进监狱的。郡邸狱，汉朝王侯、郡守府邸中所设的监狱，属大鸿胪。

④不啻：不只，不下于。

⑤偶：偶然，碰巧。

［译文］

自古以来飞来横祸、玉石俱焚，佛家称之为“劫数”，但是也有有幸或不幸的。汉武帝时会占卜的术士对汉武帝说，长安监狱里有天子气，于是汉武帝便派了使臣分头下令给京都里的有关京官，提出各狱犯人，不论罪行轻重，统统处决，只有藩王亲属被关入监狱的，靠廷尉监丙吉的帮忙才得以逃生。隋炀帝让嵩山道士潘诞合炼金丹，一直炼不成，说是缺石胆石髓，如能弄到童男童女的胆、髓各三斛六斗，就可以代替，炀帝大怒，把潘诞合杀了。后来方士又对炀帝说李姓当为天子，劝炀帝把全国姓李的统统杀掉。像隋炀帝那样喜欢杀人的无道昏君，与土匪差不多，以上二件事，他不过碰巧没做罢了。唐太宗听李淳风说以后姓武的女子当为天子，并且已进了皇宫，便打算把可疑的宫女都杀掉，幸亏李淳风加以进谏，才没实行。像唐太宗这样英明的皇帝尚且如此，所以说是有幸和有不幸的！

卷　四

周世宗

周世宗英毅[1]雄杰，以衰乱之世，区区五六年间，威武之声[2]，震慑夷夏[3]，可谓一时贤主，而享年不及四十，身没半岁[4]，国随以亡。固天方[5]授宋，使之驱除。然考[6]其行事，失于好杀，用法太严，群臣职事，小有不举[7]，往往置之极刑。虽素有才干声名，无所开宥[8]，此其所短也。薛居正[9]《旧史》纪载翰林医官马道元进状，诉寿州界被贼杀其子，获正贼[10]见在宿州，本州不为勘断[11]。帝大怒，遣窦仪乘

驲往按之。及狱成，坐[12]族死者二十四人。仪奉辞之日，帝旨[13]甚峻，故仪之用刑，伤于深刻，知州赵砺坐除名[14]。此事本只马氏子一人遭杀，何至于族诛二十四家？其他可以类推矣。《太祖实录·窦仪传》有此事，史臣但归咎于仪云。

[注释]

①英毅：英明果决。

②威武之声：威望和雄强的名声。

③夷夏：四夷和华夏，即整个中国。

④身没半岁：死后半年。身没，指身死。半岁，半年。

⑤天方：天意，上天。

⑥考：考察。

⑦小有不举：稍微有一点过错。

⑧开宥：开脱，宽容，原谅。

⑨薛居正：字子平，开封人，北宋大臣，少有大志，好学不倦。曾监修《五代史》，又名《梁唐晋汉周书》。后世为别于欧阳修《新五代史》，改作《旧势胜学五代史》，通称《旧五代史》。

⑩正贼：主犯。

⑪勘断：审查判断。

⑫坐：定罪。

⑬旨：旨意。

⑭坐除名：受牵连而丢掉官职。

[译文]

周世宗柴荣是个英明果敢的豪杰，处于五代十国的混乱时期，仅用短短的五六年时间，威望和名声便震慑了整个中国，真可谓是一代贤能的君主，可是他却没活到四十岁，死后不过半年，国家就随之灭亡了。这恐怕是天意属于宋，才让他为宋朝建国扫清了道路。但是考察他一生所做的事，其失策的地方在于他的好杀，动用刑法太严，他手下的官员，稍有一点过错，往往要处以重刑杀掉。所以他虽具富有才干的声望和名声，而不知道宽容，这是他的短处。薛居正主编的《旧五代史》记载有翰林院医官马道元曾呈状子给世宗，诉说自己的儿子在寿州（今安徽寿县）境内被贼杀死，现主犯已在宿州（今安徽宿州）被捕，当地州官不认真断理此案。世宗大怒，派大臣窦仪乘驿站快马去处理此案。审理结果，牵连处死了二十四个人及其家属。这是因为窦仪奉命的时候，世宗的旨意十分严厉，所以窦仪用刑便过于严峻苛刻，知州赵砺亦因此被撤职。这件事本来只是马氏的一个儿子遭杀，怎能够连诛二十四家的族人呢？其他事也可类推了。《太祖实录·窦仪传》都记载了这件事，但史官却把这件事的过错归罪到窦仪身上。

郑　权

唐穆宗时，以工部尚书郑权为岭南节度使，卿大夫相率为诗送之[①]。韩文公作序，言："权功德可称道。家属百人，无数亩之宅，僦（jiù）[②]屋以居，可谓贵而能贫，为仁者不富之效[③]也。"《旧唐史·权传》云："权在京师，以家人数多，奉入不足，求为镇[④]，有中人之助。南海多珍货，权颇积聚以遗之，大为朝士所嗤。"又《薛廷老传》云："郑权因郑注得广州节度，权至镇，尽以公家珍宝赴京师，以酬恩地[⑤]。廷老以右拾遗上疏，请按[⑥]权罪，中人由是切齿[⑦]。"然则其为人，乃贪邪之士尔！韩公以为仁者何邪？

韩愈《北楼》

韩愈是唐朝京官，为人耿直，与朝中许多官员交好。他的诗文名动天下，因此时常为同僚作文明志。曾作《奉和虢州刘给事使君三堂新题二十一咏·北楼》。

[注释]

①为诗送之：写诗为他送行。

②僦：租赁。

③效：仿效。

④求为镇：请求到地方镇上做官。

⑤恩地：唐以来对师门的称呼，此处指代郑注，因他帮郑权谋官，对郑权有恩。

⑥按：考察，探究。

⑦切齿：痛恨，咬牙切齿的样子。

[译文]

唐朝穆宗时，把工部尚书郑权外调到岭南任节度使，朝内百官先后写诗为他送行。韩愈作了一篇序说："郑权的功绩和道德可以称得上楷模。家属有一百人，却没有一所几亩地大的住宅，只好租赁别人的房子居住，真可以说是身居显贵而又能过贫苦生活，这是那些为富不仁的人应该仿效的。"《旧唐书

·郑权传》里说："郑权在京都时，因家里人口太多，薪俸不够家庭开支，求到地方上作地方长官，得到掌权太监们的帮助。南海地方有很多珍贵的出产，郑权到任后积累了不少送给太监们，这件事受到朝内官员们的耻笑。"又有《薛廷老传》里说："郑权因有郑注的帮助才得到广州节度使的职务，郑权到任后，把官库里藏的珍宝统统运到京都，用以酬谢郑注。薛廷老当时担任右拾遗的官，因此而上奏疏给皇帝，请把郑权治罪，为此宦官们非常痛恨薛廷老。"根据这些记载，郑权是个贪婪的赃官啊！韩愈却又说他仁德，又是为什么呢？

资治通鉴

司马公修《资治通鉴》，辟范梦得为官属[①]，尝以手帖论缵(zuǎn)述之要[②]，大抵欲如《左传》叙事之体。又云："凡年号皆以后来者[③]为定。如武德元年，则从正月，便为唐高祖，更不称隋义宁二年。梁开平元年正月，便不称唐天祐四年。"故此书用以为法。然究其所穷，颇有窒[④]而不通之处。公意正以《春秋》定公为例，于未即位，即书正月为其元年。然昭公以去年十二月薨，则次年之事，不得复系于昭。故定虽未立，自当追书[⑤]。兼经文至简，不过一二十字，一览可以了解。若《通鉴》则不侔(móu)[⑥]，隋炀帝大业十三年，便以为恭皇帝上，直到下卷之末，恭帝立，始改义宁，后一卷，则为唐高祖。盖凡涉历三卷，而炀帝固存，方书其在江都时事。明皇后卷之首，标为肃宗至德元载，

司马光

司马光是北宋时期著名的政治家、史学家、散文家。他从小就酷爱读书，尤其喜好《春秋左氏传》。平生得意事，莫过于主持编写《资治通鉴》这部流传千古的编年体通史著作。

至一卷之半，方书太子即位。代宗下卷云：“上方励精求治，不次[7]用人。”乃是德宗也。庄宗同光四年，便系于天成，以为明宗，而卷内书命李嗣源讨邺，至次卷首，庄宗方殂[8]。潞王清泰三年，便标为晋高祖，而卷内书石敬瑭反，至卷末始为晋天福。凡此之类，殊费分说[9]。此外，如晋、宋诸胡僭[10]国，所封建王公，及除[11]拜卿相，纤悉必书[12]，有至二百字者。又如西秦丞相南川宣公出连乞都卒，魏都坐大官章安侯封懿、天部大人白马文正公崔宏、宜都文成王穆观、镇远将军平舒侯燕凤、平昌宣王和其奴卒，皆无关于社稷治乱。而周勃薨，乃不书。及书汉章帝行幸[13]长安，进幸槐里、岐山，又幸长平，御池阳宫，东至高陵，十二月丁亥还宫；又乙未幸东阿，北登太行山，至天井关，夏四月乙卯还宫。又书魏主七月戊子如[14]鱼池，登青冈原，甲午还宫；八月己亥如弥泽，甲寅登牛头山，甲子还宫。如此行役[15]，无岁无之[16]，皆可省也。

［注释］

①辟：征召，聘请。官属：官员。
②缵述之要：编辑的要点。
③后来者：延续下去的那个。
④窒：窒息，阻塞。
⑤追书：追记。
⑥不侔：不能同等看待。侔，齐、相等。
⑦不次：不依寻常次序。意即超擢，破格。
⑧殂：死去。
⑨殊费分说：解释起来非常费力。殊，很。分说，解释、注解。
⑩僭：僭越，超越本分，多指地位低下者冒用上主的名义或礼仪、器物。
⑪除：任命官职。
⑫纤悉必书：连细枝末节都详尽记述。
⑬幸：帝王到达某个地方称幸或者临幸。
⑭如：到达。
⑮行役：行旅，出行。
⑯无岁无之：没有哪一年没有，意即每年都有。

［译文］

司马光奉旨编《资治通鉴》，聘请范祖禹参加编辑，常常亲笔写一些手谕给他，讲述编辑要点，大体要求同《左传》一样编年叙事的体例。又说：“凡同一年内的年号，都要用后来延续下去的那个为准。如唐高祖武德元年，同时又是隋恭帝义宁二年，则从正月起便是唐高祖，不称隋义宁二年。五代梁开平元年正月，就不称唐天祐四年。”所以，这部书凡遇到同一年内有两个年号的都采用这种办法。但要仔细研究一下，就觉得有不通的地方。司马光的本意是以《春秋》鲁定公为例，在他没有即位时，就记正月是他的元年。但是，因为昭公死于去年十二月，第二年的事，当然不能再放到昭公名下，所以这时定公虽然还没有当国君，自然得把前几个月追记在他的名下。况且，《春秋》经文十分简单，不过一二十字，一览可知。但《通鉴》就不能同等看待。比如，隋炀帝大业十三年，便把隋恭皇帝上卷作为标题，但直至下卷末尾，恭帝即位，才改元义宁，紧接着便是唐高祖武德元年。这里前后共涉及三卷，而这时候隋炀帝还在世，内文说的是他在江都（今江苏扬州）的事。唐明皇后卷的开头，标明为唐肃宗至德元年，到一卷的一半，才写到太子即位。唐代宗下卷又说：“皇上正在振奋精神努力治国，不断破格使用人才。”说的却是唐德宗的事。唐庄宗同光四年，便放到明宗纪年，而卷内却记载皇帝命李嗣源（明宗本名）去征讨邺郡（今河南安阳一带），到下一卷初，庄宗才驾崩。潞王清泰三年，便标题为晋高祖，而卷内记载有石敬瑭（晋高祖本名）叛乱，直到卷末，才有晋天福的年号。像这些东西，解释起来十分费力。此外，还有晋、宋等不属正统、割据一方的少数民族国家，他们封的王公位，以及任命的大臣、宰相，记得十分详尽，有的记到二百字之多。又如西秦丞相南川宣公出连乞都病卒，魏国的章安侯封懿卒，还记有文正公崔宏、文成王穆观、平舒侯燕凤、平昌宣王和他的奴仆等人病故，都是无关国家政权和社会安定的人。而有关汉朝历史变化的周勃之死，却没有记载。还有记载汉章帝出游长安（今陕西西安），并游槐里、岐山，又到长平，住进池阳宫，往东到高陵（以上各地均在今陕西省），十二月丁亥回宫；又到乙未游幸东阿，北登太行山，到天井关，夏天四月乙卯回到宫里。又记有魏国国君七月戊子到鱼池，游览青冈原，甲午回宫；八月己亥又到弥泽，甲寅登牛头山游览，甲子回宫等。像这些游览情况，每年都有，完全可以省略不记。

卷　五

秦隋之恶

自三代讫于五季[1]，为天下君而得罪于民，为万世所麾斥[2]者，莫若[3]秦与隋，岂二氏之恶浮于桀、纣哉[4]？盖秦之后即为汉，隋之后即为唐，皆享国久长。一时论议之臣，指引前世，必首及之[5]，信而有征，是以其事暴白于方来，弥远弥彰而不可盖也[6]。尝试裒（póu）[7]举之。

妲己害政

商纣王宠信妲己，残害百姓，民不聊生，以至于失去天下，纣王也成为万世难赎的暴君。

张耳曰：“秦为乱政虐刑，残灭天下，北为长城之役，南有五岭之戍，外内骚动，头会箕敛[8]，重以苛法，使父子不相聊[9]。”张良曰：“秦为无道，故沛公得入关，为天下除残去贼[10]。”陆贾[11]曰：“秦任刑法不变，卒灭嬴氏[12]。”王卫尉曰：“秦以不闻其过亡[13]天下。”张释之[14]曰：“秦任刀笔之吏，争以亟(jí)疾苛察相高[15]，以故不闻其过，陵夷[16]至于二世，天下土崩。”贾山借秦为喻曰：“为宫室之丽，使其后世曾不得聚庐而托处；为驰道之丽，后世不得邪径而托足；为葬埋之丽，后世不得蓬颗而托葬。以千八百国之民自养，力罢不能胜[17]其役，财尽不能胜其求，人与之为怨，家与之为雠，天下已坏而弗自知，身死才数月耳，而宗庙[18]灭绝。”贾谊曰：“商君遗[19]礼谊，弃仁恩，并心[20]于进取，行之二岁，秦俗日败，灭四维[21]而不张，君臣乖乱[22]，六亲殃戮[23]，万民离叛，社稷为虚。”又曰：“使赵高傅[24]胡亥，而教之狱[25]。今日即位，明日射人，其视杀人若刈草菅然[26]。置天下于法令刑罚，德泽亡一有[27]，而怨毒盈于世，下憎恶之如仇雠(chóu)。”晁错曰：“秦发卒戍边，有万死之害，而亡铢两之报[28]。天下明知祸烈及己也，陈胜首倡，天下从之如流水。”又曰：“任不肖而信谗贼，民力罢尽[29]，矜奋自贤，法令烦憯(cǎn)，刑罚暴酷，亲疏皆危，外内咸怨，绝祀亡世。”董仲舒曰：“秦重禁文学[30]，不得挟书，弃捐礼谊而恶闻之[31]。其心欲尽灭先圣之道，而颛(zhuān)为自恣苟简之治。自古以来，未尝有以乱济乱[32]，大败天下之民如秦者也。”又曰：“师申、商之法[33]，行韩非之说，憎帝王之道，以贪狼为俗[34]，赋敛亡度，竭民财力，群盗并起，死者相望，而奸不息。”淮南王安曰：“秦使尉屠雎攻越，凿渠通道，旷日引久，发谪戍以备之。往者莫反，亡逃相从，群为盗贼。于是山东之难始兴。”吾丘寿王曰：“秦废王道，立私议，去仁恩而任刑戮，至于赭(zhě)衣塞路，群盗满山[35]。”主父偃曰：“秦任[36]战胜之威，功齐三代[37]，务胜不休，暴(pù)[38]兵露师，百姓靡敝[39]，孤寡老弱，不能相养，死者相望，天下始叛。”徐乐曰：“秦之末世，民困而主不恤，下怨而上不知，俗已乱而政不修，陈涉之所以为资也。此之谓土崩。”严安曰：“秦一海内之政，坏诸侯之城，为知巧权利者进，笃厚忠正者退。法严令苛，意广心逸。兵祸北结于胡，南挂于越，宿兵于无用之地，进而不得退，天下大畔，灭世绝祀[40]。”司马相如曰：“二世持身不谨，亡国失势，信谗不寤[41]，宗庙灭绝。”伍被曰：“秦为无道，百姓欲为乱者十室而五。使徐福入海，欲为乱者十室而六。使尉佗攻百越，欲为乱者十室而七。作阿房之宫，欲为乱者十室而八。”路温舒[42]曰：“秦有十失，其一尚存，治狱之吏是也。”贾捐之[43]曰：“兴兵远攻，贪外虚内，天下溃畔，祸卒在于二世之末。”刘向曰：“始皇葬于骊山，下锢三泉[44]，多杀宫人，生埋工匠，计以万数，天下苦其役而反之。”梅福曰：“秦为无道，削仲尼之迹，绝周公之轨，礼坏乐崩，王道不通，张诽谤之网[45]，以为汉驱除。”谷永曰：“秦所以二世十六年而亡者，养生泰奢，奉终泰厚也[46]。”刘歆曰：“燔(fán)经书，杀儒士，设挟书之法，行是古之罪[47]，道术由是遂灭[48]。”凡汉人之论秦恶者如此。

唐高祖曰：“隋氏以主骄臣谄亡天下。”孙伏伽[49]曰：“隋以恶闻其过亡天下。”《薛收传》：“秦王平洛阳，观隋宫室，叹曰：‘炀帝无道，殚人力以事夸侈。’收曰：‘后主奢虐是矜，死一夫之手，为后世笑。’”张元素曰：“自古未有如隋乱者，得非君自专、法日乱乎？造乾阳殿，伐木于豫章，一材之费，已数十万工。乾阳毕功，隋人解体。”魏徵曰：“炀帝信虞世基[50]，贼遍天下而不得闻。”又曰：“隋唯责不献食，或供奉不精，为此无限，而至于亡。方其未乱，自谓必无乱，未亡，自谓必不亡。所以甲兵亟(jí)动[51]，徭役不息。”又曰：“恃

其富强，不虞后患，役万物以自奉养，子女玉帛是求[52]，宫室台榭是饰。外示威重，内行险忌，上下相蒙，人不堪命[53]，以致陨匹夫之手。”又曰：“文帝骄其诸子，使至夷灭。”马周曰：“贮积者固有国之常，要当人有余力而后收之，岂人劳而强敛之以资寇邪？隋贮洛口仓，而李密因之；积布帛东都，而王世充据之；西京府库，亦为国家之用。”陈子昂曰：“炀帝恃四海之富，凿渠决河，疲生人之力[54]，中国之难起，身死人手，宗庙为墟[55]。”杨相如曰：“炀帝自恃其强，不忧时政。言同尧、舜，迹如桀、纣，举天下之大，一掷弃之。”吴兢曰：“炀帝骄矜自负，以为尧、舜莫己若，而讳亡憎谏。乃曰：‘有谏我者，当时不杀，后必杀之。’自是謇(jiǎn)谔(è)[56]之士去而不顾，外虽有变，朝臣钳口，帝不知也。”柳宗元曰：“隋氏环四海以为鼎，跨九垠[57]以为炉，爨(cuàn)以毒燎，煽以虐焰，沸涌灼烂，号呼腾蹈。”李珏曰：“隋文帝劳于小务[58]，以疑待下[59]，故二世而亡。”凡唐人之论隋恶者如此。

［注释］

①五季：即后梁、后唐、后晋、后汉、后周五代。

②麾斥：呵责，叱骂。

③莫若：不若，不如，比不上。

④岂二氏之恶浮于桀、纣哉：难道是这两人（秦始皇、隋炀帝）的罪恶比桀、纣还要大吗？

⑤必首及之：一定首先提及他们。

⑥弥远弥彰而不可盖也：时间越久远越发明显，并不随着时间的推移被掩盖。

⑦裒：聚集，集中。

⑧头会箕敛：形容赋税繁重严苛。头会，按照人头征税。箕敛，用畚箕来盛装征收来的谷物。

⑨聊：依赖，寄托。

⑩除残去贼：除去凶狠残暴的人。除残，除去凶残的人。

⑪陆贾：西汉著名政治家。早年随刘邦定天下，善于斡旋，常出使诸侯。刘邦即位后，他受命出使南越，使南越向汉室称臣，被任命为太中大夫。陆贾重视儒学，建议“行仁义，法先圣”，提出“逆取顺守，文武并用”的政治方针，并总结秦朝覆灭和前代国家兴亡的经验教训，共著文十二篇，书名为《新语》。

⑫卒灭嬴氏：最终灭掉始皇及其子孙政权。

⑬亡：失去。

⑭张释之：字季，西汉著名律法官，文帝三年时担任廷尉，成为最高司法官。

他认为廷尉是“天下之平”，严于执法，不畏权贵。时人称赞“张释之为廷尉，天下无冤民”。

⑮争以亟疾苛察相高：争相以快速处理严苛的案件来证明自己才能高于别人。亟，急切。高，超过、优于。

⑯陵夷：逐渐衰颓、破败。

⑰胜：能承受，能承担。

⑱宗庙：指皇朝国家。

⑲遗：丢弃，抛开。

⑳并心：专心，集中心力。

㉑四维：礼、义、廉、耻四种道德准则，古时认为这是维系国家所必需的。

㉒乖乱：不守礼教，胡作非为。

㉓殃戮：遭殃，被杀戮。

㉔傅：辅佐。

㉕而教之狱：教导他用刑狱统治天下。

㉖其视杀人若刈草菅然：胡亥将杀人当作割草那么平常的事情。刈，割，一般指割草或者谷物之类。菅，一种多年生野草，多生于山坡草地，很坚韧，可做炊帚、刷子等。

㉗德泽亡一有：福德恩惠一点都没有。

㉘有万死之害，而亡铢两之报：历尽千难万险，九死一生，但是却得不到半点好处。

㉙民力罢尽：人民筋疲力尽。罢，通“疲”，疲累。

㉚秦重禁文学：秦朝严禁文化典籍和学术著作。

㉛弃捐礼谊而恶闻之：抛弃礼义廉耻，甚至厌恶听到类似的话。弃捐，抛弃、丢弃。

㉜以乱济乱：以乱政来治理乱世。济，治理。

㉝师申、商之法：效仿申不害、商鞅的政策。

㉞以贪狼为俗：把贪婪凶狠作为习俗。贪狼，比喻像狼一样贪婪凶狠。

㉟赭衣塞路，群盗满山：囚犯挤满了道路，盗贼充满山头。赭衣，古代的囚衣，因用赤土染成赭色所以有此称，这里代指囚犯。

㊱任：凭借。

㊲功齐三代：功绩与夏商周三代并齐。齐，与……一样、

焚书坑儒

秦始皇统一天下后，焚书坑儒，大营宫室，百姓十分困苦。始皇死后，秦朝政权很快便在轰轰烈烈的农民起义中覆亡了。

并齐。三代，夏商周三代。

㊳暴：通“曝”，晾晒、暴露。

㊴靡敝：疲惫不堪。

㊵灭世绝祀：国家灭亡，后世断绝。

㊶信谗不寤：听信谗言又不醒悟。寤，醒悟。

㊷路温舒：字长君，河北巨鹿人，西汉著名的司法官，推崇儒家学说。曾对西汉的司法制度作出深刻反省。

㊸贾捐之：字君房，贾谊曾孙，汉元帝时小官。

㊹三泉：也称三重泉，即地下深处，多指人死后的葬处。

㊺张诽谤之网：诽谤他人、诋毁他人的混乱行为大肆盛行。

㊻养生泰奢，奉终泰厚：统治者生前太过奢侈，死后陪葬太过丰厚。泰，通“太”。

㊼行是古之罪：这些行为都是自古无有的罪恶。

㊽道术由是遂灭：治理国家的方法也就随之消亡了。道术，这里指治理国家的方法。

㊾孙伏伽：河北邢台人。隋时便入朝为官，李渊称帝后，他审时度势，投奔大唐王朝。唐朝开科取士，孙伏伽中了第一名。虽然隋朝便有科举制度，但是具体情况早就湮没无闻，所以孙伏伽成为中国历史上有名可考的第一个状元。

㊿虞世基：字茂世，余姚人，隋朝众臣，炀帝亲信。为人恬静懦弱，喜怒不行于色。在朝中负责机要文件处理。曾经跟随炀帝出征高丽，数次劝谏未果，又见大臣相继诛戮，担心祸及己身，于是不敢逆龙鳞，时时附和炀帝的意思。当时人都对他嗤之以鼻。到后来宇文化及在江都兵变，杀隋炀帝，他也一同被杀害。

(51)甲兵亟动：兵甲经常出动，说明经常发动战争。

(52)子女玉帛是求：追求天下的美女钱财。

(53)人不堪命：人民不堪驱使。

(54)疲生人之力：耗尽老百姓的力量。

(55)身死人手，宗庙为墟：自己死于他人之手，江山社稷也都变成一片废墟。

(56)謇谔：刚直不阿，敢于直言。

(57)九垠：九州，代指整个中国。

(58)小务：细枝末节的事情。

(59)以疑待下：对臣下心怀疑忌。

［译文］

从夏、商、周三代到后梁、后唐、后晋、后汉、后周五代，作为统治天下的帝王而对人民犯下大罪，被世世代代所痛斥的，没有比得上秦始皇和隋炀帝的，难道这两个人的罪恶比夏桀王、商纣王还大吗？这大概是因为，秦朝之后的汉朝，隋朝之后的唐朝，国家存在的时间都很长久。汉朝和唐朝的大臣在议论国事及前朝得失时，必然要首先提及他们，事实真实而又有材料可考证，所以他们的所作所为就暴露得很明显，而且随着时间的推移亦掩盖不住。兹举例予以说明。

汉初诸侯王张耳说：“秦朝政治混乱，刑法残酷，残害毁灭天下人民，北面修筑长城，南边开辟五岭，征调成千上万的百姓服役、戍守，国内动荡不堪，赋税繁重、刑罚严酷，使天下父子不能互相依赖生存。”张良说：“秦朝治国无方，所以刘邦得以进关，替天下除去最凶残暴虐的人。”陆贾说：“秦朝任意使用严酷的刑法而不改变，最终招致自己灭亡。”王卫尉说：“秦朝因为拒绝听取他的过失，而失去天下。”张释之说：“秦朝任用舞文弄法的官吏，这些人以审理案件急速苛刻来显示自己能耐高，所以朝廷听不到自己的过失，到秦二世胡亥时，国家日益衰落，终于土崩瓦解了。”贾山借秦朝作比喻说：“为自己构筑华丽的宫殿，却使他的后人连草屋都住不上；为自己修筑宽阔平坦的大道，却使后人连小路都走不成；为自己修造豪华的陵墓，却使后人死无葬身之地。用一千八百个国家的人民来养活自己，人民精疲力竭也服不完他的劳役，倾家荡产也满足不了他的需求，每人、每家都和他结下怨仇，江山已经毁坏而他还不知道，秦始皇死了才几个月，国家就灭亡了。”贾谊说：“商鞅丢掉礼义仁爱，一心推行他的政策，追求功名，施行了二年，秦朝风俗日益败落，不讲礼、义、廉、耻，君主、大臣乖戾混乱，亲朋之间互相残杀，天下人民纷纷逃离叛乱，国家因此衰弱。”又说：“让赵高辅佐胡亥，却只教他用刑狱统治天下。今天即位做皇帝，明天就杀人，把杀人看作像割草一样随便。把国家置于严酷的法令刑罚统治之下，恩德惠泽一点也没有，而怨恨、仇视却充盈天下，人民憎恨他，把他看作仇敌。”晁错说：“秦朝调征士兵戍守边关，虽九死一生，却没有一点报酬。天下人都很清楚自己遭受的大祸，所以陈胜首先揭竿而起，天下人像流水一样追随他。”又说：“秦始皇任用没有贤能的人，偏信谗言献媚的小人，使人民筋疲力竭，他却自持高大，夸耀自己贤明，而事实上法令繁多苛刻，刑罚暴虐残酷，天下人民，无论和他关系近的还是远的，人人自危，朝廷内外都很怨恨他，国家因此灭亡了。”董仲舒说：“秦朝严厉禁止礼乐典制和学术文化，严禁私人拥有儒家经典及其他历史书籍，抛弃甚至讨厌听到礼义廉耻。其用心是为了完全消灭前世流传下来的圣贤学说，而恣意实行苟且简单的治理国家的方法。自古以来，没有像秦朝这样以乱治乱、使天下人民深受其害的。”又说：“效法申不害、商鞅提出的权术，推行韩非的法治学说，厌恶贤明君主的治国之道，把贪婪凶狠作为习俗，横征暴敛没有法度，人民精力殚竭、财力散尽，为生计所迫起而闹事的此起彼伏，死亡的人很多，但干扰朝政的邪恶之人却没有停止。”淮南王刘安说：“秦朝派尉屠睢进攻越人，开凿灵渠，修筑官道，旷日持久，又调发大批被罚流放的人戍守边关，做好作战的准备。这些守边之人常常有去无回，逃跑的人一个接一个，结伙成为盗贼，于是山东的战乱开始兴起。”吾丘寿王说：“秦始皇废除先贤治国之道，树立自己的观点，抛弃仁义道德而用刑罚杀人，以至使罪犯充满道路，为生活所迫，盗贼满山遍野。”主父偃说：“秦始皇凭着战胜六国的威力，功绩与夏、商、周三代一样，恋战不止，军队强盛显露，老百姓却疲惫不堪，孤寡老弱不能互相救济生活下去，死亡的人很多，天下人开始背叛他。”徐乐说：“秦朝末期，人民生活贫困，

隋炀帝剪彩为花

隋炀帝是历史上有名的暴君，他贪图享乐，滥杀无辜，有才之士纷纷避乱不出。因为嫌冬天万物凋零，隋炀帝便命宫女在宫中剪彩作花，极尽奢华之能事。后来隋炀帝不顾天下离乱，修筑大运河，带妃子出游。他游幸江都时被臣子宇文化及杀害，隋朝政权也随之覆亡。后世明君多以隋炀帝为鉴，时时警惕反省。

但君主却不给以抚恤，下边怨声载道而上边却不知道，风俗败落而政治却得不到改善，这是陈胜起义的原因啊。这就是所说的土崩瓦解。”严安说：“秦朝统一中国后，毁掉原来各诸侯国的城池，投机取巧、追求功名的得以重用，忠实厚道、耿直仁义之士遭到排斥。法令严峻苛酷、野心勃勃。向北用兵攻打匈奴，向南和越人交战，把军队驻守在没有用的地方，一直向前推进而不得后退，天下人都背叛他，因此，国家便灭亡了。”司马相如说：“秦二世胡亥对自己要求不严，丢掉国家，失去权势，偏信谗言而不醒悟，结果招致江山灭亡。”伍被说：“秦朝统治黑暗，老百姓十户里有五户想造反。派徐福东渡日本寻求长生不老之药，老百姓中十户有六户想起来造反。派尉佗进攻东南越人，老百姓中十户有七户想起来造反。修建阿房宫，老百姓中十户有八户想起来造反。”路温舒说：“秦朝有十个人死，如果有一个人活下来，这个人就是管理监狱的人。”贾捐之说：“秦朝兴师远征，对外扩大地盘没完没了，弄的国力日益空虚，江山崩溃，最终在秦二世胡亥时亡国。”刘向说：“秦始皇在骊山为自己修造华丽的墓葬，用熔化的金属堵住墓道缝隙，以明珠作为日月星辰，用水银作为江河湖海，杀戮宫人作为殉葬品，又活活埋进数以万计的修墓工匠，天下老百姓被繁重的徭役害苦了，便起来反抗。”梅福说：“秦朝没有治理国家的良好措施，灭绝孔丘、周公旦这些先贤的学说和治国之道，礼义典乐败坏，统治天下的措施不灵活、不得力，无中生有、诋毁别人，说别人坏话大肆盛行，所以最终被汉朝所取代。”谷永说：“秦朝之所以传了两代皇帝，统治天下十六年就灭亡了，是因为统治者生活过于奢侈，陪葬过于丰厚。”刘歆说：“焚书坑儒，设立禁止私人藏书的法令，这些做法都是自古没有的罪恶，治理国家的方法也就随之失去。”大凡汉朝人就是这样议论秦始皇罪过的。

唐高祖李渊说：“隋朝因为君主自高自大、官吏阿谀奉承而失去天下。”孙伏伽说：“隋朝皇帝因为讨厌听到自己的过错而失去天下。”《新唐书·薛收传》记载：“秦王李世民平定洛阳后，观看隋朝宫殿时，感叹地说：‘隋炀帝不实行德政，

竭尽天下人力而奢侈豪华。’薛收说：‘隋炀帝如此奢侈、暴虐、夸耀，最后死于一介武夫之手，被后世耻笑。’”张元素说：“自古以来，没有像隋这么混乱的朝代，这难道不是因为君主专制自恣、法制日益败坏造成的吗？修建乾阳殿，到豫章（今江西南昌）大肆伐砍树木，一根木材要费去数十万工匠的精力。乾阳殿修好了，隋朝也随之灭亡了。”魏徵说：“隋炀帝偏信虞世基，盗贼满天下他却不知道。”又说：“隋炀帝肆意责备不奉献食物或供奉物品不精的人，这样没有节制，直到亡国。当天下没有动乱的时候，自己认为天下一定不会动乱，当天下没有灭亡时，自己认为天下一定不会灭亡。于是频频发动战争，不断地征派徭役。”又说：“隋炀帝自恃国力富强，不考虑后患，役使天下财物为自己享用，追求天下美女钱财，装饰宫殿、楼阁。对外耀武扬威，对内阴险多疑，君臣上下互相欺骗，人民不堪驱使，以致最后丧命于百姓之手。”他还说：“隋文帝使他的儿子们骄逸自大，最终到他儿子统治天下时，国家灭亡。”马周说：“存储粮食本是一个国家很平常的事，但要等到人民有余粮时再收缴，哪里有把强行收缴而来的人民的口粮用来资助盗寇的呢？隋朝建洛口仓存储粮食，却被李密得去；在东都洛阳存积布匹丝织品，却被王世充据有；西京长安国库，也被国家用完。”陈子昂说：“隋炀帝自恃国家富足，开挖河渠，竭尽老百姓的力量，酿成中国的灾难，自己也死于他人之手，江山社稷变为废墟。”杨相如说：“隋炀帝自恃强大，不担忧国家政事。言语像尧、舜一样美好，所作所为如同夏桀王、商纣王那样残暴，将偌大个国家扔掉。”吴兢说：“隋炀帝骄傲自负，以为尧、舜二帝也不如自己，又忌讳人们谈论亡国，拒绝听取大臣们的谏言。甚至说：‘向我进谏言的人，当时不杀他，过后一定要杀他。’于是正直的人都毫不留恋地离开了他，朝廷之外虽然有叛乱，而朝廷大臣却紧紧闭口不言，隋炀帝根本不知道。”柳宗元说：“隋朝把中国当作一个大鼎炉，用毒火烈焰来烧煮它，鼎炉内沸水涌起，鼎炉外大火熊熊，老百姓在炉中骂叫挣扎。”李珏说：“隋文帝在细小的事情上很用心，常常以猜疑之心对待朝廷大臣，所以帝位传了两代就亡国了。”大凡唐朝的人都是这样议论隋朝罪恶的。

汉唐二武

东坡云：“古之君子，必忧治世而危[1]明主，明主有绝人[2]之资，而治世无可畏之防。”美哉斯言！汉之武帝，唐之武后[3]，不可谓不明，而巫蛊[4]之祸，罗织之狱[5]，天下涂炭[6]，后妃公卿，交臂就戮[7]，后世闻二武之名，则憎恶之。蔡确作诗，用郝甑（zèng）山上元间事，宣仁谓以吾比武后；苏辙用武帝奢侈穷兵虚耗海内为谏疏[8]，哲宗谓至引汉武上方先朝。皆以之得罪。人君之立政，可不监[9]兹！

［注释］

①危：担心。

②绝人：过人，比一般人强。

③武后：武则天。

④巫蛊：用巫术毒害人。蛊，一种毒虫，专用来害人。

⑤罗织之狱：网罗编造罪名让人下狱。罗织，虚构种种罪名，对无辜者加以诬陷。

⑥涂炭：烂泥和炭火，比喻极其困苦的境遇。

⑦交臂就戮：因为一点小事就遭到杀戮。

⑧谏：规劝君主使其改正错误。疏：分条说明的文字，一般指臣子向皇帝上奏。

⑨监：通“鉴”，借鉴、参考。

［译文］

苏东坡说：“古代道德高尚的人，必定为治理天下担忧，为贤明的君主担心，贤明的君主虽有过人的资质，但治理天下就要有所防备。”这句话说得真好啊！汉朝的汉武帝，唐朝的武则天，不能说不贤明，但是国家仍然有用巫术毒害人的灾难，有网罗编造罪名的现象，人民生活极端困苦，后宫妃子与王公大臣常因一点小事就遭到杀害，后世的人听到汉武帝和武则天的名字，就非常憎恨厌恶他们。蔡确写了一首诗，说的是郝甑山正月十五元宵节的事，就认为蔡确把他比作武则天；苏辙用汉武帝奢侈豪华追求享受、用尽全部兵力发动战争、消耗府库使国家衰弱这些事实作为规劝皇帝使之改正错误的奏议，宗哲宗赵煦就认为苏辙引用汉武帝把他与前朝相比。他们两人都因此而被定了罪。君主治理天下，应以此为鉴！

买马牧马

国家买马[1]，南边于邕(yōng)管，西边于岷、黎，皆置使提督，岁所纲发者盖逾万匹[2]，使臣、将校得迁秩转资[3]。沿道数十州，驿程券食[4]、庾(yǔ)囤薪刍之费[5]，其数不赀(zī)[6]。而江、淮之间，本非骑兵所能展奋，又三牙遇暑月，放牧于苏、秀以就水草[7]，亦为逐处之患[8]。因读《五代旧史》云：“唐明宗问枢密使范延光[9]内外马数。对曰：‘三万五千匹。’帝叹曰：‘太祖在太原，骑军不过七千。先皇自始至终，马才及万。今有铁马如是，而不能使九州混一[10]，是吾养士练将之不至也。’延光奏曰：‘国家养马太多，计一骑士之费可赡步军五人，三万五千

骑，抵十五万步军，既无所施，虚耗国力。'帝曰：'诚如卿言。肥骑士而瘠吾民，民何负哉？'明宗出于蕃戎[11]，犹能以爱民为念。李克用父子以马上立国制胜，然所蓄只如此。今盖数倍之矣，尺寸之功不建[12]，可不惜哉！且明宗都洛阳，正临中州，尚以为骑士无所施。然则今虽纯用步卒，亦未为失计也。

宠幸伶人

庄宗李存勖建朝早期励精图治，将国家治理得井井有条，但是后来却宠幸优伶、沉迷酒色，终至丧命。

［注释］

①国家买马：宋朝为了充实骑兵兵力。国家，即宋朝。

②岁所纲发者盖逾万匹：每年成批从这些地方送往内地的马匹大约超过一万匹。纲，转运大批货物所实施的方法。逾，超过。

③得迁秩转资：得以升迁。迁，指调动官职，一般指升职。秩，官职级别。

④券食：凭券供应的膳食。一般官吏所用。

⑤厩围薪刍：盖马厩，准备柴火、草料。

⑥不赀：无法估算。

⑦放牧于苏、秀以就水草：为了方便马匹喝水吃草，将马匹赶到苏州、秀州地区放牧。

⑧逐处之患：给这些地方每处都造成很大的损失。

⑨范延光：字子瑰，相州临漳（今河北临漳）人，唐明宗时曾做节度使，能征善战，生性刚正，敢于直言劝谏。

⑩混一：统一天下。

⑪蕃戎：少数民族。

⑫尺寸之功不建：一点功劳都未建立。

［译文］

宋朝为了充实骑兵，在南边的邕管（今广西南宁），西边的岷州（今甘肃岷县）、黎州（今四川汉源）等边远地区购置马匹，并且设有专门的机构与官员，每年成批送往内地的马大概能超过一万匹，管理这一事务的使臣、将校往往因此得以升迁官职。为运送这些马匹，沿途几十个州县，准备驿站，招待官兵，盖马圈、备草料，这些费用无法估量。然而长江、淮河之间的广大地区，本来就不适应骑兵奔驰作战，遇到炎热天气，还得将幼马赶到苏州、秀州（今浙江嘉兴）一带放牧，给各地造成

很大损失。据《旧五代史》记载："后唐明宗李嗣源询问枢密使范延光全国的马匹数目。范延光回答说：'有三万五千匹马。'唐明宗叹息道：'太祖在太原时，骑兵也不过才七千人。庄宗李存勖自始至终，也仅有一万匹马。现在有这么多的军马，却不能统一天下，这是我养兵和训练将帅还做得不够啊。'范延光上奏说：'国家养的马匹太多了，一个骑兵的开销，可以养活五个步兵，三万五千名骑兵的费用可以抵消十五万步兵的费用，这么多骑兵既不能发挥作用，又白白消耗国家财力。'后唐明宗说：'确实像你说的那样。厚养骑兵而使人民受苦，人民怎能承受得了？'"后唐明宗出生于少数民族家庭，还能想到爱护老百姓。李克用父子靠骑马打胜仗建立国家，然而所蓄养的马匹却如此之少。而今所养的马是其祖上的好几倍，但却一点功劳也没有建立，真让人为之可惜啊！何况自后唐明宗定都洛阳，面对中原，还以为骑兵无用武之地。所以，现在虽然单纯使用步兵，也未必失策啊。

唐虞象刑

《虞书》："象刑惟明[1]。"象者法也。汉文帝诏，始云："有虞氏之时，画衣冠、异章服以为戮[2]，而民弗犯。"武帝[3]诏亦云："唐虞画象，而民不犯。"《白虎通》云："画象者，其衣服象五刑也。犯墨者蒙巾[4]，犯劓(yì)者赭著(zhě zhuó)其衣[5]，犯髌(bìn)者以墨蒙其髌[6]，犯宫者屝。屝，草屦(jù)[7]也。大辟者布衣无领[8]。"其说虽未必然[9]，扬雄《法言》"唐、虞象刑惟明"，说者引前诏以证，然则唐、虞之所以齐民[10]，礼义荣辱而已，不专于刑也。秦之末年，赭衣半道[11]，而奸不息[12]。国朝之制，减死一等及胥吏兵卒配徒者，涅[13]其面而刺之，本以示辱，且使人望而识之耳。久而益多，每郡牢城营，其额常溢[14]，殆至[15]十余万，凶盗处之恬然[16]。盖习熟而无所耻也[17]。罗隐[18]《谗书》云："九人冠而一人髽(zhuā)，则髽者慕而冠者胜，九人髽而一人冠，则冠者慕而髽者胜。"正谓是欤(yú)？《老子》曰："民常不畏死，奈何以死惧之？若使民常畏死，则为恶者吾得执而杀之，孰[19]敢？"可谓至言。荀卿谓象刑为治古不然[20]，亦正论[21]也。

［注释］

①明：明告天下，公之于众。

②戮：刑罚。

③武帝：指汉武帝。

④犯墨者蒙巾：犯了罪应该在脸上刺墨字的人，用布蒙住他的脸以示刑罚。

⑤犯劓者赭著其衣：犯了罪应该割去鼻子的人，让他穿赭色的衣服。

⑥犯髌者以墨蒙其髌：犯了罪应该挖去膝盖骨的人，将墨汁涂在他的膝盖骨上作为刑罚。

⑦草屦：草鞋。

⑧大辟者布衣无领：犯了死罪的人，让他穿上没有领子的布衣以代替刑罚。大辟，五刑之一，死刑。

⑨未必然：未必是这样，不一定正确。

⑩齐民：人民治理得好。

⑪赭衣半道：囚犯几乎塞满了道路。赭衣，穿赭衣的囚犯。

⑫而奸不息：但是违反法令的事情却没有停息。

⑬涅：用黑色染东西，用墨涂东西。

⑭其额常溢：实际的囚犯人数常常超过规定关押罪犯的名额。

⑮殆至：恐怕到了。

⑯凶盗处之恬然：社会上的凶徒盗贼依然处之泰然，毫不在乎。

⑰盖习熟而无所耻也：大概是因为习以为常，所以压根就不觉得有什么羞耻的。

⑱罗隐：字昭谏，浙江新登人，早年应试不第，曾作《谗书》，讥刺不良社会现象。黄巢起义后，归乡避祸。晚年跟随吴越王钱镠，曾任钱塘令、谏议大夫等职。

⑲孰：如何，怎么。

⑳治古：治理古代的国家。不然：不正确。

㉑正论：正确的言论。

[译文]

《尚书·虞书》记载："仿照天道以制刑法，公示于众。"象，就是效法的意思。汉文帝的诏书开始说："有虞氏时候，没有肉刑，只是画一些衣服、帽子和花纹特异的服饰象征五刑，以示耻辱，但人民却不犯法。"汉武帝的诏书也说："唐尧虞舜时代以画衣服、帽和花纹特异的服饰来象征五刑，然而人民不犯法。"《白虎通》一书记载："以画衣帽和花纹特异的服饰象征刑法，这些衣服象征五种刑法。处以在面部刺墨字这种刑罚的人，用布蒙盖他的面部；处以割去鼻子这种刑罪的人，让他穿赭色的衣服；处以挖去膝盖骨这种刑罚的人，用黑墨涂其膝盖骨；处以阉割生殖器这种刑罚的人，让其穿屝。屝，就是草鞋。处以死刑这种刑罚的人，穿的麻布上衣没有领子。"这种说法也不一定对，扬雄《法言》一书认为"唐尧虞舜时期采用象征性的刑法"，这个说法引用前朝皇帝的诏书作为证据，然而唐尧虞舜之所以与民相同，是因为懂得礼义光荣耻辱，而不是刻意实行刑罚啊。秦朝末年，刑罚严酷，犯人几乎堵满了道路，然而违犯法律的事却没有停止过。宋朝的法制规定，

犯死罪被免死的和充军发配的人，都要染黑他们的脸面并刺上字，目的是为了公示于众和羞辱他们，并且让人看到后知道他们犯了罪。时间一长，这些人就多了，各郡囚禁处以流放罪犯的地方，常常超过所规定的囚禁罪犯的名额，恐怕达到了十多万人，但社会上凶犯盗贼却满不在乎。这大概是因为习以为常而不觉得耻辱了吧。罗隐《谗书》上说："如果有九个人戴帽子而有一个人用麻束发，那么用麻束发的人非常羡慕戴帽子的人，戴帽子的人也很自得；如果有九个人用麻束发而只有一个人戴帽子，那么戴帽子的人就非常羡慕用麻束发的人，用麻束发的人就很得意。"这说明了什么呢？《老子》一书上说："老百姓常常是不怕死的，为何以死刑来使老百姓害怕呢？如果让老百姓经常害怕死，那么我捉到作恶多端的人就杀了他，这样一来，谁还敢犯罪呢？"这可说是至理名言。荀卿认为上古唐虞时代用象征性的刑罚治理国家不对，也是一种正确的论述。

卷　六

朱温三事

义理所在，虽盗贼凶悖之人[1]，亦有不能违者。刘仁恭为卢龙节度使，其子守文守沧州，朱全忠引兵攻之[2]，城中食尽，使人说以早降。守文应之曰："仆[3]于幽州，父子也，梁王方以大义服天下，若子叛父而来，将安用之[4]？"全忠愧其辞直，为之缓攻。其后还师，悉焚诸营资粮，在舟中者凿而沉之。守文遗[5]全忠书曰："城中数万口，不食[6]数月矣，与其焚之为烟，沉之为泥，愿乞其所余以救之。"全忠为之留数囷，沧人赖以济[7]。及篡唐[8]之后，苏循及其子楷，自谓有功于梁，当不次擢（zhuó）用[9]。全忠薄[10]其为人，以其为唐鸱枭[11]，卖国求利，勒循致仕，斥楷归田里[12]。宋州节度使进瑞麦[13]，省之不怿（yì）[14]，曰："宋州今年水灾，百姓不足，何用此为？"遣中使诘责[15]之，县令除名。此三事，在他人为之不足道，于全忠则为可书矣，所谓憎而知其善也。

［注释］

①盗贼凶悖之人：背叛朝廷的凶狠暴虐的盗贼。

②全忠：后梁太祖朱温，起初参加黄巢起义，降唐时被唐僖宗赐名全忠。引兵：带领军队。

③仆：我，谦辞。

④将安用之：你将如何任用、安置他呢？

⑤遗：赠送，这里表示给朱温写信。

⑥不食：没有东西吃。

⑦济：活命。

⑧篡唐：篡夺大唐江山。

⑨当不次擢用：应当被破格提拔。擢用，任用。

⑩薄：轻视，鄙薄。

⑪鸱枭：同“鸱鸮”，这里代指罪人。

⑫勒循致仕，斥楷归田里：勒令苏循辞官回乡，将苏楷削职为民。勒，勒令、强令。

⑬瑞麦：一株多穗或异株同穗的麦子，古时将此当作吉祥的兆头。

⑭不怿：不高兴。

⑮诘责：诘问责备。

［译文］

义理无所不在，即使是背叛朝廷的凶恶盗贼，有时也不违背。唐朝末年，刘仁恭任卢龙节度使，他的儿子刘守文驻守沧州（今属河北），朱温（赐名全忠）率兵围攻沧州，沧州城中能吃的东西都吃完了，但仍苦苦坚守，朱温派人劝说刘守文早日投降。刘守文回答说：“我和刘仁恭是父子关系，梁王你正用正义征服天下，如果当儿子的背叛了父亲而投靠你，你将如何任用他呢？”朱温听了刘守文的正直言辞，感到很惭愧，就减缓了攻势。后来，朱温撤军，准备把各军营中的粮草全部烧掉，河中的粮船也都凿沉在水中。刘守文写信给朱温，说：“沧州城中几万军民，已好几个月没东西吃了，你与其把粮草烧成烟灰，沉没在水中烂成泥，不如发点慈悲，把剩余的粮草用来救活沧州城中的军民。”朱温就留了几座粮仓没有烧，沧州城中的军民靠此得以活命。到了朱温篡夺唐朝江山，做了后梁皇帝后，苏循和他的儿子苏楷，自以为对后梁有功，应该被破格提拔重用。而朱温却看不起他父子俩的人品，认为他们是唐朝的罪人，卖国求荣，谋取私利，便勒令苏遁辞官回家，苏楷削职为民。宋州（今河南商丘）节度使进奉象征吉祥的多穗麦子，朱温看了很不高兴，说：“宋州今年发水灾，老百姓缺食少衣，为什么还要进奉祥瑞征兆？”并派宫中的宦官到宋州责备节度使，还罢免了进献瑞麦的县令。这三件事，对于其他人来说不值得提及，但对朱温来说，却值得大书特书，这就是憎恨一个人也要知道他有好的一面的道理。

文字润笔

作文受谢①，自晋、宋以来有之，至唐始盛。《李邕传》：“邕(yōng)

裴度

裴度是唐代中期杰出的政治家，曾在宪宗、穆宗、敬宗、文宗四朝历任显职。由于他生性耿直，常直言进谏，屡遭皇帝嫌恶，虽三次为相，却五次被贬谪到地方。

尤长碑颂[2]，中朝衣冠及天下寺观[3]，多赍（jī）持[4]金帛，往求其文。前后所制，凡数百首，受纳馈遗，亦至巨万。时议以为自古鬻文获财，未有如邕者。”故杜诗云：“干谒[5]满其门，碑版照四裔。丰屋珊瑚钩，麒麟织成罽（jì）。紫骝（liú）随剑几，义取无虚岁。”又有《送斛（hú）斯六官诗》云：“故人南郡去，去索作碑钱。本卖文为活，翻令室倒悬。”盖笑之也。韩愈撰《平淮西碑》，宪宗以石本赐韩宏，宏寄绢五百匹；作王用碑，用男[6]寄鞍马并白玉带。刘叉持愈金数斤去，曰：“此谀墓中人得耳，不若与刘君为寿。”愈不能止。刘禹锡祭愈文云：“公鼎侯碑[7]，志隧表阡[8]，一字之价，辇（niǎn）金如山[9]。”皇甫湜为裴度作《福先寺碑》，度赠彩以车马缯[10]甚厚，湜大怒曰：“碑三千字，字三缣[11]，何遇我薄邪[12]？”度笑酬以绢五千匹。穆宗诏萧俛撰成德王士真碑，俛辞曰：“王承宗事无可书，又撰进[13]之后，例得贶（kuàng）遗[14]，若黾[15]勉受之，则非平生之志。”帝从其请。文宗时，长安中争为碑志，若市买然[16]。大官卒，其门如市，至有喧竞争致[17]，不由丧家。裴均之子，持万缣诣韦贯之求铭[18]，贯之曰：“吾宁饿死，岂忍为此哉。”白居易《修香山寺记》，曰：“予与元微之，定交于生死之间，微之将薨（hōng），以墓志文见托，既而[19]元氏之老，状其臧获、舆马、绫帛、洎银鞍、玉带之物[20]，价当六七十万，为谢文之贽[21]。予念平生分，贽不当纳，往反再三，讫[22]不得已，因施兹寺。凡此利益功德，应归微之。”柳玭善书，自御史大

夫贬泸州刺史，东川节度使顾彦晖请书德政碑。玭曰：“若以润笔[23]为赠，即不敢从命。”

本朝此风犹存，唯苏坡公于天下未尝铭墓，独铭五人，皆盛德故，谓富韩公、司马温公、赵清献公、范蜀公、张文定公[24]也。此外赵康靖公、滕元发二铭，乃代文定所为者。在翰林日[25]，诏[26]撰同知枢密院赵瞻神道碑，亦辞不作。曾子开与彭器资为执友[27]，彭之亡，曾公作铭，彭之子以金带缣帛[28]为谢。却之至再[29]，曰：“此文本以尽朋友之义，若以货见投，非足下所以事父执之道也。”彭子皇惧而止。此帖今藏其家。

［注释］

①作文受谢：替人写文章而接受别人的酬劳。作文，为别人作文，替别人写文章。谢，答谢、谢礼。

②长：擅长。碑颂：碑铭颂辞。

③中朝衣冠及天下寺观：朝中的官员大臣和天下各个佛寺道观的僧人与道士。中朝，朝中、朝廷。衣冠，这里代指朝中官员。

④赍持：捧着，手持着。

⑤干谒：有目的地求见。

⑥用男：王用的儿子。

⑦公鼎侯碑：韩公你颇有盛名，位列封侯，事迹应该在石碑上铭刻。

⑧志隧表阡：刻在墓志铭上。

⑨辇金如山：用车马载运金钱，堆积成山。

⑩缯：泛指丝绸。

⑪字三缣：每个字值三匹细绢。

⑫何遇我薄邪：为何给我这么少的东西？遇，对待。邪，语气助词，表疑问。

⑬撰进：撰写好后进献给朝廷。

⑭贶遗：馈赠，这里指朝廷的赏赐。

⑮黾：勉力，努力。

⑯若市买然：就像市场上做买卖一样。

⑰喧竞争致：高声喧闹，互相争执。

⑱持万缣：携带一万匹细绢。诣：造访。

⑲既而：不久之后。

⑳臧获：即奴婢。舆马：车马。洎：到，甚至。

㉑贽：酬劳。

㉒讫：最后。

㉓润笔：请人作诗文书画的报酬。

㉔张文定公：即张方平。

㉕在翰林日：苏轼在翰林院做学士时。

㉖诏：皇帝下诏。

㉗执友：志同道合的朋友。

㉘缣帛：细绢绸缎。

㉙却之至再：一再推辞。

［译文］

替人写文章而接受酬谢，从晋朝和刘宋时期就有了，到唐朝开始盛行。《李邕传》记载：“李邕特别善长写碑铭颂辞，朝中大臣官员和天下各佛寺道观的僧人道士，都携带金银绢帛去请他写颂文。李邕先后为别人写了几百首碑铭颂辞，所接受的馈赠，也达好几万。当时的舆论认为，自古以来卖文章发财的，没有人比得上李邕。”所以杜甫有诗说：“干谒满其门，碑版照四裔。丰屋珊瑚钩，麒麟织成罽。紫骝随剑几，义取无虚岁。”又有《送斛斯六官诗》云：“故人南郡去，去索作碑钱。本卖文为活，翻令室倒悬。”大概是讥笑他的。韩愈撰写了《平淮西碑》，唐宪宗把石本赐给了韩宏，韩宏便寄了五百匹绢给韩愈，以示谢意；韩愈给王用写碑文颂辞，王用的儿子给韩愈送去了鞍马和白玉带。刘叉拿走了韩愈的几斤金子，并说：“这是吹谀坟墓中的人所得到的，不如送给我刘某人作寿礼。”韩愈没法阻止他。刘禹锡给韩愈写的祭文中说：“你韩公有盛名，官位封侯，事迹应记在石碑上，现在铭记在墓碑上，一个字的价格，就载运金钱堆成山。”皇甫湜给裴度写了《福先寺碑》文，裴度赠送给皇甫湜许多车马和绸绢，皇甫湜很气愤地说：“碑文有三千字，一个字值三匹细绢，为什么给我这么少的东西？”裴度赶快赔着笑脸又送了五千匹绸绢作为酬谢。唐穆宗下诏书命萧俛为成德的王士真撰写碑文，萧俛推辞说：“王士真的儿子王承宗没有什么事迹可写的，再说写好进呈朝廷之后，按照惯例应得到赐物，如果勉强接受了它，那就不是我平生的志向了。”唐德宗答应了萧俛的请示。唐文宗时，长安（今陕西西安）城中争着为别人写碑文，就好像市场上做买卖一样。如果有大官死了，他家门前就如同市场一样，要求为死者撰写碑文的人争来争去，高声喧闹，这连死者的家人也做不了主。裴均的儿子，携带一万匹细绢到韦贯之家中索求碑文，贯之说：“我宁愿饿死，也不忍心这样做。”白居易在《修香山寺记》中说：“我和元微之是生死之交的朋友，微之临死时托我给他写碑文，事过不久，元家的老人说要将他家的奴婢、车马、绫绢、银鞍、玉带等价值相当于六七十万两白银的东西送给我作为我写碑文的报酬。我想起平日和微之的交情，认为这些礼物不应该接受，元氏家前后送来多次，最后不得已而收下，施舍给香山寺。这些利益功德，应当归于元微之。”柳玭的书法很好，他从御史大夫贬为泸州刺史，东川（今四川遂宁）节度使顾彦晖请他给自己书写德政碑碑文。柳玭对他说：“如果赠送给我财物作酬谢，我就不能答应你的请求。”

宋朝仍然存在这种风俗，只有苏轼很少给别人写碑文，只给五个人写过，而且还是因为这五人德高望重的缘故，这五个人是富弼、司马光、赵抃、范镇、张方平等人。此外赵康靖、滕元发二人的碑文，还是代张方平写的。苏轼任翰林学士时，皇帝诏令他给同知枢密院赵瞻写碑文，苏轼也推辞不写。曾子开与彭器资是挚友，彭器资死后，曾子开给他写了碑文，彭器资的儿子送给他金带绢绸作为酬谢。曾子开推辞再三，说："这篇碑文乃是尽朋友之情义而写的，如果你送给我钱物，那么这就不是你对待你父亲挚友的方式了。"彭器资的儿子听了很不好意思，赶紧收回了东西。这篇碑文现在还藏在他的家中。

汉举贤良

汉武帝建元元年，诏举贤良方正直言极谏之士[①]。丞相绾(wǎn)[②]奏："所举贤良，或治申、商、韩非、苏秦、张仪之言，乱国政，请皆罢[③]。"奏可[④]。是时，对[⑤]者百余人，帝独善[⑥]庄助对，擢(zhuó)[⑦]为中大夫。后六年，当元光元年，复诏举贤良，于是董仲舒等出焉[⑧]。《资治通鉴》书仲舒所对为建元。按策问[⑨]中云："朕亲耕籍田[⑩]，劝孝弟[⑪]，崇有德，使者冠盖相望[⑫]，问勤劳，恤孤独[⑬]，尽思极神[⑭]。"对策曰："阴阳错谬[⑮]，氛气充塞，群生寡遂，黎民未济。"必非[⑯]即位之始年也。

董仲舒

汉武帝时，推举征召之风盛行，于是寒微世子都由此进入朝堂。汉代大儒董仲舒出身寒微，因为汉武帝下诏推举贤能，所以他才得以施展才华，名留千古。

[注释]

①诏举贤良方正直言极谏之士：汉武帝下诏，命令荐举贤能、良善、刚直、敢于直言进谏的人。

②丞相绾：卫绾，早年跟随汉文帝，护驾左右，因谨慎小心，为文帝喜爱，任中郎将。及至景帝即位后，卫绾仍为中郎将。七国之乱时，卫绾受封为侯，因他寡言敦厚，所以仍得景帝赏识。到武帝继位后，行激进政策，所以很快罢免了他的官职。

③罢：罢免。

④奏可：汉武帝准许了他的奏疏。

⑤对：对答，回答汉武帝的提问。

⑥善：青睐，喜爱。

⑦擢：擢升，提拔。

⑧董仲舒：西汉时期著名的唯心主义哲学家和今文经学大师，使儒家学说得以发扬光大之人。景帝时董仲舒担任博士，讲授《公羊春秋》。汉武帝元光元年，董仲舒提出自己的基本学术主张，并建议“罢黜百家，独尊儒术”，被汉武帝采纳。此后，儒家学说盛行几千年，成为人们立身行事的准则。出：出现，脱颖而出。

⑨策问：古时采用对答形式考试的一种文体，以经义、政事为主，帝王以此来选拔人才。

⑩籍田：公田。古代天子、诸侯征用民力耕种的田。

⑪劝孝弟：劝勉大家要孝顺父母，尊敬兄长。

⑫冠盖相望：形容政府使者往来络绎不绝。冠盖，指官员的冠服和车盖，代指官员。相望，互相看得见。

⑬孤独：孤寡可怜之人。

⑭尽思极神：竭尽心思，集中精神。

⑮阴阳错谬：阴气与阳气交错。

⑯必非：一定不是。

［译文］

汉武帝建元元年，刘彻下诏，命朝廷大臣推举贤能、正直、敢于直言相谏的人士。丞相卫绾上奏说：“所推举的贤良之才，在回答皇帝问题时，有的引用申不害、商鞅、韩非、苏秦、张仪这些人的话，惑乱朝政，请求皇上都不要重用他们。”汉武帝同意了他的上奏。当时，全国参加考试回答汉武帝所提问题的有一百多人，汉武帝唯独喜爱庄助的回答，就提拔他为中大夫。六年之后，正是汉武帝元光元年，汉武帝又下诏推举良贤人才，于是董仲舒等人脱颖而出，得以重用。《资治通鉴》上说董仲舒是建元元年参加的汉武帝选拔人才的考试。按照汉武帝所出试题中所说：“我每年春天都要到田地里看望耕地的百姓，勉励大家孝顺父母、敬爱兄长，尊崇有品德的人，派出许多官员，慰问有功劳的人，抚恤孤寡的人，为此竭尽心思，全力以赴。”董仲舒回答说：“阴气与阳气交错，恶气充塞，芸芸众生，少有成就，黎民百姓未能得到周济。”可见，这并非是汉武帝即位那一年、即建元元年开始的。

戊为武

十干“戊”字只与“茂”同音，俗辈呼为“务”，非也。吴中术者，又称为“武”。偶阅《旧五代史》梁[①]开平元年，司天监上言日辰[②]，内“戊”字请改为“武”，乃知亦有所自也。今北人语多曰“武”，朱温父名诚，以“戊”类[③]“成”字，故司天谄[④]之耳。

［注释］

①梁：后梁。

②上言日辰：向皇帝上书解说历法。
③类：肖，像。
④谄：谄媚，奉承。

[译文]

在天干中，“戊”字只和“茂”字同音，一般的人把它读成“务”这个音，这不对。吴中术士又读成“武”这个音。我有次偶然阅读《旧五代史》，看到上面说，后梁太祖开平元年间，司天监上书皇帝陈说历法，请求把天干中的“戊”字改用“武”，我才知道“戊”读作“武”是有其原因的。现在北方人大多读“武”这个音，后梁皇帝朱温的父亲名字叫朱诚，“戊”字像“成”字，所以司天监才上书要求把“戊”字改用“武”字，以阿谀奉承皇帝。

卷　七

女子夜绩

《汉·食货志》云：“冬，民既入[①]，妇人相从夜绩[②]，女工一月得四十五日[③]。”谓一月之中，又得半夜，为四十五日也。必[④]相从者，所以省费燎火[⑤]，同巧拙而合习俗也[⑥]。

《战国策》甘茂亡秦[⑦]出关，遇苏代曰：“江上之贫女，与富人女会绩[⑧]而无烛，处女相与语，欲去之。女曰：‘妾以无烛故，常先至扫室布席[⑨]，何爱[⑩]余明之照四壁者？幸以赐妾。’”以是知三代之时，民风和厚[⑪]勤朴如此，非独女子也，男子亦然。

昼尔于茅，宵尔索绹

《豳(bīn)风》“昼尔于茅[⑫]，宵尔索绹(táo)”，言昼日往取茅归，夜作绹索，以待时

用也。夜者日之余，其为益多矣。

［注释］

①民既入：民众都待在家里。

②相从夜绩：聚集在一起，晚上一同纺麻织布。绩，把麻搓捻成线或绳。

③女工一月得四十五日：女子一个月可以做四十五天的活计。

④必：一定。

⑤所以：之所以是因为。省费燎火：节省灯火费用。

⑥同巧拙而合习俗也：相互取长补短，时间长了，便成为一种习俗。

⑦亡秦：逃离秦国。

⑧会绩：一同纺麻。

⑨扫室布席：打扫屋子，铺设席垫。

⑩爱：吝惜。

⑪和厚：和睦淳厚。

⑫茅：上山砍茅草。

［译文］

《汉书 · 食货志》上说：“到了冬天农闲时，老百姓都待在家里，妇女们聚集在一起，晚上纺麻织布，这样一个月可做四十五天的活。”就是说，一个月中，每天又多出半夜，这样一个月就相当于四十五天。妇女们所以要聚集在一起，是为了节省灯火，相互取长补短，积久成俗。

《战国策》记载，甘茂逃离秦国，出了关中地区，遇见了苏代，就对苏代说：“江上的一个贫家女子和富家女子一起织布，自己却没有灯烛，一起织布的女子们商量，想赶走她。贫家女说：‘我因为没有灯，所以常常先到，打扫房屋，铺设座席，你们何必吝啬照在四周墙壁上的余光呢？希望把多余的光亮赐给我。’”从这可以知道夏、商、周三代时期，民风是如此的淳厚、朴素、勤劳，不但妇女如此，男子也是这样。

《诗经 · 豳风》中“昼尔于茅，宵尔索绹”，意思是说，白天男子上山采集茅草，晚上把茅草搓成绳子，以备冬日晚上用。夜晚作为白天的延续，它的好处很多啊。

建除十二辰

建除十二辰，《史》《汉》历书皆不载，《日者列传》但有“建除家以为不吉”一句。唯《淮南鸿烈解 · 天文训篇》云：“寅为建，卯为除，辰为满，巳为平，主生[1]；午为定，未为执，主陷；申为破，主衡；酉为危，主杓；戌为成，主少德；亥为收，主大德；子为开，主太岁；丑为闭，主太阴。”今《会元官历》，每月逢建、平、破、

收日，皆不用，以建为月阳，破为月对，平、收随阴阳月递互为魁罡(gāng)[2]也。《酉阳杂俎(zǔ)·梦篇》云：“《周礼》以日月星辰各占六梦，谓日有甲乙，月有建破。”今注无此语。《正义》曰：“按《堪舆》，黄帝问天老事[3]云：‘四月阳建于巳，破于亥，阴建于未，破于癸，是为阳破阴，阴破阳。’”今不知何出所载，但又以十干为破，未之前闻也。

［注释］

①主生：掌管生死。

②魁罡：指斗魁与天罡两颗星。

③问天老事：向天帝询问事情。

［译文］

与十二地支子、丑、寅、卯、辰、巳、午、未、申、酉、戌、亥相配的建、除、满、平、定、执、破、危、成、收、开、闭十二辰，《史记》《汉书》中都没有记载，《史记·日者列传》中仅有“专门研究建除十二辰的人认为不吉利”这样一句话。只有《淮南鸿烈解·天文训篇》中说：“寅为建，卯为除，辰为满，巳为平，主管生；午为定，未为执，主管陷；申为破，主管衡；酉为危，主管杓；戌为成，主管少德；亥为收，主管大德；子为开，主管太岁；丑为闭，主管太阴。”现在宋朝的《会元官历》中，每月逢建、平、破、收这几天，都不用它们来与地支相配，用建为月阳，破为月对，平、收随阴阳月次递互为魁罡。《酉阳杂俎·梦篇》上说：“《周礼》用日、月、星、辰各算六梦的吉凶，说日有甲乙，月有建破”。现在的注释没有此话。《正义》上说：“按《堪舆》记载，黄帝向天老问事时说：‘四月份阳建于巳，破于亥，阴建于未，破于癸，是指阳破阴，阴破阳。’”现在不知道什么书上有记载，但是，另外又用天干为破，以前没有听说过。

俗语算数

三三如[1]九，三四十二，二八十六，四四十六，三九二十七，四九三十六，六六三十六，五八四十，五九四十五，六九五十四，七九六十三，八九七十二，九九八十一，皆俗语算数，然《淮南子》中有之。三七二十一，苏秦说齐王之辞也[2]。《汉书·律历志》刘歆典领钟律，奏[3]其辞，亦云八八六十四。杜预[4]注《左传》，天子用八，

云八八六十四人，又六六三十六人，四四十六人。如淳、孟康、晋灼注《汉志》，亦有二八十六，三四十二，六八四十八，八八六十四等语。

［注释］

①如：等于。

②说：游说。辞：言辞，话语。

③奏：上奏，陈说。

④杜预：字元凯，西晋杜陵（今陕西西安）人，著名的政治家和学者。他出身官宦世家，但由于受曹操等人牵连，司马懿等人掌权时，一直未能出仕。司马昭上台后，极力拉拢杜预。杜预主持修订律法，给后世法律以很大影响。杜预政绩卓越，在文学上也有很高造诣，曾为《左传》作注。

［译文］

三三得九，三四一十二，二八一十六，四四一十六，三九二十七，四九三十六，六六三十六，五八四十，五九四十五，六九五十四，七九六十三，八九七十二，九九八十一，这些都是人们平时计算时用的口诀，但《淮南子》一书中也有记载。三七二十一，是纵横家苏秦游说齐王说过的话。而在《汉书·律历志》记载刘歆的典领钟律，向皇帝报告的时候，也说过八八六十四。著名学者、西晋大臣杜预在给《左传》作注解时也说，天子用八，是说八八六十四人，又云六六三十六人，四四一十六人。如淳、孟康、晋灼注释的《汉书·艺文志》，也有二八一十六，三四一十二，六八四十八，八八六十四等语。

卷　八

汉表所记事

《汉书·功臣表》所记列侯功状，有纪传所轶者[1]。韩信击魏，以[2]木罂(yīng)缶度军，表云：祝阿侯高邑以将军属淮阴，击魏，罂度军。盖此计由邑所建[3]也。信谋[4]发兵袭吕后，其舍人得罪信，信囚欲杀之。舍人弟上书变，告信欲反。晋灼注曰：“《楚汉春秋》，云，谢公也。”表有慎阳侯乐说，《史记》作“栾说”，以淮阴舍人告反，侯，盖非[5]谢公也。须昌侯赵衍从汉王起汉中，雍[6]军塞渭上，上计[7]欲还，

衍言从他道[8]，道通。中牟侯单右车，始，高祖微时[9]，有急[10]，给高祖马，故得侯。邔侯黄极忠以群盗长为临江将，已而为汉击临江王。祁侯缯贺从击项籍，汉王败走，贺击楚追骑，以故不得进，汉王顾[11]谓贺祁王。颜师古曰："谓之祁王，盖嘉[12]其功，故宠褒之，许[13]以为王也。"他[14]复有与传小异者。《史记·张良传》：项梁立韩王成，以良为韩申徒。徐广云："申徒即司徒，语音讹[15]转也。"而《汉表》，良以韩申都下韩。师古云："韩申都即韩王信也，《楚汉春秋》作'信都'，古'信''申'同字。"按良与韩王信了不相干[16]，颜注误矣。

颜师古

颜师古，大儒颜之推之孙，唐朝著名儒家学者，经学家、语言文字学家、历史学家。

自"司徒"讹为"申徒"，自"申徒"为"申都"，自"申都"为"信都"，展转[17]相传，古书岂复可以字义求[18]也？韩信归汉，为治粟都尉，表以为[19]票客。师古曰："与纪传参错[20]不同，或者以其票疾而宾客礼之，故云票客也。"《史记》作"典客"，《索隐》以为"粟客"。

此外又有官名非史所载者。如：孔聚以执盾从；周灶以长鉟(pī)都尉；郭蒙以户卫；宣虎以重将[21]，重将者，主将领辎重也[22]；耏(ér)跖以门尉；棘丘侯襄以执盾队史；郭亭以塞路，塞路者，主遮塞要路以备敌寇也[23]；丁礼以中涓骑；爰(yuán)类以慎将，谓以谨慎为将也；许盎以骈邻说卫，骈邻者，二马曰骈，谓并两骑为军翼也，说读曰税，税卫者，军行初舍止之时主为卫也；许瘛以赵右林将，林将者，将士林，犹言羽林之将也；清侯以弩将[24]；留肸(xī)以客吏；冯解散以代大与，大与，主爵禄[25]之官也，《史记》作"太尉"；靳疆以郎中骑千人之类。聊纪于此[26]，以示读史者云。

［注释］

①纪传：记述的材料。轶：散失。
②以：认为。
③建：进献，建议。
④谋：密谋。
⑤盖非：应该不是。
⑥雍：通“拥”，拥有。
⑦计：打算。
⑧从他道：从别的道路前进。
⑨微时：早年地位低贱的时候。
⑩有急：遇见紧急之事。
⑪顾：于是。
⑫嘉：嘉奖。
⑬许：许诺。
⑭他：其他。
⑮讹：错误。
⑯按：考察，研究。这里指作者认为。了不相干：毫不相干。
⑰展转：经过许多环节。
⑱求：考求。
⑲为：担任。
⑳参错：差异，错漏。
㉑重将：主将。
㉒领：掌管。辎重：运输的物资设备。
㉓要路：重要的道路。寇：入侵，侵犯。
㉔弩将：掌管弓箭的官员。
㉕爵禄：官员的爵位俸禄。
㉖聊纪于此：暂且记录在这里。

［译文］

在《汉书·功臣表》中所记载的关于侯官的功绩，有的材料纪传给遗漏了。韩信攻打魏国的时候，用木头和大口小肚、小口大肚的瓦器让军队过河，表上这样说：祝阿侯高邑，认为将军属于淮阴，攻打魏的时候，用瓦器让军队过河。大概这条计策是由高邑所建议的。韩信打算出兵打吕后，有一位舍人，得罪过韩信，韩信把他囚禁起来，打算杀掉他。但这个舍人的弟弟给吕后打报告，说韩信想谋反。晋灼注释说：“《楚汉春秋》上指出，是谢公。”表上滇阳侯乐说，《史记》上作“栾说”，因为淮阴舍人告发这件事，这里说的侯，并不是指谢公。须昌侯赵衍，随从汉王起事于汉中，军队拥塞在渭水之上，皇帝想退兵回去，赵衍说从别的道路前进，道路一定能通过。中牟侯单右车，开始的时候，高祖地位低微，遇到一件紧急的事，把自己的马给高祖刘邦骑，因为这个原因而得了侯爵。邔侯黄极忠乃是盗贼的头目，后来成为临江的大将，不久，又替汉朝讨伐临江王。祁侯缯贺跟着刘邦一块打项羽，汉王刘邦败走，缯贺用骑兵打楚王项羽，阻止项羽的军队前进。于是汉王刘邦提拔缯贺为祁王。颜师古说："封授祁王，都是为他庆功嘉奖的意思，所以宠爱他，说他好，答应将来封他做个王一级的官职。"其他又有与传中所记少有不同。《史记·张良传》中说项梁起兵的时候，立韩王成，用张良为韩申徒。徐广说："申徒就是司徒，是语音讹传造成的。"而《汉书·功臣表》上说张良为韩申都下韩。颜师古说："韩申都就是韩王信，《楚汉春秋》上作'信都'，古时候'信'字和'申'字相同。"我认为：张良同韩信是不相干的，是颜师古注释错了。自"司徒"讹传为"申徒"，自"申徒"传为"申都"，自"申都"传为"信都"，这样多次辗转相传，古书难道是可用字义相考求的吗？韩信后来归到汉朝，任治粟都尉，《汉书·功臣表》认为是票客。颜师古认为："这和纪传说的有出入，或者是因为他骁勇善战、行动敏捷，而被当作宾客对待，故说他为票客吧。"《史记》上作"典客"，《索隐》上认为是"粟客"。

张良

张良，字子房，汉初三杰之一，跟随刘邦南征北战、献计献策，为夺得天下立了大功。汉朝建立后，张良与其他功臣一样，被封为侯。

除此之外，还有官名并不是史书所记载的。如：孔聚是执盾官；周灶是长铩都尉官；郭蒙是户卫官；宣虎是重要将领，重要将领就是主将，管理重要的东西；彭跖是个门尉官；棘丘侯襄是个执盾的史官；郭亭是个堵路官，所谓堵路主要是堵塞道路防止敌人入侵；丁礼是个中涓骑官；爰类以慎将，是说要谨慎小心做官；许盎是个骈邻说卫官，骈邻的意思，是说二马为骈，指并两骑为军，说读作税，税卫者，是说行军之初驻扎军队时主要是由税卫进行管理；许瘛为赵右林将官，林将指的就是将士林，犹如羽林的将领官；清侯是管弓箭官；留肹是个客吏；冯解散是个代大与官，大与就是管爵位奉禄的官，《史记》上作"太尉"；靳疆为郎中骑率领千人之类的。暂且记录在这里，以供读史书的人作参考。

萧何绐[1]韩信

黥布为其臣贲赫告反[2]，高祖以语[3]萧相国，相国曰："布不宜有此[4]，恐仇怨妄诬[5]之，请系赫[6]，使人微验淮南[7]。"布遂反。

韩信为人告反，吕后欲召[8]，恐其不就[9]，乃与萧相国谋，诈令人称陈豨已破[10]，绐信曰："虽病强[11]入贺。"信入，即被诛[12]。

信之为大将军，实萧何所荐，今其死也，又出其谋[13]，故俚语有"成也萧何，败也萧何"之语。何尚能[14]救黥布，而翻忍于信如此？岂非以高祖出征[15]，吕后居内[16]，而急变[17]从中起，已为留守，故不得不亟[18]诛之，非如布之事尚在疑似之域也[19]。

[注释]

萧何害韩信

韩信因为萧何的极力推举，得以登台拜将，建立显赫的功勋，所以对萧何深信不疑。也正因如此，萧何才能用计策一举杀掉韩信。

①绐：同"诒"，欺骗，欺诈。

②黥布：原名英布，因犯重罪被判黥刑，故而改名。早年跟随项梁，被项羽立为九江王。项羽兵败，黥布投奔刘邦。刘邦得天下后，黥布被封淮南王，掌管都六、九江、庐江、衡山、豫章郡。高祖刘邦和吕后先后诛杀韩信、彭越等有功之臣，黥布心下惊骇，也密谋反叛。事情败露，黥布被杀。告反：控告谋反。

③以语：将此事告诉。以，以之。语，告诉。

④不宜：不应当。有此：做这种事情。

⑤妄诬：轻妄诬告。

⑥请系赫：请皇上先将贲赫关押起来。系，关押。

⑦微：暗中。验：查验，探访。

⑧召：召他回京师。

⑨就：依从，就范。

⑩诈令人称陈豨已破：派人假装散布陈豨叛乱已经被平定的消息。

⑪强：勉强。

⑫诛：诛杀。
⑬又出其谋：又出自于萧何的计谋。
⑭尚能：尚且能够。
⑮岂非：如果不是。以：因为。
⑯居内：执掌朝中大权。
⑰急变：紧急的变故。
⑱亟：立即。
⑲非如：不像是。疑似：怀疑可能是，也可能不是。域：境地。

[译文]

黥布被他的部下贲赫控告要谋反，汉高祖刘邦把这件事告诉了相国萧何，萧何说："按说黥布不应当做这种事，恐怕是仇家造谣陷害他，请皇上先把贲赫拘囚起来，然后派人暗中到淮南查访验证。"黥布于是起兵反叛。

韩信被人控告说他要谋反，吕后想把他召回京师，又恐怕韩信不就范，就和萧何商量计策，派人诈称陈豨的叛乱已被平定，并欺骗韩信说："陈豨的叛乱已被平定，你虽然有病，也要勉强进朝祝贺。"韩信来到京师，就被吕后杀死了。

韩信能够做大将军，实际是萧何在刘邦面前推荐的缘故，现在韩信被杀，又是萧何出的计谋，所以俗语中有"成也萧何，败也萧何"的说法。萧何能救黥布，为什么这样对待韩信呢？难道是因为汉高祖刘邦带兵出征，吕后在朝中把持大权，紧急变故突然发生，萧何认为自己身为留守大臣，所以不得不立即杀掉韩信，不像黥布的事情还处于不太确定的境地，可以从长计议。

蜘蛛结网

佛经云："蠢动含灵，皆有佛性。"《庄子》云："惟虫能虫，惟虫能天。"盖虽[1]昆虫之微，天机所运[2]，其善巧方便，有非人智虑[3]，技解[4]所可及者。蚕之作茧，蜘蛛之结网，蜂之累[5]房，燕之营巢，蚁之筑垤(dié)[6]，螟蛉(mínglíng)之祝子之类是已。

虽然[7]，亦各有幸不幸存乎其间。蛛之结网也，布丝引经[8]，捷急上下[9]，其始为甚难。至于纬[10]而织之，转盼可就[11]，疏密分寸[12]，未尝不齐[13]。门槛及花梢竹间，则不终日[14]，必为人与风所败。唯闲屋垝垣(yuán)，人迹罕至，乃可久久而享其安。故燕巢幕上[15]，季子以为至危。李斯见吏舍厕中鼠食不洁，近人犬，数惊恐之[16]，仓中之鼠食积粟，居大庑[17]之下，不见人犬之忧，叹曰："人之贤不肖，譬如鼠矣，在

所自处[18]耳！"岂不信[19]哉？

［注释］

①虽：即便。
②运：联系。
③智虑：智慧和考虑。
④技解：技能，技巧。
⑤累：积聚，建造。
⑥垤：蚂蚁做窝时堆在洞口的土。
⑦虽：虽然。然：这样。
⑧布丝引经：布置蛛丝，牵引经线。
⑨上下：上下爬动。
⑩纬：与"经"相对，编织东西时的横线。
⑪转盼可就：转眼之间就织成了。
⑫疏密分寸：宽窄疏密很有分寸。
⑬未尝不齐：没有不整齐的。
⑭不终日：一日未完，即不到一天。
⑮燕巢幕上：燕子在帷帐上筑巢。
⑯数惊恐之：常常为之惊恐害怕。
⑰大庑：大房子。庑，堂下周围的走廊、廊屋。
⑱在所自处：在于自己所处的位置。
⑲信：正确，有道理。

［译文］

佛经说："蠢动含灵，皆有佛性。"《庄子》中也说："惟虫能虫，惟虫能天。"意思是说，虽然昆虫很微小，但也和天机相联系，它们的巧妙便利，有着人类的智慧和技能所比不上的地方。像蚕作茧，蜘蛛织网，蜜蜂垒房，燕子筑巢，蚂蚁构窝时在穴中堆的小土堆，螟蛉庆贺有了儿子等等都是。

虽然这样，它们之间也有幸与不幸。如蜘蛛织网，布置蛛丝，牵引经线，敏捷急促地上下爬动，开始的时候非常艰难。到了织纬线时，则转眼间就织好了，而且宽窄疏密很有分寸，没有不整齐的。织在门槛和花木、竹林之间的，往往不到一天就必定被人或风破坏了。只有织在没人住的空屋里和残垣断壁之间，没有人迹的地方，才可以长时间地安然无事。所以，燕子在帷幕上筑巢，苏秦认为这样很危险。李斯看见衙门的厕所中老鼠吃不干净的食物，人和狗接近时，常常惊慌害怕，粮仓中的老鼠吃仓中积储的粮食，住在大房子下面，没有人和狗接近时的惊恐，李斯由此感叹地说："人贤能或没有才能，就像这老鼠一样，在于它所处的位置不同啊！"难道这话没有道理吗？

孙权称至尊

陈寿《三国志》，固多出于一时杂史，然独《吴书》称孙权为至尊，方在汉建安为将军时，已如此，至于诸葛亮、周瑜，见之于文字间亦皆然。

孙权

孙权，字仲谋，三国时期东吴势力的首领。公元 229 年，孙权称帝，东吴政权正式成立，旋即迁都建业。

周瑜病困，与权书曰："曹公在北，刘备寄寓，此至尊垂虑之日[①]也。"鲁肃破曹公[②]还，权迎之[③]，肃曰："愿至尊威德加乎四海。"吕蒙遣邓玄之说郝普曰："关羽在南郡[④]，至尊身自临之[⑤]。"又曰："至尊遣兵，相继于道[⑥]。"蒙谋取关羽，密陈计策[⑦]，曰："羽所以未便东向者[⑧]，以至尊圣明，蒙等尚存也。"陆逊谓蒙曰："下[⑨]见至尊，宜好为计。"甘宁欲图荆州，曰："刘表虑既不远，儿子又劣，至尊当早规[⑩]之。"权为张辽掩袭[⑪]，贺齐曰："至尊人主，常当持重。"权欲以诸葛恪典掌军粮[⑫]，诸葛亮书与陆逊曰："家兄年老，而恪性疏[⑬]，粮谷军之要最[⑭]，足下[⑮]特为启至尊转之。"逊以白权。

凡此之类，皆非所宜称[⑯]，若以为陈寿作史虚辞，则魏、蜀不然也。

[注释]

①垂虑之日：思考的日子，此处指日日思考的事情。

②鲁肃破曹公：鲁肃和周瑜联合诸葛亮在赤壁大败曹操。

③权迎之：孙权出去迎接鲁肃。

④南郡：今湖北荆州江陵一带。

⑤身自临之：离得很近，就像面对着一样。

⑥相继于道：已经出发，相继在路上了。

⑦密陈计策：暗地里筹划布置计策。

⑧羽所以未便东向者：关羽之所以没有非常便利地向东扩展势力。便，便利、顺利。东向，向东扩展势力。

⑨下：谦辞，指我。

⑩规：规划，谋划。

⑪掩袭：偷袭。

⑫诸葛恪：诸葛亮之兄诸葛瑾的长子，才思敏捷、善于应对。孙亮继位后，诸葛恪掌握了吴国大权，骄奢轻敌，被孙峻联合孙亮设计杀害，夷灭三族。典掌：掌管。

⑬性疏：性格疏懒、散漫。

⑭要最：最重要的东西。

⑮足下：对同辈、朋友或者上级的敬称。

⑯所宜称：适当的称呼。

［译文］

陈寿编撰的《三国志》，资料多是来源于当地的杂史，但是唯独在《三国志·吴书》中称孙权为“至尊”，当初孙权在汉朝建安年间作将军时，就是这样了，至于诸葛亮、周瑜二人，见于文字的记载也和孙权一样。

周瑜病重时，给孙权写信说：“曹操占据北方，刘备借口寄身驻扎荆州，这是至尊您日夜思考的事啊。”鲁肃奉命和诸葛亮合兵在赤壁大破曹操，胜利而归，孙权去迎接他，鲁肃说：“祝愿至尊您的威望恩德泽被天下。”吕蒙派邓玄之游说郝普时说：“关羽统领南郡，至尊所在的地方离他很近，就像面对着他，很不安全。”又说：“至尊调派了军队，已经相继出发，现在已在路上了。”吕蒙想用计谋攻打关羽，秘密地布置计谋策略，他说：“关羽之所以没有很顺利地向东扩展势力，是因至尊圣明，我等一干人还存在的原因。”陆逊对吕蒙说：“我见到至尊，应当很好地为他出谋划策。”甘宁想夺取荆州，他说：“既然刘表考虑事情不甚长远，他的儿子又弱小不成才，至尊您应当早日谋划。”孙权被曹操的大将张辽偷袭，贺齐说：“至尊您身为主公，应当时常稳重固守。”孙权想让诸葛恪主管掌握军中粮草大权，诸葛亮写信给陆逊说：“我的哥哥诸葛瑾年纪大了，而且他的儿子诸葛恪性情疏散，粮草是军中至关重要的物资，他不宜掌管，特地请您转告至尊，另换他人。”陆逊把这话转告了孙权。

所有这些，都不是适宜的称呼，如果认为陈寿写《三国志》这部史书时，用的是不真实的言辞，那么魏国、蜀国就不是那回事儿了。

卷九

深沟高垒

屈尊劳将

周亚夫带兵谨严，在细柳营驻扎时，连皇帝亲自慰问也需要骑马缓行。

韩信伐赵，赵陈馀聚兵井陉口御之[1]。李左车说馀曰："信乘胜而去国远斗[2]，其锋不可挡。愿假奇兵从间道绝其辎重[3]，而深沟高垒[4]勿与战。彼前[5]不得斗，退不得还，不至十日，信之头可致麾下[6]。"馀不听，一战成擒。

七国反。周亚夫将兵往击[7]，会兵荥(xíng)阳，邓都尉曰："吴、楚兵锐甚，难与争锋。愿以梁委[8]之，而东北壁昌邑，深沟高垒，使轻兵塞其饷道[9]，以全制其极。"亚夫从之，吴果败亡。

李邓之策一[10]也，而用与不用则异耳。

秦军武安西，以攻阏(è)与。赵奢救之，去[11]邯郸三十里，坚壁[12]。二十八日不行，复益增垒。既乃卷甲而趋之，大破秦军。奢之将略[13]，所谓玩敌于股掌之上，虽未合战而胜形已著矣[14]。前所云邓都尉者，亚夫故父绛侯客也。《晁错传》云："错已死，谒者仆射邓公为校尉，击吴、楚为将。还，上书言军事，拜为城阳中尉。"邓公者，岂非邓都尉乎？《亚夫传》以为此策乃自请而后行，颜师古疑其不同，然以事料之，必非出于己也。

[注释]

①聚兵：屯兵。御：抵抗。

②去国远斗：远离本国开战。

③假：借用，利用。奇兵：出其不意突然袭击的军队。间道：小道。绝：断绝。辎重：粮草运输。

④深沟高垒：深挖战壕，高筑壁垒。

⑤前：前进。

⑥麾下：对将帅的敬称。

⑦将兵往击：带领军队前往镇压。

⑧委：抛弃，舍弃。

⑨使轻兵塞其饷道：用轻兵控制他们的干道，截断他们的粮草运输。

⑩一：一样，相同。

⑪去：距离。

⑫坚壁：安营扎寨，构筑工事。

⑬将略：带兵的韬略。

⑭形：形势。著：显著，明显。

［译文］

韩信带兵攻打赵国，赵将陈馀屯兵在井陉口（今河北井陉西北）抵御。在陈馀部下有个叫李左车的分析了作战形势，并且提出了建议，他说："现在韩信的军队，远离本国，乘胜而来，要与我军决战，其势锐不可当。我请求交给我一支精兵，从小道前进，直插交通线上，切断韩军的粮饷运输。然后，动员士兵深挖战壕，高筑壁垒，严密防守，使韩军处于进攻不能靠前，退走无路可还的地步，这样，要不了十天，韩信的头就可以挂在将军您的战旗之下。"陈馀没有听取这一建议，贸然与韩信进行决战，结果一败涂地，陈馀本人也成了俘虏。

汉景帝即位三年，以吴王刘濞为首的吴、楚七个王国发动叛乱。景帝派周亚夫率兵前往镇压，两军在荥阳（今属河南）相遇，周亚夫部下的邓都尉分析了作战形势，并且提出了对策，他说："吴楚七国的叛军，现在士气正盛，我军与他们展开决战，很难取胜。我建议先把梁国之地让给他们，在昌邑深挖壕沟，高筑壁垒，严阵以待，同时派轻兵迅速控制交通干线，截断他们的粮饷运送，使他们无法施展威力。"周亚夫听后，非常高兴，采纳这一建议，立即作了周密的部署，结果，使叛军大败。

李左车与邓都尉都是在战前为其主将献计献策的，这一点是共同的。但是采用还是不用，其结果，则是大不相同的。

战国时期，秦国攻打赵国时，将军队聚集在武安（今属河北）的西面，准备进攻阏与（今山西和顺）。赵国派大将赵奢带兵前往救援，在距邯郸（今属河北）三十里的地方，安营扎寨，构筑工事。一直驻了二十八天，没有出击，并且继续构筑工事，给秦军造成一种不敢出战的错觉。不久，赵军倾巢出动，发动大举进攻，来势凶猛，结果，秦军被打得落花流水。赵奢的用兵韬略，被人们称之为"玩敌于股掌之上"，在未进行交战之前一定取胜的形势就很明确了。前面所说的邓都尉，是周亚夫故父绛侯的门客。《晁错传》中说："晁错死后，谒者仆射邓公担任校尉，在平定吴楚七国之乱中任为将军。叛乱被平定之后，回京，上书述论军事，升为城阳中尉。”这里所说的邓公，岂不是邓都尉吗？《周亚夫》传中以为这一策略是周亚夫自己提出而后实行的，颜师古对于此说表示怀疑，然而，从当时的实际情况来看，这一策略，必定不是出于周亚夫本人。

生之徒十有三

《老子》“出生入死”章云：“出生入死。生①之徒十有三，死之徒十有三，人之生，动之死地②十有三，夫何故？以其生生之厚③。”王弼注曰：“十有三，犹云十分有三分取其生道；全生之极，十分有三耳；取死之道，全死之极，十分亦有三耳。而民生生之厚，更④之无生之地焉。”其说甚浅，且不解释后一节。唯苏子由⑤以谓“生死之道，以十言之，三者各居其三矣，岂非生死之道九，而不生不死之道一而已乎？《老子》言其九不言其一，使人自得之⑥，以寄无思无为之妙”，其论可谓尽矣。

[注释]

①生：生长。
②动之死地：因为活动而招致死地。
③生生之厚：追求生活过分强烈。
④更：更改。
⑤苏子由：苏辙，字子由，苏轼胞弟，也是文学大家，且对哲学研究十分深入。
⑥使人自得之：让人自己去琢磨探求。

[译文]

《老子》“出生入死”章说：“始出于世而生，终入于地而死。走向生长的十分有三，走向死亡的十分有三，人的生长，由于活动而置于死地，也十分有三，这是为什么？因为他们追求生活过分强烈啊。”王弼作注说：“十有三，就是说走向生长道路的只有十分之三；保住生命达到终点的，也只有十分之三；走向死亡之道的，加速走向死亡的，也只有十分之三。而那些富贵的人们以优裕的生活条件追求长生，一旦改变了，他们就没有了生存的地方。”王弼的解释很浅显，而且没有解释后面一节。只有苏辙的解释比较详尽，他说：“生死的道理，如果说有十种，三种情况各占三份，这难道不是说生死之道有九，而不生不死之道只不过有一种吗？《老子》只说九不说一，是想让人们自己去琢磨，以寄托无思无为的妙处。”这种解释实在是太精当了。

有扈氏

《夏书·甘誓》启与有扈大战于甘，以其“威侮五行①，怠弃三正②，天用剿绝其命”为辞，孔安国传云：“有扈与夏同姓，恃亲而不恭③。”其罪如此耳。而《淮南子·齐俗训》曰：“有扈氏为义而亡，知义而不知宜④也。”高诱注云：“有扈，夏启之庶兄也。以尧、舜举贤，禹独与子，故伐启。启亡之。”此事不见于他书，不知诱何以知之？传记散轶，其必有以为据⑤矣。庄子以为“禹攻有扈，国为虚厉”，非也。

[注释]

①威侮五行：侮辱五常。五行，五常，指仁、义、礼、智、信。

②怠弃三正：抛弃三纲。三正，即三纲，君为臣纲、父为子纲、夫为妻纲。

③恃亲而不恭：凭借亲戚关系，所以对启没有恭敬的神色。

④宜：合适。

⑤据：根据。

夏 启

夏启是大禹之子，大禹死后，启即位为天子。有扈氏不满，夏启发兵对有扈氏进行征伐，大战于甘，有扈氏战败被灭。

[译文]

《夏书·甘誓》中记载，启和有扈在甘地打仗，启讨伐有扈的理由是“侮辱了五常，抛弃了三纲，上帝因此要置之于死地。”孔安国解释说：“有扈和夏同姓，他恃亲而不恭敬。”其罪恶就是这些。但《淮南子·齐俗训》中说：“有扈氏是为仁义而死亡的，他只知道仁义而不知道怎样才合适。”高诱的注说：“有扈是夏启的兄长，因为尧、舜举荐贤人，而禹单单把皇位让给启，因此有扈，要讨伐启，却被启灭了。”这件事在别的书里见不到，不知道高诱是怎么知道的？传记都散失了，大概是有根据的。庄子认为“禹攻打扈，国家因而异常空虚”，看来这不是事实。

太公丹书

太公《丹书》今罕见于世，黄鲁直于礼书得其诸铭而书[1]之，然不著其本始[2]。予读《大戴礼·武王践阼(zuò)[3]篇》，载之甚备，故悉记录以遗好古君子云：“武王践阼三日，召士大夫而问焉，曰：‘恶有藏之约，行之行[4]，万世可以为子孙常者乎？’皆曰：‘未得闻也。’然后召师尚父而问焉，曰：‘黄帝、颛顼(zhuān xū)之道可得见与？’师尚父曰：‘在《丹书》。王欲闻之，则斋矣。’王斋三日，尚父端冕奉书[5]，道书之言曰：‘敬胜怠者吉，怠胜敬者灭；义胜欲者从，欲胜义者凶。凡事不强则枉[6]，弗敬则不正[7]，枉者灭废，敬者万世。’藏之约，行之行，可以为子孙常者[8]，此言之谓也。”又曰：“以仁得之，以仁守之，其量百世[9]；以不仁得之，以仁守之，其量十世；以不仁得之，以不仁守之，必及其世。”王闻《书》之言，惕(tì)若[10]恐惧。退而为《戒书》，于席之四端为铭[11]。前左端铭曰：“安乐必敬[12]。”前右端铭曰：“无行可悔[13]。”后左端铭曰：“一反一侧[14]，亦不可以忘。”后右端铭曰：“所监不远，视尔所代[15]。”几之铭曰：“皇皇惟敬[16]，口生诟，口戕口[17]。”鉴之铭曰：“见尔前，虑尔后[18]。”盥盘之铭曰：“与其溺于人也，宁溺于渊。溺于渊，犹可游也；溺于人，不可救也。”楹之铭曰：“毋曰胡残[19]，其祸将然[20]；毋曰胡害，其祸将大；毋曰胡伤[21]，其祸将长。”杖之铭曰：“恶乎危？于忿懥(tì)。恶乎失道？于嗜欲。恶乎相忘[22]？于富贵。”带之铭曰：“火灭修容[23]，慎戒必共[24]，共则寿。”屦[25]之铭曰：“慎之劳，劳则富。”觞(shāng)豆[26]之铭曰：“食自杖[27]，食自杖，戒之憍，憍则逃。”户之铭曰：“夫名[28]难得而易失。无勤弗志[29]，而曰我知之乎？无勤弗及，而曰我杖之乎？扰阻以泥[30]之，若风将至，必先摇摇，虽有圣人，不能为谋也。”牖(yǒu)[31]之铭曰：“随天之时，以地之财，敬祀皇天，敬以先时。”剑之铭曰：“带之以为服，动必行德，行德则兴，倍德则崩[32]。”弓之铭曰：“屈申之义，发之行之，无忘自过。”

矛之铭曰："造矛造矛，少间弗忍，终身之羞[33]。予一人所闻，以戒后世子孙。"凡十七铭，贾谊《政事书》所陈教太子一节千余言，皆此书《保傅篇》之文，然及胡亥、赵高之事，则为汉儒所作可知矣。《汉昭帝纪》"通《保傅传》"，文颖注曰："贾谊作，在《礼·大戴记》。"其此书乎？荀卿《议兵篇》："敬胜怠则吉[34]，怠胜敬则灭；计胜欲则从[35]，欲胜计则凶。"盖出诸此。《左传》晋斐豹"着[36]于丹书"，谓以丹书其罪也。其名偶与之同耳。汉祖有丹书铁契以待[37]功臣，盖又不同也。

[注释]

①书：书写，抄写。

②著：著明，标明。本始：起源，本来的源头。

③践阼：即位，登基。践，登上。阼，皇位。

④恶有藏之约，行之行：有没有保存下来的古代规约，行动方法。恶，同"乌"，疑问词，哪，何。藏，保存。行之行，行动方法。

⑤端冕奉书：端着官冕手捧书本。奉，通"捧"。

⑥凡事不强则枉：凡是办事情不努力就会出偏差。枉，偏差。

⑦弗敬则不正：不恭敬就会导致歪门邪道。不正，偏门、歪门邪道。

⑧可以为子孙常者：可以永远指导子孙后代的东西。

⑨以仁得之，以仁守之，其量百世：靠仁义得到国家，靠仁义保护国家，就会有百世不变的江山。量，布满，这里指持续。

⑩惕若：胆战心惊的样子。

⑪于席之四端为铭：贴在座席的四端作为座右铭。

⑫安乐必敬：即便是身处安乐之中也一定要恭敬谨慎。

⑬无行可悔：没有让人后悔的行为。

⑭一反一侧：一点一滴的思考所得。

⑮所监不远，视尔所代：如不能高瞻远瞩，就只能看到眼前。

⑯皇皇惟敬：诚惶诚恐只有恭敬。

⑰口戕口：口能戕害自己，意即祸从口出。

⑱见尔前，虑尔后：事前要有所预见，事后要有所思考。尔，代指事情。

⑲毋曰胡残：不要说自己不残忍。胡，不。

⑳其祸将然：祸事就将到来。

㉑毋曰胡伤：不要说自己没有伤害。

㉒恶乎相忘：什么时候互相忘却。

㉓火灭修容：火灭后要维修盛水的容器。

㉔慎戒必共：谨慎提防一定会平安。共，此处指平安。

㉕屦：古代用麻葛制成的一种鞋。

㉖觞豆：觞与豆，古代盛酒肴的器具。

㉗食自杖：贪食就自我惩罚，自我反省。杖，杖刑，此处代指惩罚。

㉘名：美好的名声。

㉙志：志气。

㉚泥：拘泥。

㉛牖：窗户。

㉜倍德则崩：违背道德就会崩溃。

㉝少间弗忍，终身之羞：如有瞬息不能容忍，就会终身羞愧。少间，瞬息、极短的时间。

㉞敬胜怠则吉：恭敬胜过懈怠就吉祥。

㉟计胜欲则从：计谋胜过欲望就顺利。从，顺利。与后文“凶”相对。

㊱着：附着，此处指写。

㊲待：待遇，加赏。

[译文]

姜太公的《丹书》如今罕见，黄庭坚从礼书中的各种铭文上抄了下来，但是没注明最原始的来源。我阅读《大戴礼·武王践阼篇》，其中记载得很详细，所以全部记录下来赠给喜好古代文化的人们：“周武王刚登基三天，就召集士大夫问他们说：‘有没有保存的古代规约，行动方法，特别是那些可以永远指导子孙后代的呢？’士大夫们都说：‘没听说过。’然后又召来太师姜尚父问到：‘您看见过黄帝、颛顼的治国之道吗？’太师姜尚父说：‘在《丹书》上见过。大王要想听讲，就斋戒吧。’武王斋戒了三天，姜尚父端着官冕手捧书本，为武王读书中的话：‘恭敬胜过懈怠就会吉祥，懈怠胜过恭敬就会夭亡；仁义胜过欲望就顺利，欲望胜过仁义就凶险。凡是办事情不努力就会出偏差，不恭敬就会导致歪门邪道，偏差歪邪就会毁灭，恭敬认真就会永世长存。’所谓保存的古代规约，行为之方法，可以永远指导子孙后代的东西，就是说的这些。”书中又说：“靠仁义得到国家，靠仁义保护国家，就会有百世不变的江山；靠不仁得到国家，用仁义保护，就会有十世江山；靠不仁得到国家，用不仁不义的东西保护，祸害马上就来了。”武王听了《丹书》中的话，胆战心惊。退朝后就写了《戒书》，贴在座席的四端作为座右铭。左前方的铭文为：“处在安乐之中也一定要恭敬谨慎。”右

周武王丹书受戒

前方的铭文是："没有让人后悔的行为。"左后方的铭文是："一点一滴的思考所得，也不应忘记。"右后方的铭文是："如不能高瞻远瞩，就只能看到眼前。"桌几上的铭文是："诚惶诚恐只有恭敬，口生耻辱，口能戕害自己。"镜子上的铭文是："事前要有所预见，事后要有所思考。"盥盘上的铭文是："与其被人所溺，不如溺于深渊。溺于深渊，还可以游出；而被人所陷害，就不可救了。"门楹上的铭文是："不要说自己不残忍，那会导致灾祸；不要说自己没作恶，那会有大祸；不要说自己没有伤害，那会有长久祸害。"手杖上的铭文是："什么时间危险？当因挫折而愤怒时；什么时候失去常道？当贪图物欲的时候；什么时候互相忘却？当富贵的时候。"带子上的铭文是："火灭后要维修盛水的容器，谨慎提防一定会平安，平安就会长寿。"履上的铭文是："谨慎地劳动，劳动就会富有。"酒器上的铭文是："贪食就自我惩罚，自我惩罚，要提防骄傲，遇到这种情况就逃避。"门户上的铭文是："人的美名难得而容易失去。一个人没有勤劳和志气，而能说自己聪明吗？不经常反思自我，而能说自己能自审吗？各种阻碍干扰对人来说，好像风就要来了，一定会先有树的摇摆，有时即使是圣人，也不能深谋熟虑。"窗上的铭文是："要遵从天时，利用地利，以此来敬祀皇天，敬祀先前的时候。"剑上的铭文是："带上它的时候，行动一定要讲道德，行动合乎道德就会兴旺，违背道德就会崩溃。"弓上的铭文是："屈和申的大义，在于发射和行动都不要忘记自我反思。"矛上的铭文是："制造矛，如有瞬息的不能容忍，就会终身羞愧。我一个人所听到的，告诫后世子孙。"一共十七种铭文。贾谊在《政事书》中所讲的教太子的一段话一千多字，都是出自这本书中的《保傅篇》，然而到了胡亥，赵高的事情，则是由汉代文人所作的。《汉书·昭帝纪》"通《保傅传》"，文颖的注解说："贾谊所作，在《礼记·大戴记》中。"难道说的是《丹书》吗？荀子《议兵篇》说："恭敬胜过懈怠就吉祥，懈怠胜过恭敬就灭亡；计谋胜过欲望就顺利，欲望压倒计谋就凶险。"这话大概也是出于《丹书》。《左传》中说晋斐豹"写在丹书里"，说因丹书而获罪。这只不过是偶然的同名书而已。汉高祖有用丹书铁契对待功臣的事情，大概又不同于《丹书》。

汉景帝

汉景帝为人，甚有可议。晁错为内史，门东出，不便，更穿一门南出[①]，南出者，太上皇庙堧垣也。丞相申屠嘉闻错穿宗庙垣，为奏请诛错。错恐，夜入宫上谒，自归。上至朝，嘉请诛错。上曰："错所穿非真庙垣，乃外堧垣，且又我使为之，错无罪。"临江王荣以皇太子废为王，坐侵太宗庙壖地为宫[②]，诣中尉府对簿责讯，王遂自杀。两者均为侵宗庙，荣以废黜失宠，至于杀之，错方贵幸[③]，故略不问罪，

其不公不慈[4]如此！及用袁盎一言，错即夷族，其寡恩忍杀[5]复如此！

[注释]

①更：另外。穿：洞穿，开凿。
②坐：因为。侵：侵占。为宫：建造宫殿。
③方贵幸：刚刚显贵受宠。
④不公不慈：不公平不仁慈。
⑤寡恩忍杀：薄情寡义，残忍。

[译文]

汉景帝的为人，大有争议。晁错当内史时，门从东边走，不方便，就另开一门从南边出入，从南门出来，是汉代太上皇的宗庙垅垣。丞相申屠嘉听说这件事后，启奏景帝请求处罚晁错。晁错害怕，当夜入宫谒见皇帝，然后独自回来。皇上临朝，申屠嘉又请求处罚晁错。景帝说：“晁错出南门走过的地方并非真的宗庙垅垣，而是外墙，而且又是朕同意他干的，晁错无罪。”临江王刘荣是被废除了的皇太子，他在太宗庙地上造宫殿，景帝便到中尉府指责其行为，临江王忧惧自杀了。这两件事都是侵犯宗庙，刘荣因为被废黜失宠而导致杀身之祸，晁错刚刚显贵受宠，于是就不问罪，这是多么不公平不仁慈啊！到了因为袁盎一句话，把晁错家灭九族，这又是多么寡恩残忍啊！

卷　十

曹参不荐士

曹参代萧何为汉相国，日夜饮酒不事事，自云：“高皇帝与何定天下，法令既明，遵而勿失，不亦可乎？”是则然矣，然以其时考之，承暴秦之后，高帝创业尚浅，日不暇给，岂无一事可关心者哉？其初相齐，闻胶西盖公善治黄、老言，使人厚币请之。盖公为言治道贵清净而民自定。参于是避正堂以舍之[1]，其治要用黄、老术。故相齐九年，齐国安集。然入相汉时，未尝引盖公为助也。齐处士东郭先生、梁石君隐居深山[2]，蒯(kuǎi)彻[3]为参客，或谓彻曰：“先生之于曹相国，拾遗举过，显贤进能[4]，二人者，世俗所不及，何不进之于相国乎？”彻以告参，参皆以为上宾。彻善齐人安其生[5]，尝干项羽，羽不能用其策。羽欲

封此两人，两人卒不受。凡此数贤，参皆不之用，若非史策失其传，则参不荐士之过多矣。

曹 参

曹参，字敬伯，江苏沛县人，西汉名将，是西汉继萧何之后的第二位丞相。

［注释］

①避正堂以舍之：让出正屋给盖公居住。

②东郭先生、梁石君：两人都是齐国人。齐王田荣反项羽，挟持齐国士人，不从者皆杀之。东郭先生与梁石君也在其中，等到田荣兵败，二人以跟从田荣为耻，故隐居深山。后蒯通向曹参推荐，曹参将两人奉为座上宾。

③蒯彻：即蒯通，本名彻，后为避汉武帝忌讳，更名为通。西汉范阳人，机谋权变。韩信采纳其计策平定齐帝，曹参也对其十分器重。后劝韩信反，韩信被杀，蒯通在高祖面前极力为韩信申辩。高祖敬佩，赦其无罪。

④拾遗举过，显贤进能：指出曹参思虑欠周之处，纠正他犯下的过失并选举贤才，推荐能人。拾遗，纠正过失。

⑤安其生：即安期生，据传为秦汉间齐人，与蒯通交好，曾经献策项羽，未见用。后来的方士、道家者称之为千岁翁。

［译文］

曹参继萧何之后担任汉惠帝的丞相，上任后日夜饮酒，无所事事，而且还为自己辩解说："高祖刘邦与萧何丞相平定了天下，已经制定出严明周密的法令，我完全遵照执行，不出差错，难道不行吗？"这话当然没错，但是考察他所处的时代，当时正值残暴的秦朝灭亡后不久，高祖皇帝创下基业的时间还不长，百废待兴，令人日不暇给，难道会没有一件事情值得丞相大人关心吗？曹参当初在任齐国丞相时，听说胶西（今山东高密西南）的盖公精通黄老之术，便派人以厚礼邀请。盖公对他说，治国之道，最重要的是要清静无为，不多生事端，这样老百姓自然会安居乐业，没有异心。曹参深表赞赏，当即腾出正房供盖公居住，并且实实在在地以黄老学说为指导思想治理国家。所以他任齐国丞相九年，齐国平安无事。不过，曹参就任西汉王朝的丞相时，并没有让盖公做助手。齐国的东郭先生和梁石君是两位世外的高人，隐居在深山老林之中。有人对曹参的宾客蒯彻说："先生与曹相国为莫逆之交，能够为他指出思虑欠周之处及所犯的过失，并能荐举才德优异之人，这两位隐士都是普通世人所无法比拟的人物，您为什么不把他们推荐给曹相国呢？"蒯彻向曹参推荐二人后，曹参把他们都待为上宾。蒯彻与齐国的安其生关系很好，他们曾经向楚霸王项羽献计献策，但项羽不予采纳。项羽想给他们两个封官授爵，二人始终坚决不接受。连这几位大贤，曹参都不能重用，如果史书记载无误的话，曹参不能荐举士人的过错可就太严重了。

汉武留意郡守

汲黯

汲黯，字长孺，西汉濮阳人。武帝时为谒者，并先后任荥阳令、东海太守，主爵都尉，位列九卿。汲黯关怀民众，同情人民疾苦，备受民众推崇。

汉武帝天资高明，政自己出，故辅相之任，不甚择人，若但①使之奉行文书而已。其于除用②郡守，尤所留意。庄助③为会稽太守，数年不闻问，赐书曰："君厌承明之庐④，怀⑤故土，出为郡吏。间者，阔焉久不闻问。"吾丘寿王为东郡都尉，上以寿王为都尉，不复置太守，诏赐玺书曰："子在朕前之时，知略辐凑，及至连十余城之守，任四千石之重，职事并废，盗贼纵横，甚不称⑥在前时，何也？"汲黯⑦拜淮阳太守，不受印绶(shòu)，上曰："君薄⑧淮阳邪？吾今召君矣，顾淮阳吏民不相得⑨，吾徒得君重，卧而治之。"观此三者，则知郡国之事无细大，未尝不深知之，为长吏者常若亲临其上，又安有不尽力者乎？惜其为征伐、奢侈所移，使民间不见德泽，为可恨耳！

[注释]

①但：只是，不过。

②除用：任用。

③庄助：字详，会稽吴县（今江苏苏州）人，汉武帝时人，有才名，被武帝擢为中大夫。善于辩论，曾与大臣辩，文辞、义理相间，大臣屡为之屈。建元中，

拜会稽太守。淮南王刘安对其十分赏识，暗地里与之相交。

④承明之庐：承明庐，汉承明殿旁侍臣值宿所居之屋，后以承明庐代指入朝为官。

⑤怀：怀念，想念。

⑥不称：不相称。

⑦汲黯：字长孺，濮阳人，孝景帝时为太子洗马，武帝即位后为谒者，后任荥阳令、东海太守，主爵都尉，位列九卿。

⑧薄：鄙薄。

⑨顾：表示轻微转折，此处意为“不过是因为”。不相得：不融洽。

［译文］

汉武帝天资聪明过人，他亲自处理国家政事，一切自己说了算，因而对辅政的宰相人选，不太重视，似乎只是让他们奉行成命而已。但是，对于任用郡守一级的高级地方官员，汉武帝却十分留心。辞赋家庄助任会稽（今浙江绍兴）太守后，汉武帝数年没有得到他的问候，于是给庄助写了一封信说：“你厌倦了京师豪华的住宅，怀恋故乡绍兴的山水，因而出任会稽郡守。转眼间，我已经很久没有得到你的问候了。”吾丘寿王任东郡（今河南濮阳西南）都尉，武帝鉴于有寿王任都尉，就未再设置郡太守，后来又写了一封盖御玺的书信说：“你在我面前的时候，足智多谋，有很多建树，可是现在到地方上治理十几个城池，肩负着品级都是两千石的郡太守和郡都尉两项重任，却荒废了所有的政事，使得盗贼横行，民不聊生，这样的表现与在我面前时很不相称，究竟是什么缘故？”汲黯被任命为淮阳太守，却不接受印绶，汉武帝说：“莫非你看不起淮阳？我现在召命你，是因为看到淮阳的官民关系很不融洽，所以特意借重你的威名，镇守治理。”从这三件事可以看出，诸侯国和郡中之事，无论大小，汉武帝都十分熟悉，做地方官的常常感到皇帝好像就在自己的面前，又怎能不尽心尽力呢？可惜，这位具有雄才大略的帝王后来被对外征战和奢侈腐化迷住了心窍，使得老百姓看不到他的恩泽，实在是遗憾之极！

民不畏死

老子曰：“民常不畏死，奈何以死惧之？若使人常畏死，则为奇者吾得执①而杀之，孰敢？”读者至此，多以为老氏好杀。夫老氏岂好杀者哉？旨意盖以戒时君、世主视民为至愚、至贱，轻尽其命，若刈(yì)草菅。使之知民情状，人人能与我为敌国，懔乎常有朽索驭六马之惧②。故继之曰：“常有司③杀者杀。夫代司杀者杀，是代大匠斫(zhuó)④。夫代大匠斫，希⑤有不伤其手矣。”下篇又曰：“人之轻死，以其生

生之厚，是以轻死。”且人情莫不欲寿，虽衰贫至骨⑥，濒于饿隶，其与受僇而死有间矣，乌有不畏者哉？自古以来，时运俶扰，至于空天下而为盗贼，及夷考⑦其故，乱之始生，民未尝有不靖之心也。秦、汉、隋、唐之末，土崩鱼烂，比屋可诛。然凶暴如王仙芝、黄巢，不过侥觊⑧一官而已。使君相御之得其道，岂复有滔天之患哉？龚遂之清渤海，冯异之定关中，高仁厚之平蜀盗，王先成之说王宗侃，民情可见。世之君子，能深味老氏之训，思过半矣。

［注释］

①得执：可以抓起来。

②懔乎：凛然警惕的样子。常有朽索驭六马之惧：常常会有像用腐朽的绳索去套六匹马拉的破车这样的忧虑和恐惧。

③司：掌管。

④斫：砍伐。

⑤希：稀，少。

⑥衰贫至骨：穷困潦倒到极点。

⑦考：探究。

⑧侥觊：侥幸觊觎，谓以侥幸的心理追求得到某种利益。

［译文］

老子说：“老百姓经常不怕死，用死来吓唬他们有什么用呢？如果真能使人们都怕死，那么对于极少数胆敢作奸犯科、不顾身家性命的人，我就可以把他们抓起来统统处死，这样谁还敢违法呢？”读到这里，多数人都会认为老子是个好杀之人。实际上，老子哪里是什么好杀之人呢？他的本意只不过是想告诫那些高高在上的统治者，千万不要把老百姓视为最愚蠢、最卑贱之人，随心所欲地处死他们就如同铲除小草一样。老子希望君主们能全面了解老百姓的真实情况，明白每一个人都可能像对抗国家一样对自己构成严重的威胁，因而时刻提心吊胆、高度警惕，犹如用腐朽的绳索套着六匹马拉的一辆破车。所以他接着说道：“经常有专管杀人的人去杀。代替专管杀人的人去杀，就如同代替木匠砍木头。代替木匠砍木头，很少有不砍伤自己手指的。”老子在下一篇中又说道：“老百姓之所以轻率地不惜生命去冒险，是因为统治者拼命地想使自己生活得更加舒适，以致逼得百姓不惜生命去冒险。”况且希望长寿是人之常情，即使是穷困潦倒到了极点的人，其处境已与饥寒交迫的奴隶相似，但是和受戮而死仍然是大不相同的，难道会有人不怕吗？自古以来，时运多变，甚至于普天之下的人都揭竿而起，铤而走险成为盗贼，可是仔细地探究事变发生的原因后就会发现，事变初起时，老百姓并没有不安分之心。秦、汉、隋、唐末期，形势犹如土崩瓦解、鱼腐肉烂，几乎家家有罪，人人可杀。可是像王仙芝、黄巢这样的罪魁祸首，所觊觎的只不过是一官半职而已。如果国君和宰相御下有方，难道会造成无法收拾的局面吗？从西汉龚遂之肃清渤海郡（今河北南皮北），东汉冯异之平定关中，高仁厚之镇压蜀盗，王先成之劝说王宗侃等事，可以清楚地看出民情，只要能够活下去，他们并不愿意犯上作乱。世上的统治者，如果能够仔细地玩味老子的这番话，就可以少犯很多错误。

天下有奇士

天下未尝无魁奇智略之士，当乱离之际[1]，虽一旅之聚，数城之地，必有策策知名者出其间，史传所书，尚可考也。郑烛之武[2]、弦高[3]从容立计，以存其国。后世至不可胜纪，在唐尤多，姑摭(zhí)[4]其小小者数人载于此。

武德[5]初，北海贼帅綦(qí)公顺攻郡城，为郡兵所败，后得刘兰成以为谋主，才用数十百[6]人，出奇再奋，北海即降。海州臧君相帅众五万[7]来争，兰成以敢死士二十人夜袭之，扫空其众。

徐圆朗据海岱，或说之曰："有刘世彻者，才略不世出，名高东夏[8]，若迎而奉之，天下指挥可定。"圆朗使迎之。世彻至，已有众数千，圆朗使徇谯(qiáo)、杞，东人素闻其名，所向皆下[9]。

裘甫乱浙东[10]，朝廷遣王式往讨，其党刘暀劝甫引兵取越，凭城郭，据府库，循[11]浙江筑垒以拒之，得间[12]则长驱进取浙西，过大江[13]，掠[14]扬州，还修石头城而守之，宣歙(shè)、江西必有响应者，别[15]以万人循海而南，袭取福、建，则国家贡赋之地，尽入于我矣[16]。甫不能用。

高骈之将毕师铎攻骈，乞师[17]于宣州秦彦，彦兵至，遂下扬州。师铎遣使趣彦过江，将奉以为主。或说之曰："仆射顺众心为一方去害，宜复奉高公而佐之，总其兵权，谁敢不服？且秦司空为节度使，庐州、寿州其肯为之下乎？切恐功名成败未可知也。不若亟止秦司空勿使过江，彼若粗识安危[18]，必未敢轻进，就使[19]他日责我以负约，犹不失为高氏忠臣也。"师铎不以为然，明日，以告郑汉章，汉章曰："此智士也。"求之，弗获。

王建镇成都，攻杨晟于彭州，久不下，民皆窜匿山谷[20]，诸寨日出抄掠[21]之。王先成往说其将王宗侃曰："民入山谷，以俟招安，今乃从而掠之，与盗贼无异。旦出淘虏[22]，薄暮乃返，曾无[23]守备之意，万一城中有智者为之画策，使乘虚奔突[24]，先伏精兵于门内，望淘虏者稍远，出弓弩手炮各百人，攻寨之一面，又于三面各出耀兵，诸寨咸[25]自备御，无暇相救，如此能无败乎？"宗侃矍（jué）然[26]。先成为条列七事为状，以白王建，建即施行之。榜至三日，山中之民，竟出如归市，浸[27]还故业。

观此五者，则其他姓名不传，与草木俱腐者，盖不可胜计矣。

［注释］

①乱离之际：社会动荡不安的时候。

②郑烛之武：指郑国的烛之武。鲁僖公三十年（公元前630年），秦、晋两国攻郑，郑国派烛之武出使秦国，游说秦王退兵。烛之武为秦王分析形势，晓之以利，秦国退兵。晋国见此情况，也鸣金收兵。

③弦高：本是郑国商人，贩牛为业。经商途中遇到秦军出发去袭郑，他一方面火速派人回国报告，一方面伪装成郑国特使，以十二头牛作为礼物，犒劳秦军。秦军以为郑国已经知道偷袭之事，只好班师返回。

④姑摭：姑且选取。

⑤武德：唐高祖武德年间。

⑥数十百：数千。

⑦帅众五万：率领五万兵马。

⑧东夏：中原东部地区。

⑨所向皆下：所到之处，都望风披靡。

⑩乱浙东：在浙东地区起事。

⑪循：沿着。

⑫得间：如果有机会。

⑬过大江：渡过长江。

⑭掠：占领。

⑮别：另外。

⑯尽入于我：全部归入我的版图。

⑰乞师：向人借兵。

⑱彼若粗识安危：他若是稍微懂得进退安危的时势。粗识，稍微懂得。

⑲就使：即便是。

⑳窜匿山谷：逃到山谷中躲起来。

㉑抄掠：四处掳掠。

㉒旦：早晨。淘：搜捕。
㉓曾无：完全没有。
㉔奔突：攻击，出击。
㉕咸：都。
㉖矍然：惊悚的样子。
㉗浸：逐渐地。

［译文］

天下并不缺乏具有雄才大略的智识之士，每当社会动荡不安之时，即使只有数百人聚在一起，或者在只有数城之地的范围内，也必定会涌现出能够出奇谋划异策的高人，这从史书的记载中可以轻易地查到。比如在先秦时期，郑国的烛之武和弦高，沉着冷静地谋划计策，最终保全了自己的国家。后代的此类事例举不胜举，在唐朝尤其多，这里姑且选几位名不见经传的小人物为例。

唐高祖武德初年，北海（今山东益都）郡义军首领綦公顺到处攻城略地，在攻打郡城时却被郡兵所败，后来得到刘兰成作为谋士，仅用了数千人，出奇兵抖擞精神再战，北海郡便宣布投降。海州（今江苏连云港市西南）的臧君相率领五万人马来争夺北海，刘兰成派遣二十名敢死队员趁夜色发动突然袭击，一举击溃了敌兵。

徐圆朗占据今山东、江苏一带，有人劝告他说："有个叫刘世彻的人，才智超群，举世罕见，在东部地区声名卓著，如果把能他请出来并且奉之为主，那么天下可以唾手而得。"徐圆朗接受了建议，马上派人去迎请刘世彻。当刘世彻到来时，帐下已有数千名愿意听从号令的人。徐圆朗派他去攻取谯（今安徽亳县）、杞（今河南杞县）一带，由于东方的人早就听说过他的大名，因而刘世彻所到之处，无不望风披靡。

裘甫在浙东地区起事，朝廷派遣王式前去讨伐。裘甫的副手刘暀劝他率兵攻取越州（今浙江绍兴一带），凭借那里高大的城墙，利用那充实的仓库，并且沿浙江构筑防御工事以抵抗官军，如果有机会就长驱进取浙西，且渡过长江，占领扬州，然后掉回头整修、加固石头城（今江苏南京）的防御设施，准备在这里坚守，宣（今安徽宣城）、歙（今安徽歙县）一带及江西一带必有人起来响应，我们再分出一万人马沿海南下，袭取福州和建州（今属福建）一带，这样，国家财赋的主要供应地，就全部归入咱们的版图了。然而，裘甫拒不接受刘暀的计策。

淮南节度使高骈的部将毕师铎进攻高骈，因为兵力不足，便向宣州的秦彦借兵，从而攻克了高骈所坐镇的扬州。毕师铎派人催促秦彦及早过江，准备推他为主。有人劝告师铎说："假若您想顺应民心为一方减少灾难，就应当重新奉高骈为主。在外人看来，您仍然在辅佐高骈，而实际上，您掌握着他的全部兵权，谁敢不服？况且秦彦任节度使，庐州（今安徽合肥）、寿州（今安徽寿县）的人难道能服气吗？我实在担心功名成败难以预料。如今之计，不如立即派人制止秦彦渡江，他如果稍有头脑，懂得进退安危之势，就必定不敢贸然前来，即使他将来指责咱们不守信用，您仍然不失为高骈的忠臣。"毕师铎很不以为然，次日，他将此事告诉了郑汉章，郑汉章说："这是位有识之士。"他们再派人去寻那人，可惜已经无影无踪了。

王建镇守成都，大举进攻盘踞在彭州（今四川彭州）的杨晟，可是久攻不下，老百姓多逃入山谷之中藏身。于是，王建手下的各寨士兵每天都四出掳掠他们。王先成见此情形，便前去劝说王建的部将王宗侃道："老百姓逃入山谷，就是为了等候国家招安，现在你们追踪掳掠他们，这种行径与强盗没有什么不同。你们一大早出去搜捕抢掠，直到天快黑时才返回营寨，根本没有防敌之意，万一城内有智识之士为他们出谋划策，让他们乘虚反击，先把精兵埋伏在城门内，当望见外出搜捕抢掠的军队渐渐走远，然后出动弓弩手和炮手各百人，攻打军营的一面，并在其余三面都设有疑兵，使得各寨的士兵都全力忙于自保，无暇救援其他军寨，这样你们能不吃败仗吗？"王宗侃闻听大惊，幡然醒悟。王先成为此列举了七条写成状子，以便提交给王建，向他提出建议。王建当即采纳，并付诸行动。公告贴出去才三天，藏在山中的百姓争先恐后地出来，就如同回归市场一样，都逐渐地恢复了原来的职业。

读了这五条记载，我不禁想到，其他姓名不传、与草木同化为土灰的人，必定数不胜数。

卷十一

兵部名存

唐因隋制，尚书置六曹。吏部、兵部分掌铨选，文属吏部，武属兵部。自三品以上官册授，五品以上制授，六品以下敕授，皆委尚书省奏拟。两部各列三铨，曰：尚书铨，尚书主之；曰东铨，曰西铨，侍郎二人主之。吏居左，兵居右，是为前行①。故兵部班级在户、刑、礼之上。睿宗初政②，以宋璟（jǐng）为吏部尚书，李乂、卢从愿为侍郎；姚元之为兵部尚书，陆象先、卢怀慎为侍郎。六人皆

兵部官选将练帅

唐朝沿袭隋朝的制度，吏部居左，兵部居右，这就是朝廷官制的前身。所以，兵部的班次在户部、刑部、礼部之上。

名臣，二选称治[3]。其后用人不能悉得贤，然兵部为甚。其变而为三班流外铨，不知自何时。元丰[4]官制行，一切更改，凡选事[5]，无论文武，悉以付吏部。苏东坡当元祐中拜兵书，谢表云："恭惟先帝复六卿之名，本欲后人识三代之旧，古今殊制[6]，闲剧异宜，武选隶于天官，兵政总于枢辅，故司马之职，独省文书。"盖纪其实也。今本曹所掌，惟诸州厢军名籍，及每大礼，则书写蕃官加恩告。虽[7]有所辖司局，如金吾街仗司、骐骥车辂象院、法物库、仪鸾司，不过每季郎官一往[8]耳。名存实亡，一至于是[9]！

［注释］

①是为前行：这就是朝廷官制的前身。

②初政：刚开始执掌政权的时候。

③称治：治理得非常好，得到人民的普遍赞扬。

④元丰：宋神宗元丰年间。

⑤凡选事：凡涉及选举的事情。

⑥古今殊制：古今制度有很大不同。

⑦虽：即使。

⑧一往：前往一次。

⑨一至于是：竟然到了这种程度。

［译文］

唐朝沿袭隋朝的制度，在尚书省设置六曹。吏部和兵部分掌铨选，文职属吏部，武职属兵部。三品以上的官员实行册封，五品以上的制封，六品以下的敕封，文武官员都由尚书省奏批。两部各设三铨，即：尚书铨，东铨，西铨。尚书铨由尚书主管；东、西铨各由一名侍郎负责。吏部居左，兵部居右，这就是朝廷官制的前身。所以，兵部的班次在户部、刑部、礼部之上。睿宗刚开始执政时，任命宋璟为吏部尚书，李乂、卢从愿为吏部侍郎；任命姚元之（即姚崇）为兵部尚书，陆象先、卢怀慎为兵部侍郎。这六个人都是一代名臣，因而文、武二选的事务都被处理得妥妥帖帖，有条有理，得到了广大士民的普遍赞扬。此后所用的人并不全是德才兼备的人，尤其是兵部。不知从什么时候开始，这种制度变成了三班流外铨。宋神宗元丰年间全面改革官制，一切都改，有关选举之事，无论文武，全由吏部负责。苏东坡在哲宗元祐年间被委任为兵部尚书，他在上给皇帝的谢恩表中说："先帝恢复六卿之名，本来是想让后人了解夏、商、周三代的旧制，明白古今制度不同，宽猛因时而异，现在将武选划归天官（即吏部）负责，兵政由枢密院总领，因而司马（指兵部尚书）之职，仅仅是省览文书而已。"苏轼所说的大约的确是当时的实际情况。今天兵部所主管的事务，只是各州厢军的花名册，以及每当有重大庆典时，负责拟

写蕃官的加恩告。即使是兵部所辖的司局，如金吾街仗司、骐骥车辂象院、法物库、仪鸾司等，也只不过是由郎官每季前去转一圈而已。名存实亡，竟至如此程度！

武官名不正

文官郎、大夫，武官将军、校尉，自秦、汉以来有之。至于阶秩品著[①]，则由晋、魏至唐始定。唐文散阶二十九，自开府、特进之下，为大夫者十一，为郎者十六。武散阶四十五，为将军者十二，为校尉者十六。此外怀化、归德大将军，讫于[②]司戈、执戟(jǐ)，皆以待[③]蕃戎之君长臣仆。本朝因之。元丰正[④]官制，废文散阶，而易旧省部寺监名，称为郎、大夫，曰寄禄官。政和中，改选人七阶亦为郎，欲以将军、校尉易横行以下诸使至三班借职，而西班用事者嫌其途辙太殊[⑤]，亦请改为郎、大夫，于是以卒伍厮圉(yǔ)[⑥]玷污此名，又以节度使至刺史专为武臣正任。且郎、大夫，汉以处[⑦]名流，观察使在唐为方伯，刺史在汉为监司，在唐为郡守，岂介胄恩幸所得处哉[⑧]？此其名尤不正者也。

[注释]

①阶秩品著：官员的等级、俸禄和服饰。阶秩，指官吏的职位和品级。品，等级，种类。著，通“着”，衣着服饰。

②讫于：截至，到。

③待：专门授给。

④正：改革，革新。

⑤用事者：当权者。殊：差别。

⑥卒伍厮圉：士卒、杂役等低贱之人。圉，养马的地方。

⑦处：安置。

⑧介胄：甲胄之士，指武士。恩幸：被皇帝宠幸的小人。

[译文]

文官郎、大夫，武官将军、校尉，从秦汉以后一直都有。至于官吏的品级、俸禄和衣饰，则从晋、魏到唐朝才逐渐确定下来。在唐朝，文散阶有二十九级，自开府、特进以下，大夫有十一级，郎有十六级。武散阶有四十五级，其中将军十二级，校尉十六级。此外，从怀化、归德大将军至司戈、执戟，都是专门授给少数民族的酋长以及臣仆的。我们大宋朝继续沿用这种制度。元丰年间改革官制时，废除了文散阶，而改为过去的省、部、寺、监名，称郎、大夫等，这就是所谓的寄禄官，仅表示官吏的品级，而无实掌。宋徽宗政和年间，将选人七阶也改为郎，计划用将军、校尉等名称取代横行以下诸使至三班借职，可是西班的当权者嫌两种仕途悬殊太大，也请求将本系统的官名改为郎、大夫，于是以军人、杂役等玷污这些官名，又以节度使至刺史专门作为武臣的正任。况且，郎、大夫之职在汉代是用来安置名流的，观察使在唐代是一方最高长官，刺史在汉代是监察官，在唐代是郡守，哪里是武夫和受宠的小人所能充任的？这是武官中名实尤其不符的。

名将晚谬

自古威名之将，立盖世之勋[①]，而晚谬不克终者[②]，多失于恃功矜能而轻敌也[③]。关羽手杀袁绍二将颜良、文丑于万众之中。及攻曹仁于樊，于禁等七军皆没，羽威震华夏，曹操议徙许都以避其锐，其功名盛矣。而不悟吕蒙、陆逊之诈，竟堕孙权计中，父子成禽，以败大事。西魏王思政镇守玉壁，高欢连营四十里攻围之，饿冻而退。及思政徙荆州，举韦孝宽代己，欢举山东之众来攻，凡五十日，复以败归，皆思政功也。其后欲以长社为行台治所，致书于崔猷(yóu)，猷曰："襄城控带京洛，当今要地，如其动静，易相应接。颍川邻寇境，又无山川之固，莫若顿兵[④]襄城，而遣良将守颍川，则表里胶固，人心易安，纵有不虞(yú)[⑤]，岂足为患？"宇文泰令依猷策，思政固请，且约：贼水攻期年[⑥]、陆攻三年之内，朝廷不烦赴救。已而陷于高澄，身为俘虏。慕容绍宗挫败侯景，一时将帅皆莫及，而攻围颍川，不知进退，赴水而死。吴明彻当

关羽水淹七军

关羽英雄盖世，兼有智谋，驻守荆州时，曹军来犯，相持不下，关羽用水攻之法大败曹军，活捉庞德，曹营震恐。

陈国衰削之余，北伐高齐，将略人才[7]，公卿以为举首[8]，师之所至，前无坚城，数月之间，尽复[9]江北之地。然其后攻周彭城，为王轨所困，欲遏[10]归路。萧摩诃请击之，明彻不听，曰：“搴旗陷陈[11]，将军事也，长算远略，老夫事也。”一旬之间[12]，水路遂断。摩诃又请潜军突围[13]，复不许，遂为周人所执[14]，将士三万皆没焉。此四人之过，如出一辙。

［注释］

①勋：功勋，功劳。

②晚谬不克终者：晚年出现失误所以不能得到善终者。谬，失误。

③恃功矜能：居功自傲，任气使才。

④顿兵：派重兵驻守。

⑤不虞：不测，出乎意料的事情，多指不好的事。

⑥期年：一年。

⑦将略人才：韬略才学。

⑧以为举首：认为吴明彻的才能属当时之首。

⑨复：收复。

⑩遏：阻遏，堵截。

⑪搴旗陷陈：夺取敌军大旗，冲锋陷阵。

⑫一旬之间：还不到十天的时间。一旬，十天。

⑬潜军突围：派军队悄悄突围。

⑭所执：被俘虏。

［译文］

自古以来，威名赫赫、功高盖世的将领，在晚年出现失误以致不能善终的，大多数是失于居功自傲、大意轻敌。蜀汉的关羽，在千军万马之中手杀袁绍帐下的名将颜良、文丑，如同探囊取物。在攻打樊城（今湖北襄樊）的曹仁时，又大破于禁等七军，杀庞德，擒于禁，威震华夏，竟使得曹操准备迁都许昌以避其锋，其威名可谓鼎盛之极了。可是，骄傲的关羽竟没有识破吕蒙、陆逊的欺诈，冷不防中陷入了孙权的圈套，以致父子同时被擒，不仅自己身败名裂，而且也坏了刘备的大事。西魏的王思政镇守玉壁（今山西稷山西南）时，高欢连营四十里围攻他，最终因天气寒冷、粮草缺乏而被迫退兵。当王思政移镇荆州（今湖北江陵）时，举荐韦孝宽接替自己守卫玉壁城，高欢乘机率领东魏重兵大举围攻玉壁，经过五十天的激战，东魏损兵折将、大败而归，这也是王思政的功劳。后来，王思政想以长社县（今河南长葛）为行台治所，特意给崔猷写了一封信，崔猷回答说：“襄城郡控带京师和洛阳，是当今的战略要地，如有特殊情况，便于相互接应。颍川郡（治今河南许昌）临近敌境，又无山川之险以为屏障，不如重兵驻守襄城，同时派遣良将守卫颍川，

这样表里俱固，人心易安，即使有出乎意料的事件发生，又有什么可担心的？”西魏丞相宇文泰命令依照崔猷的策略行事，可是王思政再三坚决请求，而且保证：敌人水攻一年、陆攻三年之内，不麻烦朝廷发兵救援。不久，颍川郡被东魏大将军高澄攻破，王思政自己也做了俘虏。东魏将领慕容绍宗曾击败侯景，当时的将帅都无法与之相比，但是在进攻颍川时，却不知进退，最终因战败投水而死。吴明彻在陈国已经相当衰弱的情况下，率领陈兵大举北伐高齐（即北齐）。吴明彻的将略和才学，被公卿们认为是一时之冠，他的军队所到之处，攻无不克，战无不胜，数月之间就完全收复了江北之地。然而，后来在进攻北周的彭城（今江苏徐州）时，被王轨所困。王轨计划切断陈军的归路，萧摩诃请求发兵击退王轨，可吴明彻不听，并且傲慢地说：“冲锋陷阵，勇夺敌旗，是将军你的事，而深谋远虑、运筹帷幄，则是老夫我的事。”还不到十天，陈兵的水上归路便被切断。萧摩诃又请求悄悄突围，可吴明彻仍然不答应，结果，陈军大败，吴明彻与将士三万人都做了周军的俘虏。不难看出，上述四人所犯的错误如出一辙，都是因为居功自傲、大意轻敌所致。

卷十二

无用之用

庄子云：“人皆知有用之用，而莫知无用之用。”又云：“知无用，而始可与言用矣。夫地非不广且大也，人之所用，容足[1]耳。然则厕足而垫之致黄泉，所谓无用之为用也亦明矣。”此义本起于《老子》：“三十辐共一毂(gǔ)[2]，当其无，有车之用”一章。《学记》：“鼓无当于五声[3]，五声弗得不备[4]；水无当于五色[5]，五色弗得不章[6]。”其理一也。今夫飞者以翼为用，絷(zhí)[7]其足，则不能飞。走者以足为用，缚其手，则不能走。举场较艺[8]，所务者才也，而拙钝者亦为之用。战陈角胜[9]，所先者勇也，而老怯者亦为之用。则有用、无用，若之何[10]而可分别哉？故为国者[11]，其勿以无用待天之下士，则善矣！

［注释］

①容足：立足之地。

②三十辐共一毂：三十根辐条集中到一个车毂上。

③五声：指宫、商、角、徵、羽。

④备：完备，完美。

⑤五色：指青、黄、赤、白、黑。

⑥章：彰显。

⑦絷：捆绑。

⑧举场较艺：科举考场上较量技艺。

⑨战陈角胜：在战场上取得胜利。战陈，通“战阵”，战场。

⑩若之何：怎么办，如何。

⑪为国者：治理国家的人。

[译文]

庄子说：“人们都知道有用的作用，却没有人知道无用的作用。”又说：“知道无用，然后才可以与你谈论有用。土地不是不广大啊，可是人所使用的地方只不过是立足之地而已。既然只有这一小块立足之地有用，那么，把此外无用的土地都挖掉，一直挖到黄泉，这时人所站立的这一小块立足之地难道还有用处吗？由此看来，所谓无用的用处也就很明显了。”这种说法起源于《老子》一书中：“三十根辐条集中到一个车毂上，有了车毂中间的空洞，才有了车的作用。”《学记》中说：“鼓声虽然不在五声（即宫、商、角、徵、羽）之列，但是如果没有它，五声就不完美；水色虽然不在五色（指青、黄、赤、白、黑）之列，可是如果没有它，五色就难以明现。”其道理是一样的。现在，那些会飞的动物是使用翅膀飞的，可是如果捆住它们的腿，它们就飞不起来。人们走路是用脚的，可是如果捆住双手，他们就跑不快。在科场上比试技艺，所注重的是真才实学，而才智平常的人也有用处。在战场上克敌制胜，需要的是勇力，而年老胆怯的人也有用处。如此，有用和无用，怎么能一概而分呢？所以，治国的人如果能不以“无用”来看待天下的士人，事情就好办了！

唐制举科目

唐世制举，科目猥多①，徒异其名尔②，其实与诸科等也。张九龄以道侔伊、吕策高第③，以《登科记》及《会要》考之，盖先天元年九月。明皇初即位，宣劳使所举诸科九人，经邦治国、材可经国、才堪刺史、贤良方正与此科各一人，藻思清华、兴化变俗科各二人。其道侔伊、吕策问殊平平④，但云：“兴化致理，必俟得人⑤；求贤审官，莫先任举。欲远循汉、魏之规，复存州郡之选，虑牧守之明⑥，不能

必鉴。”次及“越骑佽飞，皆出畿甸[7]，欲均井田于要服[8]，遵丘赋于革车”，并安人重谷[9]，编户农桑之事，殊不及为天下国家之要道[10]。则其所以待伊、吕者亦狭矣。九龄于神龙二年中材堪经邦科，本传不书，计[11]亦此类耳。

[注释]

①科目猥多：开考的科目种类繁多。
②徒异其名尔：只不过名称不一样罢了。
③道侔伊：即伊尹。吕：吕尚，即姜尚。
④殊平平：十分平常。
⑤得人：得到人才。
⑥虑：担心。牧守：州牧，郡守。
⑦畿甸：京城地区。
⑧欲均井田于要服：想要在全国平均井田制。
⑨安人重谷：安抚百姓，重视农桑。
⑩要道：要旨。
⑪计：估计。

[译文]

在唐代的科举中，临时开考的科目名目繁多，其实质与其他各科并没有多大区别，只不过是名称不同罢了。名相张九龄以“道侔伊（指伊尹）、吕（指吕尚，即姜尚）科”高中，参阅《登科记》和《唐会要》可知，这大概是唐玄宗先天元年（712）九月的事。当时，唐明皇刚即位，宣劳使所举诸科共取九人，其中经邦治国、材可经国、才堪刺史、贤良方正以及道侔伊、吕科等各一人，藻思清华、兴化变俗科各二人。实际上，道侔伊、吕科皇帝策问所涉及的问题十分平常，只是说：“兴化治国，必须得到人才；求贤审官，莫先于任子、察举。要想远循汉、魏之制，恢复州、郡选拔官吏的做法，又恐怕州牧、郡守的能力无法明鉴一切。”又说到“越骑、佽飞等禁军，都出京师很远活动，准备在全国各主要地区平均井田，使兵农合一”，以及安民重农、百姓农桑之事，根本称不上是治国平天下的要旨。由此看来，政府等待伊尹、姜尚这样的贤才去做的，也是很狭隘的。张九龄于唐中宗神龙二年（706）考中材堪经邦科，而正史的本传中没有记载，估计也与此相类似。

东坡论庄子

东坡先生作《庄子祠堂记》，辩其不诋訾[①]孔子。“尝疑《盗跖》《渔父》则真若[②]诋孔子者，至于《让王》《说剑》，皆浅陋不入于道[③]。反复观之，得其《寓言》之终曰：‘阳子居[④]西游于秦，遇老子。其往也，舍者将迎其家，公执席[⑤]，妻执巾栉[⑥]，舍者避席[⑦]，炀者避灶[⑧]。其反[⑨]也，与之争席矣。’去其《让王》《说剑》《渔父》《盗跖》四篇，以合于《列御寇》之篇，曰：‘列御寇之齐，中道而反，曰：‘吾惊焉，吾食于十浆，而五浆先馈’。然后悟而笑曰：是固一章也。庄子之言未终，而昧者剿之[⑩]，以入其言尔。”东坡之识见至矣、尽矣。故其《祭徐君猷文》云：“争席满前，无复十浆而五馈。”用为一事。今之庄周书《寓言》第二十七，继之以《让王》《盗跖》《说剑》《渔父》，乃至《列御寇》为第三十二篇，读之者可以涣然冰释也。

庄 子

庄子尊崇任意恣肆，畅游世间，而孔子则极力强调人的责任，两人处世看法大相径庭，后世许多学者认为庄子对孔子心存诋毁。

予按《列子》书第二篇内首载御寇馈浆事数百言，即缀以杨朱争席一节，正与东坡之旨异世同符。而坡公记不及此，岂非作文时偶忘之乎？

陆德明释文：“郭子玄云，一曲之才，妄窜奇说[⑪]，若《阏弈》《意修》之首，《危言》《游凫》《子胥》之篇，凡诸巧杂，十分有三。《汉·艺

文志》《庄子》五十二篇，即司马彪、孟氏所注是也，言多诡诞[12]，或似《山海经》，或类占梦书，故注者以意去取，其内篇众家并同。”予参以此说，坡公所谓昧者，其然乎？《阏弈》《游凫》诸篇，今无复存矣。

［注释］

①诋訾：诋毁。

②真若：真的像，的确像。

③皆浅陋不入于道：都很浅薄毕露，与道家思想不相合。

④阳子居：即杨朱，字子居，战国时期魏国人。他的学说核心是爱己，拔一毛而为天下利亦不为也，所以遭到儒家的贬斥，被儒家学说斥为异端。

⑤公执席：男主人拿着席子，请他坐在席子上。

⑥妻执巾栉：女主人则恭恭敬敬地拿来漱洗的毛巾、梳子等用品。巾栉，巾和梳篦，泛指盥洗用具。

⑦舍者避席：许多本来的客人都赶紧离席而去。

⑧炀者避灶：烤火的人也都离开灶膛而去。炀，烤火。

⑨反：通“返”，返回。

⑩昧者剿之：蒙昧无知的人将它（杨朱的话语）割裂开来。剿，将别人的话语作为自己的。

⑪妄窜奇说：任意窜改前人的文章，发表一些离奇的观点。

⑫诡诞：荒诞怪异。

［译文］

苏东坡先生曾写了一篇《庄子祠堂记》，极力论证庄子并不诋毁孔子。他说：“我曾怀疑《盗跖》《渔父》二篇的确像是诋毁孔子的，至于《让王》《说剑》二篇则结构松散，文辞浅陋，其思想与庄子的道家思想格格不入，显系伪作。我经过反复的阅读揣摩，发现《寓言》篇的结尾说：‘阳子居（即杨朱，字子居）向西游历秦国，半道上遇见老子。当他到达沛城的时候，馆舍的客人出来迎接他到客舍，男主人拿着席子侍候他坐下休息，女主人则送来梳洗用品，毕恭毕敬，有的客人连忙离席而去，烤火的人也离开灶台悄悄溜走。当阳子居从沛地返回时，馆舍的客人们都同他随意争席而坐，不分彼此了。’下面如果去掉《让王》《说剑》《渔父》《盗跖》四篇，直接与《列御寇》的首段相接，文意是非常通顺的，《列御寇》的第一段说：‘列御寇前往齐国，半道就返回来了，说：‘我碰到了令人惊异的事情，我曾在十家茶馆喝茶，竟有五家争先把茶水送上来。’经过揣摩，我恍然大悟，不禁说道：这本来就是同一篇的内容。庄子的话还没有说完，蒙昧无知的人就将它强行割裂开来，以便插入自己的作品。”苏东坡的见解实在是太高明，太周全了。所以，他的《祭徐君猷文》说：“人人争先恐后地抢占座位，不再有到十家吃饭而五家抢先上菜的情景。”将杨朱和列御寇的事用作一件事。今天看到的《庄子》中，《寓言》为第二十七篇，接着是《让王》《盗跖》《说剑》《渔父》四篇，《列御寇》被列为第三十二篇，阅读时隔过中间四篇，将《寓言》与《列御寇》两篇直接连在一起读，就会感到许多疑点都涣然冰释，不复存在。

在《列子》第二篇中，先记载了列御寇被店家先行馈饷饮品的事，竟用了数百字，紧接着便记述杨朱争席一事，正好与苏东坡的意思完全相同，尽管两人的时代相差一千余年。不过，在苏东坡的文章中只字未提《列子》的记载，莫非是写文章时偶然忘记了吗？

陆德明的《经典释文》载：“郭子玄说：个别有点歪才的学者，不知天高地厚，竟然在《庄子》中大量掺假，如《阏弈》《意修》二篇的开头，和《危言》《游凫》《子胥》等篇中，被巧妙地掺入的伪作，竟有十分之三以上。《汉书·艺文志》说《庄子》有五十二篇，也就是司马彪和孟氏所注的那个本子，语言多有诡诞之处，有些像是《山海经》，有些像是占梦书，因此，作注的人根据自己的见解随意取舍，只有《庄子》的内篇，各家都是一样的。”我参考了这种说法，苏东坡先生所说的愚昧无知之人，莫非指的就是这些人？《阏弈》《游凫》等篇，今天已经不复存在了。

卷十三

贞元制科

唐德宗贞元十年，贤良方正科十六人，裴垍为举首，王播次之，隔一名而裴度、崔群、皇甫镈继之。六名之中，连得五相，可谓盛矣！而邪正复不侔（móu）[①]。度、群同为元和宰相，而镈以聚敛贿赂亦居之，度、群极陈其不可[②]。度耻其同列，表求自退[③]，两人竟为镈所毁而去。且三相同时登科，不可谓无事分，而玉石杂糅[④]，薰莸（yóu）同器[⑤]，若默默充位，则是固宠患失，以私妨公，裴、崔之贤，谊难以处也。本朝韩康公、王岐公、王荆公亦同年联名，熙宁间，康公、荆公为相，岐公参政，故有“一时同榜用三人”之语，颇类此云。

[注释]

①不侔：不相等，不等同，引申为不可比较，不能同日而语。

②极陈其不可：极力向皇上呈说他不可用。陈，陈请，陈说。

王安石

王安石，字荆公，宋朝著名的宰相。其才能、文采皆为世人所不及。

③表求自退：上表请求离职归隐。表，上书，上表。

④玉石杂糅：美玉和石头混杂在一起。

⑤薰莸同器：香花和臭草放在同一个器皿里。薰，一种香草，泛指花草的香气。莸，一种有臭味的草。

［译文］

唐德宗贞元十年（794），考中贤良方正科的有十六人，其中裴垍为第一名，王播次之，裴度、崔群、皇甫镈分别居第四、第五、第六位。在前六名中，竟然有五人先后担任宰相，可谓是古今罕见的盛事！而五人的忠奸正邪却不可同日而语。裴度、崔群同在宪宗元和年间任宰相，而皇甫镈凭借横征暴敛和贿赂也被任命为宰相，裴、崔二人极力向皇帝劝说此人不可重用，却没有被接受。裴度耻于同皇甫镈共事，因而上表请求辞职，最后两人因为受到皇甫镈的诋毁而离开相位。裴度、崔群、皇甫镈三位宰相同时登科，不可谓没有情分，然而玉石杂糅，薰莸同器，如果默默地填充着相位，则是贪恋富贵，明哲保身，为私害公，以裴、崔之贤，是不可能这样做的。大宋朝的韩康公（即韩绛）、王岐公（即王圭）、王荆公（即王安石）三人也是同年登科的，神宗熙宁年间，韩康公、王荆公任宰相，王岐公任参知政事，因此当时有“一时同榜用三人”的说法，这种情况与唐宪宗元和年间的事非常相似。

金花帖子

唐进士登科，有金花帖子，相传已久，而世不多见[①]。予家藏咸平元年孙仅榜[②]盛京所得小录，犹用唐制，以素绫为轴，贴以金花，先列主司[③]四人衔，曰：翰林学士给事中杨，兵部郎中知制诰李，右司谏直史馆梁，秘书丞直史馆朱，皆押字。次书四人甲子，年若干，某月某日生，祖讳某，父讳某，私忌[④]某日。然后书状元孙仅，其所纪与今正同。别用高四寸绫，阔二寸，书“盛京”二字，四主司花书

于下，粘于卷首，其规范如此，不知以[5]何年而废也。但此榜五十人，自第一至十四人，惟第九名刘烨为河南人，余皆贯开封府。其下又二十五人亦然。不应都人士中选若是[6]之多，疑亦外方人寄名托籍，以为进取之便[7]耳。四主司乃杨砺、李若拙、梁颢(hào)、朱台符，皆只为同知举。

［注释］

①而世不多见：而当今世上却很少有人能看到原件。

②榜：科举考试中榜。

③主司：主考官。

④私忌：私家的忌日。指父母及祖父母、曾祖父母死去的日期。

⑤以：到。

⑥若是：如此，这么。

⑦便：方便，便利。

［译文］

在唐朝，进士登科后都要得到一本精美的金花帖子，此制相传已久，而当今世上却很少能够看到原件。我家收藏有宋真宗咸平元年(998)，孙仅在盛京（指北宋东京开封）考中时所得的小录，它仍然使用唐制，以白绫为轴，上贴金花，先列四位主考官的头衔，即：翰林学士给事中杨，兵部郎中知制诰李，右司谏直史馆梁，秘书丞直史馆朱，每个人都签署自己的名字。接着写的是四位主考官的年龄，某月某日生，祖父名字，父亲名字，私忌某日。然后写状元孙仅，所记的内容与现在的完全相同。另外，又用一张长四寸、宽二寸的绫子，上写“盛京”两个大字，下面是四位主考的花书，然后将它粘贴在帖子的卷首。金花帖子的规范就是这样，不知从哪一年开始被废除了。但是，此榜的五十个人中，从第一到第十四名，除第九名刘烨是河南府（今河南洛阳）人之外，其余的籍贯都是东京开封府。从第十五名以后，又有二十五人的籍贯是开封府。京师士人考中的竟如此之多，显而易见是不合情理的，估计有不少外地士人寄名托籍，假称是京城人，以便于在仕途上发展。帖子上的四位主考官是：杨砺、李若拙、梁颢、朱台符，当时都任同知举。

物之大小

列御寇[1]、庄周大言小言，皆出于物理之外[2]。《列子》所载“夏革曰：渤海之东几亿万里，有大壑(hè)焉，实惟无底之谷。中有五山，高下周旋三万里[3]，山之中间相去七万里，而五山之根无所连著。帝使巨鳌(áo)[4]

飞卫学射

《列子·汤问》中记载，纪昌向飞卫学习射箭，飞卫教导他应苦练基本功，要将虱子看得和车轮一样大。虱子虽小，但飞卫苦练，可以将其看到和车轮一样大，所以物之大小，也是相对而言。

十五举首而戴之，叠为三番，六万岁一交[5]焉。而龙伯之国有大人[6]，举足不盈数千而暨(jì)[7]山所，一钓而连六鳌，合负而趣归其国。于是岱舆、员峤(qiáo)二山，沈[8]于大海。”张湛注云：“以高下周围三万里山，而一鳌头之所戴，而六鳌复为一钓之所引，龙伯之人能并而负之。计此人之形当百余万里，鲲鹏方之[9]，犹蚊蚋蚤虱耳。太虚之所受，亦奚所不容哉！”《庄子·逍遥游》，首著鲲鹏事云：“北溟有鱼，其名为鲲。鲲之大，不知其几千里也；化而为鸟，其名为鹏。鹏之徙[10]于南溟，水击三千里，抟(tuán)[11]扶摇而上者九万里。”二子之语大若此。

至于小言，则《庄子》谓：“有国于蜗之左角，曰触氏，右角曰蛮氏，相与争地而战，伏尸数万，逐北旬有五日而后反[12]。”《列子》曰：“江浦之间生幺虫[13]，其名曰焦螟。群飞而集于蚊睫[14]，弗相触也，栖宿去来[15]，蚊弗觉也。黄帝与容成子[16]同斋三月，徐以神视[17]，块然见之，若嵩山之阿[18]，徐以气听，砰然闻之[19]，若雷霆之声。”二子之语小如此。释氏维摩诘长者居丈室而容九百万菩萨并师子座[20]，一芥子之细而能纳须弥[21]。皆一理[22]也。张湛不悟其寓言，而窃窃然以太虚无所不容为说，亦隘矣！若吾儒《中庸》之书，但云：“天地之大也，人犹有所憾[23]，故君子语大，天下莫能载焉；语小，天下莫能破焉。”则明白洞达，归于至当[24]，非二氏之学一偏所及也。

［注释］

①列御寇：即列子，东周至战国时期郑国人，他安于贫寒，不求名利，不

进官场，隐居郑地，潜心著书。列子继承了老子的学说，又加以发扬光大。庄子在《逍遥游》中说，列子可以“御风而行”，常“乘风游八荒”。列子主张贵虚，流传下的有《列子》一书。

②皆出于物理之外：都出于事物的常理之外。

③高下周旋三万里：高低方圆各有三万里。

④巨鳌：巨龟。

⑤六万岁一交：每六万年换一次班。

⑥大人：巨人。

⑦暨：到达。

⑧沈：同“沉”，陷落。

⑨鲲鹏方之：指鲲鹏与龙伯国巨人相比。

⑩徙：迁徙。

⑪挟：凭借。

⑫逐北旬有五日而后反：战胜一方深入敌境，大概半个月才能撤兵返回。北，败北，失败。旬，一旬为十日。有，通“又”。反，通“返”，返回。

⑬幺虫：小虫子。

⑭群飞而集于蚊睫：成群的焦螟一起飞到蚊子的睫毛上。

⑮栖宿去来：在蚊子的睫毛上栖息过夜，来回飞舞。

⑯容成子：古代传说中的仙人，据说是指导黄帝学习养生术的老师之一。

⑰徐以神视：平心静气，屏住呼吸凝神观察。

⑱若嵩山之阿：像嵩山下的丘陵。

⑲砰然闻之：听到砰砰的声音。

⑳释氏维摩诘：佛教徒维摩诘。丈室：一丈见方的屋子。

㉑须弥：佛教用语。佛教说，世人所住的世界中心是一座大山，叫须弥山。

㉒皆一理：都是同样的道理。

㉓憾：觉得缺憾，不满足。

㉔归于至当：十分恰当。

［译文］

列御寇和庄子所说的“大”与“小”，都出于事物的常理之外。《列子》载夏革对商汤说：“渤海之东不知其几亿里的地方，有个大沟，实际上就是一个无底之谷。谷中有五座山，高低方圆各有三万里，每座山之间相距七万里，这五座大山的根基都无所依托。天帝派十五只巨龟举首顶戴五山。这些龟分为三班轮流托山，每六万年一换班。而龙伯之国有个巨人，抬脚不到数十步就来到五大山的所在地，下一次钩竟钓起六只巨龟，然后将它们拢在一起扛回本国。于是五大山中的岱舆、员峤二山从此沉入大海。”张湛注释说：“一座高低方圆达三万里的大山，竟被一只巨龟用头轻而易举地顶托着，而力能托山的六只巨龟却又被一钩钓出，然后并在一起扛走。由此估算，龙伯之国巨人的身材当有一百余万里，鲲鹏与之相比，简直就像蚊蚋蚤虱一样。看来太虚（指深玄之理）之所受，也可谓是无所不容啦！”《庄

须弥山

须弥，为佛教用语。佛教认为，世人所住的世界中心是一座大山，这座大山叫须弥山。

子·逍遥游》记述鲲鹏的事说："北方的海中有一种大鱼，它的名字叫鲲。鲲之大，不知道有几千里；变为鸟后，名叫鹏。当鹏向南海迁徙时，翅膀扇动，击水达三千余里，然后盘旋而上，离地达九万里。"列子和庄子所说的"大"，竟有如此之大。

至于说"小"，则《庄子》称："在蜗牛壳的左角有个小国，名叫触氏，在右角也有个小国名叫蛮氏，两国为了争夺地盘而爆发战争，以致伏尸数万，得胜的一方穷追猛打，长驱直入，深入敌境半个月后才撤兵回返。"《列子》说："江浦之间有一种小虫，它的名子叫焦螟。大群的焦螟落脚于蚊子的一根眼睫毛上，谁也不会碰着谁。它们飞来飞去，在蚊子的睫毛上休息、过夜，蚊子也毫无感觉。黄帝和容成子一起斋戒三个月，然后平心静气地凝神观瞧，清晰地看见了焦螟，就像是嵩山下的大丘陵一样；他们又平心静气地凝神倾听，听到了焦螟发出的'砰、砰'之声，就像是震耳欲聋的霹雷一样。"庄子和列子所说的"小"，竟小到这种程度。佛教徒维摩诘长者自居斗室却可容纳九百万尊菩萨及其狮子座，一粒芥子那样小的地方竟能容纳须弥那样的高山，其道理都是一样的。张湛不明白列子的寓言中所包含的深刻哲理，却喋喋不休地说什么太虚无所不容，真是太狭隘、太没有见识了！至于我们儒家经典《中庸》一书中只是说："天地是最为广阔的，但是人们还是感到不满意，因此君子所谈论的'大'，大得天下根本无法容纳；君子所谈论的'小'，小得天下没有任何东西可以进得去。"这话说得明白透彻，恰如其分，绝不是列子和庄子的偏颇学说所能比拟的。

卷十四

帝王训俭

帝王创业垂统①，规②以节俭，贻训③子孙。必其继世④象贤，而后可以循其教，不然，正足取侮笑耳。宋孝武大治宫室⑤，坏高祖所

居阴室[6]，于其处[7]起玉烛殿，与群臣观之，床头有土障，上挂葛灯笼、麻蝇拂。侍中袁颢因盛称[8]高祖俭素之德，上不答，独曰：“田舍翁[9]得此，已为过矣！”唐高力士于太宗陵寝宫，见梳箱一、柞(zuò)木梳一、黑角篦一、草根刷子一，叹曰：“先帝亲正皇极[10]，以致升平[11]，随身服用，唯留此物。将欲传示子孙，永存节俭。”具以奏闻[12]。明皇诣陵，至寝宫，问所留示者[13]何在？力士捧跪上，上跪奉，肃敬如不可胜[14]，曰：“夜光之珍，垂棘之璧[15]，将何以愈此[16]？”即命史官书之典册[17]。是时，明皇履位[18]未久，厉精为治，故见太宗故物而惕(tì)然有感[19]。及侈心一动，穷天下之力不足以副[20]其求，尚何有于此哉？宋孝武不足责也，若[21]齐高帝、周武帝、陈高祖、隋文帝，皆有俭德，而东昏、天元、叔宝、炀帝之淫侈，浮于桀、纣[22]，又不可以语[23]此云。

[注释]

①垂统：指帝位代代相传。

②规：规劝。

③贻训：先人留下的训诫。

④继世：后辈，后人。

⑤宋孝武：南朝宋孝武帝刘骏。大治宫室：大营宫室，建造宫殿。

⑥阴室：即私室。南朝皇帝死后，以其所居殿为阴室，藏生前衣着等日用物品。

⑦于其处：在这个地方，指高祖刘裕的阴室。

⑧盛称：盛赞，极力称赞。

⑨田舍翁：种田的老头。

⑩亲正皇极：亲手匡正做帝王的准则。极，准则。

⑪以致升平：让天下呈现出歌舞升平的景象。

⑫具以奏闻：一五一十地将这事向玄宗做了汇报。

⑬所留示者：太宗遗留下来的东西。

⑭肃敬如不可胜：严肃恭敬到了无以复加的地步。

⑮垂棘之璧：垂棘之地的美玉。垂棘，春秋时期晋国的一个地区，以产美玉著称，后借指美玉。

⑯将何以愈此：又怎么能超过这些呢？

⑰书之典册：记录到典册中去。

⑱履位：继承皇位。

贵妃月夜舞霓裳

唐玄宗早年励精图治，平定天下，晚年却沉迷酒色，宠爱杨贵妃，亲近小人，不思进取，终于招致安史之乱，天下动荡。

⑲惕然有感：受震动，有很深的感触。
⑳副：满足。
㉑若：像。
㉒浮于桀、纣：比桀、纣更甚。
㉓语：谈论。

[译文]

帝王创立基业后，为了使江山牢固，世代相传，总要规劝子孙们过节俭的生活，体恤民情。然而，只有他们的后人比较贤明时，才会遵从前辈的教诲，否则的话，正好是自取侮辱和嘲笑而已。南朝宋孝武帝刘骏大兴土木，建造宫殿。他毁坏了宋高祖刘裕曾居住过的阴室，准备在这里新建玉烛殿。当他与群臣一起去观看时，只见高祖的床头有一道土障，上面挂的是葛条编的灯笼和用麻做的驱蝇掸子。侍中袁颉于是盛赞高祖的俭朴之德，孝武帝并不答话，只是淡淡地说：“种田的老头用这些东西，已经太过分了！”唐朝宦官高力士在太宗陵的寝宫中看到梳箱一只、柞木梳子一把、黑角篦子一把、草根刷子一把，感叹地说：“太宗皇帝亲手匡正了为帝王的准则，使得天下呈现出一派歌舞升平的景象，而他自己随身所穿所用的，却只留下这些。他是想以此传示子孙，告诫他们永保节俭之德。”高力士将这件事一五一十地向玄宗皇帝作了汇报。唐明皇闻报，马上亲赴太宗陵，到寝宫问太宗所留下的东西在哪儿？高力士手捧这些东西跪着献给玄宗，玄宗跪拜接受，肃敬到了无以复加的程度，并且说：“珍奇的夜光宝珠，垂棘（春秋时期晋国的产宝玉之地）的稀世美玉，又怎能比这些更好？”玄宗当即命令史官记载于典册。当时，唐玄宗刚继位不久，雄心勃勃，励精图治，因而见到太宗的遗物后感触良深。及至他的奢侈心一动，即使竭尽天下之财力人力也无法满足其要求，哪里还有一丁点儿对太宗遗物的印象？宋孝武不值得指责，至于像齐高帝、周武帝、陈高祖、隋文帝等，都有节俭的美德，可是他们的后代东昏侯萧宝卷、天元皇帝宇文赟、陈后主叔宝、隋炀帝杨广等人的骄奢淫逸，穷奢极欲，其程度超过了夏桀、商纣，对他们就不必谈什么节俭之德了。

用计臣为相

唐自贞观定制，以省台寺监理天下之务，官修其方[1]，未之或改[2]。明皇因时极盛，好大喜功，于财利之事尤切[3]，故宇文融、韦坚、杨慎矜、王鉷，皆以聚敛刻剥进[4]，然其职不出[5]户部也。杨国忠得志，乃以御史大夫判度支，权知太府卿及两京司农太府出纳，是时，犹未立判使之名也。肃宗以后，兵兴费广[6]，第五琦、刘晏始以户部侍郎判诸使，因之拜相，于是盐铁有使，度支有判。元琇、班宏、裴延龄、李巽之徒踵相蹑[7]，遂浸浸以他官主之[8]，权任益重。

宪宗季年，皇甫镈由判度支，程异由卫尉卿盐铁使，并命为相，公论沸腾，不恤也。逮于[9]宣宗，率[10]由此途大用，马植、裴休、夏侯孜以盐铁，卢商、崔元式、周墀、崔龟从、萧邺、刘瑑以度支，魏扶、魏谟、崔慎由、蒋伸以户部，自是计相不可胜书矣。惟裴度判度支，上言调兵食非宰相事，请以归有司[11]，其识量宏正[12]，不可同日语也。

[注释]

①官修其方：政府制定官制的具体方案。官，政府。修，制定。方，方案。

②未之或改：没有修改过。

③切：关切，关注。

④皆以聚敛刻剥进：都因为好聚敛财产、强征赋税而得到重用。刻剥，侵夺百姓。

⑤不出：没有超过。

⑥兵兴费广：战争兴起，所以军备开销很大。

⑦踵相蹑：相继步其后尘。

⑧遂浸浸以他官主之：于是逐渐用其他官员来掌管。

⑨逮于：到了，及至。

⑩率：全部。

⑪有司：有关部门。

⑫识量宏正：见识深远，正直宽厚。

［译文］

唐朝从太宗贞观年间确定官制，以省、台、寺、监等机构处理天下的各项事务，政府制订了具体方案，此后没有修改过。唐玄宗时期国家极盛，他自己又好大喜功，因而对钱财之事尤为关切，于是，宇文融、韦坚、杨慎矜、王鉷等都凭聚财苛薄而得以重用，然而其职责范围都没有超出户部。杨国忠得志，乃以御史大夫的身份判度支，权知太府卿及两京司农太府出纳，不过当时还没有立判、使之名。唐肃宗以后，由于战争连绵，费用浩繁，第五琦、刘晏才开始以户部侍郎判诸使，接着又被拜为宰相，从此盐铁有使，度支有判。元琇、班宏、裴延龄、李巽等人又相继步其后尘，于是逐渐用其他的官员来主管财赋之事，权势越来越重。

裴度还带

据说唐朝宰相裴度年轻时，穷困落魄，寄居寺庙。一日拾到一条镶金嵌玉的腰带，他并没有私藏起来，而是四处寻求宝带主人。第二日，一女子来寺庙寻腰带，裴度慨然将宝带还回。

宪宗末年，皇甫镈以判度支，程异由卫尉卿盐铁使，同时被任命为宰相，引起舆论大哗，但皇帝不予理会，一意孤行。到了唐宣宗时期，宰相全由此途而得，马植、裴休、夏侯孜是以盐铁使，卢商、崔元式、周墀、崔龟从、萧邺、刘瑑是以判度支，魏扶、魏谟、崔慎由、蒋伸是以户部长官，从此以后计相不可胜数。只有裴度判度支时，对皇帝说调军粮并非宰相的分内事，请求把职权归还给有关部门。裴度的正直与远见卓识，其他众人与之相比，真是不可同日而语。

卢知猷

唐之末世，王纲绝纽[1]，学士大夫逃难解散，畏死之不暇[2]。非有扶颠持危[3]之计，能支大厦于将倾者，出力以佐时，则当委身山栖，往而不反[4]，为门户性命虑可也。白马之祸[5]，岂李振、柳璨(càn)数凶子所能害哉？亦裴、崔、独孤诸公有以自取[6]耳。偶读《司空表圣集·太子太师卢知猷(yóu)神道碑》，见其仕于僖(xī)、昭，更历荣级，至尚书右仆射，

以一品致仕，可以归矣。然由间关跋履[7]，从昭宗播迁[8]，自华幸洛，天祐二年九月乃终，享年八十有六，其得没于牖下[9]，亦云幸也。《新唐书》有传，附于父后，甚略，云："昭宗为刘季述所幽[10]，感愤而卒。"按昭宗以光化三年遭季述之祸，天复元年反正[11]，至知猷亡时，相去五年。《传》云："子文度，亦贵显。"而碑载嗣子刑部侍郎膺，亦不同。表圣乃卢幕客，当时作志，必不误矣。《昭宗实录》："光化四年三月，华州奏，太子太师卢知猷卒。以刘季述之变，感愤成疾[12]，卒年七十五。"正与《新唐·传》同。盖唐武、宣以后诸录，乃宋敏求补撰，简牍当有散脱者，皆当以司空之碑为正。又按是年四月改元天复，《旧唐·纪》："十一月，车驾幸凤翔。朱全忠趋长安，文武百寮[13]太子太师卢知猷已下出迎。"又为可证。《宰相世系表》："知猷生文度，而同族曰渥，渥之子膺，刑部侍郎。"二者矛盾如此。

［注释］

①王纲绝纽：社会动乱，秩序毁坏。

②畏死之不暇：唯恐随时随地会遭遇不测。

③扶颠持危：挽救国家危亡，扶持朝政。

④往而不反：隐居不出。

⑤白马之祸：又称白马驿之祸。唐末朱温诛杀朝官的一次事件。朱温在亲信李振鼓动下，在滑州白马驿，一晚杀"衣冠清流"三十余人，投尸于河，史称"白马之祸"。

⑥有以自取：咎由自取。

⑦间关跋履：长途跋涉。

⑧播迁：迁徙，流离。

⑨没于牖下：死在屋内，也指寿终正寝。

⑩所幽：被幽禁、关押起来。这里指帝位被废。

⑪反正：复位。

⑫感愤成疾：又急又气，以至于病倒。

⑬百寮：百官。

［译文］

唐朝末年，天下大乱，无复秩序，学士大夫纷纷四散逃难，唯恐随时随地会遭遇不测。那些没有计策挽救国家危亡、无力支撑起将倾之大厦的人，委身山林、隐居不出，为自己的身家性命着想，这是无可指责的。朱温贬大批朝官，并且在白马驿（今河南滑县）杀害三十余名朝官，投尸于黄河，这起惨案难道真是李振、柳璨等凶徒唆使的结果？其实，这也是宰相裴枢、崔远、独孤损等人姑息养奸，自取其祸的结果。我偶读《司空表圣集·太子太师卢知猷神道碑》，看到他在僖宗、昭宗时期做官，通过逐级荣升，直至尚书右仆射，这时以一品宰相的身份退休，是名正言顺的，而且是十足的衣锦荣归。然而，他却以衰老的身体，长途跋涉，随从昭宗逃亡避难，先奔华州，接着又赴洛阳，最终于昭宣帝天祐二年（905）逝世，亨年八十六岁。他能够死于室内，也属万幸。《新唐书》有卢知猷的传，是附在其父的传记之后，非常简略，传中说："昭宗被左右军中尉宦官刘秀述所废，卢知猷又气又恨，以致发病身亡。"按：唐昭宗于光化三年（900）遭刘季述之祸被废，次年也即天复元年（901）重新复位，此变发生时距卢知猷之死尚有五年。卢的传记中说："他的儿子文度，官职也很尊贵。"而碑文中说他的儿子是刑部侍郎卢膺，也不一样。表圣乃是卢知猷的幕僚，他作为同一时代的人所作的碑文必然不会弄错。《昭宗实录》记载："光化四年三月，华州报告太子太师卢知猷死。他是因为刘季述之变悲愤交加，以致发病而死，终年七十五岁。"与《新唐书》卢知猷的传中所载相同。唐武宗、宣宗以后的各朝实录，乃是宋朝的宋敏求补写的，当时的简牍资料难免有散脱遗失的，因此都应当以司空表圣的碑文为准。又按：光化四年四月改元为天复，《旧唐书》的昭宗纪中说："十一月，皇帝的车驾来到凤翔。朱全忠（即朱温）率兵直奔京师保驾，文武百官从太子太师卢知猷以下都出城迎接。"也可证明碑文是正确的。《宰相世系表》说："卢知猷的儿子文度，被同族人叫作渥，卢渥的儿子卢膺，官任刑部侍郎。"与碑文和传记的说法都不同。

陈涉不可轻

杨子《法言》："或问陈胜吴广，曰：'乱[1]。'曰：'不若是则秦不亡[2]。'曰：'亡秦乎？恐秦未亡而先亡矣。'"李轨以为："轻用其身[3]，而要乎非命之运，不足为福先，适[4]足以为祸始。"予谓不然。秦以无道毒[5]天下，六王皆万乘之国，相踵灭亡，岂无孝子慈孙、故家遗俗？皆奉头鼠伏[6]。自张良狙击[7]之外，更无一人敢西向窥其锋[8]者。陈胜出于戍卒[9]，一旦奋发不顾，海内豪杰之士，乃始云合响应[10]，并起而诛之。数月之间，一战失利，不幸陨命于御者之手，身虽已死，其所置遣侯王将相竟[11]亡秦。项氏之起江东，亦矫[12]称陈王之令而渡江。秦之社稷为墟，谁之力也？且其称王之初，万事草创，能从陈馀之言，迎孔子之孙鲋为博士，至尊为太师，所与谋议，皆非庸人崛起者可及，此其志岂小小者哉！汉高帝为之置守冢于砀，血食[13]二百年乃绝。子

云指以为乱，何邪？若乃杀吴广，诛故人，寡恩忘旧，无帝王之度，此其所以败也。

[注释]

①乱：乱臣。

②不若是则秦不亡：如果不是他们首先起义，那么秦朝就不会灭亡。

③轻用其身：轻举妄动，铤而走险。

④适：恰巧。

⑤毒：荼毒。

⑥奉头鼠伏：恭恭敬敬地拜倒，畏缩成一团。

⑦张良狙击：张良本是韩国贵族后裔，不满秦始皇统一天下及其暴政。一次秦始皇出巡，张良带着一个大力士，在河南原阳县郊外一个叫作博浪沙的地方锤杀秦始皇，可惜铁锤砸中秦始皇的副车，秦始皇安然无恙。张良更名改姓，逃到下邳（今江苏睢宁）。

⑧西向窥其锋：向秦朝挑战。

⑨戍卒：镇守边关的小兵。

⑩云合响应：像云一样聚集起来，纷纷响应。

⑪竟：最终，终于。

⑫矫：假借。

⑬血食：祭祀。

[译文]

西汉著名文学家扬雄的《法言》中说："有人问陈胜、吴广是什么样的人，我的回答是：'乱臣。'对方又说：'如果他们首先不起事，那么残暴的秦朝就不会灭亡。'我说：'灭亡秦朝吗？恐怕秦朝未灭而他们自己却先死了。'"隋朝的李轨认为："陈胜和吴广在时机尚未成熟的情况下，轻举妄动，铤而走险，不仅不能为人民带来幸福，相反却造成了深重的灾难。"我的看法与扬雄、李轨不同。无道的秦朝残害天下，涂炭生灵，原来的齐、楚、燕、韩、赵、魏等六国也都是实力雄厚的大国，却接踵被暴秦所灭，难道这些国的人都没有孝子贤孙和家族传统吗？为什么都恭恭敬敬地拜伏在秦人的脚下，任其宰割呢？除了韩国的张良曾在博浪沙狙击过秦始皇之外，竟没有一个人敢于向秦王朝挑战。陈胜只是一个普普通通的老百姓，微不足道的小戍卒，一旦奋不顾身地揭竿而起，天下的英雄豪杰才开始云集响应，共同伐秦。数月之间，因一战失利，陈胜不幸被车夫庄贾所杀。陈胜虽然死了，但是他所任命和派出的王侯将相最终推翻了秦朝。项梁和项羽在江东起兵后，也是假借陈王的命令而渡过长江的。秦朝的残暴统治被推翻，是谁的功劳呢？难道不主要是陈胜、吴广吗？而且，陈胜称王建国之初，万事草创，忙得焦头烂额，却能听从陈馀的建议，迎立孔子的后人孔鲋为博士，以至尊奉他为太师，他们在一起所商议的事情，绝非平庸之辈崛起后所能想到和做到的，由此难道能说陈胜的志向不大吗？汉高帝刘邦为他在砀县（今河南永城东北）设置守冢户，使他享用祭祀达二百年才告断绝。扬雄指斥陈胜为乱臣，不知是什么缘故？至于杀吴广、诛故友、寡恩少义、缺乏帝王的度量，这才是陈胜之所以失败的真正原因。

卷十五

李林甫[1]秦桧

李林甫为宰相，妒贤嫉能，以裴耀卿、张九龄在己上[2]，以李适之[3]争权，设诡计去之[4]。若其所引用，如牛仙客至终于位，陈希烈及见其死，皆共政六七年。虽两人伴食谄事[5]，所以能久，然林甫以忮(zhì)心贼害[6]，亦不朝愠暮喜[7]，尚能容之。秦桧[8]则不然，其始也，见其能助我，自冗散小官[9]，不三二年至执政。史才由御史检法官超右正言[10]，迁谏议大夫[11]，遂签书枢密[12]。施钜由中书检正、郑仲熊由正言，同除权吏部侍郎。方受告正谢[13]，施即参知政事[14]，郑为签枢。宋朴为殿中侍御史，欲骤用之，令台中申称本台缺检法主簿，须长贰乃可辟[15]。即就状奏除侍御史，许荐举，遽(jù)拜中丞，谢日除签枢，其捷如此。然数人者不能数月而罢[16]。

杨愿最善佞，至饮食动作悉效之。秦尝因食，喷嚏(tì)失笑，愿于仓卒间，亦阳喷饭而笑，左右侍者哂[17]焉。秦察其奉己，愈喜。既历岁亦厌之，讽御史排击而预告之，愿涕泪交颐[18]。秦曰“士大夫出处常事耳，何至是？”愿对曰：“愿起贱微，致身此地，已不啻足，但受太师生成恩，过于父母[19]，一旦别去，何时复望车尘马足邪？是所以悲也。”秦益[20]怜之，使以本职奉祠，仅三月起知宣州。

李若谷罢参政，或曰：“胡不效杨原仲之泣？”李，河北人，有直气，笑曰：“便打杀我，亦撰眼泪不出。”秦闻而大怒，遂有江州居住之命。

秦尝以病谒告，政府独有余尧弼，因奏对，高宗访以机务，一二不能答。秦病愈入见，上曰："余尧弼既参大政，朝廷事亦宜使之与闻。"秦退，扣[21]余曰："比日[22]榻前所询何事？"余具以告。秦呼省吏取公牍阅视，皆已书押。责之曰："君既书押了，安得言弗知？是故欲相卖耳！"余离席辩析[23]，不复应。明日台评交章。

张九龄

张九龄是唐代有名的贤相，他针对社会弊端提出一系列施政方针，对维护"开元盛世"起到了重要的作用。

段拂为人愦愦[24]，一日，秦在前开陈[25]颇久，遂俯首瞌睡，秦退始觉[26]，殊窘怖，上犹慰拊之[27]，且询其乡里。少顷，还殿廊幕中。秦闭目诵佛，典客赞揖至三，乃答。归政事堂，穷诘其语，无以对，旋遭劾，至于责居。

汤思退在枢府[28]，上偶回顾，有所问。秦是日[29]所奏，微不合。即云"陛下不以臣言为然，乞问汤思退。"上曰："此事朕岂不晓，何用问他汤思退？"秦还省[30]见汤，已不乐，谋去之。会其病，迨[31]于亡，遂免。考其所为，盖出偃月堂[32]之上也。

[注释]

①李林甫：高祖李渊的宗亲，玄宗时担任宰相。为人阴险狡诈，善于溜须拍马。在位二十年，嫉贤妒能，采用各种卑鄙手段打压排挤异己，满朝文武都对他腹诽颇多。

②裴耀卿：字焕之，曾任地方官，政绩良好。后拜尚书左仆射，地位显赫。张九龄：生性耿直，在担任中书令时被李林甫中伤，被贬到荆州做长史，而后不到三年便病逝了。

③李适之：李承乾之孙。精明强干，精力充沛。天宝元年(742)时担任左丞相，被李林甫暗算，并将与李适之有关的人都相继流放。李适之无奈，最后服药自尽。

④设诡计去之：施用诡计，使这些人都离开了相位。

⑤伴食谄事：陪吃陪喝，大献殷勤。

⑥以忮心贼害：用嫉妒之心残害贤能。

⑦朝愠暮喜：喜怒无度，反复无常。

⑧秦桧：字会之，江宁（今江苏南京）人。颇有文采，受皇帝赏识。靖康之变后，高宗封秦桧做礼部尚书，主张与金议和，深得高宗的宠信，不久，又被高宗封为相国。他执掌国家大权，对主战派多方迫害，诛杀岳飞等忠臣。他做相十九年，祸国殃民，但是高宗仍然对他宠信有加。

⑨冗散小官：地位卑微的闲散小官。

⑩超：超越。右正言：掌管规谏之类的官。

⑪谏议大夫：掌管谏院的长官。

⑫签书枢密：掌管军政要务的官职。

⑬方受告正谢：正当受命谢恩的时候。

⑭参知政事：副宰相。

⑮辟：授官。

⑯而罢：而被秦桧罢免。

⑰哂：轻蔑地笑。

⑱涕泪交颐：痛哭流涕。

⑲过于父母：比父母的恩德还要大。

⑳益：越发。

㉑扣：召见。

㉒比日：前几天。

㉓辩析：为自己辩解。

㉔愦愦：庸庸碌碌，混沌无为。

㉕开陈：训导，讲话。

㉖觉：醒觉。

㉗上犹慰拊之：宋高宗还开解宽慰他。

㉘枢府：指枢密院。

㉙是日：这一天。

㉚还省：回到府中。

㉛迨：快要。

㉜偃月堂：唐朝李林甫的堂名。李林甫有座屋堂像偃月，名叫偃月堂。每次李想排挤陷害其他大臣，便住进去，仔细盘算如何中伤他们。如果李高兴地走出来，那么没过几天，肯定有大臣被摘掉乌纱帽。这里用偃月堂来指代李林甫。

[译文]

唐朝的李林甫任宰相，妒贤嫉能，口蜜腹剑，因为宰相裴耀卿和张九龄的资历在己之上，左相李适之与己争权，所以他设诡计把这些人都挤离相位。至于李林甫自己所荐用的官员，如牛仙客最终死于任上，陈希烈直到李林甫死时仍在做官，他们都与李共事达六七年之久。虽然牛、陈二人时常陪吃献媚，曲意逢迎，所以能久保禄位，然而在另一方面，这也是由于李林甫虽然以嫉妒之心残害贤能，却并不朝三暮四，喜怒无常，因而尚能长期容忍他们。宋代秦桧则不然，一开始，他如果发现谁可以为己卖命，不出三二年的工夫，就可以将此人从一个微不足道的闲散小官，越级提拔为执政大臣。如史才由御史检法官跳过右正言一级升任谏议大夫，接着顺理成章地就任签书枢密院事。施钜由中书检正、郑仲熊由正言，一同被破格提拔为吏部侍郎。正当他们受命谢恩时，施钜被任命为参知政事，郑仲熊被任命为签书枢密院事。宋朴本是殿中侍御史，秦桧想尽快提拔他，便授意御史台提出申请，说本台缺少检法主簿，只有本台的正副长官才可以推荐人选。秦桧随即趁御史台的申请呈上之机，向皇帝建议任命宋朴为侍御史，宋朴所荐举的人选也被顺利通过。很快，宋朴又被任命为御史中丞，谢恩之日又被委任为签书枢密院事。在极短的时间内，宋朴竟连升数级，其速度之快，着实令世人惊讶不止。然而，这些人没过几个月就被秦桧罢免。

杨愿最善于巧言献媚，曲意逢迎，以至于饮食、动作都仿效秦桧。有一次，秦桧在吃饭时因为打了一个喷嚏而哑然失笑，杨愿在猝不及防间也假装喷饭而笑，在场的侍者无不报以轻蔑的微笑。秦桧看到杨愿刻意追随自己，心中更加高兴。但是，一年以后，秦桧也开始感到厌烦，于是授意御史官加以弹劾，而另一方面却在事先把消息透露给杨愿，杨愿闻讯痛哭流涕。秦桧说："士大夫升降乃常事，何至如此？"杨愿回答说："我杨愿出身微贱，能有今天的一切，早已心满意足，去留本无所谓，只是我深受太师您的栽培之恩，对我的恩情超过了父母，一旦分别，何时才能再看到您的车尘马足呢？这才是我之所以伤心的原因。"秦桧听了，更加喜欢他，让他以本职任宫观使之类的闲职，仅仅三个月之后，杨愿又被起用为知宣州（今安徽宣城）。

岳 飞

秦桧嫉贤妒能、陷害忠良，最招致众人怨愤的就是他以"莫须有"的罪名陷害岳飞。岳飞本是抗金名将，立下大功，却被秦桧与高宗杀害，民众对此悲愤不已。

李若谷被罢免参知政事职务后，有人说："你为什么不学杨愿大哭一场，以祈求丞相开恩呢？"李若谷是河北人，有正直的气节，他听了以后笑着说："即便打死我，我也不会掉一滴眼泪。"秦桧听说此事后勃然大怒，随即将李若谷贬到江州（今江西九江市）安置。

秦桧曾因病告假，宰相处理政务的政事堂里只剩下余尧弼一人，在讨论政事时，宋高宗询问一些机密大事，但余尧弼许多都不能作答。秦桧病愈后入宫拜谒，高宗说："余尧弼既然已经参决大政，朝廷的事也应该让他知道。"秦桧回去后，召来余尧弼说："前几天皇帝在床前所问的是什么事？"余尧弼如实禀告。秦桧命令省吏取来公文验视，只见每份文件上都有余尧弼所签的字。于是，秦桧责备说："你既然已经签字了，怎么能说不知道？这是在故意出卖我！"余尧弼离座辩解，说那些字的确不是自己签的，但秦桧毫不理会。次日，由于秦桧指使御史弹劾，朝廷决定免去余尧弼的职务。

段拂为人浑浑噩噩，庸碌无能，一天，秦桧在前面发表长篇大论，而段拂竟渐渐沉入梦乡，直到秦桧走后才惊醒过来，他又窘又怕，不禁出了一身冷汗。宋高宗见状，不断地安慰他，并且询问其家乡在何处。不久，段佛退回殿廊幕中，秦桧闭目诵佛，典客官作揖请示了多次，秦桧才有所表示。回到宰相办公的政事堂后，秦桧问段拂自己刚才讲的是什么，段拂无话可答，因而不久就受到弹劾，以至被责离职家居。

汤思退在枢密院时，宋高宗无意中回头看见了他，于是询问了一些事情。而这一天秦桧所奏的，与汤思退的说法略有不同，高宗表示不相信。秦桧说道："陛下如果觉得我说的不对，请您问一下汤思退。"高宗说："这事我岂能不知道，何必问他汤思退？"秦桧回到相府看见汤思退，心中很不高兴，准备挤走他。不想正在此时自己身患重病，生命垂危，这才不得不放过汤思退。综观秦桧的所作所为，可以看出，他的恶毒程度远在偃月堂主李林甫之上。

卷十六

高德儒

唐高祖起兵太原，使子建成、世民将兵[1]击西河郡，执[2]郡丞高德儒。世民数之曰[3]："汝指野鸟为鸾，以欺人主取高官，吾兴义兵，正为诛佞人耳！"遂斩之，自余[4]不戮一人。读史不熟者，但以为史氏虚设此语[5]，以与指鹿为马作对耳。按隋大业十一年，有二孔雀飞集宝城朝堂前，亲卫校尉高德儒等十余人见之，奏以为鸾[6]，时孔雀已飞去，无可得验[7]。诏以德儒诚心冥会，肇（zhào）见嘉祥[8]，擢拜朝散大夫，余人皆赐束帛，仍于其地造仪鸾殿，距此时才二年余。盖唐温大雅所著《创业起居注》载之，不追书前事故也。《新唐书·太宗纪》但书云："率兵徇西河，斩其郡丞高德儒。"尤为简略，赖[9]《通鉴》尽纪其详。

范氏《唐鉴》只论其被诛一节云。

[注释]

①将兵：率领军队。

②执：俘虏。

③数之曰：一一列举他的罪状。

④自余：除此之外。

⑤但：只是。史氏：撰写史书的人。

⑥鸾：凤凰鸟。

⑦无可得验：无从验证。

⑧诏以德儒诚心冥会，肇见嘉祥：隋炀帝不明真相，于是下诏褒奖高德儒对隋朝的一片诚心和预知吉祥的能力。

⑨赖：幸好。

[译文]

唐高祖李渊在太原起兵后，就派儿子李建成、李世民率兵进攻西河郡（今山西临汾），攻克之后，抓获了郡丞高德儒。李世民一一列举高德儒之罪说：“你指鸟为鸾，靠欺瞒隋帝获取高官，我们兴义兵的目的，正是为了除掉像你这些欺上瞒下的奸佞小人！”于是就将高德儒斩首，除此之外绝不屠戮一人。后世不熟悉唐史的人，只认为是修史者虚构了这段故事，是为了和秦赵高的指鹿为马相对照罢了，然而事实确系如此。隋炀帝大业十一年（615）有一天，有两只孔雀飞落在宫城朝堂前，亲卫校尉高德儒等十余人见到这一景观，趁机上奏隋炀帝，声称有两只鸾鸟飞落朝堂前，是吉祥之兆。此时孔雀已飞走了，高德儒的话也无从验证。隋炀帝不弄清事实真相，就下诏褒扬高德儒对隋朝的一片诚心和预知吉祥的才能，并擢拔他为朝散大夫，其余的人也都被赐予丝织品，还在所谓二鸾鸟飞落的朝堂前建造了一座仪鸾殿，此事距李世民杀高德儒仅有两年多。人们之所以认为此事是虚构，大概是唐人温大雅所著的《创业起居注》只记述了李世民杀高德儒之事，而没有追述高德儒指孔雀为鸾鸟一事的缘故。《新唐书·太宗纪》中只写道：“李建成、李世民率军攻克西河郡，将郡丞高德儒斩首。”更为简略。幸亏《资治通鉴》将此事作了详尽的记述。而北宋范祖禹所写的《唐鉴》也记载了高德儒被杀一事。

唐朝士俸微

唐世朝士俸钱至微，除一项之外，更无所谓料券、添给之类者。白乐天为校书郎，作诗曰：“幸逢太平代，天子好文儒。小才难大用，典校在秘书。俸钱万六千，月给亦有余。遂使少年心，日日常晏

如[1]。”及为翰林学士，当迁官，援[2]姜公辅故事，但乞[3]兼京兆府户曹参军。既除此职，喜而言志[4]，至云：“诏授户曹掾(yuàn)，捧诏感君恩。弟兄俱簪笏(hù)[5]，新妇俨衣巾。罗列高堂下，拜庆正纷纷。喧喧车马来，贺客满我门。置酒延[6]贺客，不复忧空樽[7]。”而其所得者，亦俸钱四五万，廪[8]禄二百石而已。今之主簿、尉，占优饫处[9]，固有倍蓰(xǐ)[10]于此者矣，亦未尝以为足，古今异宜不可一概论也。杨文公在真宗朝为翰林学士，而云：“虚忝甘泉之从臣，终作若敖之馁鬼。”盖是时尚为鲜薄，非后来比也。

［注释］

①晏如：安宁，恬适。
②援：援引。
③乞：请求。
④喜而言志：非常高兴，并且作诗言志。
⑤簪笏：冠簪和手板，仕宦所用的器物。后比喻官员或官职。文中作“做官”解。
⑥延：延请，招待。
⑦空樽：空的酒杯。
⑧廪：米仓，亦指仓中所储之米。
⑨占优饫处：地处肥沃的地方。
⑩蓰：五倍。

［译文］

唐代朝官的俸钱非常低，除固定的俸钱一项之外，更没有所谓另外补贴性的料券、添给之类的额外收入。白居易担任校书郎之职，曾作诗谈到他的俸禄情况，他写道：“幸逢太平代，天子好文儒。小才难大用，典校在秘书。俸钱万六千，月给亦有余。遂使少年心，日日常晏如。”到他担任翰林学士之职时，在升此官前，援引姜公辅以朝官兼任外官故事，只向皇上请求兼任京兆府（今陕西西安）户曹参军一职，以增加自己的收入。皇帝同意他担任此职后，他非常高兴，写诗言志道：“诏授户曹掾，捧诏感君恩。弟兄俱簪笏，新妇俨衣巾。罗列高堂下，拜庆正纷纷。喧喧车马来，贺客满我门。置酒延贺客，不复忧空樽。”然而，他每年增加的收入，也不过四五万俸钱、二百石禄米而已。今天县一级的小官主簿、县尉，只要地处优裕之所，他们的收入都会数倍于白居易的俸禄，但他们仍然不满足于此。由此可见，古今官吏俸禄制度不同，不可一概而论。宋真宗时，杨文公曾担任翰林学士之职，他曾说过：“虚忝甘泉之从臣，终作若敖之馁鬼。”大概当时崇尚鲜薄，不是后来可与之比拟的。

酒肆旗望

今都城与郡县酒务，及凡鬻酒之肆[1]，皆揭大帘于外，以青白布数幅为之，微者[2]随其高卑小大，村店或挂瓶瓢，标帚秆[3]，唐人多咏于诗。然其制盖自古以然矣，《韩非子》云："宋人有酤酒者，斗概甚平，遇客甚谨，为酒甚美，悬帜[4]甚高，而酒不售，遂至于酸。"所谓悬帜者此也。

［注释］

①肆：店铺。

②微者：小店的幌子。

③标帚秆：用扫帚秆作标志。

④悬帜：悬挂旗帜。

［译文］

现今在都城和郡县的酒务，以及凡是卖酒的店铺，都要一面大帘高插在门外，大帘由数幅青布或白布做成，小店的幌子可以或大或小或高或低，乡村小酒店有挂酒瓶的、有挂酒瓢的，还有用扫帚秆作标志的，唐代人的诗文对此多有咏载。然而，这种规矩大概自古以来就是如此，《韩非子》中记载道："宋国（今河南商丘一带）人卖酒时，酒具中盛得很满，对待客人也很殷勤，造的酒非常甘美，门外的旗帜挂得也很高，他们这样做主要是怕酒卖不出去而坏掉。"其中所说的悬挂旗帜，正如我们今天的一样。

贤宰相遭谗

一代宗臣[1]，当代天理物之任[2]，君上委国而听之[3]。固为社稷之福。然必不使邪人[4]参其间乃可，不然必为所胜。姑以唐世及本朝之事显显者言之，若褚遂良、长孙无忌之遭李义府、许敬宗，张九龄之遭李林甫是已。裴晋公[5]相宪宗，立淮、蔡、青、郓之功，唐之威令纪纲，既坏而复振，可谓名宰矣。皇甫镈一共政，则去不旋踵，迨穆、敬、文三宗、主既不明，而元稹、李逢吉、宗闵更撼[6]之，使不得一

日安厥⑦位。赵韩王以佐命元勋，而为卢多逊所胜⑧，寇莱公为丁谓所胜，杜祁公、韩、范为陈执中、贾昌朝所胜，富韩公为王介甫所胜，范忠宣为章子厚所胜，赵忠简为秦桧之所胜，大抵皆然也。

寇 准

寇准，北宋政治家、诗人。出身书香门第，少年聪明好学。为人刚直，因多次直谏，渐被重用。

［注释］

①宗臣：有名望的大臣。

②当代天理物之任：应当代替上天将治理国家当作自己的责任。理物：治理国家。

③听之：给予充分的信任，同“听之任之”。

④邪人：奸佞小人。

⑤裴晋公：晋国公裴度。

⑥撼：摇撼，动摇。

⑦厥：其。

⑧胜：排挤，陷害。

［译文］

作为一朝有名望的大臣，应当以天下为己任，君主也应当把治理国家的重任委托给大臣并给予他充分的信任。如果能够这样，便是国家的福分。但是，君主在任用贤臣时，还必须严禁奸佞小人参与朝政才行，否则，忠臣必然会被奸佞之臣所排挤，有才能也得不到施展。我们姑且以唐朝和宋朝的几个典型事件为例来说明，像唐代的名臣褚遂良、长孙无忌曾遭到奸臣李义府、许敬宗的陷害，张九龄曾遭到口蜜腹剑的李林甫的陷害就是如此。晋国公裴度，曾是唐宪宗时的宰相，对收复被藩镇势力控制的淮、蔡、青、郓等地，立下了汗马功劳，使安史之乱后遭到破坏的政令纲纪得以重振，真可以称得上是一代名相。但皇甫镈参议朝政后，裴度很快就被排挤出朝廷，到了穆宗、敬宗和文宗时，君主既昏庸，元稹、李逢吉、李宗闵等人又屡进谗言，使得裴度一日也不得安宁。我朝这类事也不少，如开国元勋韩王赵普遭卢多逊谗言，寇准遭丁谓的陷害，杜衍、韩琦、范仲淹遭陈执中、贾昌朝的谗言，富弼遭王安石的排挤，范纯仁遭章子厚的排挤，赵鼎遭秦桧的陷害等等，大概都是如此。

容斋三笔

卷一

武成之书

孔子言:“周之德，其可谓至德也已矣。三分天下有其二，以服事[1]殷。”所谓服事者，美其能于纣之世尽臣道也[2]。而《史记·周本纪》云:“西伯盖受命之年称王[3]，而断虞、芮之讼[4]，其后改法度，制正朔[5]，后尊古公、公季为王。”是说之非，自唐梁肃至于欧阳、东坡公、孙明复皆尝著论，然其失自《武成》始也。孟子曰:“吾于《武成》，取二三策而已矣。”今考其书，云“大王肇基王迹[6]，文王诞膺(yīng)天命[7]，以抚方夏[8]”，及武王自称曰“周王发”，皆纣尚在位之辞。且大王居分，犹为狄所迫逐，安有“肇(zhào)基王迹”之事？文王但称西伯，焉得言“诞膺天命”乎？武王未代[9]商，已称周王，可乎？则《武成》之书不可尽信，非止“血流漂杵[10]”一端也。至编简舛误[11]，特其小小者云。

周文王

周文王，名姬昌，商纣时为西伯，在位五十年，安抚百姓，筹划民生，以德服人，四方民众纷纷前来投奔。

[注释]

①服事：五服之内所封诸侯定期朝贡，各依服数以事天子。也泛指尽臣道。

②美其能于纣之世尽臣道：赞美周能在殷纣王统治时期做到尽臣子的道义。

③西伯：西伯侯，即文王姬昌。受命：受命于天，接受上天任命。

④断：裁断。虞、芮之讼：虞国和芮国交界，两国因为田地起了纠纷，争执不下，于是决定去找文王裁定。等到了周国，看见周国人人礼让，虞、芮两国国君惭愧，便让出所争之地，作为公共的疆界。

⑤制正朔：制定历法。

⑥肇基王迹：肇基，刚刚创立基业。王迹，帝王功业。

⑦诞：诞生。膺：服膺，禀受。

⑧方夏：华夏四方。

⑨代：取代，覆灭。

⑩血流漂杵：形容战争的惨烈，征战双方杀得血流成河，连盾牌都漂了起来。出自于《尚书·武成》："会于牧野，罔有敌于我师，前徒倒戈，攻于后以北，血流漂杵。"主要讲述武王伐纣、征战于牧野的情景。

⑪编简：书籍编纂。舛误：错误。

[译文]

孔子说："周朝的道德，可说是最高的道德境界了。三分天下拥有了其中的两分，还来服事殷朝。"这里所说的"服事"，是赞美周能在殷纣王统治时期尽力做到臣子的道义。而《史记 · 周本纪》却说："西伯在禀受天命那年就已称王，并开始掌握裁断虞国、芮国诉讼的大权，接着修改法律、制度，制定历法，追尊古公亶父、公季为先王。"这种说法的错误，从唐朝梁肃到宋代欧阳修、苏东坡、孙明复都曾著文指出过，然而它的失实是从《武成》这部书开始的。孟子说："我对于《武成》这部书，只取用其中的十分之二三罢了。"现在考察这部书，其中"大王开始奠定王业的根基，文王诞生禀受天命，来安抚华夏四方"，以及武王自称说"周武王姬发"等，都是殷纣王尚且还在位时的话。而且大王古公亶父的时候，还常常被戎狄胁迫追逐，哪有"开始奠定王业根基"的事呢？周文王当时只称西伯，怎么能说"诞生禀受天命"呢？周武王还未取代商朝就已经称周王，这可能吗？所以《武成》这部书不可全信，还不只是像"血流漂杵"这种一两处失真的记载。至于该书体例编纂的错乱，倒是小问题了。

管晏之言

《孟子》所书："齐景公问于晏子曰①：'吾欲观于转附、朝儛，遵海而南，放于琅邪。吾何修而可以比于先王观也？'晏子对曰：'天子诸侯，无非事②者。春省耕而补不足，秋省敛而助不给③。今也不然，师行而粮食④。从流下而忘反谓之流⑤。从流上而忘反谓之连⑥。从兽无厌谓之荒。乐酒无厌谓之亡。先王无流连之乐，荒亡之行。'景公说⑦，大戒于国。"《管子 · 内言 · 戒》篇曰："威公将东游，问于管仲

曰：‘我游犹轴转斛(hú)，南至琅玡。司马曰，亦先王之游已。何谓也？’对曰：‘先王之游也，春出原农事之不本者，谓之游[8]。秋出补人之不足者，谓之夕[9]。夫师行而粮食其民者，谓之亡。从乐而不反者，谓之荒。先王有游夕之业于民，无荒亡之行于身。’威公退再拜，命曰宝法。”观管、晏二子之语，一何相似，岂非传记所载容有相犯[10]乎？管氏既自为一书，必不误，当更[11]考之《晏子春秋》也。

管仲

管仲，名夷吾，又名敬仲，字仲，春秋时期齐国著名的政治家，注重经济，反对空谈。

［注释］

①齐景公：名杵臼，齐灵公子，在位时由名相晏婴辅政。他善于纳谏，在位五十八年，国内治安相对稳定，是齐国执政最长的一位国君。晏子：即晏婴。

②事：处理事务。

③省：检查。敛：收成。不给：不足，不够。

④师行而粮食：国王出巡，劳师动众，征收出巡所费粮食。

⑤从流下而忘反谓之流：由上游向下游的游玩乐而忘归叫作流。

⑥从流上而忘反谓之连：由下游向上游的游玩乐而忘归叫作连。

⑦说：通“悦”，高兴。

⑧春出原农事之不本者，谓之游：春天出巡考察农事不保本的，叫作游。

⑨秋出补人之不足者，谓之夕：秋天出巡补助缺粮的农户的，叫作夕。

⑩犯：冲突。

⑪更：再，重新。

［译文］

《孟子·梁惠王章句下》写道：“齐景公问晏子说：‘我想到转附（今山东芝罘山）、朝儛（今山东召石山）两个山上去巡游，然后沿着海岸向南行，一直到琅玡（山名，在今山东诸城）。我该怎样办才能够和过去的圣贤之君的巡游相比拟呢？’晏子答道：‘天子和诸侯出巡，没有不和工作相结合的。春天里巡视耕种情况，对贫穷农户加以补助；秋天里考察收获情况，对缺粮户加以补助。现在可不这样了，国王一出巡，兴师动众，到处筹粮运米。由上游向下游的游玩乐而忘归叫作流。由下游向上游的游玩乐而忘归叫作连。无厌倦地打猎叫作荒。不知节制地喝酒叫作亡。过去的圣贤之君都没有这种流连的游乐和荒亡的行为。’齐景公大为高兴，在都城内大规模做好救济穷人的准备。”《管子·内言·戒》篇说：“齐威公将要到东部去巡游，问管仲说：‘我拟巡游的路线是从轴山到斛山，再向南到琅玡。司马说，这也是过去的圣贤之君的巡游呀。为什么这样说呢？’管仲回答说：‘过去的圣贤之君的巡游，春天出巡考察农事不保本的，叫作游。秋天出巡补助缺粮的农户的，叫作夕。出巡兴师动众，筹措搬运老百姓的粮米的，叫作亡。游玩乐而忘返的，叫作荒。过去的贤圣之君对百姓有游夕的职责，对自身没有荒亡的权利。’齐威王退堂后又一次礼拜管仲，下命令称管仲的意见为宝法。”读管仲、晏子二人的话，是何等的相似！难道不是传记所记载的内容相冲突吗？既然《管子》一书是管仲自己撰写的，一定没有误载他的话，这就应当重新考证一下《晏子春秋》这部书了。

共工氏

《礼记·祭法》《汉书·郊祀志》，皆言共工氏霸九州，以其无录而王[1]，故谓之“霸”。《历志》则云：“虽有水德，在火木之间，非其序也[2]。任知刑以强[3]，故伯而不王。周人迁其行序，故《易》不载。”注言：“以其非次，故去之。”《史记·律书》：“颛(zhuān)帝有共工之陈[4]，以平水害。”文颖曰：“共工，主水官也。少昊氏衰，秉政作虐[5]，故颛帝伐之。本主水官，因为水行也。”然《左传》郯子所叙黄帝、炎帝五代所名官，共工氏以水纪，故为水师而水名。杜预云：“共工氏以诸侯伯有九州者，在神农之前，太昊之后，亦受水瑞，以水名官。”盖其与炎、黄诸帝，均受五行之瑞，无所低昂[6]，是亦为王明矣。其子曰后土，能平九州，至今祀以为社。前所纪谓“周人去其行序”，恐非也。至于怒触不周之山，天倾西北，地不满东南，此说尤为诞罔[7]。“洪”氏出于此，本曰“共”，《左传》所书晋左行共华、鲁共刘，皆其裔也。后又推本水德之绪加水于左而为“洪”云。《尧典》所称“共工方鸠僝功”，即舜所流者，非此也。时以名官，故舜命垂为之。

[注释]

①无录而王：没有受命于天，而自己称王。

②非其序也：不符合五行的正常次序。

③任知刑以强：只知道用严酷的刑罚来彰显自己的强大。

④陈：陈述，说明。

⑤秉政作虐：执掌政权，肆意作恶。

⑥无所低昂：没有高下之分。

⑦诞罔：荒诞无稽。

女娲兴兵征共工

共工是中国古代神话中西北地方的洪水之神。传说共工行为乖张，触怒上界，故而女娲派兵征讨他。

［译文］

《礼记·祭法》和《汉书·郊祀志》两部书上都说共工氏是霸占了九州大地，因为他没有禀受天意的任命而自己称王统治九州，所以称他为“霸”。《历志》则说：“共工虽然有水德，但他的水德在火德和木德的中间，不符合五行的正常次序。共工治九州只懂得用严酷的刑罚来显示自己的强大，不懂得为政以德，所以他只能做到伯的爵位，没能称王。因周朝人变动了共工在五行中的次序，所以《周易》所载诸帝中没有他的名字。”《历志》的注文说：“因为共工不符合五行的次序，所以《周易》去掉了他。”《史记·律书》说：“颛顼帝因为有了水官共工的陈述，才去治理水害的。”文颖则说：“共工是主管水利的官。少昊氏衰败以后，他掌握政权作恶肆虐，所以颛顼帝便兴师讨伐他。他本来是掌管水利的，因此是五行中的水行。”然而《左传》中郯子所叙述的黄帝、炎帝等五帝时代上天所命名的官名中，共工氏因以水治理天下，所以被任命为水师并以水名做官名。杜预说：“共工氏是以诸侯中伯位的身份拥有九州的，次序在神农之前，太昊之后，他也禀受了五行中水的祥瑞吉兆，所以用水的名字做他的官职名。”可见，共工和炎帝、黄帝都禀受过五行的吉兆，没有高下之分，这说明他做过王是很清楚的了。他的儿子叫后土，曾平定过九州，到现在人们还把他作为社神来供奉祭祀。前面《历志》上所说的“周朝人去掉了共工在五行中的排列次序”，恐怕是不对的。至于说共工曾为争夺九州而愤怒地用头去撞不周山，使天向西北倾斜，大地覆盖不住东南方，这种说法就更是荒诞无稽了。“洪”这个姓氏就来源于共工氏，这个姓本来叫作“共”，《左传》中所记载的晋国的左行共华、鲁国的共刘，都是共工氏的后裔。后来人们又推演探究出“共”字的水德

本源，便在共字左边添了个“水”字而成为“洪”了。《尚书·尧典》所称颂的“共工在他所统治过的每一个地方，都能集善事以显示他的功德”，也就是虞舜时所流行的说法，这种说法指的不是前面所谈的共工氏是否禀受过五行吉兆的问题。因舜时实行的是对官员的任命制，不再是天授官职了，所以舜任命垂治理地方。

卷　二

汉宣帝不用儒

汉宣帝不好儒，至云俗儒不达时宜①，好是古非今，使人眩于名实②，不知所守，何足委任？匡衡为平原文学，学者多上书荐衡经明③，当世少双，不宜在远方④。事下萧望、梁丘贺。望之奏衡经学精习⑤，说有师道，可观览⑥。宣帝不甚用儒，遣衡归故官。司马温公谓俗儒诚不可与为治，独不可求真儒而用之乎？且是古非今之说，秦始皇、李斯所禁也，何为而效之邪？既不用儒生而专委中书宦官，宏恭、石显因以擅政事，卒为后世之祸，人主心术，可不戒哉？

［注释］

①不达时宜：不通人情世故。
②使人眩于名实：使人在浮名与务实的问题上造成迷惑。
③经明：通经明世。
④远方：远离首都的偏远地区。
⑤精习：精通，熟习。
⑥可观览：值得参阅。

［译文］

汉宣帝刘询不喜欢儒学，以至于说俗儒不通达人情事理，喜欢颂古非今，使人们在虚名与务实问题上造成迷乱，不知道信守什么，怎么值得对他们委以重任呢？匡衡当时是平原（今属山东）郡的教官，学者们多上书推荐他，称其通经明世，在当世很少再有第二个，不适合留在远离首都的山东。宣帝把匡衡放到萧望之、梁丘贺手下帮助做事。萧望之上奏称匡衡对经学很精通，其学说有师道来历，值得参阅。

因汉宣帝不大采用儒学，最终还是将匡衡遣回平原郡担任原来的职务去了。司马温公曾说俗儒确实不可以和他谈论治理天下，难道不可以寻求真正的儒者而任用他们吗？况且颂古非今的提法，是秦始皇、李斯对儒生的蔑称并严厉禁止的，为什么要效法秦始皇呢？既然不任用儒生而专门委任中书令宦官，所以宏恭、石显因此擅权国事，最终为汉朝后世酿成大祸。作为人之主的皇帝，在考虑治国的方针时，不应该以此为鉴戒吗？

汉宣帝褒奖守令

西汉时期，汉宣帝十分重视吏治，注重太守县令的选拔任用，对政绩卓著的官员下诏褒奖，加升官级，赏赐金帛。

刘项成败

汉高帝、项羽起兵之始，相与北面共事怀王①。及入关破秦，子婴出降，诸将或言诛秦王。高帝曰："始怀王遣我，固以能宽容，且人已服降②，杀之不祥。"乃以属吏③。至羽则不然，既杀子婴，屠咸阳，使人致命于怀王。王使如初约，先入关者王其地④。羽乃曰："怀王者，吾家武信君⑤所立耳，非有功伐，何以得颛(zhuān)主约⑥？今定天下，皆将相诸君与籍力也，怀王亡功，固当分其地而王之。"于是阳⑦尊王为义帝，卒至⑧杀之。观此二事，高帝既成功，犹敬佩王之戒⑨，羽背主约，其末至于如此，成败之端，不待智者而后知也。高帝微时，尝繇(yáo)⑩咸阳，纵观秦皇帝，喟然太息曰："大丈夫当如此矣！"至羽观始皇，则曰："彼可取而代也。"虽史家所载，容有文饰⑪，然其大旨，固可见云。

［注释］

①相与：一同约定。北面共事：作为臣子一起事奉。
②服降：归服投降。
③乃以属吏：于是将子婴当作属吏。
④王其地：统治这块地。王，统治。
⑤武信君：项羽叔父项梁。

项 羽

项羽力大过人，雄强庸毅，但是他有勇无谋，又不懂审时度势，最终败于刘邦之手，乌江边自刎。

⑥颛主约：专断把持盟约。颛，通“专”。

⑦阳：表面上。

⑧卒至：最终。

⑨戒：告诫。

⑩繇：同“徭”，徭役。

⑪容有文饰：或许有文字上的修饰夸张。

[译文]

汉高帝刘邦、西楚霸王项羽当初起兵的时候，曾相约面向北共同事奉楚怀王熊心。等到刘邦进入关中（今陕西西安一带）击破了秦军，秦王子婴出来投降，将领中有人建议杀掉秦王。刘邦说：“开始怀王就教导我，做人从来要宽厚容人，并且人家已经归服投降，杀了则不吉利。”于是就把子婴当作属吏。等到项羽入关后则不是这样，他先杀了子婴以后，又屠戮咸阳城，最后才向怀王禀报受命。怀王让他遵守当初的盟约，先进入关中的人统治这块京畿之地。项羽却说：“楚怀王，是我的叔父武信君项梁所拥立的，没有任何攻伐之功，凭什么得以擅权专断主持盟约呢？今天天下被平定，都是靠的各位将领和我项羽的力量，怀王没有功劳，本来就应该把他的地盘瓜分开来统治。”于是表面上尊怀王为义帝，最终还是杀害了他。观察分析刘邦、项羽这两件事，汉高帝已经破秦成功了，还恭敬地信守怀王的告诫，而项羽却违背盟约，后来竟发展到这种地步，成功失败的苗头，聪明的人是不用等待最后才看清楚的。汉高帝微贱的时候，曾经到咸阳服徭役，从远处望到秦始皇，感慨地叹息说：“大丈夫就应当这样啊！”等到项羽看见秦始皇，却说：“这个人我可以取代他。”这虽然是史家的记载，或许有文字修饰夸张，然而它的主要意思，却于此可见的。

占术致祸

吉凶祸福之事，盖未尝不先见[①]其祥。然固有知之信之，而翻取[②]杀身亡族之害者。汉昭帝时，昌邑石自立[③]，上林僵柳复起[④]，虫食叶曰“公孙病已立”。眭孟上书言，当有从匹夫为天子者，劝帝索贤

人而禅位，孟坐妖诛[5]，而其应[6]乃在孝宣，正名病已。哀帝时，夏贺良以为汉历中衰，当更受命，遂有陈圣刘太平皇帝之事，贺良坐不道诛。及王莽篡窃，自谓陈后，而光武实应之。

宋文帝时，孔熙先以天文图谶(chèn)，知帝必以非道晏(yàn)驾[7]，由骨肉相残，江州当出天子，遂谋大逆，欲奉江州刺史、彭城王义康。熙先既诛，义康亦被害，而帝竟有子祸，孝武帝乃以江州起兵而即尊位。薄姬在魏王豹宫，许负相之当生天子，豹闻言心喜，因背汉，致夷灭[8]，而其应乃在汉文帝。唐李锜据润州反，有相者言，丹阳郑氏女当生天子，奇闻之，纳为侍人。锜败，没入掖(yè)庭，得幸宪宗而生宣宗。五代李守贞为河中节度使，有术者善听人声，闻其子妇符氏声，惊曰："此天下之母也。"守贞曰："吾妇犹为天下母，吾取天下，复何疑哉？"于是决反，已而覆亡，而符氏乃为周世宗后。

［注释］

①见：通"现"，现出，呈现。

②翻取：反而招致。

③昌邑石自立：昌邑县的一块大石自己立了起来。

④起：起死回生。

⑤孟坐妖诛：眭孟因为妖言惑众的罪名而被处死。

⑥应：应验。

⑦非道晏驾：不会以正常的方式寿终正寝。

⑧致夷灭：招致夷灭九族的灾祸。

［译文］

吉凶祸福一类的事情，大凡开始的时候未尝不先呈出吉祥的征兆。然而必有懂得这种吉兆又相信它，最终反招致杀身亡族之祸的人。西汉昭帝刘弗陵的时候，昌邑县（今山东巨野）的一块大石自己立了起来，京城西安附近，皇上游猎的上林苑中的一棵干枯的柳树又起死回生了，虫吃树叶被称为"王公的后代病已应当确立"。眭孟懂得这个预兆而上书说，当有从平民百姓中成为天子的人出现，他劝昭帝到民间去搜寻贤人而将皇位禅让给他，眭孟被以妖言惑众的罪名处死了，而这件事却应验在汉宣帝刘询身上，他幼时流落民间后，曾改名叫刘病已。汉哀帝刘欣时，阴阳家夏贺良推算认为，汉朝国运到汉哀帝时中衰，要有新的人物出现禀受天命，于是就发生了私立"陈圣刘太平皇帝"的事件，夏贺良以大逆不道的罪名被处死。等到王莽篡位，他自称是陈姓的后代，而实际上东汉光武帝刘秀应验了这个陈取代刘而平安的说法。

南朝宋文帝刘义隆的时候，孔熙先因分析天文图谶，知道文帝必定要非正常死亡，要死于骨肉相残，江州（今江西九江）应当出天子，于是就谋划大举反叛刘宋朝廷，想拥立江州刺史、彭城（今江苏徐州）王义康为帝。孔熙先被杀以后，义康也被杀害，而宋文帝最终真的遭受子祸而亡，孝武帝刘骏却从江州起兵登上皇帝宝座。西汉初年，薄姬在西魏王魏豹宫中，许负为她看相说她当生一个天子，魏豹听了这话心里很高兴，因此就背叛汉朝而自立，最终招致了夷灭九族的灾祸，这个预言却在汉文帝身上应验了，薄姬生了汉文帝刘恒。唐朝的李锜割据润州（今江苏镇江）而反唐，有看相的人对他说，丹阳（今安徽当涂）的郑氏女应当生天子，李锜听了这话，便把丹阳郑氏女子纳为侍人。李锜失败后，郑氏女被没籍收入唐朝皇宫，得以受到唐宪宗李纯的宠爱而生下了唐宣宗李忱。五代时李守贞任河中（今山西永济）节度使，有懂阴阳术的人善于听人的声音，听到李守贞儿媳妇符氏的声音，惊奇地说："这个人是天下人的母亲。"李守贞说："我的儿媳是天下人的母亲，我夺取天下还有什么可怀疑的呢？"于是他下决心反叛，不久全军覆灭，而符氏却做了周世宗的皇后。

汉文帝刘恒

刘恒是汉高祖刘邦的第三个儿子，汉惠帝刘盈之弟。其在位二十三年，国家安定，经济发展。

无名杀臣下

《传》曰："欲加之罪，其无辞[①]乎？"古者置人于死地，必求其所以死[②]，然固有无罪杀之，而必为之名[③]者。张汤为汉武造白鹿皮币，大农颜异以为本末不相称，天子不悦。汤又与异有隙[④]，异与客语初令下有不便者，异不应[⑤]，微反唇，汤奏当异九卿，见令不便[⑥]，不入言而腹非[⑦]，论死。自是后有腹非之法。曹操始用崔琰(yǎn)，后为人所谮，罚为徒隶，使人视之，词色不挠。操令曰："琰虽见刑[⑧]，而对宾客，虬须直视，若有所嗔。"遂赐琰死。隋炀帝杀高颎之后，议新令，

久不决。薛道衡谓朝士曰："向使高颎不死，令决当久行⑨。"有人奏之，帝怒，付执法者推之⑩。裴蕴奏："道衡有无君之心，推恶于国⑪，妄造祸端。论其罪名，似如隐昧，原⑫其情意，深为悖逆。"帝曰："公论其逆，妙体本心。"遂令自尽。冤哉此三臣之死也！

[注释]

①辞：托辞，借口。

②所以死：这样死的理由。

③名：罗织罪名。

④有隙：有矛盾。

⑤不应：不逢迎应和。

⑥不便：不太合适。

⑦不入言而腹非：不表态却在心里非议。腹非，通"腹诽"，心里非议。

⑧见刑：服刑。

⑨令决当久行：法令早就决断执行了。

⑩推之：推想，罗织罪名。

⑪推恶于国：诬蔑国家。

⑫原：探究。

[译文]

《左传》说："想要加害一个人，难道还怕找不到借口吗？"古人要把人置于死地，必定要寻求一个让他这样死的理由，然而也时有本来无罪而遭杀害又必定为被杀者罗织罪名的现象。张汤为汉武帝制造白鹿皮币，大司农颜异以为这种钱和实际价值不相称，汉武帝就不高兴了。又加上张汤与颜异有矛盾，颜异曾与客人谈道，刚拟颁布的食货令有不大合适的地方，颜异没有逢场迎合，与张汤稍有顶嘴，张汤便上奏朝廷说：见诏令不大合适，不表态却在内心非议，罪当处死。从此以后便有了"腹非"的法律条文。曹操开始重用崔琰，后来崔琰被人谗毁，处罚做了徒隶，曹操派人去监视他，崔琰没有说谦恭的话。曹操便下令说："崔琰虽然服刑，但面对宾客，满脸卷曲的络腮胡子，正眼直视，好像愤怒的样子。"于是就赐崔琰自杀。隋炀帝杀害了高颎之后，议论新的法令，长期不能决断。薛道衡对大臣说："假如高颎不死的话，法令早就决断执行了。"有人把这话上奏给了隋炀帝，炀帝大怒，将薛道衡交付给执法官推想罪名。裴蕴上奏说："薛道衡有无君之心，诬蔑国家，妄想制造祸乱挑起事端。定他的罪名，似乎好像隐蔽不明确，但推究他的本意，实在是属于大逆不道。"炀帝说："公定他叛逆之罪，绝妙地体现了我的本意。"立刻赐薛道衡自尽。这三人死得实在是冤枉啊！

平天冠

祭服[①]之冕，自天子至于下士执事者皆[②]服之，特以梁数及旒之多少为别[③]。俗呼为平天冠，盖指言至尊乃得用。范纯礼知开封府，中旨鞫(jū)[④]淳泽村民谋逆事。审其故[⑤]，乃尝人戏场观优，归途[⑥]见匠者作桶，取而戴于首，曰："与刘先主如何？"遂为匠擒。明日入对，徽宗问何以处[⑦]。对曰："愚人村野无所知，若以叛逆蔽罪，恐辜好生之德[⑧]，以不应为杖之，足矣。"按《后汉·舆服志》蔡邕(yōng)注冕冠曰："鄙人不识，谓之平天冠。"然则其名之传久矣。

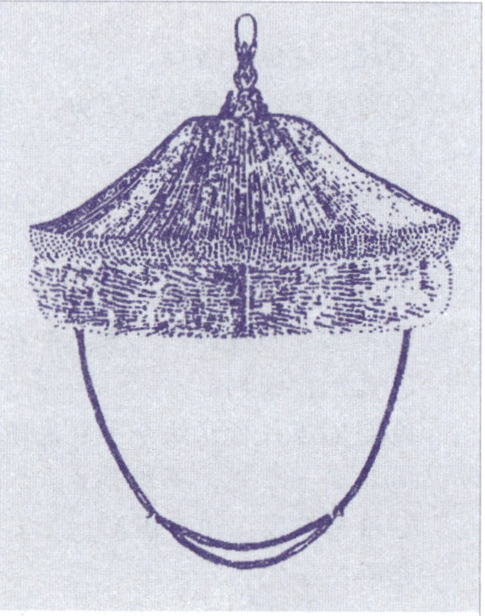

文官一品冬朝冠

[注释]

①祭服：祭祀的礼服。

②皆：全，都。

③旒：古代帝王礼帽前后悬垂的玉串。别：等级区别。

④鞫：审讯犯人。

⑤故：事件的缘由。

⑥归途：回家的途中。

⑦何以处：如何处置。

⑧恐辜好生之德：恐怕会损害了皇上乐于救助生命的美德。

[译文]

祭祀礼服中的冠冕，从天子到下面主持祭祀的人都戴，特别从冠梁和冠冕前后悬挂的玉串多少区别等级。通常称它为平天冠，大意是指最尊贵的人才能戴。范纯礼任开封府伊，奉旨审讯淳泽一个村民谋逆造反的事。审问事情缘故，原来是这个村民到戏场去看倡优表演，回家途中看见一个工匠造水桶，他便拿起水桶戴在头上，问道："我与刘先主刘备比怎么样？"于是就被工匠抓住了。第二天范纯礼上朝向皇上禀报审理情况，宋徽宗问怎么处理。范纯礼回答说："愚民山村野夫什么都不懂，如果以叛逆定罪的话，恐怕有损于皇上乐于救助生命的美德，不如用木棒打他几下，足够了。”按：《后汉书·舆服志》蔡邕注冕冠道：“鄙人不认识，称它做平天冠。”可见平天冠的名字流传很久了。

卷 三

东坡和陶诗

《陶渊明集·归园田居》六诗，其末“种苗在东皋”一篇，乃江文通[①]杂体三十篇之一，明言[②]学陶征君《田居》，盖陶之三章云：“种豆南山下，草盛豆苗稀。晨兴理荒秽，带月荷[③]锄归。”故文通云：“虽有荷锄倦，浊酒聊自适。”正拟其意也。今陶集误编入，东坡据而和[④]之。又“东方有一士”诗十六句，复重载于《拟古》九篇中，坡公遂亦两和之，皆随意即成，不复细考耳。陶之首章云：“荣荣窗下兰，密密堂前柳。初与君别时，不谓行当久。出门万里客，中道逢嘉友。未言心先醉，不在接杯酒。兰枯柳亦衰，遂令此言负。”坡和云：“有客扣我门，系马庭前柳。庭空鸟雀噪，门闭客立久。主人枕书卧，梦我平生友。忽闻剥啄声，惊散一杯酒。倒裳起谢[⑤]客，梦觉两愧负。”二者金石合奏，如出一手，何止子由所谓遂与比辙者哉！

[注释]

①江文通：即江淹，字文通，南朝文学家。其诗文典丽工整，最有名的作品当属《别赋》。两个著名的成语“妙笔生花”和“江郎才尽”，都出于江淹之事。

②明言：明确说明。

③荷：负荷，肩负。

④和：和诗。

⑤谢：道歉。

[译文]

《陶渊明集》中《归园田居》共六首诗，其中最后“种苗在东皋”一篇，是江淹的杂体诗三十篇中的一篇，江淹明确地说这首诗是学陶征君《归园田居》的，陶渊明这组诗第三章说：“种豆南山下，草盛豆苗稀。晨兴理荒秽，带月荷锄归。”所以江文通诗说：“虽有荷锄倦，浊酒聊自适。”正是模拟陶诗诗意。现在的《陶渊明集》

渊明采菊

陶渊明生性恬淡，隐居乡间，尤爱菊花，其诗作中常见菊花意象。

把这首诗误编进去了，而苏东坡以陶集为依据和了这首诗。又如“东方有一士”诗十六句，又重复载在《拟古》诗九篇当中，苏东坡也就在两个地方写了和诗，全是随意写成，没有细心考订。陶渊明《归园田居》首章写道：“荣荣窗下兰，密密堂前柳。初与君别时，不谓行当久。出门万里客，中道逢嘉友。未言心先醉，不在接杯酒。兰枯柳亦衰，遂令此言负。”东坡和道：“有客扣我门，系马庭前柳。庭空鸟雀噪，门闭客立久。主人枕书卧，梦我平生友。忽闻剥啄声，惊散一杯酒。倒裳起谢客，梦觉两愧负。”这两首诗可算得上是金石合奏，好像出自一个人的手笔，哪像东坡之弟苏子由所说的仅仅止于和辙同韵而已呢！

陈季常

陈慥字季常，公弼之子，居于黄州之岐亭，自称“龙丘先生”，又曰“方山子”。好宾客，喜畜声妓[1]，然其妻柳氏绝[2]凶妒，故东坡有诗云：“龙丘居士亦可怜，谈空说有夜不眠。忽闻河东狮子吼，拄杖落手心茫然。”河东狮子，指柳氏也。坡又尝醉中与季常书云：“一绝乞秀英君[3]。”想是其妾小字。黄鲁直元祐中有与季常简[4]曰：“审柳夫人时须医药，今已安平否？公暮年来想渐求清净之乐，姬媵(yìng)[5]无新进矣，柳夫人比何所念以致疾邪？”又一帖云：“承谕[6]老境情味，法当如此，所苦[7]既不妨游观山川，自可损[8]药石，调护起居饮食而已。河东夫人亦能哀怜老大[9]，一任放不解事[10]邪？”则柳氏之妒名，固彰著于外，是以二公皆言之云。

［注释］

①喜畜声妓：喜欢蓄养歌舞乐妓。

②绝：非常。

③一绝：一首绝句。乞：请求。

④简：书简，书信。

⑤姬媵：姬妾。

⑥承谕：承蒙您高谕我。

⑦所苦：苦闷的时候。

⑧损：减少。

⑨哀怜老大：体谅您年事已高。

⑩一任放不解事：任凭您放荡不羁，不解世事。

［译文］

陈慥，字季常，是陈公弼的儿子，隐居在黄州（今湖北黄冈）的岐亭山，自称是“龙丘先生”，又起名叫“方山子”。喜欢结交宾客，爱好蓄养乐妓，然而他的妻子柳氏非常凶妒，所以苏东坡有诗说：“龙丘居士亦可怜，谈空说有夜不眠。忽闻河东狮子吼，拄杖落手心茫然。”河东狮子，指的就是柳氏。苏东坡又曾在醉中给陈季常写信说：“寄一首绝句求得到秀英君。”想来秀英君可能是陈季常妾的小字。黄庭坚在北宋哲宗元祐年间有写给陈季常的书简，说：“详知柳夫人不断用药，现在已安康平复了吗？您晚年想逐渐寻求清静的生活乐趣，美妾没有新的增加，那么柳夫人还有什么烦恼以至于生病呢？”又有一帖写道：“承蒙您告诉老境的情趣，做法应当像您说的那样，苦闷时不妨游览一下山川风光，自然可以起到减少药石、调护起居饮食的作用。河东夫人也还能够哀怜您年事已高，任随您放荡不通世故吗？”可见柳氏的妒名，早就彰著于外了，所以苏轼、黄庭坚二公都谈到了这事。

文用谥字

先王谥[1]以尊名，节以壹惠，故谓为易名。然则谥之为义，正训名[2]也。司马长卿[3]《谕蜀文》曰：“身死无名，谥为至愚。”颜注云：“终以愚死，后叶[4]传称，故谓之谥。”卿子厚《招海贾文》曰：“君不返兮谥为愚。”二人所用，其意则同。唯王子渊《箫赋》曰：“幸得谥为洞箫兮，蒙圣主之渥（wò）[5]恩。”李善谓：“谥者号也，言得谥为箫而常施用之。”以器物名为谥，其语可谓奇矣。

［注释］

①谥：古代帝王或大官死后评给的称号。文中后几个“谥”都是“叫作”的意思。

②训名：父亲或者师长所命之名，如同今天所说的学名。

③司马长卿：即司马相如，字长卿，汉代著名文学家。

④后叶：后世。

⑤渥：浓，厚。

［译文］

先王死后谥一个尊贵的名字，多节省用一个字而实惠，所以称作换名。可见“谥”作为一个词的词义，是起名的意思。汉司马相如的《谕蜀文》说：“到死也没有出名，死后便起名叫作‘至愚’。”颜师古注释说：“到死都很愚笨，后世便这样传着称呼他，所以也就是起名了。”唐柳宗元《招海贾文》说：“君一去不返死在那里，给你起名叫‘至愚’。”这里两个人所用“谥”字的意思相同。只有王子渊的《箫赋》说：“有幸起名叫‘洞箫’，承蒙圣主优渥的恩泽。”李善说：“谥，就是号的意思，是说死后起名为洞箫而经常使用它。”用器物的名字做谥号，这话可算是很奇了。

高唐神女赋

宋玉《高唐》《神女》二赋，其为寓言托兴[①]甚明。予尝即其词而味其旨[②]，盖所谓发乎情，止乎礼义[③]，真得诗人风化之本。前赋云：“楚襄王望高唐之上有云气，问玉曰：‘此何气也？’对曰：‘所谓朝云者也。昔者先王尝游高唐，梦见一妇人，曰，妾巫山之女也，愿荐枕席[④]。王因幸之[⑤]。’”后赋云：“襄王既使玉赋高唐之事，其夜王寝，梦与神女遇[⑥]，复命玉赋之。”若如所言，则是王父子皆与此女荒淫，殆近于聚麀之丑矣。然其赋虽篇首极道神女之美丽，至其中则云：“淡清静其愔嫕兮[⑦]，性沉详而不烦[⑧]。意似近而若远兮，若将来而复旋[⑨]。褰余帱[⑩]而请御兮，愿尽心之惓惓。怀贞亮之洁清兮[⑪]，卒与我乎相难。颀薄怒以自持兮，曾不可乎犯干。欢情未接，将辞而去。迁延引身[⑫]，不可亲附。愿假须臾，神女称遽[⑬]。暗然而冥[⑭]，忽不知处。”然则神女但与怀王交御，虽见梦于襄，而未尝及乱也。玉之意可谓正矣。今

人诗词，顾以襄王藉口，考其实则非是。颇，音疋(pǐ)零反，敛容怒色⑮也。柳子厚《谪龙说》有“奇女颇尔怒”之语，正用此也。

［注释］

①托兴：拖物兴寓，有所寄托。

②即其词而味其旨：读里面的词句玩味作者的旨意。

③发乎情，止乎礼义：从男女之情出发，又不越过礼教的界线。

④愿荐枕席：愿意和您共度枕席之欢。

⑤王因幸之：王因而临幸那个女子。

⑥遇：遇到。

⑦淡清静其愔嫕兮：恬淡清静而和善。

⑧性沉详而不烦：性情沉静安详而不焦躁。

⑨若将来而复旋：好像是要翩翩到来却又忽然转回。

⑩褰余帱：撩开我的车帷。

⑪怀贞亮之洁清兮：怀有贤贞明亮的纯洁节操。

⑫迁延引身：我退却避开。

⑬愿假须臾，神女称遽：我心中唯愿留住这短暂的美好时光，神女却骤然离开。

⑭暗然而冥：眼前忽然一片黑暗。

⑮敛容怒色：收敛笑容表现出愤怒的神色。

［译文］

战国作家宋玉的《高唐赋》和《神女赋》，很清楚是两篇有所寄托的寓言。我曾读里面的词句玩味作者的意图，可以说作品既从写男女之情出发，又不越过礼教的界线，宋玉真正领会了《诗经》作者“有益风化”的精髓。前一篇赋写道：“楚襄王望见云梦高唐台上面有云气，就问宋玉说：‘这是什么气呀？’宋玉回答说：‘这就是人们所说的朝云。过去先王（指襄王父怀王）曾经巡游高唐，梦见了一位美女子，女子说，我是巫山（在今四川巫山）上的神女，愿意和您共度枕席之欢。先王于是就宠幸了那个女子。’”后一篇则写道：“楚襄王命宋玉赋了高唐的

洛神

宋玉曾作《高唐赋》《神女赋》，讲述洛神事迹。后曹植又作《洛神赋》，将洛神的动人情态现于书中，让人读来身心陶醉。

浪漫故事，当晚他就寝后，便在梦中与那位神女相遇了，梦后又命宋玉赋这件事。”若真像上面所说的那样，则说明楚怀王和楚襄王父子二人都和这位女子淫乱了，这几乎和群兽交配一样丑陋。然而赋的开头虽然极力描写神女的美丽，但到了中间却写道：“这女子恬淡清静而和善，性情沉静安详而不躁。她好像离我很近又好像很遥远，好像是要翩翩到来却又忽然转回。她用纤手撩开我的车帷请求共载，我多想向她奉献真诚的心怀。她怀有贤贞明亮的纯洁节操，终究与我相为难。她收敛笑容微露怒色自保尊严，曾使得我不可能对她有所冒犯。欢情未能接合，她却要告辞离去。我退却避开，不敢亲昵偎依。但心中唯愿留住这短暂的美好时光，神女却骤然离开。忽然眼前一片黑暗，忽不知她已飘向何处。”可见神女只与楚怀王进行了交媾，虽然也在梦境中见到楚襄王，却未尝涉及淫乱。宋玉表达的意旨可算是很纯正了。现在人的诗词，反以楚襄王的事为借口，考察宋玉作品的意图而非议它的不纯。頩，音疋零反，收敛笑容表现怒色的意思。唐代柳宗元的《谪龙说》中有“奇特的女子收敛笑容表现出愤怒的神色对着你”的话，正是用的这个词。

卷　四

三竖子

赵为秦所围，使平原君求救于楚，楚王未肯定从[①]。

毛遂曰：“白起，小竖子[②]耳！兴师以与楚战，举鄢(yān)、郢，烧夷陵，辱王之先人，此百世之怨也[③]。”是时，起已数立大功，且胜于长平矣。人告韩信反，汉祖以问诸将，皆曰：“亟发兵坑竖子耳[④]！”帝默然。唯陈平以为兵不如楚精，诸将用兵不能及信。英布反，书闻[⑤]，上召诸将问计，又曰：“发兵击之，坑竖子耳！”夫白起、信、布之为人，材能不可掩，以此三人为竖子，是天下无复有壮士也。毛遂之言，只欲激怒楚王，使之知合纵之利害，故不得不以起为懦夫。至如高帝诸将，不过周勃、樊哙之俦。韩信因执而归，栖栖然处长安为列侯，盖一匹夫也，而哙喜其过己，趋拜送迎，言称臣，况于据有全楚万乘之地，事力强弱，安可同日而语！英布固尝言：“诸将独患淮阴、彭越，今皆已死，余不足畏。”则竖子之对，可谓勇而无谋，殆与张仪诋苏

秦为反覆之人相似。高帝默然，顾深知其非[6]也。至于陈平，则不然矣。若乃韩信谓魏将柏直为竖子，则诚然。柏直庸庸无所知名，汉王亦称其口尚乳臭，直一竖子也。阮籍登广武，叹曰："时无英雄，使竖子成名！"盖叹是时[7]无英雄如昔人者。俗士不达，以为籍讥汉祖，虽李太白亦有是言，失之矣。

阮籍

阮籍，三国时魏国诗人，竹林七贤之一。其性格谨慎，不愿多发一言，故能在乱世之中保全生命。

[注释]

①未肯定从：没有确定是不是要出兵。

②竖子：小子，家伙，表示对人非常不屑。

③此百世之怨：这是百世都难以化解的仇怨。

④亟发兵坑竖子：赶紧发兵攻打他，活埋这个家伙。

⑤书闻：文书交与高祖知道。

⑥顾深知其非：因为深知这种说法并不确切。

⑦是时：当时。

[译文]

战国时赵国被秦国包围，赵国国王派平原君赵胜向楚国求救，楚王确定不下来出兵与否。

平原君的食客毛遂说："秦将白起，臭小子而已！曾发兵与楚作战，攻取了楚国的鄢（今河南鄢陵）、首都郢（今湖北江陵）两城，在夷陵（今湖北宜昌东），焚烧了楚国先王墓，侮辱您的先王，这是百世难解的宿怨。"这时候，白起已多次立下战功，而且在与赵国的长平（今山西高平西北）之战中已大获全胜。有人告发韩信谋反，汉高祖刘邦就此事向各位将领询问解决办法，都说："急速发兵活埋这个臭小子！"高祖默默无语。只有陈平认为汉朝军队没有楚军精干，各位将领用兵的本领赶不上韩信。英布谋反，文书传递给汉高祖，高祖召见各位将领询问计策，将领们又回答说："发兵攻打他，活埋这个臭小子！"白起、韩信、英布三位将领，

才能决不可掩盖，把这三个人当作臭小子，这天下就再也没有壮士了。毛遂的话，只是想激怒楚王，让他明白合纵抗秦的好处，所以不得不把白起当作懦夫。至于像汉高祖的各位将领，都不过是周勃、樊哙一类的水平。当初韩信因萧何追赶而回归刘邦手下，在不安中处长安为列侯，那时他仅仅是一介匹夫，而樊哙惊喜他的才能超过自己，趋奉拜谒高送远迎，说话必称臣，更何况现在占据全楚万辆战车的地盘，其实力的强弱，今昔怎么能同日而语！英布本来就曾说过：“在各位将领中，我只害怕淮阴侯韩信、梁王彭越，现在他二人全都已经被杀死了，剩下的没有值得害怕的了。”用“臭小子”这个称呼回答问题，可算得上是有勇无谋，几乎和张仪诋毁苏秦为反复无常的小人差不多。汉高祖默然无语，是深知他们说的不对。至于陈平，则不像其他将领那样。如果是韩信称魏将柏直为臭小子，则确实是这样。柏直庸庸碌碌没有什么知名之处，汉王也称他为口中尚含乳臭，是真正的一个臭小子。三国时魏国作家阮籍登广武（在今河南荥阳）山，感叹说：“时代没有英雄，使臭小子成就功名！”这是感叹他那个时代没有产生像古代那样的英雄。世俗之士不通晓事理，以为这是阮籍讥讽汉高祖。即使李太白也有这样的说法，这话说错了。

省钱百陌

用钱为币[1]，本皆足陌[2]。梁武帝时，以铁钱[3]之故，商贾浸以奸诈自破[4]，岭以东，八十为百，名曰“东钱”；江、郢以上，七十为百，名曰“西钱”；京师以九十为百，名曰“长钱”。大同元年，诏通用足陌，诏下而人不从，钱陌益少[5]，至于末年，遂以三十五为百。唐之盛际，纯用足钱。天祐中，以兵乱窘乏，始令以八十五为百。后唐天成，又减其五。汉乾祐中，王章为三司使，复减三。皇朝因汉制，其输官者，亦用八十，或八十五，然诸州私用，犹有随俗至于四十八钱。太平兴国二年，始诏民间缗(mín)钱[6]，定以七十七为百。自是以来，天下承用[7]，公私出[8]纳皆然，故名“省钱”。但数十年来，有所谓“头子钱”，每贯五十六，除中都及军兵俸料外，自余州县官民所当得，其出者每百才得七十一钱四分，其入[9]者每百为八十二钱四分，元无所谓七十七矣。民间所用，多寡又益不均云。

［注释］

①用钱为币：拿铜钱来做货币流通。

②足陌：即足陌钱，古代制钱每贯十足为百枚，称“足陌钱”。陌，通“佰”。

③铁钱：将流通货币由铜钱改为铁钱。

④商贾浸以奸诈自破：商人便私下里行奸使诈破坏了足钱为百的规矩。

⑤钱陌益少：货币分量不足，且越来越少。

⑥缗钱：用绳穿连成串的钱。

⑦承用：承袭沿用。

⑧出：支出。

⑨入：收入。

[译文]

用铜钱做货币流通，本来都足够一百文。南朝梁武帝的时候，因铜钱改为铁钱的缘故，商贾便私下作奸行诈自行破坏了一百文的规矩，在萌渚岭（今湖南江华）以东，以八十文为一百文，起名叫“东钱”；长江、郢（今湖北江陵）以西，以七十文为一百文，起名叫“西钱”；京师（今江苏南京）以九十文为一百文，起名叫“长钱”。梁武帝大同元年（535），下诏统一用足数的百文流通，但虽然下了诏书，而人们并不实行，钱陌越来越少，到了大同末年，最终以三十五文为一百。唐朝兴盛时期，全部通行足一百文的钱。唐哀帝天祐年间因战乱而经济困乏，国家开始允许以八十五文为一百文。后唐天成年间又减去了其中五文(以八十文为一百文)，五代时后汉高祖刘暠乾祐年间，王章任三司使，又减去了三文（以七十七文为一百文）。宋朝沿袭后汉的制度，其中输官的人，也以八十或八十五文（为一百文），然而各州私下使用，还有随当地习俗达到以四十八文为一百文的。宋太宗太平兴国二年（977），开始下诏书规定民间用绳子穿的缗钱，全部以七十七文为百文。从这时开始，全国承袭沿用，国家和个人支出或收回都使用这个数，所以起名叫“省钱”。但几十年来，有所说的“头子钱”，每贯五十六文，除了首都以及军队中的士兵领军饷以外，剩余各州县的官吏和百姓应当得到的是，支出的每百文才得七十一钱四分，收回的每百文得八十二钱四分，本来就没有所说七十七文（为一百文）。民间所用的数目，多少就更不均匀了。

卷　五

舜事[1]瞽叟

《孟子》之书，上配[2]《论语》，唯记舜事多误，故自国朝以来，司马公、李泰伯及吕南公皆有疑非[3]之说。其最大者[4]，证万章涂廪、浚井、象[5]入舜官之问以为然也。《孟子》既云尧使九男事之，二女女焉，百官牛羊仓廪备，以事舜于畎亩之中。则井、廪贱役，岂不能使

舜孝德升闻

舜帝宽厚善良，事父极孝，哪怕父亲与后母、弟弟再三谋害他，舜对他们仍关爱如常。

一夫任其事？尧为天子，象一民耳，处心积虑杀兄而据其妻，是为公朝无复有纪纲法制矣！六艺折中于夫子，四岳[6]之荐舜，固曰：“瞽(gǔ)子。父顽、母嚚(yín)，象傲[7]，克谐以孝，烝烝乂(yì)，不格奸[8]。”然则尧毋试舜之时，顽傲者皆已格乂[9]矣。舜履(lǚ)位[10]之后，命禹征有苗，益曰：“帝初于历山，往于田，日号泣于旻(mín)天，于父母，负罪引慝(tè)[11]，祗(zhī)载见瞽瞍，夔(kuí)夔齐慄[12]，瞽亦允若[13]。”既言允若，岂得复有杀之之意乎？司马公亦引九男、百官之语，烝烝之对，而不及益赞禹之辞，故详叙之以示子侄辈。若司马迁《史记》、刘向《列女传》所载，盖相承而不察[14]耳。至于桃应有瞽叟杀人之问，虽曰设疑似而请，然亦可谓无稽之言。孟子拒而不答可也，顾再三为之辞[15]，宜其起后学之惑。

[注释]

①事：侍奉，供养。
②配：匹配。
③疑非：怀疑非难。
④其最大者：其中最主要的事情。
⑤象：舜后母所带来的弟弟。
⑥四岳：相传是尧臣、羲和四子。舜派他们分管四方的诸侯，所以叫四岳。
⑦顽：愚钝。嚚：奸诈。傲：狂傲。
⑧不格奸：不限制邪恶。
⑨已格乂：已得到处理。
⑩履位：登上王位。
⑪负罪引慝：舜的父母因为知道自己犯罪，所以都藏匿起来。
⑫夔夔齐慄：表现出恐惧敬谨的样子。夔夔，恐惧谨慎的样子。
⑬允若：允诺，答允，应承。

⑭不察：没有仔细查阅、分辨。

⑮顾再三为之辞：但是再三为舜辩护。

[译文]

《孟子》一书，上可以和《论语》相匹配，只有记载虞舜的事情多有缺误，因此自宋朝以来，司马光、李觏以及吕南公都有怀疑非难的说法。其中最主要的是，孟子证明他的弟子万章说舜曾经修理过粮仓、挖过井，舜的异母弟弟象曾进入舜的宫中问过舜的事情以为是真有其事。孟子既然亲自说过尧曾经使自己的九个儿子来服侍舜，把两个女儿嫁给舜，百官牛羊仓廪也都具备了，用来服事舜于田地之间。舜既然亲自做挖井、修理粮仓这样的下贱劳动，怎么就不能使用一位农夫去做这样的事呢？尧当天子时，象不过是一个百姓，他千方百计要杀死哥哥舜而占据他的妻子，真是公庭之上没有纲纪法制了！六艺的道义是孔子判断是非的准则，四方部落首领推荐舜，本来《尚书·尧典》就说："舜是瞽叟的儿子。他的父亲很愚蠢，母亲很奸诈，弟弟象很傲狠，舜能克制自己调和矛盾以尽孝道，达到了蒸蒸日上太平安定的地步，又不限制邪恶。"那么尧试用舜的时候，舜的父亲和弟弟象已经得到处理了。舜即帝位以后，命令禹去征伐有苗，益说："帝舜当初在历山时，到田地里去，每日对天号啕痛哭，求救于父母，他父母负罪隐藏起来，舜恭敬地再去见他父亲瞽叟，对此表示非常恐惧敬谨，瞽叟也表示允诺。"既然说出允诺的话，怎么还会有再杀舜的意思呢？司马光也引用了九男、百官的语言，淳厚的对答，却不如益赞美禹的话，所以详细加以叙述以给子侄这辈人看。如司马迁的《史记》、刘向的《列女传》所记载舜的事，大概都是承袭《孟子》的话而没有详审吧。至于桃应有瞽叟杀人的问话，虽然说是他假设的疑问而请孟子回答，也可以说是无稽之谈。孟子拒绝回答他的问题是可以的，却再三为他辩解，这样就会引起后辈学生的疑惑了。

孔子正名

子路曰："卫君待子而为政①，子将奚先②？"子曰："必也正名③乎！"子路曰："子之迂④也！奚其正？"夫子责数之以为"野"。盖是时夫子在卫，当辄为君之际，留连最久，以其拒父而窃位，故欲正之，此意明白。然子欲适⑤晋，闻其杀鸣犊⑥，临河而还，谓其无罪而杀士也。里名胜母，曾子不入，邑称朝歌，墨子回车，邑里之名不善，两贤去之，安有命世圣人，而肯居无父之国，事不孝之君哉？是可知已！夫子所过者化，不令而行，不言而信，卫辄待以为政，当非下愚而不移者。

苟其用我，必将异之以天理，而趣反其真，所谓命驾虚左[⑦]而迎其父不难也。则其有补于名义，岂不大哉！为是故不忍亟去以须之。既不吾用，于是慨然反鲁。则辄之冥顽悖乱，无所逃于天地之间矣！子路曾不能详味[⑧]圣言，执迷不悟，竟于身死其难。惜哉！

［注释］

①待子而为政：等待您并且让您去处理国家政事。

②子将奚先：您打算首先做什么事情呢？

③正名：纠正名分上不当的现象。

④迂：迂腐。

⑤适：到。

⑥闻其杀鸣犊：听说晋国的赵简子杀死了窦鸣犊。窦鸣犊，即窦犨，号鸣犊，晋国大夫，提倡德治、教化，反对苛政、杀戮，提出“不患寡而患不均，不患贫而患不安”的施政主张。因政见不合，而被正卿赵简子杀害。

⑦虚左：空着左边的位置。古代以左为尊，虚左表示对宾客的尊敬。

⑧详味：仔细体味。

［译文］

子路对孔子说：“假如卫出公辄等待您去治理国政，您准备首先干什么事情？”孔子道：“那一定是纠正名分上不当的现象！”子路道：“您竟迂阔到如此地步了！这有什么纠正的必要呢？”孔夫子责备数落子路，认为他太鲁莽。那时孔夫子在卫国，当辄为卫国国君之时，留恋在卫国最久，因为辄抗拒其父蒯聩而窃取王位，所以孔夫子想纠正这种名分不当的现象，这里的意思是很明白的。但是孔子想到晋国去，听说晋国的赵简子杀死了窦鸣犊，到了黄河边就返回来了，声称晋国杀死了无罪的贤大夫。里名有叫胜母的，因其名不顺，曾参拒不进入该里，邑名有叫朝歌（今河南淇县）的，因为不合时宜，墨翟坐着车又回来了，因为邑里的名字不美，两位贤人都不去

西河返驾

孔子想到晋国去，但听说晋国的赵简子杀死了窦鸣犊，孔子到了黄河边又返了回来。

那里，为何会有闻名于世的圣人，竟肯居住在没有父亲的国家里，服侍不孝的国君呢？这是可以知道的了！孔夫子所经过的地方，那里的百姓都得到了感化，没有命令就可以执行，不用言语就可以得到信任，卫出公辄等待孔子执政，应该不是上智下愚不可改变的。假如卫出公辄用我的话，我必将用天理启发他们，用行动返其本真，命人驾车空着左边的位置前往迎接他父亲蒯聩并不是难事。如果这样做就可以挽回自己的名誉，岂不受到尊重吗？为此所以不忍心急切离去等待着。既然不用我，于是再慨然离开卫国返回鲁国。而卫出公辄愚昧无知狂悖忤逆，他是不能逃脱天地之间的惩罚！子路曾经不能详细玩味孔夫子的圣言，执迷不悟，竟然在卫国以身殉难。可惜呀！

王裒嵇绍

舜之罪也殛鲧(jí gǔn)①，其举也兴禹。鲧之罪足以死，舜徇②天下之公议以诛之，故禹不敢怨，而终治水之功，以盖③父之恶。魏王裒(póu)、嵇绍④，其父死于非命。裒之父仪，犹以为司马昭安东司马之故，因语言受害⑤，裒为之终身不西向而坐⑥。绍之父康以魏臣，钟会谮(zèn)⑦之于昭，昭方谋篡魏，阴忌之，以故而及诛。绍乃仕于晋武之世，至为惠帝尽节而死。绍之事亲，视⑧王裒远矣！温公《通鉴》，犹取其荡阴之忠，盖不足道也。

君臣惕益

舜帝命鲧治水，鲧采用堵塞之法，未成功。后舜又命其子大禹前去治水，以补其父之过。大禹采用疏导之法，四方洪水得以控制。

[注释]

①鲧：大禹的父亲，也是水官。

②徇：跟从。

③盖：掩盖。

④嵇绍：嵇康之子，体态魁伟，聪明英俊，在同伴中非常突出。一

次有宾客对王戎说："昨天在众人中见到嵇绍，气宇轩昂如同野鹤立于鸡群之中。""鹤立鸡群"由此而来。

⑤因语言受害：因话语招致杀身之祸。

⑥西向而坐：不做官。古时皇帝是面朝南而坐，所以臣下对着皇帝都是面北而立。西向而坐是跟皇帝没有正面相对，以示毫无瓜葛，无君臣主辅关系。

⑦谮：进谗言诋毁别人。

⑧视：比较。

［译文］

舜的罪过是杀死鲧，他的做法又兴起了禹的事业。鲧的罪过足够构成死罪，舜曲从天下的公议来杀死鲧，所以禹不敢怨恨，禹终因治水有功，用来掩盖他父亲的罪恶。魏国的王裒、嵇绍，他们的父亲都死于意外的灾祸。王裒的父亲王仪，就因为做了司马昭的安东司马的缘故，说话不慎而遭杀害，王裒为此终身不做官。嵇绍的父亲嵇康为魏国的臣子，钟会进谗言于司马昭，司马昭当时正谋划篡夺魏国，暗地里忌恨他，因此借故而杀了他。嵇绍却在晋武帝的时候做了官，甚至为晋惠帝尽到臣子的节操而死。嵇绍侍奉他父亲，比王裒差远了！司马光作《通鉴》时，只取嵇绍在汤阴的忠节，是不足称道的。

绯紫假服

唐宣宗重惜服章[1]，牛丛自司勋员外郎为睦州刺史，上赐之紫，从既[2]谢，前言曰[3]："臣所服绯，刺史所借也。"上遽曰："且赐绯。"然则唐制借服色得于君前服之[4]，国朝之制，到阙则不许。乾道二年，予以起居舍人侍立，见浙西提刑姚宪入对，紫袍金鱼。既退，一阁门吏踵其后嗫嚅(rú)[5]。后两日，宪辞归平江，乃绯袍。予疑焉，以问知阁曾觌(dí)曰："闻临安守与本路监司皆许服所借，而宪昨紫今绯，何也？"觌曰："监司惟置局在辇下[6]则许服，漕臣是也；若外郡则否，前日姚误紫，而谒吏不告，已申其罚，且备牒使知之，故今日只本色以入。"姚盖失于审也，然考功格令[7]既不颁于外，亦自难晓。文惠公知徽州日，借紫，及除江东提举常平，告身不借。予闻尝借者当如旧，与郎官薛良朋言之，于是给公据改借。后于江西见转运判官张坚衣绯，张尝知泉州，紫袍矣，予举前说，张欣然即以申考功，已而部符下不许，扣其故，曰："唯知州借紫而就除本路，虽运判、提举皆得如初，若

他路则不可。”竟不知法如何该说也。若曾因知州府借紫，而后知军州，其服亦借，不以本路他路也。近吴镒(yì)以知郴(chēn)州除提举湖南茶盐，遂仍借紫，正用前比云[8]。

［注释］

①重惜服章：看重珍惜按照身份等级来规定不同服饰的制度。

②既：已经。

③前言曰：上前对皇帝说。

④借服色得于君前服之：借来的服色必须在皇上面前穿上它。

⑤踵其后嗫嚅：跟在他的后面窃窃私语。

⑥辇下：皇帝的车辇下，代指都城。

⑦考功格令：考察官员功过的标准。

⑧正用前比云：正是按照之前的惯例来说的。

［译文］

唐宣宗很重视珍惜按身份等级不同所规定的服饰制度，牛丛自司勋员外郎调为睦州（治今浙江淳安）刺史时，皇上赐给他一套紫服，牛丛已经谢过皇上了，又上前对皇上说：“臣所穿的大红色的朝服，是刺史臣所借。”皇上急忙说：“姑且把这件大红色朝服赐给你。”那么按照唐代服饰制度，借服色必须在皇上面前穿上它，宋朝的服制，到了空缺的官位之后就不许穿了。宋孝宗乾道二年（1166），我被用为起居舍人侍立在皇上一边，看见浙西路提点刑狱姚宪入朝问对，穿着绣有金鱼的紫袍朝服。退朝之后，官署门吏都跟着他窃窃私语。过了两天，姚宪辞别皇上回归平江（今属湖南），却穿着大红色朝袍。我产生了疑问，就问主持官署的曾觌说：“听说临安知府和本路监察州县的地方长官都允许穿所借的朝服，而姚宪昨天穿紫袍今天穿大红色的袍子，是什么原因呢？”曾觌回答说：“监察州县的地方长官仅设置机关在京都的就允许穿，漕运大臣就是这样；如果在外郡就不能穿，前天姚宪误穿紫服，而引见臣下传达使命的谒吏没有告诉他，已经决定要处罚他，并且已备好公文使官员知道，所以今天姚宪只穿他本来的大红色朝服进入朝堂。”姚宪大概有失于审慎，然而考察官吏功过的标准既不颁布于外面，自己也难以知晓。洪适出知徽州时，向朝廷借了紫色朝服，到了他任命江西路提举常平官时，只授给任命状而不借给朝服。我听说曾经借服的人当和以往一样，我与郎官薛良朋谈过这件事，于是给他凭据改借。后来我于江西路看见转运判官张坚穿着大红色朝服，张坚曾经做过泉州知州，那时他穿的是紫袍，我给他列举以前的说法，张坚欣然同意立即申报他的功绩，旋即主管部门下了命令不加批准，推敲其原因，说：“除知州借紫服而任命为本路的，虽然是转运判官、提举官都得和以前一样，如果任命为其他路官员就不可了。”这样竟然不知道服制该怎么说才算对了。如果曾经因为知州、知府借紫服，而后知军、州时，他的朝服也可以借，就不应该分本路他路了。近来吴镒知郴州（今湖南郴州）又任命为提举湖南茶盐的官，于是仍然可以借紫服，正是按照以前的旧例说的。

枢密名称更易

国朝枢密之名，其长为使，则其贰①为副使；其长为知院，则其贰为同知院。如柴禹锡知院，向敏中同知，及曹彬(bīn)为使，则敏中改副使。王继英知院，王旦同知，继冯拯、陈尧叟亦同知，及继英为使，拯、尧叟乃改签书院事，而恩例②同副使。王钦若、陈尧叟知院，马知节签书，及王、陈为使，知节迁副使，其后知节知院，则任中正、周起同知。惟熙宁初，文彦博、吕公弼已为使，陈升之过阙，留，王安石以升之曾再入枢府，遂除③知院。知院与使并置，非故事④也，安石之意以沮(jǔ)⑤彦博耳。绍兴以来，唯韩世忠、张俊为使，岳飞为副使。此后除使固多，而其贰只为同知，亦非故事也。又使班视宰相，而乾道职制杂压，令副使反在同知院之下，尤为未然⑥。

文彦博

文彦博，字宽夫，北宋时期著名政治家。在仁、英、神、哲宗四朝为官，为百姓造福甚多。

［注释］

①贰：副手，副职。
②恩例：指帝王为宣示恩德而颁布的条例、规定。
③除：任命。
④故事：既定的条例。
⑤沮：阻止。

⑥尤为未然：更是从来没有过先例。

［译文］

宋朝枢密的名字，它的长官称枢密使，副职称为枢密副使；它的长官为知院，副长官称同知院。如柴禹锡做过枢密院知院的官，向敏中做过同知的官，到曹彬为枢密使时，向敏中就改为枢密副使。王继英为知院时，王旦为同知，继而冯拯、陈尧叟也为同知。到王继英为枢密使时，冯拯、陈尧叟就改签书院事，而它的待遇和枢密副使相同。王钦若、陈尧叟任知院，马知节做签书，到了王钦若、陈尧叟为枢密使时，马知节改为副使，其后马知节做了知院的官，任中正、周起就任命为同知。仅宋神宗熙宁初年，文彦博、吕公弼已经为枢密使，而陈升之因为超过缺数，加以滞留，王安石因为陈升之的滞留曾经再次进入枢密府，于是任命为知院。知院和枢密使同时设置，并不是成例，王安石的意思是要阻止文彦博进入枢密院。宋高宗绍兴以来，只有韩世忠、张俊为枢密使，岳飞为枢密副使。从此以后任命为枢密使的固然很多，而其副职只有同知，也不是成例。又枢密使的位置被视为宰相，而孝宗乾道时期官职制度杂乱，使枢密副使反而位在同知院之下，更是没有听说过。

卷　六

贤士隐居者

士子修己笃学[1]，独善其身，不求知于人，人亦莫能知者[2]，所至或有之[3]，予每惜其无传[4]。比得上虞(yú)李孟传录示四事，故谨书之。

其一曰，慈溪蒋季庄，当宣和间，鄙王氏之学[5]，不事科举，闭门穷经[6]，不妄与人接[7]。高抑崇闶居明州城中，率一岁四五访其庐[8]。季庄闻其至，必倒屣出迎[9]，相对小室，极意[10]讲论，自昼竟夜[11]，殆忘寝食。告去则送之数里，相得欢甚。或问抑崇曰：“蒋君不多与人周旋，而独厚于公，公亦惓惓于彼，愿闻其故？”抑崇曰：“闶(kàng)终岁读书，凡有疑而未判，与所缺而未知者，每积至数十，辄一扣[12]之，无不迎刃而解。”而蒋之所长，他人未必能知之。世之所谓知己，其是乎？

其二曰，王茂刚，居明之林村，在岩壑深处，有弟不甚学问，使专治生以糊口，而刻意[13]读书，足迹未尝妄出，尤邃[14]于《周易》。沈

焕通判州事，尝访之，其见趣绝出于传注之外云[15]。气象严重[16]，窥其所得，盖进而未已[17]也。

其三曰，顾主簿，不知何许人，南渡后寓于慈溪[18]。廉介有常[19]，安于贫贱，不蕲(qí)人之知[20]。至于践履(lǚ)[21]间，虽细事不苟也。平旦起[22]，俟卖菜者过门，问菜把直几何[23]，随所言酬之[24]。他饮食布帛亦然。久之人皆信服，不忍欺。苟一日之用足，则玩心坟典[25]，不事交游。里中有不安其分、武断强忮(zhì)[26]者，相与讥之，曰："汝岂顾主簿耶？"

其四曰，周日章，信州永丰人。操行介洁，为邑人所敬。开门授徒，仅有以自给，非其义一毫不取。家至[27]贫，常终日绝食[28]，邻里或以薄少致馈。时时不继，宁与妻子忍饿，卒不以求人。隆寒披纸裘[29]，客有就访，亦欣然延纳。望其容貌，听其论议，莫不耸然[30]。县尉谢生遗以袭衣，曰："先生未尝有求，吾自欲致其勤耳，受之无伤也。"日章笑答曰："一衣与万钟等耳，傥(tǎng)[31]无名受之，是不辨礼义也。"卒辞之。汪圣锡亦知其贤，以为近于古之所谓独行者[32]。

是四君子，真可书史策云。

［注释］

①士子：学子。修己：提高自己的道德修养。笃学：专心治学。

②人亦莫能知者：别人也不能了解他。莫，不。

③所至或有之：能达到这样的也有。

④无传：没有见于记载。

⑤鄙王氏之学：鄙薄王安石的学问。王氏，王安石。

⑥闭门穷经：闭门不出，在家考究经书。

⑦不妄与人接：不轻易与人接触。

⑧率：经常。访其庐：到他家去拜访。

⑨必倒屣出迎：因为急着出去迎接他，将鞋子都穿倒了。

⑩极意：尽情，肆意。

⑪自昼竟夜：从白天到晚上。

⑫扣：拜访。

⑬刻意：一心一意，用尽心思。

⑭邃：深邃，精深。

⑮其见趣绝出于传注之外：他的见识旨趣绝对超出有传注的那些人。

⑯气象严重：气质谨严持重。

⑰进而未已：一直有所精进。
⑱南渡后寓于慈溪：宋高宗南渡后他也到慈溪寓居。
⑲廉介有常：保持廉洁的操守。
⑳不蕲人之知：不希求别人知道他。
㉑践履：穿鞋。
㉒平旦起：天亮起床。平旦，清晨，天亮。
㉓直几何：值多少钱。
㉔随所言酬之：按照别人所说的价格给人家报酬。
㉕玩心坟典：专心研究典籍著作。
㉖强忮：刚愎自用。
㉗至：非常，极端。
㉘绝食：没有吃的。
㉙纸裘：像纸一样薄的棉裘。
㉚耸然：端正尊敬的样子。
㉛傥：倘若。
㉜独行者：唯一能够保持操守者。

[译文]

学子提高自己的品德专心治学，维护自己的名声，不向人求助、学习，别人也不能了解他，能达到这样的人是有的，我时常痛惜他们没有记载。近见上虞（今属浙江）李孟传录载有四件事，因此谨慎书写他们的事迹。

其一说，慈溪（今浙江宁波）人蒋季庄，当宋徽宗宣和年间，鄙视王安石的学问，不参加科举考试，闭门考究经书，不轻易和人接触。高抑崇居住在明州（今浙江宁波）城中，通常一年四五次到他家去拜访。蒋季庄听说高抑崇到了，由于急于迎客把鞋子都穿倒了，二人相对坐在小屋，尽情讲论，从白天一直聊到夜里，废寝忘食。高抑崇告辞时必送出数里之外，二人相得甚欢。有人问高抑崇说："蒋季庄不多与别人交际，而单独看重你，你也诚恳对待他，这是因为什么呢？"高抑崇说："我终年读书，或有疑问而不能决定的，与自己所缺少而不知道的，每次都积累数十条，即一次拜访他，没有不迎刃而解的。"而蒋季庄的长处，其他的人未必能知道。世上所称道的知己不就是这样的吗？

其二说，王茂刚，居住在明州的林村，在山涧深处，他有个弟弟不善学问，使他经商用以糊口，而自己则用尽心思读书，轻易不出门，更精深于《周易》一书。沈焕为明州通判时，曾拜访过他，说他的见识旨趣绝对超出有传注的那些人。气质谨严持重，看他所得到的知识，大概是进而未止了。

其三说，顾主簿，不知道是哪里人士，宋高宗南渡之后他也南渡寓居于慈溪。保持廉洁的操行，安于贫贱，不企求别人知道他。甚至他穿鞋子时，虽是小事也一丝不苟。天明即起，等卖菜的过门时，问了菜价多少钱，随他所说而付给菜钱。他

的饮食穿的布帛也是这样。时间一长人们都信服他了，不忍心欺骗他。假如东西够一天之用了，他就专心研究典籍，不好交游。里中有不安分守己、武断刚愎的人，相互讥笑他，说："你难道是顾主簿吗？"

其四说，周日章，是信州永丰县人。操行廉洁，为县里的人所尊敬。他开门教授生徒，自己仅仅够自给的，不义之财一毫不取。家中很贫穷，经常终日断吃的，邻里就用微薄的东西相馈送。家中时时上顿不接下顿，宁愿和妻子忍饥挨饿，也终不求人。隆冬寒天披着纸一样的棉袄，有客人来访，也高兴地延请接纳。观察他的容貌，聆听他的论议，无不使人尊敬。县尉谢生给他一套衣服，说："先生未曾有求于我，是我自己献的殷勤，接受它没有什么伤害。"周日章笑着回答说："一套衣服和万钟粮食一样，如若没有正当的名义就接受它，是我不能分辨礼义的大事。"最终还是推辞掉了。汪圣锡也知道他贤能，认为是近于古代的能独持操守的人。

这四位君子，真可以写进史书里。

杜诗命意

杜公诗命意用事[1]，旨趣[2]深远，若随口一读，往往不能晓解，姑纪一二篇以示好事者。如："能画毛延寿[3]，投壶郭舍人[4]。每蒙天一笑，复似物皆春。政化平如水，皇恩断若神。时时用抵戏，亦未杂风尘。"第三联意味颇与前语不相联贯，读者或以为疑。按杜之旨，本谓技艺倡优，不应蒙人主顾眄(miǎn)赏接，然使政化如水，皇恩若神，为治大要既无可损，则时时用此辈，亦亡害[5]也。又如："乱后碧井废，时清瑶殿深。铜瓶未失水，百丈有哀音。侧想美人意，应悲寒甃沉。蛟龙半缺落，犹得折黄金。"此篇盖见故宫井内汲者得铜瓶而作，然首句便说废井，下文翻覆铺叙为难，而曲折宛转如是，他人毕一生模写[6]不能到也。又一篇云："斗鸡初赐锦，舞马既登床。帘下宫人出，楼前御柳长。仙游终一阙，女乐久无香。寂寞骊山道，清秋草木黄。"先忠宣公在北方，得唐人画《骊山宫殿图》一轴，华清宫居山颠，殿外垂帘，宫人无数，穴帘隙而窥，一时伶官戏剧，品类杂沓[7]，皆列于下[8]。杜一诗真所谓亲见之也。

［注释］

①命意用事：构思和所用的典故。

②旨趣：宗旨趣味。

③毛延寿：西汉元帝时的宫廷画师。元帝选妃时，根据毛延寿的画像来定夺，因此许多宫娥向他行贿，唯独王昭君没有。毛延寿便将王画得极丑，使王独居宫中，一直未被宠幸。后匈奴议和，元帝依照画像，将王昭君嫁给匈奴王。待看清王昭君的面容时，元帝后悔不迭，于是在王昭君出塞之后，下诏杀死了毛延寿。

④郭舍人：汉武帝身边的戏子，深受武帝宠幸。

⑤亦亡害也：也没什么害处。

⑥模写：通“摹写”，模仿。

⑦杂沓：众多杂乱。

⑧下：大殿之下。

[译文]

杜甫的诗构思和所用典故，宗旨深远，如随口一读，往往不能通解，姑且记一二篇以告示于好事情的人。如：“能画毛延寿，投壶郭舍人。每蒙天一笑，复似物皆春。政化平如水，皇恩断若神。时时用抵戏，亦未杂风尘。”该诗第三联的意味略微与前面不相联贯，读的人或者会产生疑惑。按杜甫的宗旨，本来是说乐舞戏谑的艺人，不应当承蒙皇上回视赏接，但使政教风化平静如水，皇恩如神，是治国要旨既不可缺少，则时时任用此辈之人，也没有什么害处。又如：“乱后碧井废，时清瑶殿深。铜瓶未失水，百丈有哀音。侧想美人意，应悲寒甃沉。蛟龙半缺落，犹得折黄金。”这篇大概是杜甫见到旧宫殿内汲水的人得到铜瓶而作的诗，但头一句便说废井，就下文反复铺叙实在很难，而曲折婉转如此，是别人用毕生精力模仿也不能做到的。又有一篇说：“斗鸡初赐锦，舞马既登床。帘下宫人出，楼前御柳长。仙游终一闷，女乐久无香。寂寞骊山道，清秋草木黄。”早先洪皓在北方时，得到唐人画《骊山宫殿图》一轴，华清宫在山顶，殿外垂

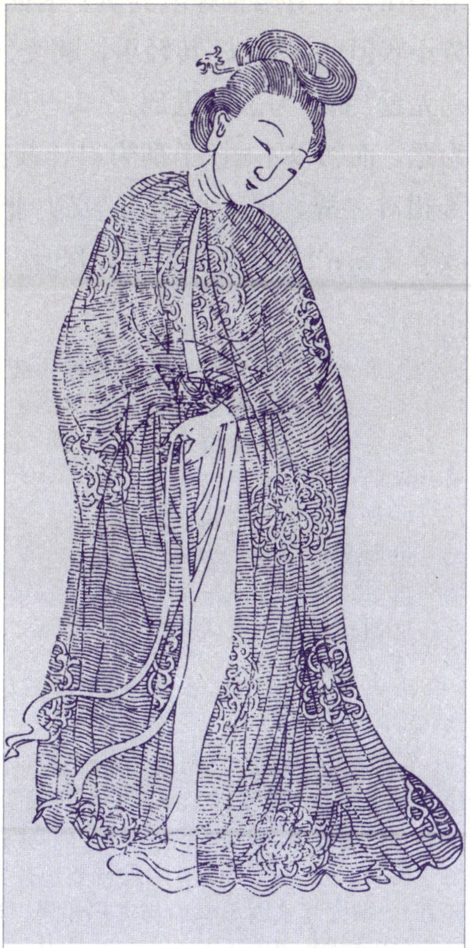

杨贵妃

华清宫内官人无数，争奇斗艳，但是其中翘楚者，莫过于贵妃杨玉环。唐玄宗甚至还为她在宫内修筑温泉汤池，名为海棠汤，又名芙蓉汤。

着帘子，宫人无数，从帘缝中往里窥视，一时乐官戏剧，品种众多杂乱，都排列于殿下。杜甫的这一首诗真和他亲眼见到的一样。

择福莫若重

《国语》载范文子曰："择福莫若重，择祸莫若轻。"且上君子乐天知命①，全身远害②，避祸就福，安有迨于祸至择而处之之理哉③？韦昭注云："有两福择取其重，有两祸择取其轻。"盖以不幸而与祸会，势不容但已，则权④其轻重，顺受⑤其一焉。《庄子·养生主》篇云："为善无近⑥名，为恶无近刑。"夫孳（zī）孳为善，君子之所固然，何至于纵意为恶，而特以不丽⑦于刑为得计哉？是又有说矣，其所谓恶者，盖与善相对之辞，虽于德为愆（qiān）⑧义，非若小人以身试祸自速百殃之比也。故下文云："可以全生，可以保身，可以尽年。"其旨昭矣。

［注释］

①乐天知命：安于自己的命运，顺应天道，没有过多的忧虑。

②全身远害：保全生命，远离祸害。

③安有迨于祸至择而处之之理：怎么会有等到天灾人祸降临时再选择轻重而处理的道理？迨于，等到。择而处之，选择灾祸的轻重而处理。

④权：权衡，比较。

⑤顺受：顺从，承受。

⑥近：求取。

⑦丽：遭受，遭遇。

⑧愆：过失。

［译文］

《国语》记载范士燮说："选择福不如重，选择祸不如轻。"况且这些士大夫君子们能顺应天道的安排，懂得性命的限度，保全自己的身体，远离祸害之地，避免灾祸而归之福地，怎么会有等到灾祸降临时再选择轻重而处理的道理呢？韦昭在注解《国语》时说："同时有两种福要选择其中的大者，同时有两种祸要选择其中的轻者。"推究起来因不幸而与灾祸相遇，形势不容许自己选择，就权衡轻重，顺受其一种灾祸啊。《庄子·养生主》篇说："做善事没有求名之心，做恶事没有求刑的想法。"努力不懈做好事，这是君子应当作的，何必恣意作恶，而又特别因为不系于刑罚为得计呢？这又有其他的说法了，所谓恶这种事，与善是相对而言，虽然对德来说是过失之义，不是像小人拿性命去触犯灾难自速遭殃可以相比的。所以《庄子·养生主》下文说："可以保全生命，可以保全自身，可以终结人的一生。"这里的宗旨是很明白的。

卷 七

执政辞转官

真宗天禧元年，合祭天地，礼毕，推恩[①]百僚，宰相以下迁官一等。时参知政事三人，陈彭年自刑部侍郎迁兵部，王曾自左谏议大夫迁给事中，张知白自给事中迁工部侍郎。而知白独恳辞数四，上敷谕[②]，终不能夺[③]。王曾闻之，亦乞寝[④]恩命。上曰：“知白无他意，但以卿为谏议大夫，班在上，己为给事中，在下，所以固辞，欲品秩有序尔。”于是从知白所请，而优加名数，进阶紫金光禄大夫，并赐功臣爵邑。元祐三年四月，宰执[⑤]七人，自文彦博仍前太师外，右仆射吕公著除司空，同平章军国事，中书侍郎吕大防除左仆射，同知枢密院范纯仁除右仆射，尚书左丞刘挚除中书侍郎，右丞王存除左丞。唯知枢密院安焘(tāo)不迁，乃自正议大夫特转右光禄。焘上章辞，令学士院降诏不允。学士苏轼以为：“朝廷岂以执政六人，五人进用，故加迁秩[⑥]以慰其心？既无授受之名，仅似姑息之政，欲奉命草诏，不知所以为词，伏望从其所请。”御宝批：“可且用一意度作不许诏书进入。”焘竟辞[⑦]，始免[⑧]。绍兴三十一年，陈康伯自右相拜左相，朱倬自参政拜右相，时叶义问知枢密院，元居倬上，不得迁，朝论谓宜进为使。学士何溥面受草制之旨[⑨]，曾以为言，高宗不许。绍熙五年七月，主上登极，拜知枢密院赵汝愚为右相，参政陈骙除知院，同知院事余端礼除参政，而左丞相留正以少保进少傅，乃系特迁，且非覃恩[⑩]，正固辞，乃止。

［注释］

①推恩：施及恩惠。

②上敷谕：皇上向他陈述谕旨。敷，铺陈，陈述。

③终不能夺：终究不能改变他的志向。

④寝：停止，平息。

⑤宰执：宰相。

⑥迁秩：变动秩序。

⑦竟辞：一直推辞。竟，一直，始终。

⑧始免：方才被免于转官。

⑨面受草制之旨：当面授予他起草合旨意的诏书。

⑩覃恩：广施恩泽。旧时多用以称帝王对臣民的封赏、赦免等。

［译文］

宋真宗天禧元年（1017），合祭天地，礼毕以后，皇上将己之所爱推及百官，自宰相以下迁官一个等级。当时宰相三人，陈彭年自刑部侍郎迁官兵部，王曾自左谏议大夫迁官给事中，张知白自给事中迁官工部侍郎。张知白独自恳请辞谢数回，皇上陈述谕旨，但终究不能改变他的志向。王曾听说后，也乞求停止恩命。皇上说："张知白没有其他的意思，但用你为谏议大夫，等级在上，张知白为给事中，等级在下，所以他推辞，想品级有所区分排列。"于是听从张知白的请求，又优加名数，晋升他为紫光禄大夫，并赐给功臣爵位封地。宋哲宗元祐三年（1088）四月，宰相七人，自文彦博仍是以前太师外，右仆射吕公著任司空、同平章军国事，中书侍郎吕大防任左仆射，同知枢密院范纯仁任右仆射，尚书左丞刘挚任中书侍郎，右丞王存任左丞。唯有知枢密院安焘没有升官，只自正议大夫特转为右光禄。安焘上奏章辞谢，皇上令学士院下诏书不许。学士苏轼认为："朝廷岂能以执政的六人，五个人升官，对其中一人只加变动秩列来安慰他的心情呢？既因没有接受的名义，仅给姑息迁就的政令，想奉命起草诏书，不知如何用词，希望听从他的请求。"御宝批道："可暂用一意制作不许诏书进入。"安焘始终推辞，才免于转官。高宗绍兴三十一年（1161），陈康伯自右丞相官拜左丞相，朱倬自参政任右丞相，当时叶义问知枢密院，原居于朱倬之上，不得升官，朝中议论应该晋升为使。学士何溥皇上当面授予他起草诏书的旨意，他曾为叶义问讲情，高宗不允许。理宗绍熙五年（1194）七月，皇上登基，任知枢密院赵汝愚为右丞相，参政陈骙任知院，同知院事余端礼任参政，而左丞相留正以少保进转为少傅，也是特升，况且不是广布恩泽，留正坚辞不受，于是停止他进转少傅的事。

孙宣公谏封禅等

景德、祥符之间，北戎结好[1]，宇内乂宁，一时邪谀[2]之臣，唱为瑞应祺祥[3]，以罔[4]明主，王钦若、陈彭年辈实主张之。天书既降，于是东封、西祀、太清之行，以次丕讲，满朝耆老方正之士[5]，鲜有肯启昌言以遏其奸焰[6]，虽寇莱公[7]亦为之。而孙宣公奭独上疏争救，于再于三[8]。《真录》出于钦若提纲，故不能尽载[9]，以故后人罕称之。

予略摘[10]其大概纪于此。

一章论西祀，曰：“汾阴后土，事不经[11]见。汉都雍[12]，去[13]汾阴至近；河东者，唐王业所起[14]之地，且又都雍，故武帝、明皇行之。今陛下经重关[15]，越险阻[16]，远离京师根本之固，其为不可甚矣[17]。古者圣王先成民而后致力于神[18]，今土木[19]之功，累年未息，水旱作沴，饥馑[20]居多，乃欲劳民事神，神其享之乎！明皇嬖(bì)宠害政[21]，奸佞当涂[22]，以至身播国屯。今议者引开元故事以为盛烈，臣窃不取。今之奸臣，以先帝诏停封禅，故赞陛下，以为继承先志。且先帝欲北平幽朔[23]，西取继迁[24]，则未尝献一谋、画一策，以佐陛下。而乃卑辞重币[25]，求和于契丹，蹙(cù)国縻(mí)爵[26]，姑息于保吉。谓主辱臣死为空言，以诬下罔上为己任，撰造祥瑞，假托鬼神，才毕东封[27]，便议西幸[28]。以祖宗艰难之业，为佞邪侥幸之资，臣所以长叹而痛哭也！”

二章论争言符瑞[29]，曰：“今野雕山鹿，并形奏简[30]，秋旱冬雷，率皆称贺。将以欺上天，则上天不可欺；将以愚下民，则下民不可愚；将以惑后世，则后世必不信。腹非窃笑，有识尽然[31]。”

三章论将幸亳(bó)州，曰：“国家近日多效唐明皇所为。且明皇非令德之君[32]，观其祸败，足为深戒，而陛下反希慕[33]之！近臣知而不谏，得非奸佞乎？明皇奔至马嵬，杨国忠既诛，乃谕军士曰：‘朕识理不明，寄任失所[34]，近已觉悟。’然则已晚矣，陛下宜早觉悟，斥远邪佞，不袭[35]危乱之迹，社稷之福也！”

四章论朱能天书，曰：“奸憸小人，妄言符瑞，而陛下崇信之，屈至尊以迎拜[36]，归秘殿以奉安。百僚黎庶，痛心疾首[37]，反唇腹非[38]，不敢直言。臣不避死亡之诛，听之罪之[39]，惟在圣断。昔汉文成、五利，妄言不雠(chóu)，汉武诛之。先帝时，侯莫、陈利用方术奸发，诛于郑州。唐明皇得灵符宝券，皆王珙、田同秀等所为，不能显戮[40]，今日见老君于阁上，明日见老君于山中，大臣尸禄[41]以将迎，端士畏威而缄默。及禄山兆乱，辅国劫迁[42]，大命既倾，前功并弃。今朱能所为是已。愿远思汉武之雄材，近法先帝之英断，中鉴明皇之召祸，庶几

灾害不生，祸乱不作。”

奭之论谏，虽魏郑公、陆宣公不能过也。

［注释］

①北戎结好：辽国与宋议和。北戎，北边的少数民族，指辽国。

②邪谀：奸邪阿谀。

③唱：倡导。禨祥：幸福吉祥的征兆。

④罔：欺瞒。

⑤耆老：年老而名望很高的大臣。方正：正直不阿。

⑥鲜有肯启昌言以遏其奸焰：很少有肯启齿直言不讳地加以遏制这种奸邪的势焰。鲜有，少有。昌言，正直的、无所忌惮的话。奸焰，奸邪的势头。

⑦寇莱公：寇准，字平仲，北宋著名大臣。政治才能过人，为人耿直不阿。宋太宗时为参知政事，宋真宗时，曾任同中书门下平章事。辽国侵宋时，寇准力主抵抗，不久，被大臣王钦若排挤罢相。晚年再度被起用，封莱国公。

⑧于再于三：一而再、再而三地这样做。

⑨尽载：详尽记载。

⑩摘：摘略。

⑪经：经常。

⑫汉都雍：西汉建都长安。

⑬去：距离。

⑭起：兴起。

⑮经重关：历经重重关口。

⑯越险阻：翻越险阻。

⑰不可：不应当。甚：很，非常。

⑱先成民而后致力于神：先安抚百姓然后再致力于神佛学说。

⑲土木：宫室建造。

⑳饥馑：灾荒，饥饿。

㉑嬖宠害政：宠爱女色因此危及国家政事。

㉒涂：通“途”，道路。

㉓北平幽朔：在北面平定幽朔等边远地区。

㉔西取继迁：往西消灭西夏。

㉕卑辞重币：用谄媚讨好的话语，赏赐大量货币。

㉖蹙国：丧失国土。縻，捆，缚。

㉗毕东封：东面泰山封禅。

㉘西幸：向西临幸。

㉙符瑞：天降符瑞附和人事。

㉚并形奏简：都可以以奏简的形式上呈皇帝。

㉛尽然：都这个样子。

㉜令德之君：德行高洁的君主。

㉝希慕：仰慕。

㉞寄任失所：将大任寄托给不称职的臣子。

㉟袭：承袭，因袭。

㊱屈至尊以迎拜：弯曲极尊贵的身体用来迎拜它。

㊲痛心疾首：痛恨到了极点。

㊳反唇腹非：不管是嘴上还是内心都极力反对，但是只敢在心里非议而不敢说出来。

㊴听之罪之：听从还是怪罪。

㊵不能显戮：不能明正典刑，即将他们当众处决。

㊶尸禄：安于禄位。

㊷辅国劫迁：李辅国威逼迁都。李辅国，唐肃宗时期当权宦官，曾参加随从将士杀杨国忠的兵谏。肃宗继位，李辅国得到宠幸，执掌朝中大权。当时宰相和百官除常日朝见外，奏事必须经由辅国才能面见皇帝，朝中大事皆由李辅国决断。后玄宗自蜀返京，被尊为太上皇，居南内兴庆宫。李辅国以肃宗的名义逼上皇迁居西内太极宫。

[译文]

宋真宗景德、大中祥符之间，辽国结好于宋，天下安宁，一时奸邪阿谀之臣，倡导瑞应吉祥的征兆，用来欺骗英明的君主，王钦若、陈彭年等确实是这一主张的倡导人。皇上下的天书既已降下，于是东封泰山，西祀汾阴，太清宫祭祀老子之行，以次大讲起来。满朝老臣端平方正之士，很少有肯启齿直言不讳地加以遏制这种奸邪的势焰，即使是寇准这样的人也主张祥瑞封禅。而孙奭独自上书争先挽救此事，一而再再而三这样做。《真录》出于王钦若的提纲，所以不能详尽记载这件事，因为这个缘故后人很少知道它。我略摘其中的大概情况记载于这里。

第一章论述西祀汾阴的事，说："汾阴祭祀地神，事情并不经常见到。西汉建都长安，距离汾阴很近；河东这个地方，是唐代帝业所兴起的地方，况且又建都长安，所以汉武帝、唐玄宗到汾阴祭祀过后土祠。现在陛下经过重重关口翻越险阻，远离京师根本坚固的地方，很不应当这样做。古代圣明君主都是先成就百姓然后再致力于神，现在大兴土木之功，屡年不止，水旱作害，灾荒很多，只想劳民以事奉神，神能享受吗？唐玄宗宠爱女色危害政治，奸佞之臣当道，以致于自身流亡，国家屯兵艰难。现在议论封禅的人引用玄宗开元时期旧事认为轰轰烈烈，臣私下里不敢采取这种说法。现在的奸臣，认为先帝下诏停止封禅，因而来赞扬陛下，以为能继承先帝意志。况且先帝想北面平定幽朔边远地区，西取西夏，他们不曾进献过一谋一策，来辅佐陛下，而只用卑下的语言，大量货币，求和于契丹，收缩国土束缚爵位，迁就姑息辽国。可称主辱臣死为一句空话，以诬陷下面欺骗皇上为自己的职责，制造祥瑞，假托鬼神，东封泰山才完，便议论向西巡幸。用祖宗艰难的大业，为谄媚取宠官员的资本，臣所以长叹而痛哭！"

第二章论述直言天降符瑞附和人事的事，说："现在野雕山鹿，都可以奏明皇上，秋天发生旱灾，冬天雷声隆隆，都加以称贺。将用它欺骗上天，上天是不可欺辱的；将用它愚弄下民，而下民是不可愚弄的；将用它迷惑后代，而后代的人必然不相信这些说法。心里不说私下好笑，有识之士都是这样。"

第三章论述将行幸亳州，说："国家近来多仿效唐玄宗所作所为。况且唐玄宗并非美德的君主，观察他的灾祸和失败，足以深戒，而陛下反而仰慕他！近臣明知这样而不加谏阻，怎能不是奸佞之臣呢？唐玄宗逃到马嵬坡，杨国忠被杀，于是告喻军士说：'我不明事理，寄任大臣有失所望，近来我也觉悟了。'然而已经晚了，陛下应早觉悟，斥逐远离奸佞大臣，不因袭危亡败乱的事迹，这是国家的大福呀！"

第四章论述朱能所制造的天书，说："奸佞小人，乱言符瑞，而陛下却相信它，弯曲极尊贵的身体用来迎拜它，拿到秘殿用来供奉它。百官黎民，痛恨到了极点，口和心都反对这样做，而不敢直言相劝。臣不躲避被杀的危险，听从还是责怪，只在皇上作出决断。过去汉朝文成将军少翁、五利将军栾大，乱言符瑞而不应，汉武帝杀死他们。在先帝时候，侯莫、陈利用因有方术其邪恶被发觉，杀于郑州。唐玄宗得到的灵符宝券，都是王珙、田同秀等人所作所为，不能明正典刑，当众处决，今天朝见老君于阁上，明天朝见老君于山中，大臣安于禄位而逢迎老君，信士因害怕威严都默不作声。至安禄山叛乱时，李辅国威逼迁都，帝王的命令既然倾衰，前功尽弃。现在朱能所作所为正是这样。愿陛下远思汉武帝的雄才大略，就近效法先帝的英明决断，中间借鉴唐明皇招来的祸害，也许可以灾害不生，祸乱不发作。"

孙先生的论争，即使是魏徵、陆贽也不能超过他。

赦恩为害

赦过宥(yòu)罪①，自古不废，然行之太频，则惠奸长恶②，引小人于大谴之域③，其为害固不胜言矣。唐庄宗同光二年大赦，前云："罪无轻重，常赦所不原④者，咸赦除之。"而又曰："十恶、五逆、屠牛、铸钱、故杀人、合造毒药、持杖行劫、官典犯赃⑤，不在此限。"此制正得其中⑥。当乱离之朝，乃能如是⑦，亦可取也，而今时或不然。

[注释]

①赦过宥罪：赦免过错宽宥罪行。宥，宽宥，原谅。

②惠奸长恶：姑息奸宄，助长邪恶。

③引小人于大谴之域：将小人引导至犯罪的地步。

④不原：不加以追究。

⑤十恶：法律规定的不可赦免的十种重大罪名。包括谋反、谋大逆、谋叛、

谋恶逆、不道、大不敬、不孝、不睦、不义、内乱。五逆：泛指各种逆伦之罪。屠牛：宰杀耕牛。铸钱：私自铸造钱币。故杀人：故意杀人。官典犯赃：官吏贪赃枉法。

⑥中：宗旨。

⑦乃能如是：尚且能做到这样。

[译文]

赦免过错宽宥罪行，自古没有废除过，但实行的太频繁，就会仁慈奸人助长邪恶，引导小人陷入犯罪之地，这种危害固然不能一个一个地说出来。唐庄宗同光二年（924）大赦，前面说："罪过不论轻重，常赦允许不加追究的，都赦免它。"而又说："谋反、谋叛、谋恶逆、不道、大不敬、不孝、不义等十恶五逆、屠杀耕牛、私自铸钱、故意杀人、合造毒药、持杖抢劫、官吏贪赃犯法，不在大赦之内。"这一诏书正适合大赦的宗旨。唐庄宗在紊乱离散的朝代，尚且能如此，也有可取之处，而现在有时就不是这样了。

周武帝宣帝

周武帝平齐，中原尽入舆地①，陈国不足平也，而雅志节俭，至是愈笃②。后宫唯置妃二人，世妇三人，御妻三人，则其下保林、良使辈，度不过数十耳。一传而至宣帝，奢淫酣纵③，自比于天，广搜美女，以实后宫，仪同以上女不许辄嫁，遂同时立五皇后。父子之贤否④不同，一至于此！

[注释]

①尽入舆地：都成为他的领土。

②愈笃：越发专一坚定。

③奢淫酣纵：奢侈荒淫醉酒放纵。

④贤否：贤明与奸恶。

[译文]

北周武帝宇文邕灭掉北齐后，中原地区都成了他的领土，地处江南的陈国就容易平定了，而他素志节俭，到这时就意志更加专一。后宫仅设置妃子二人，世妇三人，御妻三人，保林、良使等女官，大概不过数十人。传到他儿子宣帝宇文赟时，就奢侈荒淫醉酒放纵，自比于天，广泛搜索美女，用来充实后宫，仪同三司官员以上的女儿不许出嫁，于是同时立有五个皇后。他们父子贤和恶的不同，竟然达到这种程度！

唐观察使

唐世于诸道置按察使，后改为采访处置使，治于所部之大郡[①]。既又改为观察，其有戎旅[②]之地，即置节度使。分天下为四十余道，大者十余州，小者二、三州，但令访察善恶，举其大纲。然兵甲、财赋、民俗之事，无所不领[③]，谓之都府，权势不胜其重，能生杀人[④]，或专私[⑤]其所领州，而虐视支郡。元结为道州刺史，作《舂陵行》，以为“诸使诛求符牒二百余通，”又作《贼退示官吏》一篇，以为“忍苦裒(póu)敛[⑥]”。阳城守道州，赋税不时[⑦]，观察使数诮(qiào)责[⑧]，又遣判官督赋，城自囚于狱。判官去，复遣官来按举。韩愈《送许郢(yǐng)州序》云：“为刺史者常私于其民，不以实应乎府，为观察使者常急于其赋，不以情信乎州，财已竭而敛不休，人已穷而赋愈急。”韩皋(gāo)为浙西观察使，封杖决安吉令孙澥(xiè)至死。一时所行大抵类此，然每道不过一使临之耳。今之州郡控制按刺者，率五六人，而台省不预，毁誉善否[⑨]，随其意好，又非唐日一观察使比也。

［注释］

①治于所部之大郡：治理各道的大郡。
②戎旅：军队。
③无所不领：没有什么不管的。
④能生杀人：掌握生杀大权。
⑤专私：专门偏私。
⑥裒敛：聚敛财物。
⑦赋税不时：官府不定时征收赋税。
⑧诮责：责问。
⑨毁誉善否：诽谤或者称赞。

［译文］

唐代于各道设置按察使，后来改为采访处置使，治理各道的大郡。既而又改为观察使，有军队的地方，即设置节度使。唐代划分全国为四十多道，大的管辖十多个州，小的管辖二三个州，仅命令他访察善恶，动问一道的大事。但是他们连兵甲、财赋、民俗的事无所不管，当称为都府，权势极重，有生杀大权，或专门偏私他所在的州，而侵害其他各州。元结任道州（今湖南道县）刺史时，曾作有《舂陵行》一篇，认为“各使索要传达命令的凭证有二百多道，”又作《贼退示官吏》一篇，认为观察使“忍心百姓痛苦加以聚敛”。阳城为道州刺史时，官府对赋税不定时加以征收，观察使数次加以责问，又派遣判官亲自监督收税，阳城没有办法，只好自己把自己囚禁于狱中。判官走了以后，又派遣官吏来审察他。韩愈《送许郢州序》说：“任刺史的人常常偏私于本州百姓，不以实情报于府，任观察使的人常常急于收取赋税，不以实情对待州府，财力已经枯竭而赋敛不止，人民已经贫穷而税收更加紧急。”韩皋为浙西观察使时，用大杖将安吉县令孙澥打死。一时所为大致如此，但当时每道不过一个观察使。现在的州郡控制按察使、刺史的人通常是五六人，而台省官吏不加干预，诽谤也好称赞也好，随他们的情趣，又不是唐代一个观察使可以相比的。

卷八

忠宣公谢表

建炎[1]三年，先忠宣公衔命使北方[2]，以淮甸贼蜂起，除兼淮南、京东等路抚谕使，俾李成以兵护至南京。

公遣书抵成，成方与耿坚围楚州，答书曰：“汴[3]泗，虹有红巾，非五千骑不可往。军食绝，不克唯命[4]。”公阴遣客说坚，坚强成敛兵。公行未至泗，谍云：“有迎骑甲而来。”副使龚璹(shú)惮之，送兵亦不肯前，遂反旆(pèi)。即上疏言：“李成以馈饷稽缓[5]，有引众纳命建康之语。今靳(jìn)赛、薛庆方横，万一三叛连衡[6]，何以待之？方含垢养晦[7]之时，宜选辩士谕意，优加抚纳。”疏奏，高宗即遣使抚谕成，给米五万斛(hú)。初，公戒[8]所遣持奏吏，须疏从中出，乃诣政事堂白[9]副封。时方禁直达[10]，忤宰辅意，以托事滞留为罪，特贬两秩，而许出滁阳路。绍兴十三年使回，始复元官。时已出知饶州，命予作谢表，直叙其故，曰：“论事见从[11]，犹获稽留之戾[12]。出疆滋久[13]，屡沾旷荡之恩[14]。始拜明纶[15]，得仍旧秩。伏念臣顷繇(yáo)乏使，不敢辞难。值三盗之连衡，阻两淮而荐食，深虞猖獗之患，或起呼吸之间，辄露便宜[16]，冀加勤恤。虽玺(xǐ)书

洪 皓

洪皓，字光弼，宋高宗时出使金国被扣，十五年后乃返。洪皓清正耿直，不畏权势，始终忠于大宋。

赐报，乐闻充国[17]之建言，而吏议不容，见谓陈汤之生事。亏除官簿，绵历岁时[18]，敢自意[19]于来归，遂悉还于所夺。兹盖忘人之过，与天同功。念臣昔丽于微文，蔽罪本无于他意，故从数赦，俾获自新。”书印既毕，父兄复共议，秦桧方擅国，见此表语言，未必不怒，乃别草[20]一通引咎曰：“使指稽留，宜速亏除之戾[21]。圣恩深厚，卒从抆(wěn)拭之科。仰服矜怜[22]，唯知感戴。伏念臣早繇乏使，遂俾行成，值巨寇之临冲[23]，欲搏人而肆毒，仗节[24]宜图于报称，引车何事于逡巡。徐偃出疆，既失受辞之体；申舟假道，初无必死之心。虽蒙贬秩以小惩，尚许立功而自赎。徒行万里，无补一毫[25]，敢妄冀于隆宽，乃悉还于旧贯。兹盖忘人之过，抚下以仁。阳为德而阴为刑，未尝私意，赏有功而赦有罪，皆本好生，坐使孤臣，尽湔(jiǎn)宿负[26]。”云云。前后奉使，无有不转官者[27]。先公以朝散郎被命，不沾恩凡十五年，而归仅复所贬，而合磨勘(kān)[28]，五官刑部，皆不引用，秦志也。遂终于此阶[29]。

［注释］

①建炎：宋高宗的年号。

②忠宣公：即洪皓。衔命使：奉皇上旨意出使。

③汴：汴河。

④不克唯命：不能承担这个任务。

⑤稽缓：延误，迟缓。

⑥连衡：联合起来。

⑦含垢养晦：韬光养晦，隐忍不发。

⑧戒：命令。

⑨白：交出。

⑩时方禁直达：当时正禁止奏疏直接交与皇上。

⑪论事见从：议论的事情被迫服从。

⑫戾：罪名。

⑬出疆滋久：出使金国许久。

⑭旷荡之恩：皇帝给予的恩惠。

⑮始拜明纶：开始担任显要的官职。明纶，帝王的诏令。

⑯辄露便宜：依靠道路的方便。

⑰充国：赵充国，汉朝将军，曾率兵平定氐族人的反叛。

⑱绵历岁时：延续岁月。

⑲自意：自愿。

⑳别草：另外起草。

㉑宜速亏除之戾：应该赶紧改变枉任的罪名。

㉒仰服矜怜：仰首感怀圣上的怜悯之心。

㉓值巨寇之临冲：当时正值贼寇攻城略地。

㉔仗节：我作为朝廷的使节。

㉕无补一毫：未能有任何补救。

㉖尽湔宿负：洗去平时的忧虑。湔，洗去。

㉗无有不转官：没有不升迁的。

㉘磨勘：唐宋官员考绩升迁的制度。官员被反复查验后，根据考绩决定官职的升降。

㉙遂终于此阶：于是最后死在这个官职上。

[译文]

宋高宗建炎三年（1129），先是洪皓奉命出使金国，因淮河一带盗贼蜂起，任兼淮南、京都等路抚谕使，使李成用兵护卫到南京（今河南商丘）。

洪皓先发送书信到李成那里，当时李成与耿坚正围攻楚州，答书说：“汴河已经干涸，虹（今安徽泗县）地有红巾军，除非有五千兵马不可往那里去。军队绝粮，不能胜任此命。”洪皓就暗中派遣说客说服耿坚，让他强迫李成收兵。当洪皓行走到泗州，刺探敌情的兵士说：“有骑兵往这迎面而来。”副使龚璹很害怕，护送的士兵也不肯前进，于是返回。立即上书高宗说：“李成因军饷迟缓，有领军交命建康的话，现在靳赛、薛庆正横行一时，万一他们三股叛军联合起来，如何对待他们？正忍受耻辱隐藏待起之时，应选择舌辩之士以晓喻皇上的意思，给以优厚待遇抚慰收纳他们。”高宗接到奏疏后，即派遣使臣安抚李成，给米五万斛。当初，洪皓命令所派遣的送书官吏，奏疏必须从省中出，才能前往政事堂交出副件。当时正禁止奏疏直达皇上，违背宰相心意，宰相就以借故拖延的罪名，特此贬官两级，才许出任滁阳路官员。高宗绍兴十三年（1143）出使金国的使臣回国，才恢复他的原来官职。当时洪皓已经出任为饶州知府，命我作感谢的表章，我直叙其中的原因，说："议论之事被迫服从，仍然获得了托事停留的罪名。出使金国日久，屡次获得宏大的恩惠。开始任显官时，得到的仍然是旧俸禄。考虑臣顷刻之间被任命为无能的使节，又不敢推辞畏难。当时正值李成等三股盗贼联合之时，阻隔淮北、淮南而不断侵略土地，深感忧虑猖狂的祸患，或起于一瞬之间。依靠道路方便，希望勤加抚恤。虽然皇上下诏书加以赏赐，乐于听从像汉代赵充国平定武都氐人反叛那样的建议，而官吏议论不容许时，会有陈汤那样的事情发生。枉任朝臣，延续岁月，敢于自愿归来，于是全部归还所夺去的官秩。这大概是朝廷忘记了别人的过错，和天有同样的功劳。思念臣过去系于小文，遮盖自己的罪过本来没有其他的意思，所以听从数次赦免，使我改过自新。"书写盖印既已完毕，父兄共同商议，担心秦桧正专擅国政，见此上表中的语言，未必不发怒，就另外起草一通引罪自责的上表，说："命令指责停留，应速改变枉任的罪名。皇恩深厚，终于擦拭眼泪。敬服怜悯之心，仅知感恩戴德。念臣早年被任命为无能的使节，于是使我出使求和，当时正值贼寇攻城略地，残害无辜。拿着凭证应图报于朝廷，牵免车辆怎么会迟疑不决？徐偃王走出自己的疆土，既失去国家又受到人们的指责；楚国的申舟借道于宋，最初并没有必死的决心。虽然承蒙朝廷贬官给以小的惩处，尚允许立功赎罪。徒步行程万里，对国家没有丝毫补益，竟敢妄自希望于宽恕，于是朝廷归还于原官。这大概是忘记别人过错，安抚下面以仁德。阳是德阴是刑，不曾有私心，奖赏有功者赦免有罪者，人本性都是喜好生存的，将使孤臣，尽洗平时忧虑。"如此等等。前后奉使的人，没有不升调官职的。先父以朝散郎被任命为出使官员以来，不沾皇恩共十五年，而回来后仅恢复所贬的官职，而与磨勘相合，五官和刑部，都不引用，这是秦桧的意志。于是死于任上。

唐贤启状

故书中有《唐贤启状》一册，皆泛泛缄题[1]。其间标为独孤常州及、刘信州太真、陆中丞长源、吕衡州温者，各数十篇，亦无可传诵。时人以[2]其名士，故流行至今。独孤有《与第五相公书》云："垂示《送丘郎中》两诗，词清兴深[3]，常情所不及。'阴天闻断雁，夜浦送归人。'浓丽闲远之外，文句窈窕凄恻[4]，比顷来所示者，才又加等。但吟诵叹咏，大谈于吴中文人耳。"又云："昨见《送梁侍御》六韵，清丽妍雅，妙绝今时，掩映风骚，吟讽不足。"按第五琦乃聚敛之臣，不以文称[5]，而独孤奖重[6]之如此。观表出十字，诚为佳句，乃知唐人工诗者多，不必专门名家而后可称也。

［注释］

①泛泛缄题：扣题不够深入。

②以：认为。

③词清兴深：文辞清丽，比兴深刻。

④文句窈窕凄恻：文辞美艳而又凄惨动人。

⑤不以文称：不以诗文著称后世。

⑥重：看重，推崇。

［译文］

旧书中有《唐贤启状》一册，都是不深入地扣住了题目。其中标有独孤常州及、刘信州太真、陆中丞长源、吕衡州温的题目，各数十篇，也不可传诵。当时的人认为他们是名士，所以流行今天。独孤及有《与第五相公书》说："俯示《送丘郎中》两首诗，文辞清新比兴深刻，一般常情是不能达到的。'阴天闻断雁，夜浦送归人。'除了醇浓艳丽闲情逸致之外，文句美好凄惨，比向来所看到的，文才又有增加。特吟诵叹咏，与吴地文人大谈起这首诗来。"又说："昨天见到《送梁侍御》六韵，清新艳丽美雅，妙语绝伦今时，隐约映衬《诗经》和《楚辞》，吟诵不足。"按：唐人第五琦乃是搜刮民脂民膏的贪官，诗文并不被人们称道，而独孤及却如此褒奖他。看他《送丘郎中》诗中仅十字，诚然是佳句，就知唐人善于作诗的人太多了，不必是专门名家，在他们之后也有可以称道的。

卷 九

赦放债负

淳熙十六年二月《登极赦》："凡民间所欠债负，不以久近多少，一切除放①。"遂有方出钱旬日，未得一息，而并本尽失之者，人不以为便②。何澹为谏大夫，尝论其事，遂令只偿本钱，小人无义③，几至喧噪。绍熙五年七月覃赦，乃只为蠲(juān)④三年以前者。按晋高祖天福六年八月，赦云："私下债负取利及一倍者并放。"此最为得⑤。又云："天福五年终以前，残税并放。"而今时所放官物，常是以前二年为断⑥，则民已输纳，无及于惠矣。唯民间房赁欠负，则从一年以前皆免。比之区区五代，翻有所不若也。

［注释］

①除放：免除。

②人不以为便：人们不认为这是可行的事情。

③小人无义：一些小人贪利忘义。

④蠲：赦免。

⑤得：适当，得益。

⑥断：限期。

［译文］

宋孝宗淳熙十六年（1189）二月《登极赦》说："凡是民间所欠国债，不因年代远近数量多少，一切加以免除。"于是有刚借出去的钱还不到十天，没得到一点利息，而连本都失去了，人们不认为是方便。何澹任谏议大夫，曾经议论过这件事，于是又下令只偿还本钱，一些小人贪利无义，几乎达到喧闹的地步。光宗绍熙五年（1194）七月皇上对百姓进行赦免，但只是赦免三年以前所欠的债。按：晋高祖天福六年（941）八月，赦令说："私人欠债以及已经收取利息一倍的都加以免除。"此赦令颇为得体。又说："天福五年十二月以前，过去残留的赋税一并免除。"而今天所放官物，常是以前二年为限，而百姓已经交纳给官府，百姓没有得到实惠。仅民间租赁房子所欠债，则从一年以前都加以赦免。今天和小小的五代相比，反而有所不如。

周玄豹相

唐庄宗时，术士周玄豹以相法[1]言人事，多中。时明宗为内衙指挥使，安重诲使他人易服[2]而坐，召玄豹相之。玄豹曰："内衙贵将也，此不足当[3]之。"乃指明宗于下坐，曰："此是也。"因为明宗言其后贵不可言。明宗即位，思玄豹以为神，将召至京师，宰相赵凤谏，乃止。观此事，则玄豹之方术可知。然冯道初自燕归太原，监军使张承业辟为本院巡官，甚重之。玄豹谓承业曰："冯生无前程，不可过用[4]。"书记卢质曰："我曾见杜黄裳写真图，道之状貌酷类焉，将来必副[5]大用，玄豹之言不足信也。"承业于是荐道为霸府从事。其后位极人臣，考终牖(yǒu)下[6]，五代诸臣皆莫能及，则玄豹未得擅唐、许之誉也。道在晋天福中为上相，诏赐生辰器币。道以幼属乱离[7]，早丧父母，不记生日，恳辞不受。然则道终身不可问命[8]，独有形状可相，而善工[9]亦失之如此。

［注释］

①相法：相面的方法。

②易服：改变服装。

③当：担当。

④不可过用：不可太过任用。

⑤副：辅佐。

⑥考终牖下：寿终正寝，老死家中。

⑦幼属乱离：幼年时饱经离乱。

⑧然则道终身不可问命：然则冯道终生都不能询问自己的命运。古时人按照生辰八字推算命运，冯道不记自己的生辰，所以说他终生都不能询问命运。

⑨善工：善于绘画的人。

［译文］

后唐庄宗时期，道术之士周玄豹用相面的方法来预言人事，很多被猜中的。当时明宗还是内衙指挥使，安重诲使他人改变服装而坐在那里，召周玄豹来为他相面。周玄豹说："内衙是贵将，此人不能当此重任。"于是指着下位的明宗说："这个人可当此重任。"因为明宗听说他后来富贵逼人。明宗即位后，想周玄豹相面如神，即将召他到京师来，宰相赵凤加以谏阻，就停止召他来。观察此事，周玄豹的方术是出名的。但冯道当初自幽州投归太原时，监军使张承业担任本院巡官，很重视他。周玄豹对张承业说："冯道没有什么前程，不可过于信用。"书记卢质说："我曾经见过唐人杜黄裳的画像，冯道的相貌和他十分相似，将来必能辅佐人君得到大用，周玄豹的言论不足以相信。"张承业于是推荐冯道任幕府从事。其后位居宰相，寿老于家中，五代时期各位大臣都不能超过他，则周玄豹不得专擅术士名誉。冯道在后晋天福年间任上相，皇上下诏赐给他生辰器物币帛。冯道因幼年遭丧乱，父母早死，不记自己生日，诚恳推辞不受。那么冯道终身不可询问命运，只有形貌可以观察，而善画像的画师也失掉了挣钱的机会。

钴鉧沧浪

柳子厚《钴鉧(gǔ mǔ)潭西小丘记》云："丘之小不能一亩。问其主。曰：'唐氏之弃地，货而不售。'问其价，曰：'止四百。'予怜而售之。以兹丘之胜，致之沣(fēng)、镐、鄠、杜、则贵游之士争买者，日增千金而愈不可得。今弃是州也，农夫渔夫过而陋之，贾四百①，连岁②不能售。"苏子美③《沧浪亭记》云："予游吴中，过郡学东，顾草树郁然，崇阜(fù)广水④，不类乎城中。并水得微径于杂花修竹之间，东趋数百步，有弃地，三向皆水

[5]，旁无民居，左右皆林木相亏蔽。予爱而裴回[6]，遂以钱四万得之。”予谓二境之胜绝如此，至于人弃不售，安知其后卒为名人赏践？如沧浪亭[7]者，今为韩蕲王家所有，价值数百万矣，但钴鉧复埋没不可识。士之处世，遇与不遇[8]，其亦如是哉！

苏舜钦

苏舜钦，字子美，北宋著名诗人，因主张改革，被人借故诬陷，罢职闲居苏州。后复起为湖州长史，但不久便病故。

［注释］

①贯四百：标出四百的价钱。

②连岁：连年。

③苏子美：即苏舜钦，字子美，北宋著名诗人。其诗直刺现实，意气高昂。

④崇阜广水：高丘广水。崇，高大。阜，土山。

⑤三向皆水：三面环水。

⑥裴回：通“徘徊”，流连不能去。

⑦沧浪亭：即苏舜钦以四万钱所购这片土地后修筑的园林。当时苏舜钦被贬官，在吴中购得这片废园，又在水旁建亭，取《楚辞》中“沧浪之水清兮可以濯我缨，沧浪浊兮可以濯我足”之意，名曰“沧浪亭”，自号沧浪翁，并作《沧浪亭记》，后欧阳修应邀写长诗《沧浪亭》。自此，沧浪亭名留千古。南宋时沧浪亭为抗金名将韩世忠所得，改名“韩园”。

⑧不遇：没有合适的机会。

［译文］

柳宗元《钴鉧谭西小丘记》说：“土丘之小不到一亩。问它的主人。主人说：‘姓唐的人不要的地方，卖而售不出。’问它的价钱，说：‘仅要四百钱。’我怜惜买下它。因这个小丘有名胜，到了沣、镐、鄠、杜等繁华的地方，则喜欢游赏的人士争着买它，一天就增价千金而更不能得到它。而今却被抛弃在荒僻的永州，农夫渔夫经过这里都鄙视之，价钱四百，连年都不能出售。”苏舜钦《沧浪亭记》说：“我游览吴地，经过郡中设立的学校的东面，回过头来看草木茂盛，高丘广水，不似城中。傍水有小径通于杂花长竹之间，东走数百步，有一片废弃的地方，三面临水，旁边没有居民，左右都是林木相遮蔽。我喜爱它徘徊忘返，于是用钱四万买得到了这块地方。”

我认为这两处风景决然相同，至于当时的人放弃它而不出售，怎么会知道后来终有名人来欣赏它呢？如沧浪亭就是这样。现在为韩世忠家所有，价值数百万，但钴鉧潭就埋没不可认识了。士人处在世上，有机遇和没有机遇，也是这样呀！

卷十

唐夜试进士

唐进士入举场得用烛，故或者以为自平旦至通宵。刘虚白有“二十年前此夜中，一般灯烛一般风”之句，及三条烛尽①之说。按《旧五代史·选举志》云：“长兴二年，礼部贡院奏当司奉堂帖②夜试进士，有何条格者。敕旨③：‘秋来赴举，备有常程④，夜后为文，曾无旧制⑤。王道以明规是设，公事须白昼显行，其进士并令排门齐入就试⑥，至闭门时试毕，内有先了者，上历画时，旋令先出，其人策亦须昼试，应诸科对策，并依此例。’”则昼试进士，非前例也。清泰二年，贡院又请进士试杂文，并点门入省⑦，经宿⑧就试。至晋开运元年，又因礼部尚书知贡举窦贞固奏，自前考试进士，皆以三条烛为限，并诸色举人有怀藏书册不令就试。未知于何时复有更革。白乐天集中奏状云：“进士许用书册，兼得通宵。”但不明言入试朝暮也。

［注释］

①三条烛尽：考试时间以三支蜡烛为限。

②堂帖：文件，规定。

③敕旨：皇帝的诏令。

④常程：一般的规程。

⑤旧制：惯例。

⑥其进士并令排门齐入就试：参加考试的人都要服从命令在门外排好次序一起进入考场。

⑦点门入省：指定进入特别的官署部门。

⑧经宿：经过一宿，即第二天。

［译文］

唐朝进士入考场得用蜡烛，因而有人以为要从天刚亮考到第二天通宵。刘虚白有"二十年前此夜中，一般灯烛一般风"的诗句，又有三支蜡烛燃尽为限之说。《旧五代史·选举志》中说："后唐明宗长兴二年（931），礼部贡院奏当司奉宰相下的文件（堂帖）夜间考试进士，专门有人拿着文件的条款。皇帝的诏令说：'秋天来参加考试，准备有一般规程，入夜后才写文章，不曾有旧的制度。王道都是按明白的常规设立的，公事必须在白昼公开进行，参加考试的人都要服从命令在门外排好次序一齐进入考场，到关门时考试结束，其中如有先考完的人，记好他的时间，就令他先出去，他们入策也须要白天考试，应试各科对策，并仍照此例。'"白天考试进士，不是以前的惯例。后唐末帝清泰二年（935），贡院又请示让进士考试杂文，并且指定进入特别官署部门，过一夜晚就参加考试。到了后晋出帝开运元年（944），又因为礼部尚书知贡推举窦贞固的奏折，以前考试进士，都以三只蜡烛的时间为限，并且各种举人有怀藏书本的就不让他参加考试。不知道到什么时候再有革新。白居易集中奏状说："进士允许参考书册，并且得通宵达旦。"但没有说明白入试的时间是清早还是晚上。

纳绸绢尺度

周显德三年。敕，旧制织造𫄨(shī)绸、绢布、绫罗、锦绮、纱縠(hú)等，幅阔二尺起，来年后并须及二尺五分。宜令[①]诸道州府，来年所纳官绢，每匹须及一十二两，其𫄨绸只要夹密停匀，不定斤两。其纳官绸绢，依旧长四十二尺。乃知今之税绢，尺度长短阔狭，斤两轻重，颇本[②]于此。

［注释］

①宜令：命令。

②本：根源。

［译文］

后周太祖显德三年（956）。皇帝下诏，按旧方法织造的粗绸、绢布、绫罗、锦缎、绉纱等，幅宽二尺以上，来年后并一定要达到宽二尺五分。命令各道、州、府，来年缴纳给官府的绢，每匹必须达到十二两重，粗绸只要稀密均匀，不定斤两。缴纳给官府的绸绢，依旧长四十二尺。于是才知道如今纳税的绸绢，尺寸长短宽窄、斤两轻重，都根源于此。

朱梁轻赋

朱梁之恶，最为欧阳公《五代史记》所斥詈(lì)[①]。然轻赋[②]一事，

旧史取之，而新书不为拈出。其语云：“梁祖之开国也，属黄巢大乱之余，以夷门一镇，外严烽候[3]，内辟污莱[4]，厉以耕桑[5]，薄其租赋[6]，士虽苦战，民则乐输[7]，二纪之间[8]，俄成霸业。及末帝与庄宗对垒于河上，河南之民，虽困于辇(niǎn)运[9]，亦未至流亡。其义无他，盖赋敛轻而丘园可恋故也。及庄宗平定梁室，任吏人孔谦为租庸使，峻法以剥下[10]，厚敛以奉上，民产虽竭，军食尚亏，加之以兵革，因之以饥馑，不四三年，以致颠陨[11]。其义无他，盖赋役重而寰(huán)区[12]失望故也。”予以事考之，此论诚然，有国有家者之龟鉴也。《资治通鉴》亦不载此一节。

［注释］

①斥詈：斥责。

②轻赋：减轻赋税。

③外严烽候：对外严密注视烽火台，防止外敌入侵。烽候，古时有烽火台，专门用来关注外族的动向。

④内辟污莱：对内避免自然灾害和盗贼。辟，避免。

⑤厉以耕桑：严格要求农民努力耕织。

⑥薄其租赋：减轻他们的赋税。

⑦民则乐输：百姓乐于为士兵输送给养。

⑧二纪之间：二十四年后。一纪为十二年。

⑨辇运：军用物资的运输。

⑩峻法以剥下：用严苛的法令来盘剥民众。

⑪颠陨：崩溃倾颓。

⑫寰区：广大民众。

［译文］

朱梁的罪恶，最为欧阳修先生在《五代史记》中所斥责。然而朱梁主张减轻赋税一事，旧的史书上有记载，而新的史书却没有注意这一点。朱梁说：“梁朝的先祖开国的时候，正是黄巢起义大乱将要结束之时，先祖凭借夷门一个城镇，对外严密注视烽火台防止外敌入侵，对内要避免自然灾害和盗贼，严格要求农民努力耕种，而减少他们的赋税，士兵虽然饱尝战争之苦，百姓们却乐于为之输送给养，二十四年间，很快成就了霸业。到了末帝与后唐庄宗两军对垒于黄河上时，黄河以南的民众，虽然被运送军物搞得疲惫不堪，也没有逃亡的。民众思想上没别的，都因为赋税轻而且家乡故土值得留恋的缘故。到了庄宗平定梁朝王室时，任用官吏孔谦为租庸使，严格法度来盘剥民众，穷征暴敛来奉献皇上，民众的物产虽被榨取干净，可军队的食品还不够用，再加上战事频繁，又因为饥荒严重，不到三四年，国家就面临崩溃的边缘。造成这种局面没有别的原因，全是赋税劳役惨重而广大人民群众失望的缘故。”我用历史事实考证，这一论点真实可信，这是拥有国家的人应当借鉴的。《资治通鉴》也没记载这一点。

鄂州兴唐寺钟

鄂州城北凤凰山之阴，有佛刹，曰兴唐寺。其小阁有钟，题志云：“大唐天祐二年三月十五日新铸。”勒官阶姓名者两人，一曰金紫光禄大、检校尚书左仆射、兼御史大陈知新；一曰银青光禄大、检校尚书右仆射、兼御史大杨琮。大字之下，皆当有“夫”字，而悉削去，观者莫能晓。五代《新旧史》《九国志》并无其说，唯刘道原《十国纪年》，载杨行密之父名怤(fū)，怤与夫同音。是时，行密据淮南，方破杜洪于鄂，而有其地[①]，故将佐为讳之。行密之子渭，建国之后，改文散诸大夫为大卿，御史大夫为御史大宪，更可证也。鄱(pó)阳(yáng)浮洲寺有吴武义二年铜钟，安国寺有顺义三年钟，皆刺史吕师造。题官称曰：“光禄大卿、检校太保、兼御史大卿。”然则亦非大宪也。王得臣《麈(zhǔ)史》尝辨[②]此事，而云：“行密遣刘存破鄂州，知新、琮不预。志传皆略而不书。”予又按杨溥(pǔ)时，刘存以鄂岳观察使为都招讨使，知新以岳州刺史为团练使，同将兵击楚，为所执杀，则知新乃存偏裨[③]，非不预也。

［注释］

①而有其地：而占据了他的地盘。
②辨：考辨。
③偏裨：副将，副手。

［译文］

鄂州城北凤凰山的北面，有一座古刹，名叫兴唐寺。寺的小阁里有一座钟，上面题着：“大唐天祐二年（905）三月十五日新铸。”还刻有两个人的官阶姓名，一个是金紫光禄大、检校尚书左仆射、兼御史大陈知新；一个是银青光禄大、检校尚书右仆射、兼御史大杨琮。大字下面，都应当有“夫”字，可全都削去，观看的人都不知道。五代《新旧史》《九国志》并没有这样说，只有刘道原在《十国纪年》中，记载杨行密的父亲名怤，怤与夫读音相同。这时候，杨行密占据淮南，刚刚在鄂州打败了杜洪，而占了他的地盘，所以为了避讳命人将钟上的“夫”字删去。杨行密的儿子杨渭，于吴国建国之后，把文散诸大夫改为大卿，把御史大夫改为御史大宪，更可以证明是为了避讳。鄱阳浮洲寺有一座吴国武义二年(920)铸的铜钟，安国寺有吴国顺义三年（923）的钟，都是刺史吕师制造的。上面题写的官称是：“光禄大卿、检校太保、兼御史大卿。”但是也不是大宪。王得臣在《麈史》中曾考辨这件事，他说：“杨行密派刘存去攻破鄂州，陈知新、杨琮都未参预。志传书都略而不记。”我本人又考证，杨溥的时候，刘存以鄂岳观察使的身份任都招讨使，陈知新以岳州刺史的身份任团练使，共同率兵攻打楚地，带兵打仗，而陈知新是刘存的副手，并不是没有参与。

祢衡轻曹操

孔融荐祢(mí)衡，以为“淑质贞亮，英才卓跞(luò)[①]，志怀霜雪，疾恶若仇，任座、史鱼，殆无以过，若[②]衡等辈，不可多得。”数称述于曹操。操欲见之，衡素相轻疾[③]，不肯往，而数有恣言[④]。操怀忿，因召之击鼓，裸身辱之。融为见操，说其狂疾[⑤]，求得自谢。操喜，敕门者有客便通，待之极晏，衡乃坐于营门，言语悖逆，操怒，送与刘表。衡为融所荐，东坡谓融视操，特鬼蜮之雄，其势决不两立，非融诛操，则操害融。而衡平生唯善[⑥]融及杨修，常称曰：“大儿孔文举，小儿杨德祖。”融、修皆死于操手，衡无由得全。汉史言其尚气刚傲，矫时慢物，此盖不知其鄙贱曹操，故陷身危机。所谓语言狂悖者，必诵斥其有僭(jiàn)篡[⑦]之志耳。刘表复不能容，以

祢衡裸衣骂曹操

祢衡，字正平。其才学过人，性格刚毅高傲，好侮慢权贵。曹操闻名召见，衡不就，操怀忿，罚衡作鼓吏。祢衡则当众裸身击鼓，反辱曹操。

与黄祖。观其所著《鹦鹉赋》，专以自况[8]，一篇之中，三致意焉。如云："嬉游高峻，栖峙幽深。飞不妄集[9]，翔必择林。虽周旋于羽毛，固殊智而异心。配鸾皇而等美[10]，焉比翼于众禽？"又云："彼贤哲之逢患，犹栖迟以羁旅。矧(shěn)[11]禽鸟之微物，能驯扰以安处。"又云："嗟禄命之衰薄，奚遭时以崄巇(xiǎn xī)。岂言语以阶乱[12]，将不密以致危。"又云："顾六翮(hé)[13]之残毁，虽奋迅其焉如。心怀归而弗果，徒怨毒于一隅。"卒章云："苟竭心于所事，敢背惠以忘初。其守死以报德，甘尽辞以效愚。"予每三复其文，而悲伤之。李太白诗云："魏帝营八极，蚁观一祢衡。黄祖斗筲人，杀之受恶名。吴江赋鹦鹉，落笔超群英。锵锵(qiāng)振金石，句句欲飞鸣。挚鹗(è)啄孤凤，千春伤我情！"此论最为精当也。

［注释］

①淑质贞亮，英才卓跞：品质光明磊落，英才超绝。贞亮，忠贞诚信。卓跞，超绝。

②若：类似。

③衡素相轻疾：祢衡平常就轻视厌恶曹操。

④悖言：不恭敬的话语。

⑤疾：病。

⑥善：看重。

⑦僭篡：篡夺皇位。僭，僭越，下犯上。篡，篡夺。

⑧自况：刻画自己的状况。

⑨妄：盲目。集：集结。

⑩配鸾皇而等美：要与凤凰相匹共美。鸾皇，即凤凰。

⑪矧：况且。

⑫阶乱：招致灾祸。

⑬六翮：本指鸟两翼中的正羽，此处代指鸟。

［译文］

孔融向曹操举荐祢衡，认为他"品质光明磊落，英才超绝，志怀纯洁，疾恶如仇，他比任座、史鱼有过之而无不及，像祢衡这样的人，实不可多得。"这样数次在曹操面前称赞祢衡。曹操打算见祢衡，祢衡平常就轻视厌恶曹操，不肯前往，而且数次说不恭敬的话。曹操很气愤，就召他击鼓，祢衡以赤身表示污辱。孔融因而又见曹操，说祢衡有疯狂病，现在愿登门谢罪。曹操高兴了，就告诉守门人有来客就让进，用上等宴席招待，祢衡来后就坐在营门口，说话极不礼貌，曹操大怒，把祢衡送给了刘表。祢衡被孔融所举荐，苏东坡说在孔融看来，曹操只不过是鬼蜮之雄，他们二人势不两立，不是孔融杀掉曹操，就是曹操害了孔融。祢衡平生只与孔融和杨修友好，他常常称道：“我的大儿子是孔融，小儿子是杨修。”孔融、杨修都是死于曹操之手，祢衡并没有办法保全他们。汉代史书上说祢衡志气高傲，卓而不群，这大概是不知他看不起曹操，所以才陷身危机。所谓语言狂放不羁的人，一定会被斥责为有篡夺大权的野心。刘表也不能容祢衡，又把他给了黄祖。读祢衡所写的《鹦鹉赋》，看来是专门写自己的，一篇赋里，三番五次表达了自己的意志。如说：“嬉游于高山峻岭，栖息在幽林深山。飞行不盲目集结，翱翔定选择树林。虽然都是用羽毛飞翔，可本来就殊志异心。要与鸾凰相匹共美，怎能与众禽比翼齐飞？”又说：“看那些圣哲遭遇祸患，还是暂时休养生息。况且禽鸟这些小东西，怎能在驯扰中平安处世。”又说：“可叹那爵禄之命运多么衰微薄弱，为什么会遭到这么艰难的道路。哪里是言语造成的祸乱，完全是不靠近权贵才带来的危险。”又说：“看到翅膀已经残毁，虽然想奋飞又不知向何处。内心想归去又没有结果，躲在一隅怨恨又有什么用。”文章结尾时又说：“即使想尽心竭力于所干的事业，又怎能违背良心忘掉初衷。只有等待用死来报答恩德，甘愿把话说完来尽力而为。”我每次读都要反复吟诵这些文字，而且为之悲伤不已。李白的诗说：“魏帝营八极，蚁观一祢衡。黄祖斗筲人，杀之受恶名。吴江赋鹦鹉，落笔超群英。锵锵振金石，句句欲飞鸣。挚鹗啄孤凤，千春伤我情！”李白这里对祢衡的论述最为精当。

卷十一

汉文帝不用兵

《史记·律书》云：“高祖厌苦军事，偃武①休息。孝文即位，将军陈武等议曰：‘南越、朝鲜拥兵阻扼②，选蠕观望③。宜及士民乐用④，征讨逆党，以一封疆⑤。’孝文曰：‘朕能任衣冠，念不到此。会吕氏之乱，误居正位，常战战栗栗，恐事之不终。且兵凶器，虽克所愿，动亦耗病，谓百姓远方何？今匈奴内侵，边吏无功，边民父子荷兵⑥日久，朕常为动心伤痛，无日忘之。愿且坚边设侯，结和通使，休宁北陲⑦，为功多矣。且无议军。’故百姓无内外之徭，得息肩于田亩⑧，天下富盛，粟至十余钱。”予谓孝文之仁德如此，与武帝黩武穷兵，为霄壤不侔(móu)⑨矣！然班史略不及此事。《资治通鉴》亦不编入，使其事不甚暴白，惜哉！

[注释]

①偃武：停止战斗。

②拥兵阻扼：派重兵扼守险要的地势。
③选蠕观望：选择时机观望。
④宜及士民乐用：应当调动兵马。
⑤以一封疆：以平定边疆。
⑥荷兵：征战。
⑦休宁北陲：使北方边境安宁。
⑧得息肩于田亩：得以休养生息，积极农耕。
⑨为霄壤不侔：真是天壤之别。侔，相比。

［译文］

《史记·律书》中说："汉高祖厌恶打仗，停止战斗休息。孝文帝即位后，将军陈武等人提议说：'南越、朝鲜拥重兵把守险地，选择时机观望。应当调动兵马，征讨叛贼，以平定边疆。'孝文帝说：'朕能胜任皇上的衣冠，但想不到这一点。碰到吕氏之乱，误坐皇位，经常战战栗栗，恐怕大事没有结果。况且动用兵器，虽能克敌如愿，但打仗也会损伤自身，想到百姓的长远利益该如何？如今匈奴侵入内地，守边的官吏无功，边疆的百姓打仗已久，朕常常为他们感到伤心不安，没有一天能忘记。我希望一边巩固边防，一边派使节讲和，使北方边境安宁，这才是大的功德。暂不要谈论用兵。'因而百姓消除了内外的徭役，得以休养生息，积极农耕，天下富强繁盛，粮食非常便宜。"我想孝文帝如此仁德，和汉武帝穷兵黩武，真是天壤之别啊！然而班固的史书却对此事略而不记。《资治通鉴》也未编入，使这件事不能很好地传播天下，真是可惜阿！

帝王讳名

帝王讳名，自周世始有此制，然只避之于本庙中[①]耳。"克昌厥后，骏发尔私。"成王时所作诗。昌、发不为文、武讳也。宣王名诵而"吉甫作诵"之句，正在其时。厉王名胡，而"胡也虺(huǐ)蜴""胡然厉矣"之句，在其孙幽王时。小国曰胡，亦自若也。襄王名郑，而郑不改封。至于出居其国[②]，使者告于秦、晋曰："鄙在郑地。"受晋文公朝，而郑伯傅王。唯秦始皇以父庄襄王名楚，称楚曰荆。其名曰政，自避其嫌，以正月为一月。盖已非周礼矣。汉代所谓邦之字曰国，盈之字曰满，彻之字曰通，虽但讳本字，而吏民犯者有刑。唐太宗名世民，在位之日不偏讳[③]。故戴胄、唐俭为民部尚书，虞(yú)世南、李世勣在朝。至于高宗，始改民部为户部，世勣但为勣。韩公《讳辨》云："今上书及诏，不

闻讳浒、势、秉、机，惟宦官宫妾，乃不敢言喻及机，以为触犯。”此数者皆其先世嫌名也。本朝尚文之习大盛，故礼官讨论，每欲其多，庙讳遂有五十字者。举场试卷，小涉疑似，士人辄不敢用，一或犯之，往往暗行黜（chù）落[4]。方州科举尤甚，此风殆不可革。然太祖讳下字内有从木从匀者，《广韵》于进字中亦收。张魏公以名其子，而音为进。太宗讳字内有从耳从火者，又有梗音，今为人姓如故。高宗讳内从冖从口者亦然。真宗讳从心从亘，音胡登切。若缺其一画，则为恒，遂并恒字不敢用，而易为常矣。

李 贺

唐朝著名诗人李贺，因父亲叫“晋肃”，“晋”与“进”同音，所以李贺一生无缘科举。这就是古时忌讳的典型事例。

［注释］

①庙中：宗族。

②出居其国：出国在外。

③不偏讳：不避忌讳。

④黜落：取消资格。

［译文］

对帝王的名字要避讳，从周朝开始便有了，然而只是在本宗庙中避讳罢了。“克昌厥后，骏发尔私。”这是周成王时所作的诗。昌、发并不被文王（名姬昌）、武王（名姬发）避讳。周宣王名字叫诵而“吉甫作诵”的诗句，正在宣王时代。周厉王名字叫胡，然而“胡为虺蜴”“胡然厉矣”的句子，是在其孙周幽王的时代。小国叫胡，也是自此时而起。周襄王名字叫郑，而郑地不改封呈。至于出国在外，使者对秦国、晋国说：“鄙人在郑地。”接受晋文公朝拜时，郑伯任傅王。只有到了秦始皇时因其父庄襄王名字叫楚，才称楚地为荆。秦始皇自己的名字叫政，为了自避其嫌，才改正月为一月。这大概已经不是周朝的礼节了。汉代所谓邦字叫国，盈字叫满，彻字叫通，虽只避讳本字，而官吏百姓违犯了就要判刑。唐太宗名叫世民，他在位期间不搞避讳。所以戴胄、唐俭为民部尚书，虞世南、李世勣在朝做官。到了唐高宗时，开始把民部改为户部，把李世勣改为李勣。韩愈在《讳辨》中说："如今下级官员上书以及皇上诏书，没有听说有对浒、势、秉、机的避讳，只有宦官宫妾，才不敢说喻和机等字，以免犯了避讳。"这几个字都是唐代皇室先辈的名字中的字或音。宋朝崇尚文章的风俗大盛，所以礼官讨论，每次都想多些，避讳的字就有五十个。科举考场的试卷，只要有稍微涉及避讳的字，士人们就不敢用，一旦有人触犯，往往会被偷偷取消资格。国内科举制度更为加强了，这种避讳风大概不可能革掉。然而宋太祖名字内有从木从匀的字需要避讳，《广韵》中在进字中收入了。张魏公给儿子起名，音为进。宋太宗讳字内有从耳从火的字，又有梗音，现在成为人的姓氏就是这个缘故。宋高宗的名字讳从勹从口的字也是这样。宋真宗的名字讳从心从亘的字，读为胡登切。恒字如少一画就成了恒，于是恒字也不必再用，而改为常字。

东坡三诗

东坡初赴惠州，过峡山寺，不值[1]主人，故其诗云："山僧本幽独，乞食况未还。云碓水自舂，松门风为关。石泉解娱客，琴筑鸣空山。"既至惠州，残腊[2]独出，至栖禅寺，亦不逢一僧，故其诗云："江边有微行，诘曲背城市。平湖春草合，步到栖禅寺。堂空不见人，老稚掩关睡。所营在一食，食已宁复事。客行岂无得？施子净扫地。风松独不静，送我作鼓吹。"后在儋耳作《观棋》诗，记游庐山白鹤观，观中人皆阖户昼寝[3]，独闻棋声。云："五老峰前，白鹤遗址。长松荫庭，风日清美。我时独游，不逢一士。谁欤棋者？户外屦二。不闻人声，时闻落子。"其寂寞冷落之味，可以想见，句语之妙，一至于此。

苏东坡

苏东坡，原名苏轼，号东坡居士，北宋著名的文学家、书画家。他与他的父亲苏洵、弟弟苏辙皆以文学名世，世称"三苏"。

[注释]

①值：遇见。

②残腊：腊月要过完的时候。

③阖户昼寝：关上大门，白天睡觉。

[译文]

苏东坡初次去惠州时，路过峡山寺，没有见到主人，所以写诗为：“山僧本幽独，乞食况未还。云碓水自春，松门风为关。石泉解娱客，琴筑鸣空山。”到了惠州之后，腊月将过之时独自出游，来到栖禅寺，也没遇到一个僧人，所以写诗说：“江边有微行，诘曲背城市。平湖春草合，步到栖禅寺。堂空不见人，老稚掩关睡。所营在一食，食已宁复事。客行岂无得？施子净扫地。风松独不静，送我作鼓吹。”后来在儋耳又写了《观棋》诗，记载游庐山白鹤观时，观中人都闭门在白天睡觉，只听到下棋的声音。诗如下：“五老峰前，白鹤遗址。长松荫庭，风日清美。我时独游，不逢一士。谁欤棋者？户外屦二。不闻人声，时闻落子。”诗中写的寂寞冷落的情景，完全可以想见，句话之美妙，也达到了极高的境界。

天文七政

《尚书·舜典》：“以齐七政。”孔安国本注，谓“日月五星也”。而马融云：“七政者北斗七星，各有所主。第一主①日；第二主月；第三曰命火，谓荧惑也；第四曰煞土，谓填星也；第五曰代水，谓辰星也；第六曰危木，谓岁星也；第七曰剽(piāo)金，谓太白也。日月五星各异，故曰七政。”《尚书大传》一说，又以为：“七政者，谓春、秋、冬、夏、天文、地理、人道，所以为政也，人道正而万事顺成。”三说不同，然不若孔氏②之明白也。

[注释]

①主：掌管。

②孔氏：指孔安国。

[译文]

《尚书·舜典》中说：“以齐七政。”孔安国注本认为，这是说的“日月五星”。而马融认为：“七政就是指的北斗七星，它们各有自己所主管的。第一个主管日；第二个主管月；第三个就是命火，叫作荧惑；第四个就是煞土，叫作填星；第五个就是代水，叫作辰星；第六个就是危木，叫作岁星；第七个就是剽金，叫作太白。日月五星各有不同，所以叫作七政。”《尚书大传》又有一种说法，认为：“七政，就是春、秋、冬、夏、天文、地理、人道，之所以叫作政，是说人道正确就万事顺利成功。”三种说法各有不相同，我看还是孔安国的说法最为明白。

卷十二

颜鲁公祠堂诗

颜真卿

颜真卿，字清臣，封鲁郡公，世称“颜鲁公”，唐朝著名的书法家。他的书法丰腴雄浑，结体宽博而气势恢宏，骨力遒劲而气概凛然，被称为“颜体”，与柳公权并称“颜柳”，有“颜筋柳骨”之誉。

予家藏《云林绘监》册，有颜鲁公画像，徐师川题诗曰：“公生开元间，壮及天宝乱。捐躯范阳胡，竟死蔡州叛。其贤似魏徵，天下非贞观[1]。四帝数十年，一身逢百难。少时读书史，此事心已断。老来鬓发衰，慨叹功名晚。嗟哉忠义途，捷去不可缓。初无当年悲，只令后世叹。一朝绝霖雨，南亩常亢旱。小夫计虽得，斯民盖涂炭。长歌咏君节，千载勇夫懦。敬书子张绅，庶几古人半。”师川以诗鸣江西，然此篇不为工。尝记李德远举似童敏德游湖州题公祠堂长句曰：“挂帆一纵疾于鸟，长兴夜发吴兴晓。杖藜上访鲁公祠，一见目明心皎皎。未说邦人怀使君，且为前古惜忠臣。德宗更用卢杞相，出当斯位诚艰辛。生逆龙鳞死虎口，要与乃兄同不朽。狂童希烈何足罪，奸邪嫉忠假渠手。乃知成仁或杀身，保身不必皆哲人。此公安得世复有，洗空凡马须骐（qí）麟[2]。”童之诗，语意皆超拔，亦临川人，而终身不得仕，为可惜也！

[注释]

①贞观：唐太宗的年号。唐太宗任用贤能，所以魏徵能够直言进谏。

②骐麟：即麒麟，传说中的祥兽。

[译文]

我家藏书中，有一本《云林绘监》，其中有颜鲁公的画像，徐师川在上面题诗说：“颜公生在开元间，壮年正遇天宝乱。捐驱战在范阳胡，竟然死于蔡州叛。公之贤德似魏徵，可惜天下非贞观。侍奉帝王数十年，一身百难真可怜。少时饱读经史书，可叹此事心已断。老来鬓白毛发衰，慨叹功名已为晚。壮志誓走忠义途，直截了当不可缓。开始并无当年悲，只令后人倍感叹。一朝断绝甘霖雨，南亩农田常干旱。小小官吏计难得，平民百姓生涂炭。长歌咏诵君之节，可叫千载勇夫懦。世人反复歌颂您，几乎就是古人半。”徐师川因诗才出名江西，但这首诗并不是上乘之作。我曾记得李德远举荐童敏德出游湖州时题公祠堂的一首长句。其中说：“挂帆一纵疾于鸟，长兴夜发吴兴晓，杖藜上访鲁公祠，一见目明心皎皎。未说邦人怀使君，且为前古惜忠臣。德宗更用卢杞相，出当斯位诚艰辛。生逆龙鳞死虎口，要与乃兄同不朽。狂童希烈何足罪，奸邪嫉忠假渠手。乃知成仁或杀身，保身不必皆哲人。此公安得世复有，洗空凡马须骐麟。”童敏德的这首诗，语言和意义都是超凡脱俗的，他亦是江西临川人，可是终身没有做官，真是有点可惜！

闵子不名

《论语》所记孔子与人语及门弟子并对其人问答，皆斥[①]其名，未有称字者，虽颜、冉高第，亦曰回，曰雍。唯至闵子，独云子骞（qiān），终此书无损名。昔贤谓《论语》出于曾子、有子之门人[②]，予意亦出于闵氏。观所言闵子侍侧之辞，与冉有、子贡、子路不同，则可见矣。

[注释]

①斥：称呼。

②门人：门徒，门下弟子。

[译文]

《论语》中所记载的孔子和人们的谈话以及门下弟子对他提出问题的回答，都是直称其名，没有称字的，即使是颜回、冉雍之类的高徒，也叫回，叫雍。只有到了闵子，才称为子骞，直到这部书结束都没有称他的名。昔时的贤士说《论语》是曾子、有子的门徒所作，我觉得也出自闵子。阅读《论语》中所说的闵子侍侧时说的话，和冉有、子贡、子路不同，就可以看出来了。

曾晳待子不慈

传记所载曾晳待其子参不慈，至云因锄菜误伤瓜，以大杖击之仆地[①]。孔子谓参不能如虞舜小杖则受[②]，大杖则避，以为陷父于不义，戒[③]门人曰："参来勿内。"予窃疑无此事，殆战国时学者妄为之辞。且曾晳与子路、冉有、公西华侍坐，有"浴乎沂，风乎舞雩(yú)"之言，涵泳圣教[④]，有超然独见之妙，于四人之中，独蒙"吾与"之褒，则其为人之贤可知矣。有子如此，而几置之死地，庸人且犹不忍，而谓晳为之乎？孟子称曾子养曾晳酒肉养志，未尝有此等语也。

曾 晳

曾晳，孔子的得意门生，敢做敢为，不拘小节，深得孔子赏识。

［注释］

①仆地：扑倒在地。
②受：忍受，经受。
③戒：告诫。
④涵泳圣教：接受圣人孔子的教育。

［译文］

传记中记载，曾晳对待儿子曾参很不慈爱，以至于因为锄菜地误把瓜给碰伤了，就用大杖子打得他趴在地下不能动。孔子听说后说，曾参怎么不像虞舜那样，小杖就忍受，大杖打就躲避，这是害得他父亲落了个无情无义的名声，并告诫守门人说："曾参来了不让他进。"我私下里怀疑这件事，很可能是战国时代的学者胡编乱造的。《论语》中有关于曾皙和子路、冉有、公西华侍坐的记载，还有“沐浴于沂，在风中跳祈雨的舞蹈”的话，可见曾皙受圣人孔子的教育，涵养很深，有卓然不群、见解独到之才。在这四个人中，只有曾皙承蒙孔夫子“吾与”之褒奖，那么他为人的贤德就可知了。有这样的儿子，几乎把他置于死地，平庸的人尚且不忍心，更何况曾皙呢？孟子讲曾子养曾皙是酒肉养志，我认为未曾有这等语言。

人当知足

予年过七十，法当致仕①，绍熙之末，以新天子临御，未敢遽(jù)有请，故玉隆满秩②，只以本官职居里。乡衮赵子直不忍使绝禄粟，俾之因任，方用赘食太仓为愧，而亲朋谓予爵位不逮③二兄，以为耿耿。予诵白乐天《初授拾遗诗》以语之曰：“奉诏登左掖，束带参朝议，何言初命卑，且脱风尘吏。杜甫、陈子昂，才名括天地。当时非不遇，尚无过斯位。”其安分知足之意，终身不渝④。因略考国朝以来，名卿伟人负一时重望而不跻(jī)⑤大用者。如王黄州禹偁(chēng)，杨文公亿，李章武宗谔，张乖崖咏，孙宣公奭(shì)，晁少保迥，刘子仪筠，宋景文祁，范蜀公镇，郑毅夫獬(xiè)，滕(téng)元发甫，东坡先生，范淳父祖禹，曾子开肇(zhào)，彭器资汝砺，刘原甫敞，蔡君谟襄，孙莘老觉，近世汪彦章藻，孙仲益觌(dí)，诸公皆不过尚书学士，或中年即世⑥，或迁谪留落，或无田以食，或无宅以居，况若我忠宣公者，尚忍言之！则予之忝窃亦已多矣。

[注释]

①法当致仕：按照常理说应该辞官归隐。

②玉隆满秩：新帝登基就绪。

③不逮：不及，赶不上。

④渝：更改。

⑤跻：跻身。

⑥即世：辞世，去世。

[译文]

我年过七十岁时，按说该告退了，可是在宋光宗绍熙末年，因新天子刚刚登基，不敢就请求告退，所以到新帝登基就绪之后，才以本来的官职退居乡里。乡绅赵子直不忍心让我断绝俸禄粮饷，可怜我的处境，认为靠太仓之粮供应有愧于我，而亲朋好友也说我爵位赶不上二位兄长，因而耿耿于怀。我就用朗诵白居易《初授拾遗诗》的办法来回答他们：“奉诏登左掖，束带参朝议，何言初命卑，且脱风尘吏。杜甫、陈子昂，才名括天地。当时非不遇，尚无过斯位。”白居易的安分知足之意，终身不改。于是我大略考察了宋朝以来的历史，有许多名卿伟人负一时重望而未能跻身要职，受到重用。如王禹偁、杨亿、李宗谔、张泳，孙奭、晁迥、刘筠、宋祁、范镇、郑獬、滕甫、苏东坡、范祖禹、曾肇、彭汝砺、刘敞、蔡襄、孙觉，近来还有汪藻、孙觌，以上诸位都没有超过尚书学士之职，有的中年辞世，有的被迁地贬官，有的没有田地连吃饭都成问题，有的没有房子可住，他们还比不上我的生活待遇，还是忍耐不要说了！我的享受已经够多了。

渊明孤松

渊明诗文率①皆纪实，虽寓兴花竹间亦然。《归去来辞》云：“景翳(yì)翳以将入，抚孤松而盘旋。”其《饮酒诗》二十首中一篇云：“青松在东园，众草没②其姿。凝霜殄(tiǎn)异类，卓然见高枝。连林人不觉，独树众乃奇。”所谓孤松者是已，此意盖以自况也。

陶渊明赏菊花

古代文人喜欢某种植物，往往是拿这种植物的品性来自比。陶渊明喜好菊花，因为菊花具有高洁的品行。

[注释]

①率：大率，大多。

②没：掩盖，湮没。

[译文]

陶渊明的诗文大都是纪实之作，即使寄寓于花竹之中也不例外。如《归去来辞》中说：“景翳翳以将入，抚孤松而盘旋。”《饮酒诗》二十首中有一首说：“青松在东园，众草没其姿。凝霜殄异类，卓然见高枝。连林人不觉，独树众乃奇。”这些都是写孤松的，也都是用孤松来写自己的。

卷十三

钟鼎铭识

三代钟鼎彝(yí)器存于今者，其间款识[1]，唯“眉寿万年”“子子孙孙永宝用”之语，差[2]可辨认，余皆茫昧不可读，谈者以为古文质朴固如此，予窃有疑焉。商、周文章，见于《诗》《书》，三《盘》五《诰》，虽诘曲聱(áo)牙[3]，尚可精求其义[4]，他[5]皆坦然明白，如与人言。自武王《丹书》诸铭外，其见于经传者，如汤之盘铭曰：“苟日新，日日新，又日新。”谗鼎之铭曰：“昧旦丕显，后世犹怠。”正考父鼎铭曰：“一命而偻，再命而伛，三命而俯，循墙而走，亦莫余敢侮[6]。饘(zhān)于是，鬻(yù)于是，以糊余口。”臬氏量铭曰：“时文思索，允臻(zhēn)[7]其极。嘉量[8]既成，以[9]观四国。永启[10]厥后，兹器维则[11]。”祭射侯辞曰：“惟若宁侯，毋或若女[12]不宁侯，不属于王所，故抗而射[13]女。”卫礼至铭曰：“余掖(yè)杀国子，莫余敢止。”孔悝(kuī)鼎铭曰：“六月丁亥，公假于太庙。公曰叔舅，乃祖[14]庄叔，左右成公，成公乃命庄叔，随难于汉阳，既宫于宗周，奔走无射，启右献公，献公乃命成叔，纂乃祖服[15]。乃考文叔，兴旧嗜欲，作率庆士，躬恤[16]卫国，其勤公家，夙夜不解，民咸曰休哉！公曰叔舅，予女铭，若纂乃考服。悝拜稽首曰：对扬以辟之勤大命，施于烝(zhēng)彝

鼎

古时留下来许多青铜鼎器，被后人珍藏，世人认为鼎器神秘庄严，不可冒犯。

鼎。”扶风美阳鼎铭曰：“王命尸臣，官此栒邑，赐尔旗鸾，黼(fǔ)黻(fú)琱(diāo)戈。尸臣拜手稽首曰：敢对扬天子丕显休命。”此诸铭未尝不粲然，何为传于今者，艰涩无绪[17]乃尔。汉去周未远，武、宣以来，郡国每获一鼎，至于荐告宗庙，群臣上寿。窦宪出征，南单于遗以古鼎，容[18]五斗，其铭曰：“仲山甫鼎，其万年子子孙孙永保用。”宪乃上之，盖以其难得故也。今世去汉千年，而器宝之出不可胜计，又为不可晓已。武帝获汾阴脽(shuí)上鼎，无款识，而备礼迎享，宣帝获美阳鼎，下群臣议，张敞乃以有款识之故绌之[19]，又何也？

［注释］

①款识：落款标识。

②差：隐约，差不多。

③诘曲聱牙：形容文句艰涩，不通顺畅达。

④尚可精求其义：但是还能用心探求体味其意义。

⑤他：其他文章。

⑥“一命而偻……亦莫余敢侮”句：听一道命令就低头，两道命令就弯腰，三道命令趴在地上，然后顺着墙走，也就没有人敢侮辱我了。偻，弯曲脊梁。伛，驼背。俯，趴在地上。

⑦臻：达到。

⑧嘉量：美好广阔的心胸。嘉，美好。量，肚量，心胸。

⑨以：可以。

⑩启：启发。

⑪兹器维则：只有这种方法。则，方法。

⑫女：通“汝”，你。

⑬射：攻击。

⑭乃祖：他的祖宗。乃，他。

⑮纂乃祖服：穿上他祖宗的衣服。

⑯躬恤：鞠躬尽瘁。

⑰无绪：杂乱无序。

⑱容：容量。

⑲绌之：轻视它。

［译文］

夏、商、周三代的钟鼎彝器保存至今的，上面落款文字，只有“眉寿万年”“子子孙孙永宝用”之类的话，差不多可以辨认出来，其余的都字形古怪无法辨认了，有人认为古文质朴本来就是如此，我私下里却有些怀疑。商、周代的文章，从《诗

经》《尚书》中见到的，像三《盘》五《诰》，虽然佶屈聱牙，但是还可以用心捉摸其意义，其他文章大都坦然明白，就像与一般人谈话一样。除周武王的《丹书》诸铭外，见于经传的铭文，如汤代的盘铭说：“如果每天有新的，就会日日新，又日新。”谗鼎上的铭文说：“日夜有大的显贵，后世还会懈怠。”正考文的鼎铭说：“听一道命令就低头，两道命令就弯腰，三道命令趴在地上，然后顺着墙走，也就没有人敢侮辱我了。吃的靠这，卖的也靠这，以此来养家糊口。”㮚氏量铭说：“经常慎重思索，就会达到极点。美好的心胸已经养成，就可以观察周围国家。永远启迪后代，只有这种办法。”祭射侯辞说：“只有像宁侯那样，不要像你而不像宁侯，不属于王的处所，所以抵抗你攻击你。”卫礼至铭说：“我想杀国子，没人敢制止。”孔悝鼎铭曰：“六月丁亥，公在太庙举行祭祀。公叫叔舅，其祖宗是庄叔，在庄叔左右的是成公，成公就命令庄叔，跟随其赴难到汉阳，就安宫在宗周，奔走而无射，启告右献公，献公就命令成叔，穿上祖宗的衣服。他的父亲文叔，振兴旧时的嗜好，为庆士作表率，为卫国鞠躬尽瘁，为公家勤劳，昼夜不停，民众都说休息吧！公叫叔舅，我要铭记你，就像穿着您的衣服。孔悝再拜叩头：‘为了发扬光大您的精神，特制成烝彝鼎。’”扶风县的美阳鼎铭说：“君王命令臣下，在此栒邑做官，赐给你旗鸾，还有雕刻着黼矛的戈。臣下低头叩拜说：敢于发扬天子的精神不断宏大显贵。”以上各种铭文未尝不灿烂，为什么传到今天，不过是因为它们艰涩杂乱罢了。汉代离周朝不远，汉武帝、宣帝以来，各郡国每获得一鼎，都要推荐告慰于宗庙，群臣上寿。窦宪出征时，南单于国送给一口古鼎，有五斗大的容量，上面有铭文说：“仲山甫鼎，其万年子子孙孙永葆用。”窦宪就把它献给皇上，大概是因为它太难得的缘故。如今离汉代已有千年，而宝器收藏的不可计数，这也是很多铭文不可知晓的原因。汉武帝获得汾阴脽上鼎，上面没有落款文字，还准备了大礼迎享。汉宣帝获得美阳鼎，让下边群臣评议如何，张敞就因为上面有落款文字的原因提议把它扔掉，这又是为什么呢？

牺尊象尊

《周礼》司尊彝(yí)：“祼用鸡彝、鸟彝[1]，其朝献用两献尊，其再献用两象尊。”汉儒注曰：“鸡彝，鸟彝，谓刻而画之为鸡、凤凰之形。献读为牺，牺尊饰以翡翠，象尊以象凤凰。或曰：以象骨饰尊。又云：献音娑(suō)，有婆娑之义。”惟王肃云：“牺、象二尊，并全牛、象之形，而凿背为尊。”陆德明释《周礼》献尊之献，音素何反。而于《左氏传》“牺象不出门”，释牺为许宜反，又素何反。予按今世所存故物，《宣和博古图》所写，牺尊纯为牛形，象尊纯为象形，而尊在背，正合王肃之说。

然则牺字只当读如本音，郑司农诸人所云，殊与古制不类②。则知目所未睹而臆③为之说者，何止此哉？又今所用爵，除太常礼器之外，郡县至以木刻一雀，别置杯于背以承酒，不复有两柱、三足、只耳、侈口之状，向在福州见之，尤为可笑也。

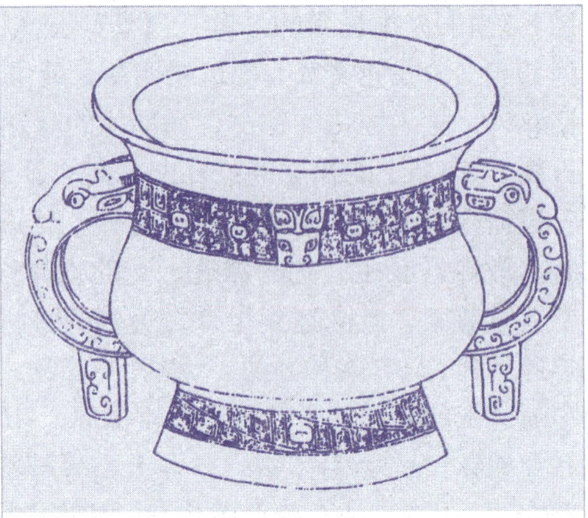

商祖丁彝

[注释]

①鸡彝、鸟彝：刻有鸡的形状和鸟的形状的酒器。

②殊与古制不类：与古人的惯例很不相同。类，类似。

③臆：主观臆断。

[译文]

《周礼》司尊彝上说："祭祀时往地上洒酒要用刻有鸡形和鸟形的酒器，早晨祭祀要用两个饰有翡翠的酒杯，再一次祭祀要用两个形状像凤凰的酒杯。"汉代的大学问家注释说："鸡彝、鸟彝，就是酒器上刻画有鸡和凤凰的形状。献应读作牺，牺酒杯用翡翠装饰，象尊形状像凤凰。有人说：象尊就是用象骨装饰的酒杯。还有人说：献音娑，有婆娑的意思。"只有王肃说："牺、象二种尊，全是形状像牛和大象，而在背上凿洞制成酒杯。"陆德明释《周礼》的献尊的献，读音是素何切（即 suō）。而对《左传》中的"牺象不出门"的牺解释为许宜切（即 xī），又是素何切（即 suō）。我认为现今所保存的古物，根据《宣和博古图》中的记载，牺尊全是牛形，象尊纯为象形，而且盛酒的地方在背部，正好与王肃的解释一致。然而牺字只应当读作本音（xī），郑司农等人所说，与古人的惯例很不相同。那么就可以知道没有亲眼看见而靠主观臆断，又何止这些呢？又如现在所使用的爵，除了特别用的礼器之外，郡县里用的是用木刻成一种雀状，另外在背上安上酒杯，不再有两根柱、三只足、一只耳朵、张口的形状，过去我在福州见过，特别可笑。

卷十四

政和文忌

蔡京颛(zhuān)国①，以学校科举箝(qián)制多士，而为之鹰犬者，又从而羽翼

之。士子程文[②]，一言一字，稍涉疑忌，必暗黜(chù)之。有鲍辉卿者言：“今州县学考试，未校[③]文学精弱，先问时忌有无，苟语涉时忌，虽甚工不敢取。若曰：‘休兵以息民，节用以丰财，罢不急之役，清入仕之流。’诸如此语，熙、丰、绍圣间，试者共用不以为忌，今悉绌之，所宜禁止。”诏可。政和三年，臣僚又言：“比者[④]试文，有以圣经之言辄为时忌而避之者，如曰‘大哉尧之为君’‘君哉舜也’，与夫‘制治于未乱，保邦于未危’‘吉凶悔吝生乎动’‘吉凶与民同患’。以为‘哉’音与‘灾’同，而危乱凶悔非人乐闻，皆避。今当不讳之朝，岂宜有此？”诏禁之。以二者之言考之，知当时试文无辜而坐[⑤]黜者多矣，其事载于《四朝志》。

[注释]

①颛国：把持国家政权。颛，通“专”。

②程文：写文章。

③校：考察。

④比者：参加考试者。

⑤坐：招致。

[译文]

蔡京把持国家大权时，通过学校科举制度可以钳制很多士人，而那些当了他们鹰犬的人，又必须服从他们并在他们的羽翼之下。士子们考试时写文章，一字一句都不敢大意，如果稍涉疑忌，就一定会被暗中废除录用资格。有一个叫鲍辉卿的谏言说：“如今的州县学考试，还没有考察文学水平的精弱高下，倒先看有无时忌，假如语言中涉及时下忌讳，即使文章写得特别好也不敢录取。如果在文章中说：‘休兵以息民，节用以丰财，罢不急之役，清入仕之流。’诸如这样的话，在熙宁、元丰和绍圣年间，考试的人可以共用不必忌讳，如今却全都禁止使用。”皇上下诏认可了他的意见。徽宗政和三年（1113），臣僚们又进言说：“考试者写文章，有用圣经之言但又是时下忌讳的字，如说‘大哉尧之为君’‘君哉舜也’，以及‘制治于未乱，保邦于未危’‘吉凶悔吝生乎动’‘吉凶与民同患’。认为‘哉’读音和‘灾’相同，而危机混乱凶残侮辱都不是人们乐于听到的，都避讳了。如今正当不忌讳的朝代，难道还适宜有这些吗？”皇上下诏禁止避讳。根据这两段话考证，知道当时考试文章无辜而被取消录取资格的人多了，这些事记载在《四朝志》中。

瞬息须臾

瞬息、须臾、顷刻，皆不久之词，与释氏“一弹指间”“一刹那顷”之义同，而释书分别甚备[①]。《新婆沙论》云：“百二十刹那，成一怛刹那，六十怛刹那，成一腊缚，二十腊缚，成一牟乎麦多，三十牟乎麦多，成一昼夜。”又《毗昙论》云：“一刹那者翻为一念，一怛刹那翻为一瞬，六十怛刹那为一息，一息为一罗婆，三十罗婆为一摩睺(hóu)罗，翻为一须臾。”又《僧祇(zhī)律》云：“二十念为一瞬，二十瞬名一弹指，二十弹指名一罗预，二十罗预名一须臾，一日一夜有三十须臾。”

［注释］

①而释书分别甚备：但佛教典籍对这些词的区分又很详细。释书：佛教书籍。分别，区分。备，完备，详尽。

［译文］

瞬息、须臾、顷刻，都是表示不久的词，与佛家的“一弹指间”“一刹那顷”的意思相同，但佛教典籍对这些词的区分又很详细。《新婆沙论》中说：“一百二十个刹那组成一怛刹那，六十怛刹那组成一腊缚，二十腊缚组成一牟乎麦多，三十个牟乎麦多组成一昼夜。”还有《毗昙论》中说：“一刹那就是一念，一怛刹那就是一瞬，六十怛刹那就是一息，一息就是一罗婆，三十罗婆就是一摩睺罗，也就一须臾。”另外《僧祇律》中说：“二十念是一瞬，二十瞬叫一弹指，二十弹指叫一罗预，二十罗预叫一须臾，一日一夜有三十须臾。”

神宗诗文武臣

元丰三年[①]，诏知州军不应举京官职官者，许通判举之。盖诸州守臣有以小使臣为之，而通判官人京朝，故许之荐举。今以小使臣守沿边小郡，而公然荐人改官，盖有司[②]不举行故事也。神宗初即位，以刑部郎中刘述（今朝散大夫）久不磨勘(kān)，特命为吏部郎中（今朝请大夫）。枢密院言：“左藏库副使陈昉(fǎng)恬静，久应磨勘，不肯自言。”帝曰：“右职若效朝士养名，而奖进[③]之，则将习以为高[④]，非便也。”翌日以兵部员外郎张问（今朝请郎）十年不磨勘，特迁礼部郎中（今朝奉

大夫）。其旌赏贺御[5]，各自有宜，此所以为综核名实之善政。见《四朝志》。

［注释］

①元丰三年：宋神宗元丰三年。

②有司：有关部门。

③奖进：嘉奖晋升。

④习以为高：使往高处爬成为习惯，亦即培养人们爬高的习惯。

⑤旌赏贺御：表彰奖励。

［译文］

宗神宗元丰三年（1080），下诏让那些知州军不应举京官职位的人，可以由通判举荐。大概各州的守臣有的以小使臣的身份充当，而通判官可以进入京朝，所以让他们举荐。如今以小使臣驻守沿边小郡，而且还可以公开举荐改官，大概是因为有关当局不进行的缘故。神宗刚刚即位，因为刑部郎中刘述（今之朝散大夫）长时间未受政绩考评，特任命为吏部郎中（今之朝请大夫）。枢密院进言说：“左藏库副使陈昉为人恬静安分，久未提拔，自己又不肯说。”皇上说：“右职如果效法朝士养命，而又受到奖励晋升，则将培养人们爬高的恶习，不便。”第二天因兵部员外郎张问（今之朝请郎）十年不曾提拔，特迁升为礼部郎中（今之朝奉大夫）。这种表彰奖励，各自有其合适之处，这就叫作能综核名实的善政。其事见于《四朝志》。

亲除谏官

仁宗庆历三年，用欧阳修、余靖、王素为谏官，当时名士作诗，有“御笔新除三谏官”之句。元丰八年，诏范纯仁为谏议大夫，唐淑问、苏辙为司谏，朱光庭、范祖禹为正言。宣仁后问宰执，此五人者如何，佥曰：“外望惟允[1]。”章子厚独曰：“故事[2]，谏官皆荐诸侍从，然后大臣禀奏。今诏除出中，得无[3]有近习援引乎？此门寖不可启。”后曰：“大臣实皆言之，非左右也。”子厚曰：“大臣当明扬，何为密荐？”由是有以亲嫌[4]自言者，吕公著以范祖禹、韩缜，司马光以范纯仁。子厚曰：“台谏所以纠大臣之越法者，故事，执政初除，苟有亲戚及尝被荐引者，见为台臣，则皆他徙。今天子幼冲，太皇同听万几，故事不可违。”光曰：“纯仁、祖禹实宜在谏列，不可以臣故妨贤，宁臣避位。”子厚曰：“缜、光、公著必不私，他日有怀奸当国[5]者，例此而引其亲党，恐非国之福。”

范纯仁

范纯仁，字尧夫，范仲淹次子。继承其父遗志，为人正派，政治见解与司马光同属保守派。

后改除纯仁待制，祖禹著作佐郎，然此制亦不能常常恪守也。

［注释］

①外望惟允：在外的声望还可以。
②故事：以前。
③得无：难道。
④亲嫌：亲戚，有关系的人。
⑤当国：执掌国家政权。

［译文］

宋仁宗庆历三年（1043），皇上任用欧阳修、余靖、王素三人为谏官，当时名士所作的诗中，有“御笔新除三谏官”的句子。神宗元丰八年（1085），皇上又下诏任命范纯仁为谏议大夫，唐淑问、苏辙为司谏，朱光庭、范祖禹为正言。宣仁后询问执宰们这五个人怎么样，大多数回答说：“外面的威望还可以。”章子厚却说：“从前，谏官都是推荐给侍从，然后再由大臣禀奏。如今下诏提拔，难道是有近习之人援引吗？这种风气不可开。”宣仁后说：“大臣们确实都说了，不是左右近习主人引见的。”章子厚又说：“大臣们应当公开提出，为什么要秘密举荐？”从此便有自己举荐亲戚的大臣，吕公著举荐了范祖禹、韩缜，司马光举荐了范纯仁。章子厚说：“台谏是用来纠正大臣们的越轨行为的，从前，执政官初步提议，如果其中有亲戚或曾被引荐的人，便公开评议，然后再改任其他官职。如今天子年幼，太皇与之同听万几，以前的制度不可违背。”司马光说：“范纯仁、范祖禹实在适合出任谏官，不应该因我的原因影响贤人，否则我宁可避位。”章子厚说：“韩缜、司马光、吕公著三位肯定没有私心，但他日如果有怀奸把持国政的人，人们就会以这事来说举荐亲戚的害处，这恐怕不是国家福气。”后来把范纯仁改任命为待制，范祖禹任著作佐郎，然而这种制度也不能常常恪守不变。

卷十五

蔡京除吏

唐天宝之季，杨国忠以右相兼吏部尚书，大集选人注拟于私第[①]**。**

故事，注官讫，过门下侍中、给事中，国忠呼左相陈希烈于座隅（时改侍中为左相），给事中在列，曰："既对注矣，过门下了矣。"吏部侍郎二人与郎官同咨事，趋走于前，国忠夸谓诸妹曰："两个紫袍主事何如？"史策书此，以见国忠颛(zhuān)政舞权②也。然犹令侍中、给事同坐，以明非矫。若蔡京之盗弄威柄，则又过之。政和中，以太师领三省事，得治事于家。弟卞以开府在经筵，尝挟所亲将仕郎吴说往见，坐于便室，设一桌，陈笔砚，置玉版纸阔三寸者数十片于上。卞言常州教授某人之淹滞，曰："自初登科作教官，今已朝奉郎，尚未脱故职。"京问："何以处之？"卞曰："须与一提学。"京取一纸，书其姓名及提举学事字而缺其路分③，顾曰："要何地？"卞曰："其家极贫，非得俸入犹厚④处不可。"于是书"河北西路"字，付老兵持出。俄⑤别有一兵赍(jī)一双缄及紫匣来，乃福建转运判官直龙图阁郑可简，以新茶献，即就可漏上书"秘撰运副"四字授之。卞方语及吴说曰："是安中司谏之子，颇能自立。且王逢原外孙，与舒王夫人姻眷，其母老，欲求一见阙省局。"京问："吴曾踏逐⑥得未？"对曰："打套局适⑦阙。"又书一纸付出。少顷，卞目⑧吴使先退。吴之从姊嫁门下侍郎薛昂，因馆其家，才还舍，具以告昂，叹所见除目之迅速。昂曰："此三者已节次书黄矣。"始知国忠犹落第二义也。

[注释]

①注拟：唐时选举官员，凡应试获选者，要先经尚书省考询，之后再按其才能拟定官职。私第：官员私人住所，此处代指杨国忠结党营私。

②舞权：舞弄权术。颛，同"专"。

③路分：任职之地。

④犹厚：优厚。

⑤俄：俄尔，不久。

⑥踏逐：打听，寻访。

⑦适：刚好。

⑧目：以目示意。

[译文]

唐玄宗天宝年间，杨国忠为右丞相兼吏部尚书，大量选择人才结党营私。按先例，官员登记完后，要见门下侍中、给事中，杨国忠把左丞相陈希烈叫到家中，给事中也在座，说：“已经核对注册了，过门下算了。”两位吏部侍郎和郎官共同咨询事情，疾步走到跟前，杨国忠对其妹夸口说：“两个紫袍主事怎么样？”史册上对此有记载，可见杨国忠专权营私的行为。但还要命令侍中、给事同坐，以表明自己并不骄横。如果谈到蔡京的盗弄威权，那就更过分了。徽宗政和年间，蔡京以太师的身份统领三省事务，能够在家里治理事情。他弟弟蔡卞以开府的身份在经筵，曾经带自己的亲朋仕郎吴说去见蔡京，坐在便室里，设有一张桌子，放着笔砚，还放着三寸宽的玉版纸几十片。蔡卞说到常州教授某人长期未受提拔，他说：“从初登科就做教官，如今已经是朝奉郎了，还没有换掉原来的职务。”蔡京问：“怎么安排他呢？”蔡卞说：“须给他一个提学的职务。”蔡京取一张纸，把那人的姓名和提拔为举学的事写上而没写在何地任职，又说：“要在什么地方任职？”蔡卞说：“他家里很穷，非得到比较优厚的地方不可。”于是就在条子上加上“河北西路”四字，交给老兵拿出。不久有一个士兵抱着一对紫匣子和一封信来见，原来是福建转运判官直龙图阁的郑可送来信和两盒新茶，于是立即就在条子上写另封郑可为“秘撰运副”四字交给来人。这时蔡卞才提到吴说，说：“他是安中司谏的儿子，很有自立的能力。而且也是王逢原的外孙，和舒王夫人是亲眷，他母亲老了，想谋求一个空缺的省局官职。”蔡京问：“吴曾经打听过哪有空缺吗？”回答说：“打套局正好缺官职。”于是蔡京又写一张纸交给下人拿出。停了一会儿，蔡卞目示吴说让他先退下去。吴说的姐姐嫁给了蔡京的门下侍郎薛昂，他姐回家刚返回，就把吴说的情况告诉了薛昂，她感叹所看到的晋升非常迅速。薛昂说：“这三个人已经连续被封为不同官职了。”这才知道杨国忠与蔡京比，还是落了个第二。

题先圣庙诗

兖州先圣庙壁，尝有题诗者云：“灵光殿古生秋草，曲阜(fù)城荒散晚鸦。惟有孔林残照日，至今犹属仲尼家。”不显姓名，颇为士大夫传诵。予顷在福州，于吕虚己处，见邵武上官校书诗一册，内一篇题为《州西行》，州西者，蔡京所居处也。注云：“靖康元年作。时京[1]谪湖湘，子孙分窜[2]外郡，所居第摧毁，索寞[3]殆无人迹，故为古调以伤之[4]。”凡[5]三十余韵，今但记其末联云：“君不见乔木参天独乐园，至今仍是温公宅。”其意甚与前相类。绍兴二十五年冬，秦桧死，空其赐宅，明年，开河，役夫辇(niǎn)泥土堆于墙下。天台士人左君作诗曰：“格天阁在人何在？偃月堂深恨亦深。不见洛阳图白发，但知郿(méi)坞积

黄金。直言动便遭罗织，举目宁知有照临。炙手附炎俱不见，可怜尼滓满墙阴。”语虽纪实，然太露筋骨，不若前两章浑成也。左颇有才，最善谑[⑥]，二十八年，杨和王之子契，除权工部侍郎，时张循王之子子颜、子正，皆带集英修撰，且进待制矣。会叶审言自侍御史、杨元老自给事中，徙为吏、兵侍郎，盖以缴论之故。左用歇后语作绝句曰：“木易已为工部侍，弓长肯作集英修。如今台省无杨叶，豚犬超升卒未休。”左居西湖上，好事请谒，人或畏其口，后竟终于布衣[⑦]。

［注释］

①京：蔡京。

②分窜：分别逃窜。

③索寞：冷清空旷。

④伤之：抒发感伤的情怀。

⑤凡：一共。

⑥最善谑：最擅长戏谑。

⑦终于布衣：终生都是布衣，未做官。

［译文］

兖州先圣庙的墙壁上，曾经有人题诗说：“灵光殿古生秋草，曲阜城荒散晚鸦。惟有孔林残照日，至今犹属仲尼家。”这首诗没作者姓名，但颇为文人士大夫传诵。我不久前在福州的吕虚己住处，见到有邵武人上官校书的一本诗，其中有一篇题目是《州西行》，所谓州西，就是蔡京居住的地方。这首诗的注说：“钦宗靖康元年(1126)作。此时蔡京被贬到湖湘，其子孙分别逃窜到外郡，他原来居住的房子被拆毁，冷冷清清无人问津，所以写一首古调抒发感伤之情。”这首诗共有三十多韵，如今只记得最后一联是：“君不见乔木参天独乐园，至今仍是温公宅。”其表达的意思和前面的那首诗很相似。高宗绍兴二十五年（1155）冬天，秦桧死去，他住的地方变成了空宅，第二年挖河时，民工把泥土用车子推到秦宅墙下。天台文人左君为此作诗说：“格天阁在人何在？偃月堂深恨亦深。不见洛阳图白发，但知郿坞积黄金。直言动便遭罗织，举目宁知有照临。炙手附炎俱不见，可怜泥滓满墙阴。”语言虽然侧重纪实，但太露筋骨，不如前面提到的两首寓意深刻。左君颇有才气，最擅长戏谑，绍兴二十八年，杨和王的儿子杨契，被提拔为权工部侍郎，这时张循王的儿子张子颜、张子正，都带集英修撰的头衔，而且就要提拔为待制。正好叶审言从侍御史、杨元老从给事中，升迁为吏部和兵部侍郎，大概都是由于缴论的缘故。左君用歇后语作了一首绝句：“木易已为工部侍，弓长肯作集英修。如今台省无杨叶，豚犬超升卒未休。”左君居住在西湖上，好事者请他谒见权贵，有人畏惧他的言辞，后来竟终生都是平民布衣。

季文子魏献子

舜

舜是上古贤人，世人常以他作为自己立身行事的榜样。孔子认为尧舜等古帝王德行高标，仁义宽厚。

拟人必于其伦[①]，后世之说也，古人则不然。鲁季文子出[②]一莒(jǔ)仆，而历引舜举十六相去四凶，曰："舜有大功二十而为天子，今行父虽未获一吉人，去一凶矣，于舜之功二十之一也。"晋魏献子为政，以其子戊(wù)为梗阳大夫，谓成鱄(zhuān)曰："吾与戊也，县人其以我为党乎？"鱄诵《大雅·文王》克明克类、克长克君、克顺克比、比于文王之句，而以为九德不愆(qiān)[③]。勤施无私曰类，择善而从之曰比。言："主之举也，近文德矣。"且季孙行父[④]之视舜，魏舒之[⑤]视文王，何啻(chì)天壤之不侔！而行父以自比，舒受人之谀不以为嫌，乃知孟子所谓："颜渊曰：'舜何人也？予何人也？有为者亦若是。'"非过论也。

［注释］

①拟人：与人比拟。伦：比较。

②出：除掉。

③不愆：没有过失。

④行父：季文子。

⑤魏舒之：魏献子。

［译文］

与人相比一定要有可以比的地方，这是后代人的说法，古代人则不然。鲁国的季文子除掉一个为害的莒地仆人，就引舜举荐十六相而除去四凶，他说："舜立了二十件大功而当了天子，而今我行父虽然没有获得一个吉人，却去掉一个凶恶，但也是舜的功劳的二十分之一。"晋国魏献子当政，让他的儿子戊当梗阳大夫，对成鲀说："我给儿子戊一个县大夫官，县里人不会认为我在结党营私吧？"鲀朗诵了《大雅·文王》中克明克类、克长克君、克顺克比、比于文王等句子，认为九种德行都不弘扬了。勤奋无私叫作类，择善而从叫作比。又说："主子的举动，接近文王的德行。"季文子与舜、魏献子与文王，何止是天壤之别！但季文子以舜自比，魏献子受人阿谀奉承而不自谦，由此才知道孟子所说："颜渊说：'舜是何等的人？我又是何等的人？有作为的人也应当这样比。'"这种论述是正确的。

尊崇圣字

自孔子赞《易》、孟子论善信之前，未甚以圣为尊崇，虽《诗》《书》《礼》经所载亦然也。《书》称尧、舜之德，但曰："聪明文思"、"钦明文思""浚(jùn)哲文明""温恭允塞"。至益之对舜，始有"乃圣乃神"之语。《洪范》"睿作圣"与"恭作肃，从作义，明作哲，聪作谋"，同列于五事，其究但曰"圣时风若"，咎征至以蒙为对[①]。"惟圣罔念作狂，惟狂克念作圣[②]"，则以狂与圣为善恶之对也。《诗》曰："国虽靡止，或圣或否。"则以圣与否为对也。下文"或哲或谋，或肃或义"盖与五事略同。人之齐圣，不过"饮酒温克"而已。《左传》八恺，齐、圣、广、渊、明、允、笃、诚，《周官》六德，知、仁、圣、义、忠、和，皆混于诸字中，了无[③]所异。以故鲁以臧武仲为圣人，伯夷、伊尹、柳下惠皆曰圣，

柳下惠

柳下惠是春秋时期的贤人，有坐怀不乱的事迹传世。

而孟子以为否。

［注释］

①咎征至以蒙为对：过失的迹象用蒙为对。咎，过错。征，征兆，迹象。

②罔、克：都是“不能”之意。

③了无：并没有。

［译文］

在孔子赞扬《易经》、孟子论善信之前，还不太以圣人为尊崇的对象，即使是《诗经》《尚书》《周礼》诸经中所记载的也是如此。《尚书》中称赞尧、舜的德行，只说“聪明文思”“钦明文思”“浚哲文明”“温恭允塞”。到了益对舜时，才有了“乃圣乃神”之类的物扬。《洪范》中“睿作圣”和“恭作肃、从作义、明作哲、聪作谋”，同列为五事，其考究只说“圣时风若”，过失的迹象用蒙为对。“只有圣不能读作狂，只有狂不能读作圣”，这就是把狂和圣分别作为与善和恶相对立的。《诗经》中说：“国虽靡止，或圣或否。”这是用圣和否相对。下文的“或哲或谋，或肃或义”，大概与前面的五事差不多。人和圣人相比较，不过是“饮酒温克”罢了。《左传》中的八恺（八种快乐）指的是齐、圣、广、渊、明、允、笃诚，《周官》中的六德，指的是知、仁、圣、义、忠、和，都是混在各种字之中，并没有什么不同。所以鲁国人把臧武仲当作圣人，不少人把伯夷、伊尹、柳下惠都当作圣人，可孟子认为不对。

大禹之书

《夏书·五子之歌》，述大禹之戒，其前三章是也。禹之谟训[①]，舍《虞》《夏》二书外，他无所载。《汉书·艺文志》杂家者流，有《大帋》三十七篇，云：“传言禹所作，其文似后世语。” 帋，古禹字也，意必依仿而作之者，然亦周、汉间人所为，今寂而无传[②]，亦可惜也。

［注释］

①谟训：策略训诫。

②今寂而无传：现在很少有人知道。

［译文］

《夏书·五子之歌》讲大禹的训诫，只有前三章才是。大禹的策略训诫，除了《虞》《夏》两书之外，其他书上没有记载。《汉书·艺文志》杂家类的文章中，有《大帋》三十七篇，作者说：“相传这三十七篇是大禹作，但其文词很像后世的风格。” 帋，就是上古的禹字，如果真是模仿性的文章，也应该是周代至汉代之间的人所仿作的，如今很少有人知道，也怪可惜的。

卷十六

神臂弓

神臂弓出于弩遗法，古未有也。熙宁元年，民李宏始献之入内①，副都知张若水方受旨料简弓弩②，取以进。其法以檿（yǎn）木为身，檀为弰（shāo），铁为蹬子枪头，铜为马面牙发，麻绳札丝为弦，弓之身三尺有二寸，弦长二尺有五寸，箭木羽长数寸，射二百四十余步，入榆木半笴（gě）。神宗阅试③，甚善之。于是行用④，而他弓矢弗能及。绍兴五年，韩世忠又侈大其制⑤，更名“克敌弓”，以与虏金战，大获胜捷。十二年词科试日，主司出《克敌弓铭》为题云。

[注释]

①献之入内：进献给朝廷。内，即大内，朝廷。

②受旨料简弓弩：接受圣旨，准备材料来制造弓弩。

③阅试：检阅试验。

④行用：开始使用。

⑤侈大其制：改进其制作方法。

[译文]

神臂弓来自于弓弩的遗留下来的方法，在古代是没有的。宋神宗熙宁元年(1068)，百姓李宏最早把这一方法贡献给朝廷，副都知张若水于是就接受圣旨准备材料制造弓弩，并不断取得进展。这种所谓神臂弓的制造方法是用山桑木作弓身，用檀木作弓的两端，用铁做蹬子枪头，用铜制作马面牙发，用麻绳札上丝当弓弦，弓身长大约有三尺二寸，弦长有二尺五寸，箭木的羽毛长数寸，射程能达到二百四十多步，能把箭射入榆木半箭杆深。宋神宗亲自观看试验后，非常高兴。于是就开始使用，是其他任何弓箭都比不上的。高宗绍兴五年（1135)，韩世忠又进一步在制作方法上有所改进，用料更为讲究，并把名字改为“克敌弓”，并用这种弓和金寇作战，结果大获全胜。到了绍兴十二年宏词科考试的时候，主管人员出的题目竟是《克敌弓铭》。

颜鲁公戏吟

陶渊明作《闲情赋》，寄意女色[①]。萧统以为白玉微瑕。宋广平作《梅花赋》，皮日休以为铁心石肠人，而亦风流艳冶如此。《颜鲁公集》有七言联句四绝，其目曰：《大言》《乐语》《嚵(chán)语》《醉语》。于《乐语》云："苦河既济真僧喜，新知满坐笑相视。戍(shù)客归来见妻子，学生放假偷向市。"《嚵语》云："拈馅舐指不知休，欲炙侍立涎交流。过屠大嚼肯知羞，食店门外强淹留。"《醉语》云："逢糟遇曲便酩酊，覆车坠马皆不醒。倒著接䍦发垂领，狂心乱语无人并。"以公之刚介守正，而作是诗，岂非以文滑稽乎？然语意平常，无可咀嚼，予疑非公诗也。

陆游

古时文人才子常有风流艳遇，即使是诗人陆游也不例外。他也曾流连勾栏瓦肆，喜看妖娆艳姬。

[注释]

①寄意女色：表达出对女色的兴趣和追求。

[译文]

陶渊明曾写过一篇《闲情赋》，表达了对女色的兴趣和追求。萧统认为这对陶渊明来说是白玉微瑕。宋广平作过一篇《梅花赋》，而皮日休认为即使是铁石心肠的人，也会有这样的风流艳遇。《颜鲁公集》中有七言联句四首，其题目是：《大言》《乐语》《嚵语》《醉语》。其中《乐语》一首说："苦河既济真僧喜，新知满座笑相视。戍客归来见妻子，学生放假偷向市。"《嚵语》说："拈馅舐指不知休，欲炙侍立涎交

流。过屠大嚼肯知羞，食店门外强淹留。”《醉语》一首是：“逢糟遇曲便酩酊，覆车坠马皆不醒。倒著接䍦发垂领，狂心乱语无人并。”以颜鲁公的为人，刚介守正，却作出这种诗，难道不是用作诗的方式搞滑稽吗？而且语意平常，没有多少韵味，我怀疑这些诗不一定是颜鲁公作的。

纪年用先代名

唐德宗以建中、兴元之乱，思太宗贞观、明皇开元为不可跂(qǐ)及，故改年为贞元，各取一字以法象[1]之。高宗建炎之元，欲法建隆而下字无所本[2]。孝宗以来，始一切用贞元故事。隆兴以建隆、绍兴，乾道以乾德、至道，淳熙以淳化、雍熙，绍熙以绍兴、淳熙，庆元以庆历、元祐也。

［注释］

①象：效法。

②本：根源，出处。

［译文］

唐德宗因为建中、兴元年间发生了内乱，常思考太宗贞观和明皇开元年间繁荣兴旺是不可企及的，但还是要努力追求，于是把年号又改为贞元，各取贞观、开元年号中的一个字以表示效法。宋高宗建炎的年号，是想效法宋太祖建隆年号，所以用了一个建字，但下面这个炎字却没有出处。宋孝宗以来，开始一切都效法贞元的制度和做法。所以，孝宗隆兴的年号来自于宋太祖的建隆和宋高宗的绍兴年号，孝宗的乾道年号来自于宋太祖的乾德和太宗的至道年号，孝宗的淳熙年号来自于太宗的淳化和雍熙年号，光宗的绍熙年号来自于高宗的绍兴和孝宗的淳熙年号，宁宗的庆元年号来自于仁宗的庆历和哲宗的元祐年号。

多赦长恶

熙宁七年旱，神宗欲降赦，时已两赦矣[1]。王安石曰：“汤旱，以六事自责，曰政不节[2]与？若一岁三赦，是政不节，非所以弭[3]灾也。”乃止。安石平生持论务与众异，独此说为至公。近者六年之间，再行覃霈[4]。婺(wù)州富人卢助教，以刻核起家，因至田仆[5]之居，为仆父子

四人所执，投置杵臼内，捣碎其躯为肉泥，既鞫(jū)治成狱，而遇己酉(yǒu)赦恩获免。至复登卢氏之门，笑侮之曰："助教何不下庄收谷？"兹事可为冤愤，而州郡失于奏论。绍熙甲寅岁至于四赦，凶盗杀人一切不死，惠奸长恶[⑥]，何补于治哉？

轸念流民

宋神宗积极政事，治理国家，希望能以仁德服膺众生，所以常大赦天下、厚待流民。

［注释］

①时已两赦矣：这一年中已经有两次大赦了。

②不节：不够恰当。

③弭：消弭。

④再行覃霈：两次下大雨。覃，大。霈，雨水。

⑤田仆：掌管皇上田猎车马的人。

⑥惠奸长恶：姑息养奸，助长恶性。

［译文］

宋神宗熙宁七年（1074）天遇大旱，神宗打算降旨大赦，这一年里已经有两次大赦了。王安石建议："商汤时遇到旱灾，汤王用六件事情没办好而自责，不是说执政不够得当吗？现在如果一年三次大赦也是执政不够得当，这不是用来消灭或减少灾害的办法。"于是神宗就放弃了这种打算。王安石平生主张的理论和观点都是力求与众不同，只有这一观点特别公允。最近六年之间，两次遇到大雨。婺州有个富人叫卢助教，靠刻核起家，因为到了掌管皇上田猎车马的人的家里，被父子四人所控制，把他投进大的石臼内，将他捣成了肉泥，已经把父子四人定罪下狱了，因遇到己酉年的大赦而获得释放。于是他们再次登卢家之门，嘲笑侮辱说："卢助教为什么不到村庄里去收谷子呢？"这件事实在是太可恶了，可是州郡的官员没有奏论。光宗绍熙甲寅年（1194）竟达到一年四次大赦，凶恶的盗贼和杀人犯全都没有判死罪，这只能是对奸贼和凶恶之徒有好处，对治理国家有什么好处呢？

容斋四笔

卷一

孔庙位次

圣门四科

孔子弟子众多，门下七十二贤人，都是按照贤德的秩序排列。诸位弟子中，德行著名的有颜渊、闵子骞、冉伯牛、冉仲弓；擅长言辞的有子我、子贡；擅长处理政务的有冉有、季路；熟悉古代文献的有子游、子夏。

自唐以来，相传以孔门高弟[①]颜渊至子夏为十哲，故坐祀[②]于庙堂上。其后升颜子配享，则进曾子于堂，居子夏之次以补其缺。然颜子之父路、曾子之父点，乃在庑下[③]从祀之列，子处父上，神灵有知，何以自安？所谓子虽齐圣，不先父食，正谓是也。又孟子配食与颜子并，而其师子思、子思之师曾子亦在下。此两者于礼、于义，实为未然，特[④]相承既久，莫之敢议耳。

[注释]

①高弟：高徒。

②坐祀：排列祭祀。

③庑下：正堂周围的廊房。

④特：只不过。

[译文]

自唐朝以来，相传以孔门的高徒从颜渊到子夏共十人为十哲，所以排列祭祀于孔庙的正堂之上。后来升颜子为孔子配享，于是又增补曾子坐祀正堂，位居子夏之下。然而颜子之父颜路、曾子之父曾点，却排列在正堂周围的廊房从祀，儿子位居父亲之上，若神灵有知，怎么可以自安呢？所说的儿子虽在圣人之列，不先于父用食，就是这个道理。再者，孟子配享与颜子并列，而孟子的老师子思、子思的老师曾子，也位居颜子之下。以上两种情况，实际上与礼、与义都是相违背的，只不过是相传承袭的时间长了，没有谁敢提出异议罢了。

云梦泽

云梦，楚泽薮（sǒu）①也，列于《周礼·职方氏》。郑氏曰：“在华容。”《汉志》有云梦官。然其实云也、梦也，各为一处。《禹贡》所书：“云土梦作乂。”注云：“在江南。”惟《左传》得其详，如郧（yún）夫人弃子文于梦中。注云：“梦，泽名，在江夏安陆县城东南。”楚子田江南之梦。注云：“楚之云、梦跨江南北。”楚子济江入于云中。注：“入云泽中，所谓江南之梦。”然则，云在江之北，梦在其南也。《上林赋》：“楚有七泽，尝见其一，名曰云梦，特其小小者耳，方九百里。”此乃司马长卿夸言。今为县，隶德安。询诸彼人②，已不能的指③疆域。《职方氏》以“梦”为“瞢（méng）”。《前汉·叙传》：子文投于梦中，音皆同。

孙膑晚下云梦山

云梦山在古人笔下经常出现。有记载说，孙膑上云梦山向鬼谷子拜师学艺。孙膑学成以后，踌躇满志，下得山去，奔赴自己的大好前程。

[注释]

①泽薮：沼泽地。

②询：查访，询问。彼人：当地的人。

③的指：明确说出。

[译文]

云梦（大致包括今湖北江汉平原及附近部分丘陵山峦地区），是楚国的一处沼泽地，在《周礼·职方氏》中有记载。郑氏说："在华容（今湖北潜江西南）境内。"《汉书·地理志》中记有云梦地区的官。其实"云"和"梦"各为一处。《禹贡》记载："云土梦作乂。"其注释说："在长江以南。"只有《左传》记载详细，如郧夫人遗弃子文于梦地。注释说："梦，沼泽名，位于江夏安陆（今属湖北）城的东南。"又记楚子打猎于江南的梦地。注释说："楚国的云、梦两地，横跨长江南北。"楚子渡江才到云地。注释说："进入云地沼泽中，这就是所谓江南的梦地。"然而，云地在长江以北，梦地在长江以南。《上林赋》中记载："楚地有七处沼泽地，曾经见到一处，称为云梦，方圆九百里，不过是小小的一处而已。"这是司马长卿的虚夸之说。现在云梦为县，隶属于德安（治今湖北安陆）。我询访当地的人，他们已不能明确说出当时云梦的范围。《职方氏》中将"梦"写作"瞢"，《前汉书·叙传》中有子文投于梦地中，两字读音相同。

关雎不同

《关雎》为《国风》首，毛氏列之于三百篇之前。《大序》云："后妃之德也。"而《鲁诗》云："后夫人鸡鸣佩玉去君所①，周康王后不然，故诗人叹而伤之。"《后汉·皇后纪序》："康王晏（yàn）朝②，《关雎》作讽③。"盖用此也。显宗永平八年诏云："昔应门失守④，《关雎》刺世⑤。"注引《春秋说题辞》曰："人主不正，应门失守，故歌《关雎》以感之。"宋均云："应门，听政之处也。言不以政事为务⑥，则有宣淫之心。《关雎》乐而不淫⑦，思得贤人与之共化，修应门之政者也。"薛氏《韩诗章句》曰："诗人言雎鸠贞洁敬匹，以声相求，隐蔽于无人之处。故人君退朝，入于私宫，后妃御见有度。应门击柝（tuò）⑧，鼓人上堂，退反燕处，体安志明。今时大人内倾于色，贤人见其萌，故咏《关雎》之说淑女正容仪以刺时。"三说不同如此。《黍离》之诗列于王国风之首，周大夫所作也，而《齐诗》以为卫宣公之子寿，闵其兄伋（jí）之且见害，作忧思之诗，《黍离》之诗是也。此说尤为可议。

［注释］

①后夫人鸡鸣佩玉去君所：后妃夫人鸡鸣而起，佩戴玉器前往周康王住所。
②晏朝：因为好色所以很晚才上朝。
③讽：讽刺。

④应门失守：宫门失于守护。
⑤刺世：讥讽时政。
⑥务：要务。
⑦乐而不淫：有乐意而无邪淫。
⑧击柝：击打梆子。

[译文]

《关雎》为《国风》的首篇，毛氏将其列于三百篇之前。《大序》中称是“后妃之德也”。然而《鲁诗》中则说：“后妃夫人鸡鸣而起，佩戴玉器前往周康王住所，康王后心怀不满，因而诗人叹息而伤感，就作了这篇诗文。”《后汉书·皇后纪序》中说：“周康王好色晚起，就作《关雎》以讽刺他。”大概是由于这个原因。显宗永平八年（65）的诏书中说：“过去宫门失于守护，曾有作《关雎》以讥时政。”注释引用《春秋说题辞》说：“国家的君主不正，导致宫门守卫不严，所以咏作《关雎》以抒发感慨。”宋均说：“宫门之内，是处理国家政事的地方。这里是说君主不精心处理政事，而有好色纵欲之心。《关雎》之作，有乐意而无邪淫，期望能有贤才辅佐君主共同实行教化，整治宫廷之政。”薛氏《韩诗章句》中说：“诗人诗中是说，雎鸠这种鸟贞洁而敬肃孤独，往往以叫声相求偶，隐蔽在无人的地方。所以国家的君主退下朝堂之后，进入自己的居室，后妃与君主的会面有一定节制。宫门守卫打击梆子，击鼓为号始上正堂，退堂后返回休息的地方，照章行事，顺理成章，人人遵守，没有人觉得不便。而当时人君大人内倾于女色，贤能的人得不到举用，因而吟作诗词《关雎》以淑女端正容貌仪举事来讥刺当时的作法。”以上三种说法竟然如此不同。《黍离》诗被列为王国风的首篇，为东周大夫所作，而《齐诗》中认为，是卫宣公的儿子寿伤感他的兄长伋被人陷害，乃作出表示忧思的诗句，这就是《黍离》诗。这种说法很值得商榷。

雎鸠

《关雎》是《诗经》中的名篇，起句为“关关雎鸠，在河之洲，窈窕淑女，君子好逑。”以关雎成双成对出现来比喻男女两情相悦。毛苌为《诗经》作注时却特指明这篇是吟咏后妃之德，后世有不少人对此提出异议。洪迈在文中也指出，这种说法不够妥当。

亭榭立名

立亭榭名最易蹈袭[1]，既不可近俗[2]，而务为奇涩亦非是。东坡见一客云近看《晋书》，问之曰：“曾寻得好亭子名否？”盖谓其难也。秦楚材在宣城，于城外并江作亭，目之曰“知有”。用杜诗“已知出郭少尘事，更有澄江消客愁”之句也。王仲衡在会稽，于后山作亭，目之曰“白凉”，亦用杜诗“越女天下白，鉴湖五月凉”之句。二者可谓甚新，然要为未当[3]。庐山一寺中有亭颇幽胜，或标之曰：“不更归”，取韩诗末句，亦可笑也。

[注释]

①蹈袭：承袭覆蹈前人的说法。

②近俗：近似、俗气。

③要：腰取，断章取义。当：恰当。

[译文]

建亭立榭所取的名称最容易蹈袭旧说，虽说这类称谓不可以取近似、俗气之名，但务必要取奇特、生硬难读的名称也未为恰当。苏东坡曾见到一位客人，听说他近来阅读《晋书》，就问他说：“曾经看到过好的亭子名称没有？”这就是说要给亭子取个好名称是比较难的。秦楚材在宣城（今属安徽）时，在城外沿长江建立个亭子，取名为“知有”。这是取用杜甫诗中“已知出郭少尘事，更有澄江消客愁”之句所起的名称。王仲衡在会稽（今浙江绍兴）时，在后面山上建立亭子，取名为“白凉”，也是选用杜甫诗中“越女天下白，鉴湖五月凉”的诗句。二者取名可谓新颖别致，但要取别人的东西也并不妥当。庐山的一个寺庙中有一亭子，地处幽静秀丽的环境中，有的标其名为“不更归”，是取用韩愈诗中的末句，也很可笑。

匡衡守正

汉元帝时，贡禹奏言：“天子七庙，亲尽之庙[1]宜毁，及郡国庙不应古礼，宜正定[2]。”天子下其议，未及施行而禹卒。后乃下诏先罢郡国庙，其亲尽寝园，皆无复修。已而上寝疾[3]，梦祖宗谴罢郡国

祠堂祭祀

庙。诏问丞相匡衡，议欲复之。衡深言不可。上疾久不平，衡皇恐④，祷高祖、孝文、孝武庙曰："亲庙宜一居京师，今皇帝有疾不豫，乃梦祖宗见戒以庙，皇帝悼惧⑤，即诏臣衡复修立。如诚非礼义之中，违祖宗之心，咎（jiù）尽在臣衡，当受其殃"。又告谢毁庙曰："迁庙合祭，久长之策。今皇帝乃有疾，愿复修立承祀。臣衡等咸以为礼不得⑥，如不合诸帝后之意，罪尽在臣衡等，当受其咎。今诏中朝臣具复毁庙之文，臣衡以为天子之祀，义有所断，无所依缘，以作其文。事如失措，罪乃在臣衡。"

予按衡平生佞谀⑦，专附石显以取大位，而此一节独据经守礼⑧。其祷庙之文，殆与《金縢（téng）》之册祝相似，而不为后世所称述，《汉史》又不书于本传。憎而知其善可也。《郊祀志》：南山巫祠秦中，秦中者，二世皇帝⑨也。以其强死⑩，魂魄为厉⑪，故祠之。成帝时，匡衡奏罢之，亦可书。

［注释］

①亲尽之庙：亲属关系已经断绝的宗庙。
②正定：厘正改定。
③寝疾：患上疾病。
④皇恐：同"惶恐"，惶恐不安。
⑤悼惧：悲伤恐惧。
⑥不得：不妥当，不合适。
⑦佞谀：巧言谄媚。
⑧据经守礼：遵循原则，谨守礼义。
⑨二世皇帝：秦朝第二代皇帝胡亥。
⑩强死：被迫害致死。
⑪厉：厉鬼。

[译文]

汉元帝时，贡禹上奏说："天子的七庙中，亲缘关系已经断绝的庙宗应该毁掉，地方郡国的庙宇中也不应该再行古传礼制，都应当厘正改定。"汉元帝把他的建议交由臣下商议，还没有来得及实行而贡禹已死。后来皇帝下令先废罢各郡国庙宇，与皇上亲缘断绝的寝庙和园陵，都不要再修筑。不久皇上患病，卧床不起，曾梦见祖宗指责他罢去郡国庙宇。为此他下诏询问丞相匡衡，讨论准备恢复郡国庙宇。匡衡极力上言认为不可以恢复。皇上的病久不愈治，匡衡惶恐不安，于是到高祖、孝文、孝武庙祈祷说："皇上亲缘的庙宇应该统一在京师建置，现今皇上有病不愈而不能快乐，又梦见祖宗告诫毁庙的事，致使皇上悲伤恐惧，于是诏令臣我考虑再度修复事宜。如果这事真的是不符合礼仪的要求，有违祖宗的心愿，那么错误全在我一人身上，我应当受到这种灾难性的惩罚。"同时他又向被毁的庙宇神灵祷告说："各地族系的庙灵共享祭祀，这是长久之策。现今皇帝患病，情愿再度修复庙宇举行祭祀。臣匡衡等都认为若再度修复庙宇在礼仪上并不妥当，如若不符合各位先帝后的意愿，罪责都在我们的身上，我们应当受到惩罚。现在皇帝诏令朝臣就建立或毁罢庙宇之事上奏陈述意见。我自己认为天子的祭祀，亲缘关系已经断绝的，祭祀就已没有可依凭照遵循的东西，所以作了此文表述我的意见。事情如有不当之处，罪责由我一人承担。"

据我所知，匡衡平常巧言谄媚，一味附会石显企图谋取高官重职，然而唯独从这一段话中可以看出他遵循原则，谨守礼义。他的祷告庙灵之文，差不多与《金滕》中册命祝告的文书相似，但是没有为后人所称道、记述，《汉书》也没有把它写进他的传记里。人们憎恶他，但应该同时知道他的好的方面，这样才合乎事理。《郊祀志》中说，南山的巫人立祠堂祭祀秦中，秦中就是秦朝第二代皇帝胡亥。他由于是被逼迫而死，魂魄变成了恶鬼，所以立祠祭祀他。汉成帝时，匡衡上奏废除了秦中祠，这件事也可写进历史书中。

战国策

刘向序《战国策》，言其书错乱相揉[1]，莒本字多误脱为半字，以"赵"为"肖"，以"齐"为"立"，如此类者多。予按今传于世者，大抵不可读。其《韩非子》《新序》《说苑》《韩诗外传》《高士传》《史记索隐》《太平御览》《北堂书钞》《艺文类聚》诸书所引用者，多今本所无。向博极群书，但择焉不精[2]，不止于文字脱误而已。惟太史公《史记》所采之事九十有三，则明白光艳，悉可稽考。视向为有间[3]矣！

［注释］

①揉：杂糅。

②择焉不精：校验不够仔细。

③有间：有很大差距。

［译文］

刘向在为《战国策》所作的序中认为，这部书错乱相杂，莒本《战国策》中许多字误脱成了半个字，如以“赵”为“肖”，以“齐”为“立”等，如此之类不胜枚举。我自己认为，现今传世的《战国策》本子，大多都不可阅读。其他《韩非子》《新序》《说苑》《韩诗外传》《高士传》《史记索隐》《太平御览》《北堂书钞》《艺文类聚》诸书所引用的《战国策》内容，大多为现今流行本所没有。刘向博览群书，但校正《战国策》并不细致，这部书中不仅仅存在文字脱误问题。仅以司马迁《史记》所载为例，他的书中采用有《战国策》的事例九十三条，而意思明明白白，一清二楚，都可资以考证。刘向的学问与司马迁相比，差得远了！

卷　二

轻浮称谓

南齐陆慧晓立身清肃，为诸王长史行事，僚佐以下造诣，必起迎之。或曰：“长史贵重[①]，不宜妄自谦屈。”答曰：“我性恶人无礼，不容不以礼处人。”未尝卿士大夫，或问其故，慧晓曰：“贵人不可卿，而贱者乃可卿[②]，人生何容立轻重于怀抱？”终身常呼人位[③]。今世俗浮薄少年，或身为卑官，而与尊者言话，称其侪流，必曰“某丈”。谈其所事[④]牧伯监司亦然。至于当他人父兄尊长之前，语及其子孙甥婿，亦云“某丈”。或妄称宰相执政贵人之字。皆大不识事分者，习惯以然[⑤]，元非简傲[⑥]也。予常以戒儿辈云。

［注释］

①贵重：清贵显要。

②贵人不可卿，而贱者乃可卿：清贵的人不能够担任卿官，而卑贱的人则可以充当。

③终身常呼人位：他一生经常谈论人的职位高低问题。

④事：事奉。

⑤习惯以然：习惯使之然，习惯成自然。

⑥元非简傲：这些称谓原本没有简慢、轻蔑的意思。

[译文]

南齐陆慧晓做人处世清谦恭敬，任诸王长史行事官时，僚佐下人登门拜访，必起而相迎。有人说："长史官地位清贵崇重，不应该随便自谦自屈。"他回答说："我的性格可以容忍恶人的无礼行为，但我自己不能以无礼对待别人。"他没有任过卿士大夫官，有人问其原因，慧晓说："清贵的人不可以担任卿官，而卑贱的人乃可充任，人生何必要以位居轻重的官位追求作为抱负呢？"他一生经常谈论人的职位高低问题。现今世俗中高傲轻薄的青年人，有的身为卑下小官，而与尊长说话时，说起其同辈人，必称"某丈"。谈到他们所侍奉的牧伯监司官时也是这样称谓。以致于在他人父兄尊长面前提起自己的子孙甥婿时，也称"某丈"。还有的妄自直呼宰相执政这些显官贵人的名字。这都是很不懂事体名分的做法，由于习惯而成了自然，其实这些称谓原本并没有怠慢、轻蔑之意。我常常以此告诫儿子们。

鬼谷子书

鬼谷子与苏秦、张仪书曰："二足下功名赫赫，但春华至秋，不得久茂。今二子好朝露之荣，忽长久之功[1]。轻乔、松之永延，贵一旦之浮爵。夫女爱不极席，男欢不毕轮。痛哉夫君！"《战国策》楚江乙谓安陵君曰："以财交者，财尽而交绝；以色交者，华落而爱渝[2]。是以嬖(bì)女[3]不敝席，宠臣不敝轩。"吕不韦说华阳夫人曰："以色事人者，色衰而爱弛。"《诗·氓》之序曰："华落色衰，复相弃背。"是诸说大抵意同，皆以色而为喻。士之嗜进[4]而不知自反者，尚监此哉！

[注释]

①今二子好朝露之荣，忽长久之功：如今你们两位喜好朝廷恩宠的荣耀，忽略建立长久功业的打算。朝露之荣，在此意为求取功名，享受荣华富贵。因为这种追求如朝露不可长久，鬼谷子故而如此形容。

②华落：花朵凋零，形容容颜老去。渝：停止，破灭。

③嬖女：受宠的女子。

④嗜进：喜好追求晋升高位。

［译文］

鬼谷子在给苏秦、张仪的信中说："你们两位有赫赫功名，但春花到了秋天，不可能久盛不衰。现在你们两位喜欢于朝廷惠宠之荣耀，忽略了建立长久功业的打算。轻视乔、松声名之永垂，崇尚一时之虚位。大凡男女相爱，女子不得列坐宴席，男子不得越此求彼。我为你们真感到悲伤啊！"《战国策》中楚国江乙曾对安陵君说："以钱财缘故交往者，财尽而交情断绝；以美色缘故交往者，容色退则爱情灭。所以受宠的女子不破坏席宴车乘的规定，得宠的臣僚不破坏等级高下的规定。"吕不韦也劝勉华阳夫人说："以美色奉事人者，容颜衰退则爱情消失。"《诗·氓》的序言中又说："女子华容衰退，又心相背而遭遗弃。"这诸多说法的意思大抵相同，都是以美色事做比喻来告诫人们该怎样去做。士大夫们喜欢追求晋升高位而不知道反省自己，还没有以此为鉴啊！

张天觉小简

张天觉熙宁中为渝州南川宰。章子厚经制夔(kuí)夷①，狎(xiá)侮②州县吏，无人敢与共语。部使者念③独张可亢之，檄(xí)④至夔。子厚询人才，使者以告，即呼入同食，张著道士服，长揖就坐。子厚肆意大言，张随机折之，落落出其上，子厚大喜，延为上客。归而荐诸王介甫⑤，遂得召用。政和六年，张在荆南，与子厚之子致平一帖云："老夫行年七十有四，日阅佛书四五卷，早晚食米一升、面五两、肉八两，鱼、酒佐之，以此为常，亦不服暖药，唯以呼吸气昼夜合天度而已。数数梦见先相公，语论如平生，岂其人在天仙间，而老夫定中神游或遇之乎？嗟乎，安得奇男子如先相公者，一快吾胸中哉？"此帖藏致平家，其曾孙简刻诸石。予今年亦七十四岁，侄孙偲(sī)于长兴得墨本以相示，聊记之云。

［注释］

①经制夔夷：负责经划夔州边地人民事务。

②狎侮：轻慢，欺侮。

③念：想到。

④檄：下文书征召。

⑤王介甫：王安石，字介甫，北宋名相。

［译文］

张天觉熙宁中任渝州（今四川重庆）南川县长官。当时章子厚负责经划夔州（今四川奉节）边区民族事务，轻蔑欺侮州县官吏，没有人敢去同他谈话。官署里的人都想到唯有张天觉可以与章子厚抗言说劝，于是下文书征召他到夔州。子厚寻求有才能的人，使者引荐了张天觉，子厚喊他进入一起用餐，张天觉身着道士服饰，拱手高举行礼后就座。子厚大言不惭，张天觉随机应变，句句都压住了他的话，思辨能力明显高出一筹，子厚大为喜悦，把他作为宾宴上客招待。回去后又把他引荐给王安石，于是被召录用为官。政和六年（1116），张天觉在荆南（今湖北江陵）时，在给子厚儿子章致平的一封书信中说："老夫我已经是将近七十四岁的人了，每天阅读佛教经典四五卷，吃米一升、面五两、肉八两，另外还配以鱼和酒，习以为常，也不服药养身，只以这样平平常常地度过日日夜夜，打发时光。我晚上经常梦见你父亲，他言谈笑语如同活着一样，难道他在阴间的天仙世界里，而老夫我一定要神游那里与他会面不可？真是啊，哪里可以找得到像你父亲那样的奇伟男子而能使我心中得到愉快呢？"这封书信藏在致平的家中，章子厚的曾孙章简把它铭刻在石头上。我今年也已七十四岁了，我侄子的儿子洪偲在长兴（今属浙江）得到了这封书信的墨本，拿来让我看，这里姑且记述一则。

城狐社鼠

"城狐不灌，社鼠不熏。"谓其所栖穴者得所凭依。此古语也，故议论者率指人君左右近习①为城狐社鼠。予读《说苑》所载孟尝君之客曰："狐者人之所攻也，鼠者人之所熏也。臣未尝见稷狐见②攻，社鼠见熏，何则？所托③者然也。""稷狐"之字，甚奇且新。

[注释]

①人君左右近习：君王左右的亲信。

②见：被，遭受。

③托：倚仗。

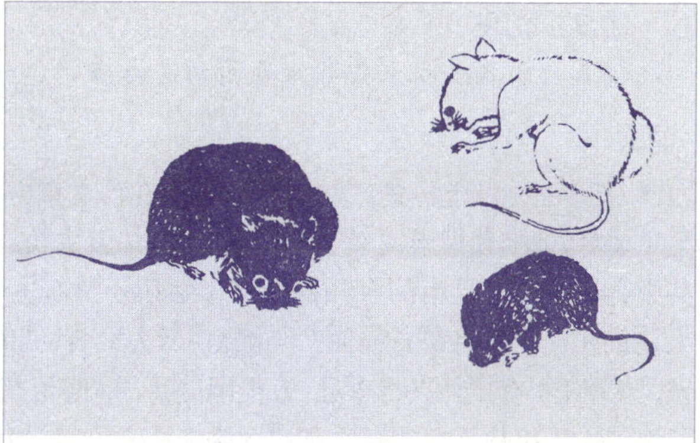

鼠

鼠是人们讨厌之物，凡人居所大多有鼠，人亦竭力捕杀。但是鼠如果在城社打洞，人们往往有所忌惮，因为怕毁坏城社而不敢用烟火驱逐。

[译文]

"城狐不灌，社鼠不熏。"就是说狐、鼠它们栖居的穴室有所依靠凭借。这是远古语句，所以议论得失的人们大都指君王左右的亲信为城狐社鼠。我读《说苑》时，看到当中记载孟尝君的门客说："狐是人们所攻打的东西，鼠是人们所讨厌的东西。而臣我未尝见到过稷狐被围攻，（"稷"，以及下文"社鼠"的"社"，原指古代祭祀的谷神和土神。"社稷"合称，旧时用作国家的代称，这里即暗指这个意思。稷狐社鼠比喻依势为奸的人。）社鼠被讨打，为什么呢？就在于它们各自有所倚恃的原因。""稷狐"的"稷"字，用得十分奇特且新颖。

卷 三

韩公称李杜

《新唐书·杜甫传赞》曰："昌黎韩愈于文章重许可[1]。至歌诗，独推曰：'李杜文章在，光焰万丈长。'诚可信云。"予读韩诗，其称李、杜者数端，聊疏[2]于此：《石鼓歌》曰："少陵无人谪仙死，才薄将奈石鼓何？"《酬卢云夫》曰："高揖群公谢名誉，远追甫白感至诚(xián)。"《荐士》曰："勃兴得李杜，万类困凌暴。"《醉留东野》曰："昔年因读李白杜甫诗，长恨二人不相从。"《感春》曰："近怜李杜无检束，烂漫长醉多文辞。"并唐《志》所引，盖六用之[3]。

[注释]

①重许可：十分精通，这是可以肯定的。

②疏：记述。

③盖六用之：以上共有六处用到这类诗。

[译文]

《新唐书·杜甫传赞》说："昌黎韩愈在作文章方面十分精通，这是可以肯定的。至于诗歌，他唯独推崇说：'李杜文章在，光焰万丈长。'诚然可信。"我读韩愈的诗篇，其中称道李白、杜甫的有几种情况，姑且分别陈述于此：《石鼓歌》中有："少陵无人谪仙死，才薄将奈石鼓何？"《酬卢云夫》有："高揖群公谢名誉，远追甫白感至诚。"《荐士》有："勃兴得李杜，万类困凌暴。"《醉留东野》有："昔年因读李白杜甫诗，长恨二人不相从。"《感春》有："近怜李杜无检束，烂漫长醉多文辞。"这些都是《新唐书·志》中所引用的诗句，以上共有六处用到这类诗。

李太白怖州佐

李太白《上安州裴长史书》云："白窃幕高义[1]，得趋末尘[2]，何图[3]谤言忽生，众口攒毁[4]，将恐投杼下客，震于严威[5]。若使事得其实[6]，罪当其身[7]，则将浴兰沐芳[8]，自屏于烹鲜之地[9]，惟君侯死生之。愿君侯惠以大遇[10]，洞开心颜，终乎前恩。再辱英眄(miǎn)，必能使精诚动天，长虹贯日。若赫然作威，加以大怒[11]，即膝行而前，再拜而去耳。"裴君不知何如人，至誉其贵而且贤，名"飞天京"，天才超然，度越作者，棱威雄雄，下慑群物。予谓白以白衣入翰林，其盖世英姿，能使高力士脱靴于殿上，岂拘拘然怖[12]一州佐者邪？盖时有屈伸，正自不得不尔。大贤不遇，神龙困于蝼蚁，可胜叹哉！白此书自叙其平生云："昔与蜀中友人吴指南同游于楚，指南死于洞庭之上，白禫(dàn)服恸哭，炎月伏尸，猛虎前临，坚守不动，遂权殡于湖侧。数年来，观筋骨尚在，雪泣持刃[13]，躬申洗削[14]，裹骨徒步，负之而趋，寝兴携持[15]，无辍身手，遂丐贷营葬于鄂城。"其存交重义如此。"又与逸人东岩子隐于岷山，巢居数年，不迹城市[16]。养奇禽千计，呼皆就掌取食，了无惊猜。"其养高忘机如此。而史传不为书之，亦为未尽。

李 白

李白豪放隐逸，不为世俗礼法所拘，羡慕任侠使气、云游四方的生活。他的诗风也一如他本人一样，豪放阔大、汪洋恣肆。

［注释］

①窃幕高义：私底下仰慕清高义

气的行为。

②得趋末尘：以致走向世尘的最底层。

③何图：怎么料到。

④攒毁：极力攻击。

⑤震于严威：释放自己的威严用以使别人服从。

⑥得其实：均为事实。

⑦罪当其身：自当判罪。

⑧浴兰沐芳：喻处于极好的境地。

⑨自屏于烹鲜之地：让他遭受鼎煮的酷刑。

⑩以大遇：广施大德。

⑪加以大怒：并进行残忍的报复。

⑫怖：害怕。

⑬雪泣持刃：抽泣着拿着刀。

⑭躬申洗削：亲手将他的骸骨清理干净。

⑮寝兴携持：无论睡着还是醒来，都不离身。

⑯不迹城市：没有外出到城市去。

[译文]

李太白在《上安州裴长史书》中说："李白我仰慕清高义气之为，以致走向世尘的最下层，何曾想到过别人会突然来诽谤我，众口极力攻击我，而唯恐自己像织布机的梭子一样沦落为下层人物，所以尽力施发自己的威严去镇服别人。如果英眄所犯事实确凿，他自该判罪，这样无论让他处于再好的境地，还是让他受鼎煮的酷刑，他的生死都听你的抉择。希望你能惠施大德，敞开你的善心，一直保持你以前的恩德。如果再辱待英眄，你的作为必能使上天为之震惊，长虹贯日。假若你还明目张胆地作威作福，并进行残忍的报复，我将跪着走到你的跟前，给你行拜两次的重礼，然后离去。"这里的裴长史不知道是什么样的人，只知道人们称道他显贵而且有才能，号称"飞天京"，他才智超群，他的作为，威势逼人，慑服万物。我认为李白以无功名的平民身份进入文翰荟萃的朝廷，而能以他的盖世英姿，使当时的高力士在殿上脱靴，难道会害怕一个州的辅佐小官吗？这是由于情况不同，能屈能伸，这个时候他不得不这样做。富有才智的人得不到重用，是神龙而被困于蝼蚁的境地，这种情况之多，不胜叹息啊！李白在这篇上书中叙述自己一生的情况时说："过去我与四川友人吴指南一起在楚地游玩，后来指南死于洞庭湖上，我着丧服为他祭悼，悲痛涕哭，炎热天身伏在他的尸体上，猛虎就来到了跟前，我仍坚守不动，当时暂且把他埋葬在洞庭湖边上。时隔数年之后，我看到他的筋骨尚存，就抽泣着拿着刀，亲手把他的遗骨清理干净，然后用东西包着向前走，又把它背到肩上尽快赶路。途中无论睡着还是醒来，都不离身，生怕遗失了他的身手。于是我借贷钱物把他的遗骨安葬在鄂城（今属湖北）。"他们俩的交情义气竟达到如此深重的程度。他的自叙中还说："我又与隐士东岩子避居于岷山数年，没有外出涉足城市。在那里我们饲养各种鸟禽上千只，若呼叫它们都可飞来手掌上取食，一点也不感到惊怕。”他们两个养心山中、忘却尘世的情趣竟到了如此地步。然而在史传当中没有记载这些事情，也可以说是不够全面的。

吕子论学

《吕子》曰：“天生人而使其耳可以闻，不学[①]，其闻则不若聋[②]；使其目可以见，不学，其见则不若盲；使其口可以言，不学，其言则不若喑[③]；使其心可以智，不学，其智则不若狂[④]。故凡学，非能益之也，达天性[⑤]也，能全天下之所生，而勿败之，可谓善学者矣。”此说甚美，而罕为学者所称，故书以自戒。

[注释]

①不学：如果不学习。

②其闻则不若聋：那么他听到的东西还不如聋子听到的多。

③喑：指聋哑人。

④狂：疯子。

⑤达天性：知晓天性之理。

[译文]

《吕子》中说：“天地产生出人，使他有耳可听，若不学习，他所听到的还比不上聋子；使他有目可视，若不学习，他所看到的还比不上盲人；使他有口可言，若不学习，他所说的话还比不上聋哑人；使他有心可以思维，若不学习，他的思智还比不上疯癫的人。所以，学习不但能使人受益，知晓天性之理，还能充分发挥天所赋予他的各种生理机能的作用，使他有所作为而不致沉沦，做到这样可以说是善于学习的人了。”这段议论十分精辟，然而很少为学者所称颂，因此这里写出来作为自戒。

陈翠说燕后

赵左师触龙说（shuì）太后，使长安君出质，用爱怜少子之说以感动之。予尝论之于《随笔》中。其事载于《战国策》《史记》《资治通鉴》，而《燕语》中又有陈翠一段，甚相似。云：“陈翠合齐、燕，将令燕王之弟为质于齐[①]，太后大怒曰：‘陈公不能为人之国[②]，则亦已矣，焉有离

人子母者？’翠遂入见后曰：‘人主之爱子也，不如布衣之甚也，非徒不爱子也，又不爱丈夫子独甚。’太后曰：‘何也？’对曰：‘太后嫁女诸侯，奉以千金。今王愿封公子，群臣曰，公子无功不当封。今以公子为质，且以为功[3]而封之也。太后弗听。是以知人主之不爱丈夫子独甚也。且太后与王幸而在，故公子贵。太后千秋之后[4]，王弃国家，而太子即位，公子贱于布衣。故非及太后与王封公子，则终身不封矣。’太后曰：‘老妇不知长者之计。’乃命为行具[5]。”此语与触龙无异，而《史记》不书，《通鉴》不取，学者亦未尝言。

［注释］

①为质于齐：到齐国去做人质。质，人质。

②为人之国：为你的国家成就事业。

③以为功：以此为功，即用做人质这件事当作功业。

④千秋之后：死后，委婉的说法。

⑤行具：动身的行李。

［译文］

赵国左师官触龙规劝皇太后，让长安君出外做人质，他当时采用爱怜幼子的说法去感动太后。我在《随笔》中曾论述了这个事。此事记载于《战国策》《史记》和《资治通鉴》中，然而《燕语》中又有关于陈翠的一段记载，所说的内容与此事很相似。《燕语》载：“陈翠在齐国与燕国之间说合，准备让燕王的弟弟到齐国去做人质，燕国太后听后大怒说：‘陈翠你不能为人家的国家办成事，也就罢了，怎么能够拆散人家的母子呢？’于是陈翠进去会见太后说：‘人君您怜爱自己的儿子，并不像一般老百姓爱子爱得那样深。您不爱自己年幼的儿子，更不爱自己已成年的儿子。’太后问他道：‘何以见得？’陈翠回答说：‘太后您把自己的女儿嫁给诸侯，陪送她千金财物。现在国王愿意册封你的儿子，而大臣们却说，他无功不当受封。今让你的儿子去做人质，并将以此为功册封他。太后您又不同意。由此知道人主您更不爱自己已成年的儿子。再者，现在幸运的是太后您和国王都健在，所以您的这个儿子能处于高贵的地位。一旦你们下世之后，长子即帝位，那么你的这个儿子会贫贱得如老百姓。所以，如果不趁太后您和王在世时册封您的这个儿子，那么他一辈子也不会受封。’太后听罢说：‘老妇我原本不知道长老您的长远考虑。’于是，下令准备她的儿子前往齐国的行李。”这段话与触龙所讲的没有什么差别，然而《史记》没有记载，《资治通鉴》也没有采用，学者中也未尝有人说过。

燕非强国

北燕在春秋时最为僻小，能自见于中国者[1]，不过三四[2]，大率制命于齐。七雄之际，为齐所取，后赖五国之力，乐毅为将，然后胜齐，然卒于得七十城不能守也。故苏秦说赵王曰：“赵北有燕，燕固弱国，不足畏也。”燕王曰：“寡人国小，西迫强秦，南近齐、赵，齐、赵强国也。”又曰：“天下之战国七，而燕处弱焉，独战则不能，有所附则无不重[3]。”昭王谓郭隗(wěi)曰：“孤极知燕弱小，不足以报齐。”苏代曰：“一齐之强，燕犹不能支。”奉阳君曰：“燕弱国也，东不如齐，西不如赵。”赵长平之败，壮者皆死，燕以二千乘攻之，为赵所败。太子丹谓荆轲曰：“燕小弱，数困于兵，何足以当秦？”楚、汉之初，赵王武臣为燕军所得，赵厮养卒[4]谓其将曰：“一赵尚易燕，况以两贤王，灭燕易矣。”彭宠以渔阳叛，即时夷灭[5]。十六国之起[6]，戎狄乱华，称燕称赵者多矣，未尝有只据幽、蓟(jì)之地者也。独安禄山以三十年节制之威，又兼领河东，乘天宝政乱，出不意而举兵，史思明继之。虽为天下之祸，旋亦殄灭[7]。至于藩镇擅地，所谓范阳、卢龙，固常受制于天雄、成德也。刘仁恭、守光父子，僭(jiàn)窃一方[8]，

荆轲刺秦王

战国时期，七国并立，燕国势力弱小，眼看秦军已逼近易水，燕国上下惶恐不安。在秦国做人质的燕太子丹偷偷逃回燕国，为避免国家覆亡的结局，决定先下手为强。于是燕太子丹结交勇士荆轲，请他入秦国刺杀秦王嬴政，事未成，燕遂为秦所灭。

唐庄宗遣周德威攻之，克取巡属十余州，如拾地芥[9]。石晋割赂契丹，仍其旧国，恃以为强，然晋开运阳城之战，德光[10]几不免。周世宗小振之，立下三关[11]。但太平兴国[12]，失于轻举，又不治败将丧师之罪，至令彼猖以迄于今。若以谓幽燕为用武之地，则不然也。

［注释］

①能自见于中国者：能独立存在与中原诸国并列的时间。
②不过三四：不足十分之三四。
③重：重视。
④赵厮养卒：赵军中一个养马的小厮。
⑤即时夷灭：随即灭掉燕国。
⑥十六国之起：西晋末年，社会动荡，全国共建立十六个国家。
⑦殄灭：被消灭。
⑧僭窃一方：窃据一方。
⑨如拾地芥：如同拾取地上的草芥，形容非常容易。
⑩德光：辽太宗耶律德光。
⑪立下三关：没过多久就攻克了三关之地。
⑫太平兴国：宋太宗太平兴国年间。

［译文］

北方的燕国在春秋时代是最为偏僻弱小的国家，能独立存在与中原诸国并列的时间，不足十分之三四，大体上受制于齐国。七雄争霸之际，被齐国吞并，后来依靠其他五国的力量，以乐毅为将帅，才战胜了齐国，然而最终得到的七十个城邑也没能力守护。所以，苏秦曾规劝赵王说："赵国北方的燕国，本来就弱小，不足担忧。"燕王也承认："我的国家弱小，西边为强秦所迫，南边接临的齐国和赵国，也都是强国。"他又说："天下的战国七雄中，燕国处于弱小地位，唯有战争无能为力，而对情愿与我们合作的国家，无不重视对待。"昭王曾对郭隗说："我深知燕国弱小，不足以对付齐国。"苏代说："一个强大的齐国，并不是燕国所能对付的。"奉阳君也认为："燕是弱小的国家，东不如齐国，西不如赵国。"赵国在长平（今山西高平西北）之战中失利，使年轻力壮者都惨死沙场，当时燕国乘机出动两千辆车马的兵力进攻赵国，却仍为赵国所败。燕国太子丹对荆轲说："燕国是弱小国家，多次被外兵围困，怎么可以抵挡强大的秦国呢？"项羽、刘邦争夺天下之初，赵王武臣被燕国军队俘虏，赵国军队中的一个养马士兵对其将领说："整个赵国都轻视燕国，何况还有两贤王执政，灭亡燕国是件容易的事。"所以之后彭宠在渔阳（今北京密云县）反叛，随即灭了燕国。西晋末年，全国各地纷纷建立了十六个国家，边区民族又纷纷入攻中原，当时称燕、称赵的国家不少，但未曾有占据幽（今河北北部及辽宁一带）、蓟（今北京城西南）一带的燕国或赵国。只有唐代安禄山（原系幽州节度使张守的养子，举兵后建国号燕。）凭着三十年节度使的威势，又兼领河东节镇，乘天宝时政局混乱之机，出其不意，举兵叛乱，之后史思明又继续领兵反叛。虽然这给天下带来了灾难，但很快也被平定。他们立镇割据的地方，所谓范阳（今北京城西南）、卢龙（今北京城西南，由范阳兼），本来常受制于天雄（今河北大名东北）、成德（今河北正定）两镇。刘仁恭、刘守光父子二人窃据一方，后唐庄宗派遣周德威率兵进攻这里，克取沿边的十余州，如在地上拣草一样容易。后晋石敬瑭把这十余州地区割让给契丹辽朝，仍旧凭恃其原有地区作为强国统治。辽和晋在开运年间的阳城之战中，辽太宗耶律德光几乎不得脱身。后周世宗统治时又稍有振作，不长时间攻克了三关之地。但宋朝太宗太平兴国年间，朝廷失于轻举妄动，又不追究败将的责任，以致于辽朝猖獗时至今日。如果认为燕云十六州之地是借以发动战争的屏障，那就错了。

卷　四

栾城和张安道诗

张文定公①在蜀，一见苏公父子②，即以国士许之。熙宁中，张守陈州南都，辟子由幕府③。元丰初，东坡谪齐安，子由贬监筠酒税④。与张别，张凄然不乐，酌酒相命，手写一诗曰：“可怜萍梗飘蓬客，自叹匏(páo)瓜老病身。从此空斋挂尘榻，不知重扫待何人？”后七年，子由召还，犹复见之于南都。及元符末，自龙川还许昌，因侄叔党出坡遗墨，再读张所赠诗，其薨(hōng)已十年，泣下不能已，乃追和之曰：“少年便识成都尹，中岁仍为幕下宾。待我江西徐孺(rú)子，一生知己有斯人。”两诗皆哀而不怨，使人至今有感于斯文。今世薄夫受人异恩，转眼若不相识。况于一死一生，拳拳如此，忠厚之至，殆可端拜⑤也。

[注释]

①张文定公：即张方平。

②苏公父子：指苏洵、苏轼、苏辙父子三人。

③辟子由幕府：征召苏辙为他的府署官员。

④贬监筠酒税：被贬到筠州监管盐酒税务。

⑤端拜：举双手行恭拜之礼。

[译文]

张文定公方平（字安道）在四川时，一见到苏洵及轼、辙父子三人，就以推荐他们入朝做官相许诺。宋神宗熙宁年间，张方平任陈州南都（今河南境）长官，收纳苏辙为他的府署官员。元丰初年，苏轼贬谪齐安，苏辙也被贬到筠州（今江西境）监盐酒务。他与张方平话别时，张方平闷闷不乐，酌酒相祝，并亲手题诗一首："可怜萍梗飘蓬客，自叹匏瓜老病身。从此空斋挂尘榻，不知重扫待何人？"七年以后，苏辙被召还，又到南都见到了张方平。到哲宗元符末年，他又从龙川（今属广东）回到许昌（今属河南），其侄子叔党拿出了苏轼所留下的遗墨给他看，他又读了过去张方平赠给他的那首诗，回想起来方平之死已有十年，禁不住涕泣落泪，于是追和张方平诗道："少年便识成都尹，中岁仍为幕下宾。待我江西徐孺子，一生知己有斯人。"以上两首诗作都表现出悲伤而没有怨恨，使人们一直到今天对这两首诗都有很深的感触。一个人一生作为一般老百姓能得到如此特殊的恩待，而转眼之间又好像互不相识。但在一个活着、一个死去的情况下，活着的人能对死者如此真诚、极其忠厚地相待，也值得人们为他举双手行恭拜之礼。

苏洵

苏洵，字明允，号老泉，眉州眉山人，苏轼与苏辙之父。长于散文，尤擅政论，议论明畅，笔势雄健。有《嘉佑集》。

外台秘要

《外台秘要》载《制虎方》云："到山下先闭气三十五息[1]，所在山神将虎来到吾前，乃存吾肺中，有白帝出，收取虎两目，塞吾下部中[2]，乃吐肺气，上自通冠一山林之上。于是良久，又闭气三十五息，两手捻都监目作三步，步皆以右足在前，乃止，祝曰：'李耳，李耳，图汝非李耳邪。汝盗黄帝之犬，黄帝教我问汝云何。'毕，便行，一

山虎不可得见。若卒逢之者，因正面立，大张左手五指侧之，极势跳[3]，手上下三度，于跳中大唤，咄[4]曰：'虎，北斗君使汝去！'虎即走。"予谓人卒逢虎，魂魄惊怖，窜伏[5]之不暇，岂能雍容步趋，仗咒语七字而脱邪？因读此方，聊书之以发一笑。此书乃唐王珪(guī)之孙焘(tāo)所作，本传云："焘视母疾，数从高医游，遂穷其术，因以所学作书，讨绎精明[6]，世宝焉。"盖不深考也。

［注释］

①闭气三十五息：屏住呼吸三十五次。

②塞吾下部中：把它塞到我的腹中。

③极势跳：用尽力气跳跃。

④咄：呵斥。

⑤窜伏：逃跑。

⑥讨绎精明：论述精到明确。

［译文］

《外台秘要》一书记载的《制虎方》中说："走到山脚下，自己先闭住呼吸三十五次，那么所在的山神就会让老虎来到你跟前，于是就想着从我肺中有白帝出来，收取老虎的两只眼睛，又把它塞到我的腹中，这时再吐出肺气，肺气出来后自然上升冠于山林之上。这样停了一段时间，再闭住呼吸三十五次，双手向前并拢睁大眼睛前进三步，每步都先抬右脚，三步后停住，祝祷说：'李耳，李耳，如果想着袭击你就不是李耳。你偷走了黄帝的犬，黄帝让我来问你这是为什么。'说毕便向前走，一个山虎就立时看不见了。若仓促间遇上了老虎，它就正面立在眼前，你应尽力张开左手的五指斜指着它，用尽力气跳跃，手上下摆动三回，并在跳跃中大声呼叫，呵斥说：'虎，北斗君使汝去！'这样虎就离开了你。"我想人们仓促遇见老虎，惊恐万状，跑藏还来不及，怎么能够镇定自若地靠近它，并凭着呵斥的七个字就可以脱身呢？因为读到这一制虎怪法，姑且记录下来，作为一个笑话。这本书是唐代王珪的孙子王焘所作，他的本传中说："王焘探视母病的时候，多次跟从名医游玩，于是探讨研究了他的法术，并把自己所学到的东西写成了书，论述精到明确，视为世宝。"这大概是由于没有深入考究而得出的结论吧。

六枳关

盘洲种枳六本[1]，以为藩篱之限。立小门，名曰"六枳关"。每

为人问其所出，倦于酬应。今取冯衍《显志赋》中语书于此。衍云：“揵(qián)六枳而为篱。”按《东观汉记》作八枳。《逸周书·小开》篇云：“呜呼！汝何敬非时，何择非德[2]！德枳维大人，大人枳维公，公枳维卿，卿枳维大夫，大夫枳维士。登登皇皇，维在国枳，国枳维都，都枳维邑，邑枳维家，家枳维欲无疆。”言上下相维，递为藩蔽[3]也。其数有八，与《东观记》同。予详考之，乃九枳也。宋景文公《贺宰相启》“式维公枳”盖用此云。

［注释］

①盘洲：即洪适，字景伯，号盘洲。宋代金石学家。枳：落叶灌木或小乔木，植株和橘树很像。六本：六棵。

②何择非德：做什么事情不表现出高尚的情操。

③上下相维，递为藩蔽：上下之间相互维系、互为屏护。

［译文］

盘洲曾种植六株枳子，作为篱笆隔墙。中间开了一个小门，名为“六枳关”。他每每被人问起这个名称的由来，整天疲于应答这些问题。现在我摘取冯衍《显志赋》中的话抄录于此。冯衍说：“植六株枳子作为篱笆。”《东观汉记》中作八株枳子。《逸周书·小开》篇中说：“真的是啊！你什么时间不表示出对上的尊敬，干什么事不表现出高尚的德操！德枳维护大人，大人之枳维护公，公枳维护卿，卿枳维护大夫，大夫枳维护士。长长远远，维护在于国枳，而国枳又维护都，都枳维护邑，邑枳维护家，家枳维护的范围没有边际。”这里就是指上下之间相互维系、互为屏护的意思。此书中所说的枳子有八株，与《东观汉记》所载相同。我仔细查证后，知道实为九株枳子。宋景文公祁在《贺宰相启》一文中的“式维公枳”之语，就是取用这个意思。

卷　五

饶州风俗

嘉祐中，吴孝宗子经者，作《余干县学记》。云：“古者江南不能与中土等，宋受天命[1]，然后七闽二浙与江之西东，冠带《诗》《书》，翕(xī)然大肆[2]，人才之盛，遂甲于天下[3]。江南既为天下甲，而饶人喜

事，又甲于江南。盖饶之为州，壤土肥而养生之物多，其民家富而户羡，蓄百金者不在富人之列。又当宽平无事之际，而天性好善，为父兄者，以其子与弟不文为咎；为母妻者，以其子与夫不学为辱。其美如此！"予观今之饶民，所谓家富户羡，了非昔时。而高甍(méng)巨栋连阡亘陌者，又皆数十年来寓公所擅[④]，而好善为学，亦不尽如吴记所言。故录其语以寄一叹！

[注释]

①宋受天命：宋朝建国。
②翕然大肆：非常盛行。
③甲于天下：位居天下之首。
④擅：占据。

[译文]

北宋仁宗嘉祐年间，吴孝宗曾撰《余干县学记》。在这篇文章中说："古时候，江南地区在国内经济文化中的地位，不能与中原地区相比，宋朝建国以后，七闽（今福建）、二浙（浙东、浙西，今浙江），及大江东西（今长江中下游南、北两岸的地区），读书的风气很盛，人才辈出，数量之多，居于国内首位。江南已居国内首位，而饶州（今江西饶阳）又居江南首位。这是由于饶州土壤肥沃，适宜于多种动植物及农作物的生长，百姓生活富余而有积蓄，有着百金的人家不能算作富人。每当天下安宁太平无事的时候，饶州人乐于行善，做父亲兄长的，往往为自己的儿子、兄弟不读书学习文化而感到内疚；做母亲妻子的，往往为自己的儿子、丈夫不学习文化而感到羞愧。这是多么好的社会风尚啊！"经过我的仔细观察，现在饶州的百姓，虽然家里富裕而有积蓄，可也非昔日之所比。高楼巨栋拔地而起连在一起，近几十年来，往往为那些坐享其成的寓公所占有，而那种乐于助人、好做善事、勤奋好学的社会风尚，也不像吴孝宗所说的那样美好。兹将吴孝宗所说录之于此，实乃令人惋惜！

禽畜菜茄色不同

禽畜、菜茄之色[①]，所在不同，如江浙间，猪黑而羊白。至江、广、吉州以西，二者则反是。苏、秀间，鹅皆白，或有一班褐者，则呼为雁鹅，颇异而畜之。若吾乡，凡鹅皆雁[②]也。小儿至取浙中白者饲养，以为湖沼观美。

浙西常茄皆皮紫，其皮白者为水茄。吾乡常茄皮白，而水茄则紫。其异如是。

[注释]

①禽畜：家禽，家畜。菜茹：泛指蔬菜。

②雁：花色的鹅。

[译文]

家畜、蔬菜的颜色，由于各地环境不同，因而也不相同，比如在江、浙一带，猪的颜色是黑色，而羊则是白的。到江州（今江西九江）、广州、吉州（今江西吉安）以西的地方，二者颜色则相反，猪是白色的，羊是黑色的。在苏州、秀州（今浙江嘉兴）一带，鹅都是白色的，偶尔见到一只身上有褐色斑点的鹅，当地人就叫它为雁鹅，都很惊奇，把它当作稀奇动物进行饲养。而在我的故乡饶州鄱阳，所有的鹅都是花色的。而把白色的鹅当作稀奇动物，有些小孩子甚至购买浙东、浙西的白鹅来饲养，放在湖泽小河中供人们观赏。

茄子皮的颜色，在浙西地区一般都是紫色的，长有白皮的茄子，当地人叫它为水茄。而在饶州鄱阳则相反，一般的茄子皮都是白颜色，水茄则是紫颜色。其差异之大，于此可见。

勇怯无常

“民无常勇，亦无常怯。有气则实，实则勇[①]，无气则虚，虚则怯。怯勇虚实，其由甚微[②]，不可不知。勇则战，怯则北[③]。战而胜者，战其勇者也；战而北者，战其怯者也。怯勇无常，倏忽往来，而莫知其方[④]，惟圣人独见其所由然。”此《吕氏春秋·决胜》篇之语，予爱而书之。

[注释]

①有气则实，实则勇：精气饱满则充实，充实则勇敢。

②其由甚微：其缘由非常微妙。

③北：退败，败北。

④方：方法。

茄子

茄子是极普通的蔬菜，十分常见，但是因为环境差异，不同地方生长的茄子颜色与大小都不太一样。茄子常见的颜色大约有紫、白、青等。

［译文］

“人无永远持久的勇敢，亦没有永远持久的胆怯。神气饱满则充实，充实则勇敢；神气不饱满则空虚，空虚则胆怯。胆怯勇敢，空虚充实，其由来十分精妙，不可不知道。勇敢的人战则必胜，胆怯的人战则必败。战而获胜的人，是由于他作战时勇敢；战而败北的人，是由于作战时胆怯。胆怯与勇敢不是固定不变的，而是不时变化的，忽来忽去，人们往往不知其变化的方法，只有圣人才能发现这一变化的原因和方法。”这是《吕氏春秋·决胜》里所说的一段话，我喜爱这段话，就将它抄之于此。

卷　六

韩文公逸诗

唐五窦《联珠集》[1]载，窦牟为东都判官，陪韩院长、韦河南同寻刘师。不遇，分韵赋诗。都官员外郎韩愈得寻字，其语云：“秦客何年驻，仙源此地深。还随蹑凫(fú)骑，来访驭云襟。院闭青霞入，松高老鹤寻。犹疑隐形坐，敢起窃桃心。”今诸本韩集皆不载。近者莆田方崧卿考证访赜(zé)甚至[2]，犹取《联珠》中窦庠(xiáng)《酬退之登岳阳楼》一大篇，顾独遗此，何也？

［注释］

①唐五窦《联珠集》：唐代窦常、窦牟、窦群、窦庠、窦巩五兄弟共同编写《联珠集》。

②访赜：访问。甚至：非常下功夫。

［译文］

唐代窦常、窦牟、窦群、窦庠、窦巩五兄弟的《联珠集》中记载，窦牟在任东都判官时，曾经陪同韩愈、韦执中一道去找刘尊师。不巧，未能见到，于是三人分韵赋诗。都员外郎韩愈的诗，韵用寻字，他在诗中写道：“秦客何年驻，仙源此地深。还随蹑凫骑，来访驭云襟。院闭青霞入，松高老鹤寻。犹疑隐形坐，敢起窃桃心。”而今所见韩愈文集的各种本子，都不见有这首诗。近来，莆田方崧卿在考订、访问方面很下功夫，仍然只取《联珠集》中窦庠所写的《酬退之登岳阳楼》一长篇，亦将这首诗漏掉，这是什么原因呢？

用柰花事

窦叔向所用柰花事①，出《晋史》。云成帝②时，三吴女子相与簪白花，望之如素柰。传言天公织女死，为之著服。已而杜皇后崩，其言遂验。

绍兴五年，宁德皇后讣音③从北庭来，知徽州唐辉使休宁尉陈之茂撰疏文。有语云："十年罹难，终弗返于苍梧。万国衔冤，徒尽簪于白柰。"是时，正从徽庙蒙尘④，其对偶精确如此。

[注释]

①窦叔向所用柰花事：唐朝窦叔向曾在其著作《贞懿皇后挽歌》中提及"都人插柰花"一事。

②成帝：晋成帝司马衍。

③讣音：去世的消息。

④徽庙蒙尘：指靖康之乱中，宁德皇后与徽宗作为俘虏被囚禁于金国。

[译文]

深山古松图

中国文人许多喜好黄老之说，羡慕悠然世外的桃源生活，像深山、老松、清泉、仙鹤、烟霞等意象，在文中屡见不鲜。

唐代窦叔向在《贞懿皇后挽歌》中所说"都人插柰花"一事，见于《晋书》。这里说晋成帝司马衍在位的时候，江、浙一带的女子们头上都戴白花，远远望去如同白色的柰花一样。相传天上的仙女织女死的时候，民间的女子为此头戴白花。没有多久，成帝的杜皇后便去世了，从而证实了这种说法。

宋高宗绍兴五年（1135），宁德皇后在金国五国城去世的消息传来，知徽州（今属安徽）唐辉让休宁（今属安徽）尉陈之茂写一篇文章表示哀悼。其中有这样一段话："十年罹难，终弗返于苍梧。万国衔冤，徒尽簪于白柰。"当时宁德皇后与徽宗作为俘虏被囚禁于金国，而陈之茂所撰此文，语句对偶竟如此精确。

徙木偾表[1]

商鞅变秦法，恐民不信，乃募民徙三丈之木而予五十金。有一人徙之，辄予金，乃下令。

吴起治西河，欲谕其信于民，夜置表[2]于南门之外，令于邑中曰："有人能偾表者，仕之长大夫。"民相谓曰："此必不信。"有一人曰："试往偾表，不得赏而已，何伤[3]？"往偾表，来谒吴起，起仕之长大夫。自是之后，民信起之赏罚。

予谓鞅本魏人，其徙木示信，盖以效起。而起之事不传。

[注释]

①徙：搬迁。偾：推倒。

②表：表杆。

③何伤：有什么妨碍。

[译文]

战国时代，商鞅在秦国推行变法，他怕百姓不相信国家的改革法令，于是就决定在都城城门前，竖一根三丈长的木杆，并且公开宣布谁能搬走那根三丈长的木杆，就赏给五十金，这天，突然有一个人将这根木杆搬走，商鞅知道后，马上下令赏给那个人五十金，并且施行法令，布告天下。

吴起在魏国做西河（今陕西大荔）长官时，为了取信于民，就在一天夜里，派人在都城南门外竖立一根表杆，并在城中公开宣布："谁能将这根表杆推倒，就任命做长大夫的官。"老百姓听到这些宣传，议论纷纷。有人说："这是绝对不可相信的，哪有这样的好事。"也

吴起吮卒病疽

吴起是魏国的名将，他十分关爱属下，军中条件艰苦，有位士兵生了脓疮，吴起甚至用嘴帮士兵吮吸毒脓。吴起手下将士都对他感激涕零，作战时奋勇异常。

有人说："不管是真是假，不妨去试一试，如果将那根表杆推倒，最多得不到赏赐，有什么妨碍呢？"说完，就来到都城的南门外，一下子就把那根表杆推倒了，之后，他去求见吴起，告诉自己推倒了南门外的表杆，吴起当即宣布任命他为长大夫官。经过这件事之后，魏国的军民对吴起实行的改革法令及赏罚不再有所怀疑了。

商鞅本来是魏国人，后到秦国做官进行变法，他的搬移木杆取信于民的做法，大概是仿效吴起的计谋。而吴起立木示信的首创之功，却未流传下来，很少为人所知。

建武中元续书

《随笔》所书《建武中元》一则。文惠公[①]作《隶释》，于蜀郡守何君《阁道碑》一篇中，以为不然。比得蜀士袁梦麒应祥《汉制丛录》[②]，亦以纪、志、传不同为惑。而云近岁雅州荥经县治之西，有得《蜀郡治道记》于崖壁间者，记末云："建武中元二年六月就。"于是千载之疑，涣然冰释。予观何君《阁道》正建武中元二年六月就。袁君所言荥经崖壁之记，盖是此耳。但以出于近岁，恨不得质[③]之文惠，为之恻然。

［注释］

①文惠公：即洪适。

②比：近来。得：得到，看到。

③质：质疑。

［译文］

《容斋随笔》中有《建武中元》一则，我曾对这一记载谈了自己的看法。文惠公洪适在所著《隶释》中，对于成都所存蜀郡太守何君《阁道碑》中的建武中元亦有考释，认为不是这样。近来看到蜀人袁应祥《汉制丛录》，亦以纪、志、传所记不同而感到困惑。近年在雅州荥经县县城西部山区的崖壁上，发现有《蜀郡治道记》石刻，在这篇记最后，书作："建武中元二年（57）六月建成。"这一发现，使得一千多年来的疑虑，迎刃而解。依据蜀郡太守何君《阁道碑》所记，阁道正式建成是在汉光武帝建武中元二年六月。袁应祥所说荥经县西崖壁石刻的《蜀郡治道记》，也就是这块石碑。但是，由于它是近年来才被人们发现的，不能用它与文惠公质疑商榷，非常遗憾。

草驹聋虫

今人谓野牧马为草马，《淮南子·修务训》，曰："马之为草驹之时，

跳跃扬蹄，翘尾而走，人不能制[①]。”注云：“马五尺以下为驹，放[②]在草中，故曰草驹。”盖今之所称者是也。下文曰：“形之于马，马不可化[③]，其可驾御，教之所为也。马，聋虫也。而可以通气志[④]，犹待教而成，又况人乎？”注曰：“虫，喻无知也。”聋虫之名甚奇。

[注释]

①制：制服。

②放：放牧。

③化：教化。

④通气志：理解人的意向。

[译文]

现在人们都称在野外放牧的野马为草马，《淮南子·修务训》里说：“马在幼年为草驹时，扬蹄乱跳，翘起尾巴，四处奔跑，人们难以制服它。”在这一条后面，加注说：“马，五尺以下为驹，因为在草地上放牧，所以叫它草驹。”这也就是现在人们所叫草驹的来历。这篇文章中接着又说：“马是有形体的，它不能接受教化，它之所以可以供人驾驭，是经过驯化的结果。马，又被称为聋虫。马通人性，可以理解人的意向，仍然有待于人们驯化，只有经过驯化，它才能供人使用，又何况人呢？”在这一条后面，加注说：“虫，比喻无知的意思。”马叫聋虫这个名字非常奇特。

马

马虽然极常见，但是它的别名却未必为世人所知，诸如草马、草驹、聋虫等十分奇特的叫法。

卷七

西太一宫六言

“杨柳鸣蜩(tiáo)绿暗，荷花落日红酣。三十六陂春水，白头想见江南。”荆公[①]《题西太一宫》六言首篇也。今临川刻本以“杨柳”为“柳叶”，其意欲与荷花为切对，而语句遂不佳。此犹未足问，至改“三十六

bēi
陂春水”为“三十六宫烟水”，则极可笑。公本意以在京华中，故想见江南景物，何预于宫禁哉？不学者妄意涂窜[2]，殊为害也。彼盖以太一宫为禁廷离宫尔。

[注释]

①荆公：王安石，因被封荆国公，世人又称王荆公。

②不学者：不学无术的人。妄意涂窜：任意涂抹窜改。

[译文]

“杨柳鸣蜩绿暗，荷花落日红酣。三十六陂春水，白头想见江南。”这首诗是王安石所作《题西太一宫》六言诗中的首篇。现在所见到的临川刻本王安石集中，以为“杨柳”应为“柳叶”，其用意在于想与荷花切对，但是语句并不好。对此，可不必责问，至于将诗中“三十六陂春水”改为“三十六宫烟水”，却是非常可笑的。王安石这首诗的本意是说在北方的人，会不时想念江南美丽诱人的景物，这与皇宫中的禁令有何相干？那些不学无术的人，任意窜改王安石的诗，危害是显而易见的。导致他们乱改致误的原因，大概是由于他们把太一宫作为皇宫中的离宫的缘故。

三十六陂春水

人焉廋哉

孔子论人之善恶，始之曰：“视其所以[1]。”继之以：“观其所由，察其所安[2]。”然后重言之[3]曰：“人焉廋（sōu）哉，人焉廋哉？”盖以上之三语详察之也。而孟氏一断以眸子，其言曰：“存乎人者，莫良于眸子。眸子不能掩其恶。胸中正，则眸子了焉[4]。胸中不正，则眸子眊（mào）焉。听其言也，观其眸子，人焉廋哉？”说者谓：“人与物接之时，其神在目。故胸中正，则神精而明。不正，则神散而昏。

心之所发，并此而观，则人之邪正不可匿[5]矣。言犹可以伪为，眸子则有不容伪者。孔圣既已发之于前，孟子知言之要，续为之说，故简亮[6]如此。”旧见王季明云，太学士子尝戏作一论，其略云：“知人焉廋哉之义，然后知人焉廋哉，人焉廋哉之义。知人焉廋哉，人焉廋哉之义，然后知人焉廋哉之义。孔子所云人焉廋哉，人焉廋哉者，详言之也。孟子所云人焉廋哉者，略言之也。孔子之所谓人焉廋哉，人焉廋哉，即孟子之所谓人焉廋哉也。孟子之所谓人焉廋哉，即孔子之所谓人焉廋哉，人焉廋哉也。继又叠三语为一云，夫人焉廋哉，人焉廋哉，人焉廋哉，虽曰不同，而其所以为人焉廋哉，人焉廋哉，人焉廋哉，未始不同。”演[7]而成数百字，可资一笑，亦几于侮圣言[8]矣！

孔 子

孔子是至圣大儒，其言论常被人们注解引用，但是很少有人能达到他的言论高度。后世许多儒家子弟穷尽毕生心力来钻研孔子学说，仍觉未得其十分之一。

[注释]

①视其所以：观察他所结交的朋友。

②观其所由，察其所安：观察他为达到目的所采用的手段，了解他的心情安于什么，不安于什么。

③重言之：重复说。

④了焉：明亮的样子。

⑤匿：藏匿。

⑥简亮：简洁明确。

⑦演：推演，衍生。

⑧几于侮圣言：几乎是对圣人言论的侮辱。

[译文]

孔子在谈到如何判断一个人的善恶时，开始说：“要观察他所交接的朋友。”

接着说："要观察他为达到目的所采用的手段，了解他的心情安于什么，不安于什么。"最后重复说："一个人的善恶怎么能隐藏得住呢，一个人的善恶怎么能隐藏得住呢？"以上这三句话，是孔子通过详细观察所得出的结论。而孟子在谈到这个问题时提出以眼睛来判断，他说："观察一个人的善恶，再没有比观察他的眼睛更好了。因为眼睛不能掩盖一个人的丑恶。心正，眼睛就明亮。心不正，眼睛就昏暗。听一个人说话时，注意观察他的眼睛，这个人的善恶，又能往哪里隐藏呢？"有人说："人在与物接触的时候，他的神情集中表现在眼睛上。心正，注意力集中，眼睛就明亮。心不正，注意力分散，眼睛就昏暗。正与不正，出之内心，由此看来，一个人的心邪与心正是隐藏不住的。说话可以弄虚作假，但是眼睛是不能弄虚作假的。关于这一点，孔子早已提出，孟子亦深知孔子所说的宗旨，进一步阐发，所以简洁明确。"过去听王季明说，太学的士子曾经戏作一篇文章，大意是说："明白'一个人的善恶又能往哪里隐藏呢'这句话的意思，然后就会明白'一个人的善恶怎么能隐藏得住呢，一个人的善恶怎么能隐藏得住呢'这句话的意思。明白了后一句话的意思，然后也会明白前一句话的意思。孔子所说的'一个人的善恶怎么能隐藏得住呢，一个人的善恶怎么能隐藏得住呢'是详细而言的。孟子所说'一个人的善恶又能往哪里隐藏呢'，是粗略而言。孔子连用'一个人的善恶怎么能隐藏得住呢，一个人的善恶怎么隐藏得住呢'，即是孟子所说的'一个人的善恶怎么能隐藏得住呢'。反过来说，孟子所说的也就是孔子所说。不仅如此，继之而来的，还有三次重复'一个人的善恶怎么能隐藏得住呢'这句话为一句话，虽然与单独使用与重复使用有所不同，而其所以三次重复写作'一个人的善恶怎么能隐藏得住呢、一个人的善恶怎么能隐藏得住呢，一个人的善恶怎么能隐藏得住呢'的原因，与单独使用、重复使用并没有什么不同。"就这么一句话，甚至演变成好几百字，只可供人发笑，这亦几乎是对圣人言论的侮辱！

卷八

得意失意诗

旧传有诗四句夸世人得意者云："久旱逢甘雨，他乡见故知。洞房花烛夜，金榜挂名时。"好事者续以失意四句曰："寡妇携儿泣，将军被敌擒。失恩宫女面[①]，下第举人心[②]。"此二诗，可喜可悲之状极矣。

[注释]

①失恩宫女面：失宠的宫女愁容满面。

②下第举人心：落第的举人心中酸楚。

［译文］

过去社会上流传一首诗，四句，称道人的得意，说："久旱逢甘雨，他乡见故知。洞房花烛夜，金榜挂名时。"有些多事的人，又仿照这首诗，续得四句，描写人的失意，说"寡妇携儿泣，将军被敌擒。失恩宫女面，下第举人心。"这两首诗，将人得意时的喜悦，失意时的悲伤，描绘得淋漓尽致。

项韩兵书

汉成帝时，任宏论次兵书为四种。其《权谋》中有《韩信》三篇，《形势》中有《项王》一篇，前后《艺文志》载之，且云："汉兴，张良、韩信序次兵法，凡百八十二家，删取要用，定著三十五家。诸吕用事而盗取之[①]。"项、韩虽不得其死[②]，而遗书可传于后者，汉世不废，今不复可见矣。

［注释］

①诸吕用事而盗取之：刘邦死后，吕后专权，吕氏便将这些军事著作窃为己有。

②不得其死：不得善终，死于非命。

［译文］

西汉成帝时，任宏谈到的军事著作有四种。在其《权谋》一书中，有《韩信》三篇，《形势》中有《项王》一篇，《汉书》《后汉书》的《艺文志》里都有记载，并且说："汉朝建国后，张良、韩信整理编次了春秋战国以来的军事著作，共有一百八十二家，经过删节选择，取了三十五家。刘邦死后，吕后把持朝政，将这些军事著作窃为己有。"项羽、韩信虽然死于非命，不得善终，但是他们所编著的军事著作却传之于世，在两汉四百二十多年间还流传于世，现在已失传不能见到了。

韩信

韩信是汉初三杰之一，善于用兵，他驰骋疆场，助刘邦扫平四方，夺得天下。他的军事谋略在两汉年间广为流传，为世人推崇。

茸附治疽漏

时康祖病心痔二十年，用《圣惠方》治腰痛者鹿茸、附子服之，月余而愈。《夷坚己志》书其事。予每与医言，辄云："痈疽(jū)[①]之发，蕴热之极也，乌有翻使热药之理[②]？"福州医郭晋卿云："脉陷则害漏，陷者冷也。若气血温暖则漏自止，正用得茸、附。"按《内经素问生气通天论》曰："陷脉为瘘(wěi)，留连肉腠(còu)[④]。"注云："陷脉谓寒气陷缺其脉也，积寒留舍[③]，经血稽凝[⑤]，久瘀内攻，结于肉理，故发为疡瘘(yáng lòu)，肉腠相连。"此说可谓明白，故复记于此，庶几或有助于疡医云。

［注释］

①痈疽：化脓的毒疮。

②乌有：怎么有。翻：反而。

③积寒留舍：寒气积聚。

④腠：肌肤上的纹理。

⑤经血稽凝：经脉血液停滞不通。

［译文］

时康祖患心痔病已二十年了，他使用《圣惠方》里治腰痛病所用的鹿茸、附子，连续服用一个多月就痊愈了。我在《夷坚己志》里曾记述这件事。我每次与医生们交谈，常常说："恶性脓疮病的发作，是人体内蕴热达到了极点，怎么还会有使用热药治疗的道理？"福州一位医生叫郭晋卿的曾说："脉陷则害漏病，陷是冷的意思。如果一个人的气血温暖，则漏自然就会停止，所患漏病也就痊愈，这正好得使用热药鹿茸和附子。"按《内经素问生气通天论》中述称："陷脉为瘘，留连肉腠。"在这一条后面加注说："陷脉是寒气陷缺其脉，久而久之，寒气聚积，经脉血液停滞不通，日子长了，就在体内淤积，结成疙瘩，因而形成溃烂病变，分泌物由瘘管向外流出，使得肌肤上的纹理相连。"此说清楚明白，故复记于此，或许有助于疡医对溃疡病的医治。

华元入楚师

《左传》，楚庄王围宋，宋华元夜入楚师，登子反[①]之床，起之曰："寡君使元以病[②]告。"子反惧，与之盟，而退三十里。杜注曰："兵法，

因其乡人而用之，必先知其守将左右谒者、门者之姓名，因而利道之。华元盖用此术，得以自通。”予按前三年晋、楚邲（bì）之战，随武子称楚之善曰：“军行，右辕③，左追蓐（rù）④，前茅虑无⑤，中权后劲⑥，军政不戒而备。”大抵言其备豫⑦之固。今使敌人能入上将之幕而登其床，则刺客奸人，何施不得？虽至于王所可也，岂所谓军制乎？疑不然也。《公羊传》云：“楚使子反乘堙（yīn）⑧而窥宋城，宋华元亦乘堙而出见之。”其说，比《左氏》为有理。

［注释］

①子反：即司马子反，楚国大将。
②病：困难。
③右辕：右军跟随主将的车辕。
④左追蓐：左军打草作为歇息的准备。
⑤前茅虑无：前锋部队旌旗为路以防意外。
⑥中权：中军谋划。后劲：后面以精兵做后盾。
⑦豫：防守。
⑧堙：构筑的土堆工事。

［译文］

《左传》记载：楚庄王派兵进攻宋国，宋国遭到突然袭击，急忙派华元连夜潜入楚营，登上楚将司马子反的床，叫他起来，说：“我国国君派我来把困难告诉你。”司马子反害怕了，就与宋国签订了盟约，下令楚军撤围，退兵三十里。杜预在这里作注说：“兵法上说，选将用人在选用其乡人时，一定要先知道守将的侍从左右谒者、守门人的姓名，以便因势利导。华元巧妙地使用了这一方法，因而取得了成功。”按：在此前三年，晋、楚两国的军队在邲（今河南荥阳北）会战，随武子称赞楚国治军有方：“军队出行，右军跟着主将的车辕，左军打草作为歇息的准备，前军以旌旗为路以防意外，中军斟酌谋划，后军以精兵作为后盾，军中政教不必等待命令而完备。”这则记述，大致是说军队出动要严密防备。现在让敌人进入上将军的行营帐篷并登上上将军的床，那么使用刺客、间谍，又有什么做不到的呢？虽然来到王所是可以的，这难道是军中的制度吗？我怀疑情况不是这样。《公羊传》里记述这件事时说：“楚国让司马子反乘构筑的土堆工事而窥视宋城，宋国华元亦乘构筑的土堆工事而前往楚营见到司马子反。”在我看来，后面这一种说法，与《左传》所述相比，更为合乎情理。

卷九

沈庆之曹景宗诗

宋孝武尝令群臣赋诗，沈庆之手不知书，每恨眼不识字，上逼令作诗，庆之曰：“臣不知书，请口授师伯。”上即令颜师伯执笔。庆之口授之曰：“微生遇多幸，得逢时运昌。朽老筋力尽，徒步还南冈。辞荣此圣世，何愧张子房[①]？”上甚悦，众坐并称其辞意之美。

梁曹景宗破魏军还，振旅凯入。武帝宴饮联句，令沈约赋韵，景宗不得韵，意色不平。启求赋诗，帝曰：“卿伎能甚多，人才英拔，何必止在一诗？”景宗已醉，求作不已。时韵已尽，唯余竞、病二字。景宗便操笔，其辞曰：“去时儿女悲，归来笳鼓竞。借问行路人，何如霍去病？”帝叹不已，约及朝贤，惊嗟竟日[②]。

予谓沈、曹二公，未必能办此，疑好事者为之。然正可为一佳对，曰：“辞荣圣世，何愧子房？借问路人，何如去病？”若全用后两句，亦自的切[③]。

[注释]

①张子房：即张良，字子房。

②竟日：一整天。

③的切：自然真切。

[译文]

一天，南朝宋孝武帝令群臣赋诗，沈庆之自己不会写字，也不认字，看到孝武帝也要他作诗，不免有些焦急，无奈只好奏明圣上说：“臣自幼不会写字，请允许我口述，让颜师伯记录下来。”孝武帝接受了他的请求，就命颜师伯执笔记录。沈庆之思索之后说道：“微生遇多幸，得逢时运昌。朽老筋力尽，徒步还南冈。辞荣此圣世，何愧张子房？”孝武帝听了，十分高兴，在座的文武大臣听罢，也都异口称赞这首诗的语言优美。

南朝梁曹景宗发兵与北魏军队作战，大获战捷，凯旋归来。梁武帝特设盛宴祝贺，并命文武群臣赋诗对句助兴，先让沈约提出赋诗时所用的韵，赋诗的人必须按照自己的韵去作诗，曹景宗没有得到分给他的韵字，不能赋诗，心中很不高兴。于是，就请求武帝允许他赋诗，武帝见此情景，就劝他说："爱卿武艺超人，人才英俊，何必为一首诗而计较呢？"这时候，曹景宗正在兴头上，饮酒已有醉意，连声请求武帝允许他赋诗。原先拟定的韵字，只剩竞、病两个字了。景宗听后，立即操笔疾书诗一首，诗中说："去时儿女悲，归来笳鼓竞。借问行路人，何如霍去病？"武帝看后，惊叹不已，赞不绝口，沈约及参与赋诗的文武大臣亦为此赞叹竟日。

举烛赋诗

梁武帝文采非凡，常与当时的文人沈约等一起秉烛赋诗。

在我看来，沈庆之、曹景宗二人，未必真能作出这样令人叹服的好诗，疑为那些多事的人所杜撰。然而，这两首诗正好可以合成为这样一篇佳对："辞荣圣世，何愧子房？借问路人，何如去病？"若全用后两句，亦非常恰当真切。

蓝尾酒

白乐天元日对酒诗云："三杯蓝尾酒，一碟胶牙饧(táng)。"又云："老过占他蓝尾酒，病余收得到头身。""岁盏后推蓝尾酒，春盘先劝胶牙饧。"《荆楚岁时记》云："胶牙者，取其紧固如胶也。"而蓝尾之义，殊不可晓。《河东记》载申屠澄与路旁茅舍中老父、妪及处女[①]环火而坐。妪自外挈(qiè)酒壶至曰："以君冒寒，且进一杯。"澄因揖，逊[②]曰："始自主人翁，即巡澄，当婪(lán)尾。"盖以蓝为婪，当婪尾者，谓在最后饮也。

叶少蕴[③]《石林燕语》云："唐人言蓝尾多不同。蓝字多作啉(lán)，出于侯白《酒律》，谓酒巡匝，末坐者连饮三杯，为蓝尾。盖末坐远，酒行到常迟，故连饮以慰之，以啉为贪婪之意。或谓啉为燣(lián)，如铁入火，贵其出色，此尤无稽。则唐人自不能晓此义。"叶之说如此。

予谓不然。白公三杯之句，只为酒之巡数耳，安有连饮者哉？侯

白滑稽之语，见于《启颜录》。《唐艺文志》，白有《启颜录》十卷、《杂语》五卷，不闻有《酒律》之书也。苏鹗《演义》亦引其说。

叶梦得

叶梦得，字少蕴，宋代著名词人。晚年隐居湖州卞山石林谷，自号石林居士，以读书吟咏自乐，给后世留下不少优美词作。

[注释]

①处女：少女，女孩子。

②逊：辞让。

③叶少蕴：即叶梦得，字少蕴，苏州人。宋代著名词人，其词深厚清隽。

[译文]

唐朝白居易在正月初一元日对酒作诗说："三杯蓝尾酒，一碟胶牙饧。"又说："老过占他蓝尾酒，病余收得到头身。""岁盏后推蓝尾酒，春盘先劝胶牙饧。"《荆楚岁时记》说："胶牙，是取牢固如粘胶的意思。"至于蓝尾意思是什么，人们则不大明白。《河东记》载：申屠澄与住在路旁茅屋中的老头、老太婆及少女，围着火炉而坐。一个老太婆从外面提着一个酒壶进来，对申屠澄说道："因为你冒着天寒而来，应当先喝一杯。"申屠澄急忙站起身来拱手施礼，辞让说："礼当先让主人喝上一杯，然后才能轮到我，当婪尾。"这里作婪尾，大概是因为把蓝字写成了婪字，当婪尾的意思，就是说在聚会饮酒时最后一个喝酒。

另外，叶梦得在他的《石林燕语》中述说："唐朝的时候，人们所说蓝尾的意思，多有不同。蓝字大都写成啉，见于侯白所著《酒律》一书，在这里说聚会饮酒，轮流一圈，坐在末座即最后一个人要连喝三杯，称为蓝尾。这大概是因为坐在末座的人，最后才喝，轮到他时要经过一段时间，所以让他连喝三杯，以表示敬意。有人认为啉是贪婪的意思，还有人说啉即燣，就像把一块铁放进火中，认为它能出色，这纯是无稽之谈。由此可见，唐朝人自己也不大明白蓝尾的真正意思。"叶梦得的看法，即是如此。

在我看来，上述说法，未必就是这样。侯白在《酒律》中关于连喝三杯的记载，只是喝酒时的巡数，这里哪有连饮的意思呢？侯白这些滑稽有趣的话，见于《启颜录》一书。《唐书·艺文志》著录侯白著《启颜录》十卷，《杂语》五卷，并没有著录他著有《酒律》一书。苏鹗的《演义》里亦引用了叶梦得的说法。

欧阳公辞官

欧阳公自亳(bó)州除兵部尚书知青州，辞免至四[①]，云："恩典超优，迁转颇数[②]。臣近自去春由吏部侍郎转左丞，未逾两月，又超转三资，除刑部尚书。今才逾岁，又超转两资。尚书六曹，一岁之间，超转其五。"累降诏不从其请[③]。此是熙宁元年未改官制时，今人多不能晓。盖昔者左右丞在尚书下，所谓左丞超三资除刑书者，谓历工、礼乃至刑也。下云又超两资者，谓历户部乃至兵也。其上唯有吏部。故言尚书六曹，超转其五云。

[注释]

①辞免至四：多次连续奏请辞官。

②迁转颇数：升迁许多次。

③累降诏不从其请：朝廷连次下诏不准许他辞官。

[译文]

欧阳修自从在亳州（今安徽亳县）除授兵部尚书知青州（今山东潍坊）以来，连续奏请辞官，他在上书中说："承蒙皇上特恩眷念，使臣得以多次晋升。臣自去年春天，由吏部侍郎转为左丞，不到两个月，又越次转资三等，升为刑部尚书。任刑部尚书到现在刚过一年的时间，又越次转资二等。尚书省下属有六曹，官员的晋升，是严格按照工、礼、刑、户、兵、吏的资序进行的，而臣在一年之内，连续越次转资五等。"欧阳修辞官的上书，接连进呈了四次，朝廷看到之后，就连次下诏不准许他辞官。这是神宗熙宁元年（1068）没有进行官制改革以前的事，现在有很多人都不知道这个情况。因为宋代官制旧制规定左丞、右丞位在尚书之下，所谓左丞越次转资三等为刑部尚书，是说没有经过工部、礼部直接转为刑部尚书。另外，下面所说越次转资两等，是说没有经过户部直接转为兵部。在兵部的上面只有吏部。所以欧阳修在上疏中说，自己是在尚书六曹中，连续越次转资有五。

卷　十

亲王回庶官书

《随笔》中载亲王与侍从往还礼数，又得钱丕《行年杂纪》云：“升王[①]受恩命，丕是时为将作少监，亦投贺状，王降回书签子启头[②]。继为皇太子，三司判官并通榜子，诣内东门参贺。通入后，中贵[③]出传令旨传语。及受册宝讫，百官班贺，又赴东宫贺，宰相亲王阶下班定[④]，太子降阶[⑤]，宰相前拜，致词讫，又拜。太子皆答拜，亦致词叙谢。”一时之仪如此。

［注释］

①升王：宋太宗第六子赵受益。

②王降回书签子启头：升王回书答谢时，将回书装在封带里，封带外面贴有贴条。签子，签条，贴在封袋上的狭长纸条。

③中贵：宫中宦官。

④宰相亲王阶下班定：宰相及各个亲王在台阶下按照品级，排定班次。

⑤降阶：走下台阶。

［译文］

关于宋代亲王与侍从交往的礼仪，我在《容斋随笔》中立有专目记述，又见钱丕《行年杂纪》中记述：“太宗第六子赵受益受封为升王时，丕为将作少监，亦进呈贺状表示祝贺，升王回书答谢时，将回书装在封带里，封带外面贴有一个长纸条。后来，升王受封为皇太子时，三司判官一起先用札子通报，同到内东门参拜祝贺。通报进入后，宫中宦官出来传达宣读令旨。举行接受册宝仪式完毕，文武百官列班恭贺，接着又到东宫祝贺，宰相及各个亲王在台阶下按照品级，排定班次，皇太子下台阶，宰相上前向太子拜贺，并致贺词，致词完毕之后，再拜。皇太子都一一答谢，亦致词表示谢意。”宋代开国之后，亲王回谢一般官员的礼仪，在一个时期内是这样的。

青莲居士

李太白《赠玉泉仙人掌茶诗序》云：“荆州玉泉寺近清溪诸山，

往往有乳窟[①]。其水边处处有茗草罗生[②]，枝叶如碧玉，唯玉泉真公常采而饮之。余游金陵，见宗僧中孚，示予茶数十片，其状如手，名为'仙人掌茶'，盖新出乎玉泉之山，旷古未觌(dí)[③]。因持以见遗，兼赠诗，要予答之，遂有此作。后之高僧大隐，知仙人掌茶发乎中孚禅子及青莲居士李白也。"太白之称，但有"谪仙人"尔，"青莲居士"，独于此见之，文人未尝引用。而仙人掌茶，今池州九华山中亦颇有之，其状略如蕨拳[④]也。

[注释]

①乳窟：石钟乳丛生的洞穴。

②罗生：到处生长。

③觌：见到。

④蕨拳：指蕨芽。因其端卷曲如拳，故名。

[译文]

唐代诗人李白在《赠玉泉仙人掌茶诗序》中说："在荆州玉泉寺附近，有清溪诸山并峙，山间有石钟乳丛生的洞穴。在水边，到处长满着名叫茗草的茶草，茗草的枝叶如同碧玉，似乎还没有引起人们的注意，只有玉泉寺的真公常常采摘作为茶叶饮用。有一次游历金陵（今江苏南京），与高僧中孚相见，他拿出一种茶叶数十片给我看，叶片的形状很像人的手掌，所以就把它叫作"仙人掌茶"，这是才从荆州玉泉山采集而来的，自古以来，从未有人见到过。因此，特意拿出来赠送给我，并且赠诗一首，要我作诗酬答，为此，我写下了这首诗。后来的高僧及著名的隐士，都知道仙人掌茶起源于中孚禅子及青莲居士李白。"作为李白的称号，只有"谪仙人"，而"青莲居士"的称号，仅仅在这里见到，还没有见人引用。而仙人掌茶，现在池州（今属安徽）九华山中亦有出产，它的形状与才长出来的拳菜差不多，很像小孩子的手掌。

青莲醉酒

李白有豪气，爱游历、嗜酒、好剑术，也好品茶。

卷十一

熙宁司农牟利

熙宁、元丰中，聚敛之臣，专务以利为国，司农遂粥①天下祠庙。官既得钱，听民为贾区，庙中慢侮秽践②，无所不至。南京有阏伯、微子两庙，一岁所得不过七八千，张文定公判应天府，上言曰：“宋王业所基也，而以火王。阏(yān)伯封于商丘，以主大火，微子③为宋始封，此二祠者独不可免乎！乞以公使库钱代其岁人。”神宗震怒，批出曰：“慢神辱国，无甚于斯！”于是天下祠庙皆得不粥。

又有议前代帝王陵寝，许民请射耕垦，司农可之，唐之诸陵，因此悉见芟刈(yì)。昭陵乔木，剪伐无遗。御史中丞邓润甫言：“熙宁著令，本禁樵采，遇郊祀则敕吏致祭，德意可谓远矣。小人掊(póu)克④，不顾大体，使其所得不赀，犹为不可，况至为浅鲜者哉？愿绌⑤创议之人，而一切如故。”于是未耕之地仅得免。

二者可谓前古未有。一日万几，盖无由尽知之也！

［注释］

①粥：古同“鬻”，卖。

②庙中慢侮秽践：祠堂庙宇中的神像及各种设施，任人侮辱践踏。

③微子：名启，纣的庶兄。多次向纣王劝谏，王不听，遂出走。武王克商，他肉袒面缚乞降。后被封于宋。

④掊克：敛财，搜刮。

⑤绌：贬谪。

［译文］

神宗熙宁、元丰年间，那些平日爱财如命的官员，聚敛钱粮不择手段，掌管国家财政的司农决定租赁全国各地的祠堂庙宇。官府为了得到一些钱，就让百姓在祠堂庙宇内投摊叫卖，祠堂庙宇中的神像及各种设施，任人侮辱践踏，而无人过问。南京（今河南商丘）有阏伯庙和微子庙，租赁之后，一年所得不过七八千钱，张方平在任应天府（今河南商丘）时曾经上疏说：“南京是我朝王业根基重地，我朝是以火德为王的。阏伯是轩辕黄帝曾孙帝喾的儿子，受封到商丘，主管大火，微子是纣王庶兄，周武王灭商丘之后，被封于宋（今河南商丘），而今就连这两个供奉阏伯和微子的祠庙，也不得幸免！恳请朝廷降旨以国家库存钱粮来代替这两个地方每年的收入。”神宗从这一奏折中得知各地祠庙遭到破坏的严重情况，十分恼火，立即批示说：“侮神辱国，莫甚于此！”自此而后，各地的祠庙一如既往，不许人们在那里设摊叫卖。

微 子

微子，名启（又作开），是纣的庶兄，周代宋国的始祖。武王克商，他肉袒面缚乞降。后纣王子武庚作乱，被周公旦攻灭，于是便让他继承殷祀，封于宋。传说微子为政贤能，为殷民所爱戴。

此外，又有人提出前代帝王陵墓，占地甚广，请准许百姓开垦耕种，司农批准了这一建议，顿时，在前代帝王陵墓所在地的百姓纷纷起来开垦耕种。唐代帝王陵墓上的草木，被铲除一尽，昭陵上高大的树木，亦被砍伐无遗。御史中丞邓润甫得知这种情况后，就给神宗上疏说：“熙宁时的国家法令，本来是禁止打柴的人滥砍滥伐的，每遇在郊外祭祀天地的时候，都要诏令各地官吏前往致祭，朝廷的德意不能说不是深谋远虑、从长计议的。而今那些无耻小人，贪得无厌，不顾大局，他们搜刮所得已难以数计，仍然不以此为满足，何况要叫他们少搜括呢？希望贬斥首先提出准许垦耕前代帝王陵墓的人，恢复旧的制度。”神宗见到此奏之后，立即下令禁止，这样才使未被开垦耕种的帝王陵墓得到幸免。

以上二事，可以说是前所未有。皇上日理万机，哪能什么都知道啊！

东坡诲葛延之

江阴葛延之，元符间，自乡县不远万里省苏公[1]于儋(dān)耳，公留之一月。葛请作文之法，诲[2]之曰：“儋州虽数百家之聚，而州人之所须，取之市而足，然不可徒得也，必有一物以摄之，然后为己用。所谓一

物者，钱是也。作文亦然。天下之事散在经、子、史中，不可徒使，必得一物以摄之，然后为己用。所谓一物者，意是也。不得钱不可以取物，不得意不可以用事，此作文之要也。”葛拜其言，而书诸绅。尝以亲制龟冠为献，公受之。而赠以诗曰：“南海神龟三千岁，兆叶朋从生庆喜。智能周物不周身，未死人钻七十二。谁能用尔作小冠，岣嵝（gǒu lǒu）耳孙创其制。今君此去宁复来，欲慰相思时整视。”今集中无此诗。葛常之，延之三从弟也，尝见其亲笔。

［注释］

①省苏公：拜谒苏轼。

②诲：教导。

［译文］

江阴葛延之于哲宗元符年间，从乡下不远万里不辞劳苦来到儋耳（今海南儋州），见到了被朝廷贬斥的苏东坡，虚心向他求教，苏东坡很受感动，留葛延之在这里住了一个月。葛延之问苏东坡写文章的方法，苏东坡耐心引导说：“儋州是一个几百户人家的小城，这里百姓日常所需要的各种用品，都可以从集市上得到，当然不是白白无故就能得到，必须用一样东西去换取，然后才能为自己所有。所谓的这样东西就是钱。写文章也是同样的道理。天下之事，千姿百态，各种材料都分散在经书、子书（诸子百家、笔记小说）及史书之中，虽然可以得到它，可也不能白白地得到使用，也必须先得到一个东西，然后才能把它们攫取过来，为自己所使用。所谓的这样东西就是意。得不到钱就不能买到自己需要的物品，没有意也就不能写出文章，这就是写文章的秘诀。”葛延之听了，很受启发，当即拜谢，并把这个秘诀写了下来，转告给各位绅士。他还将亲手制作的龟冠献给了苏东坡，以表示自己的敬意。苏东坡也赋诗回赠，诗中说：“南海神龟三千岁，兆叶朋从生庆喜。智能周物不周身，未死人钻七十二。谁能用尔作小冠，岣嵝耳孙创其制。今君此去宁复来，欲慰相思时整视。”而今所见苏东坡集中没有这首诗。葛常之，为延之的三从弟，曾经见到苏东坡亲笔所写这首诗的真迹。

卷十二

汉唐三君知子

英明之君，见其子有材者，必爱而称之。汉高祖谓赵王如意类己，欲以易孝惠[①]，以大臣谏而止。宣帝以淮阳王钦壮大，好经书、法律，聪达有材，数嗟叹曰："真我子也！"常有意欲立为嗣，而用太子起于微细[②]，且早失母，故弗忍。唐太宗以吴王恪英果类我，欲以代雉(zhì)奴[③]。其后如意为吕母所戕，恪为长孙无忌所害，钦陷张博之事，殆于不免。此三王行事[④]无由表见。然孝惠之仁弱，几遭吕氏之覆宗；孝元之优柔不断，权移于阍寺[⑤]，汉业遂衰；高宗之庸懦，受制凶后[⑥]，为李氏祸尤惨。其不能继述固已灼然。高祖、宣帝、太宗盖本三子之材而言之，非专指其容貌也，可谓知子矣。彼明崇俨谓英王哲貌类太宗，张说谓太宗画像雅类忠王，此惟取其形似也。若以材言之，中宗之视太宗，天壤相隔矣！汉成帝所幸妾曹宫产子，曰："我儿额上有壮发，类孝元皇帝。"使其真是孝元，亦何足道？而况于婴孺(rú)[⑦]之状邪？

[注释]

①易孝惠：用赵王如意去替换孝惠皇帝的太子地位。

②起于微细：生于贫贱之时。

③雉奴：唐高宗李治的乳名。

④行事：建功立业的本领。

⑤阍寺：宦官。

⑥凶后：高宗皇后武则天。

⑦婴孺：婴孩。

吕后害死赵王如意

赵王如意聪明能干，酷似汉高祖，高祖一度想废太子而立赵王，因众臣反对而作罢。高祖逝世时，赵王年幼，无所依凭，很快便被吕后借机毒害而死。

[译文]

英名的君主，发现自己儿子中有才能的，一定会喜爱并称赞他。汉高祖称赵王如意像自己，想叫他替换孝惠皇帝做太子，因为大臣们进谏才没有实行。汉宣帝根据淮阳王刘钦形象高大，喜欢研究经书和法律，聪明畅达富于才华，屡次叹赏道："真是我的儿子！"经常有心立他为继承人，可因为太子出生于贫贱之时，并且早年丧母，所以不忍心夺其位。唐太宗认为吴王李恪英明果断像自己，曾想以他取代雉奴（唐高宗李治乳名）。后来赵王如意被吕后残害，吴王恪被长孙无忌处死，淮阳王钦被牵连到张博的事件里，几乎不免于难。这三王建功立业的才能无从发挥。可是孝惠帝仁厚懦弱，几乎被吕氏覆灭宗族；孝元帝优柔寡断，大权旁落到宦官手里，汉朝的大业于是走向衰落；唐高宗平庸怯懦，受凶后武则天控制，给李氏带来的祸患更惨。他们没能力继承先人事业当然是昭然若揭的。汉高祖、汉宣帝、唐太宗大抵是根据三个儿子的才能来说话，并非专指他们的相貌，真可说是知子莫若父了。那明崇俨说英王李哲(即唐中宗)样子像太宗,张说说唐太宗的画像很像忠王(即唐肃宗)，这只是取其形貌相似。如果从才能上来讲，唐中宗比之唐太宗，真是天壤之别！汉成帝所宠幸的侍妾曹宫生子，说："我儿子额上有丛生突下的壮发，像孝元皇帝。"即使他真是孝元帝，又有什么值得称道的？更何况是婴儿的长相有点像呢？

当官营缮

元丰元年，范纯粹自中书检正官谪[1]知徐州滕县，一新[2]公堂吏舍，凡百一十有六间；而寝室未治，非嫌[3]于奉己也，曰吾力有所未暇而已。是时，新法正行，御史大夫如束湿，虽任二千石之重，而一钱粒粟，不敢辄用，否则必著[4]册书。东坡公叹其廉，适为徐守，故为作记。其略曰："至于宫室，盖有所从受，而传之无穷，非独以自养也。今日不治，后日之费必倍。而比年以来，所在务为俭陋，尤讳土木营造之功，攲(qī)仄[5]腐坏，转以相付[6]，不敢擅易一椽(chuán)，此何义也？"是记之出，新进趋时之士，娟疾以恶之[7]。恭览国史[8]，开宝二年二月诏曰："一日必葺[9]，昔贤之能事。如闻诸道藩镇、郡邑公宇及仓库，凡有隳坏，弗即[10]缮(shàn)修，因循岁时[11]，以至颓毁，及僝工充役，则倍增劳费[12]。自今节度、观察、防御、团练使、刺史、知州、通判等罢任，其治所廨(xiè)舍[13]，有无隳(huī)坏及所增修，著以为籍[14]，迭相符授[15]。幕职州县官受代，

则对书于考课之历，损坏不全者，殿一选[16]，修葺、建置而不烦民者，加一选。”太祖创业方十年，而圣意下逮，克勤小物[17]，一至于此！后之当官者不复留意。以兴仆植僵为务，则暗于事体、不好称人之善者[18]，往往翻指为妄作名色，盗隐官钱，至于使之束手讳避[19]，忽视倾陋，逮于不可奈何而后已。殊不思贪墨之吏，欲为奸者，无施不可[20]，何必假于营造一节乎？

范纯粹

范纯粹，字德孺，宋朝人，以荫迁至赞善大夫。元祐中为户部侍郎，以徽猷阁待制致仕。工书，资禀端重，其诗画亦如其为人。

［注释］

①谪：贬谪，贬官。
②一新：翻新。
③嫌：避嫌，避忌。
④著：记录。
⑤攲仄：房子倾斜。
⑥转以相付：转身就把它交给后任。
⑦娼疾以恶之：嫉妒并且讨厌他。
⑧恭览国史：我恭敬地披览本朝文献。
⑨一日必葺：即使在任一天也须修葺损坏了的房屋。
⑩即：立刻，及时。
⑪因循岁时：拖延时间。
⑫劳费：劳务和费用。
⑬廨舍：官署。
⑭著以为籍：记录在案。
⑮迭相符授：依次点验移交给后任。
⑯殿一选：落后一个选次授官。
⑰克勤小物：勤于政务，密切注意小事。
⑱暗于事体、不好称人之善者：不明事理、不喜欢成人之美的人。
⑲束手讳避：为避嫌疑，束手不干。
⑳无施不可：无处不可为。

［译文］

宋神宗元丰元年（1078），范纯粹从中书省检正官贬黜为徐州藤县知县，将公堂吏舍翻修一新，共一百一十六间；但寝室还没有整治，不是避忌奉养自己的口实，说只不过是尽力于他事尚没有空暇罢了。这时，新法正在推行，像束湿那样的御史大夫，出任地方官，尽管肩负着州郡长官的重任，可是一文钱一粒米也不敢随便用，要用的话就一定记录在簿册之上。苏东坡赏叹他廉洁，刚好正作徐州知州，所以专为此事作了一篇杂记文字。他约略说道：“至于官府的宫室，大抵是从前任那里接收来的，并且要不断地传给后任，不只是用来奉养自己。宫室坏了今日不及时整治，以后所用费用定会成倍增加。可是近年以来，到处以因陋就俭为时尚，特别避忌土木营造的工程，即使房子倾斜了、腐坏了，转身就把它交给后任，不敢擅自动一根椽子，这是什么道理呢？”这篇杂记写出之后，新近提拔上来趋奉时尚的人，嫉妒并且讨厌他。我恭敬地披览本朝文献，见宋太祖开宝二年(969)二月的诏书上说：“就是在任一天也要修葺损坏了的房舍，这是过去的贤官良宰所能之事。可是听说各路的藩镇和郡县的官房和仓库，大抵是有了破坏，并不及时修缮，拖延岁月，以至于倾塌，等到筹集工料、募民充役进行修复的时候，劳务和费用就要倍增了。从今以后，节度使、观察使、防御使、团练使、刺史、知州、通判等谢任，他治所的廨舍，有没有毁坏以及增修的情况如何，都要记录在案，依次点验移交给后任。地方长官的属吏及州县长官任满去职，就对照着书写到考核优劣的记事文书上，廨舍损坏不全的，落后一个选次授官，有所修葺、建置而且不烦扰百姓的，提前一个选次授官。”太祖皇帝创立基业才十年，就下达了这样的旨意，勤劳国事密切注意小的事物，居然达到这样的地步！后来的担任官职的人不再留心此类事。如果有人从事于倾颓官舍的修复，那么，不明事理、不喜欢成人之美的人往往反而指责为巧立名目贪污公款，以至于使得当事者束手不干，为避免嫌疑，无视墙倒屋塌，达到无可奈何的境地才罢手。都不想想贪墨的官吏想做坏事，无处不可，哪里一定要假借营造官舍一件事呢？

卷十三

科举之弊不可革

法禁益烦[1]，奸伪滋炽[2]，唯科场最然，其尤者莫如铨试。代笔有禁也，禁之愈急，则代之者获赂谢愈多。其不幸而败者百无一二，正使得之，元未尝致法[3]。吏部长贰帘试之制[4]，非不善也，而文具儿戏，抑又甚焉。议论奉公之臣，朝夕建明[5]，然此风如决流偃(yǎn)草，未尝少革。或以谓失于任法而不任人之故。殊不思所任之人，渠肯一意向方，见

恶辄取，于事无益，而祸谤先集于厥身矣！开宝[6]中，太子宾客边光范掌选[7]，太庙斋郎李宗讷赴吏部铨，光范见其年少，意未能属辞[8]，语之曰：“苟援笔成六韵，虽不试书判[9]，可入等矣。”宗讷曰：“非唯学诗、亦尝留心词赋。”即试诗赋二首，数刻[10]而就。甚嘉赏之，翌日拟授秘书省正字。今之世，宁复有是哉？

［注释］

①烦：繁多。

②奸伪滋炽：奸诈、不诚实的现象越来越严重。

③元：起初。致法：受到法律制裁。

④长贰帘试：宋代吏部铨选，凡中选人除同进士出身及恩科人员外，皆须赴吏部长贰厅前帘试，以防代笔之弊。

⑤朝夕建明：每天都提出改进意见。

⑥开宝：宋太祖开宝年间。

⑦掌选：掌管铨选官员的事务。

⑧意：认为。属辞：写文章。

⑨虽不试书判：即使不考试其他科目。

⑩数刻：几刻钟，形容很快的时间。

［译文］

法律禁令越来越繁多，奸诈、不诚实的现象就越来越严重，这在科场上看得最清楚，其中尤为突出者是选授官职的考试。找人代笔是被禁止的，但禁令越急，代笔的人得到的贿赂和酬谢就越多。其中不幸败露的，一百个人中还不到一二，即使查出了这些人，开始时也没有受到法律制裁。宋代吏部铨选，凡中选人除同进士出身及恩科人员外，皆须赴吏部长贰厅前帘试，以防代笔之弊，这个规定，不能说不完善，但执行起来，却是一纸空文，如同儿戏，甚至连儿戏也不如。奉公守法、敢于议论的大臣，虽然天天提出改进意见，但这种坏的风气如同河决水溢、风吹草倒一样，一点也没有改变。有人认为，之所以产生这些流弊，是因为太相信法令而不相信执行法令的人。持这种议论的人也不想想，执行法令的官员，谁肯公平正直，再三地得罪别人，弄个坏名声，对于事情没有帮助，而祸患诽谤倒先集中在自己身上了！宋太祖开宝年间，太子宾客边光范掌管铨选官员，太庙斋郎李宗讷到吏部应选，光范见他年轻，认为他不会写文章，对他说：“如果你能提笔写成六韵的诗，即使不考试其他科目，也可入选了。”宗讷说：“我不但学诗，而且也曾留心辞赋。”于是便试着写诗赋两首，很快便写成了。光范赞美并奖赏了他，第二天，便打算任命他为秘书省正字。现在还会有这样的好事吗？

国初救弊

国朝削并僭伪[①]，救民水火之中，然亦有因仍旧弊，未暇更张[②]者，故须赖于贤士大夫昌言之。江左初平，太宗选张齐贤为江南西路转运使，谕以民间不便事[③]，令一一条奏。先是诸州罪人多锢送阙下，缘路非理而死者[④]，常十五六。齐贤至蕲州，见南剑州吏送罪人者，索得州帖视之。二人皆逢贩私盐者，为荷[⑤]盐笼得盐二斤，又六人尝见贩盐而不告者，并黥决传送，而五人已死于路。江州司理院自正月至二月，经过寄禁罪人，计三百二十四人。建州民二人，本田家客户，尝于主家塘内，以锥刺得鱼一斤半，并杖脊、黥(qíng)面，送阙下。齐贤上言："乞俟(sì)至京，择官虑问[⑥]，如显有负屈者，本州官吏量加惩罚。自今只令发遣正身。"及虔州，送三囚，尝市得牛肉，并家属十二人悉诣阙，而杀牛贼不获。齐贤悯之，即遣其妻子还。自是江南送罪人者减大半。是皆相循习所致也，齐贤改为，其利民如此。齐贤以太平兴国二年方登科，六年为使者，八年还朝，由密学拜执政，可谓迅用[⑦]也。

［注释］

①国朝削并僭伪：宋朝削平割据对立的王朝，文中特指与宋朝对立的割据势力。
②更张：改正。
③不便事：不好解决的事情。
④缘路非理而死者：路途上非正常死亡的人。
⑤荷：挑担。
⑥择官虑问：选派官员仔细加以审查。
⑦迅用：提拔得很快。

［译文］

宋朝削平割据对立的王朝，拯救百姓于水火之中，但是也有承袭旧的弊端，未来得及改正者，因此须要依靠贤能的人士提出建议。江南平定之初，宋太宗选派张齐贤任江南西路转运使，晓谕他凡遇到民间不好解决的事，要逐一上奏。起初，各州获罪之人多数是禁锢之后送往京城，路途上非正常死亡的人，常占十之五六。齐贤到了蕲州（今湖北蕲春），见到南剑州派遣官吏押送罪人，便要来罪人名单观看。其中有两个人碰到了卖私盐的人，替他们担盐笼得到二斤盐，因而获罪，还有六人都因为看见有卖私盐的没有上告而获罪，一并受到刺面的刑罚送往京城处理，其中五人已死于路上。江州（今江西九江市）司理院从正月到二月，两个月时间内，从这里经过并寄禁于此的罪人，就有三百二十四人。建州（今福建建瓯）有两个人，本来是地主家的佃户，曾经在主人家的池塘里，用锥子扎得一斤半鱼，却受到杖打脊背、脸上刺字、送往京城的惩罚。齐贤上书说："请求押解这些囚犯至京城时，选派官员仔细审问，如果确实有含冤负屈的，应由本州官吏给以适当的惩罚。从现在开始凡往京城遣送罪犯本人，不要株连其他人。"齐贤到了虔州，那里正遣送三名囚犯，这三人曾经在集市上买过牛肉，连累家属十二人一块遣送京城，而杀掉耕牛的贼人却未捉获。齐贤可怜这些人，当下便释放这三人的妻子老小回家。从此之后，江南各州往京城遣送的罪人减少了大半。往京城遣送罪人的弊端都是各州官吏因循旧习形成的，齐贤作了改革，给百姓带来了好处。齐贤在太宗太平兴国二年（977）考中进士，太平兴国六年担任使者，太平兴国八年回朝，由枢密直学士升为参知政事，提拔得很快。

二朱诗词

朱载上，舒州桐城人，为黄州教授，有诗云："官闲无一事，蝴蝶飞上阶"。东坡公见之，称赏[①]再三，遂为知己。中书舍人新仲翌，其次子也，有家学，十八岁时，戏作小词，所谓"流水泠泠，断桥斜路梅枝亚"者。朱希真见而书诸扇，今人遂以为希真所作。又有折叠扇词云："宫纱蜂赶梅，宝扇鸾开翅。数折聚清风，一捻生秋意。摇摇云母轻，袅袅琼枝细。莫解玉连环，怕作飞花坠。"公亲书稿固存，亦因张安国书扇，而载于《于湖集》中。其咏五月菊词云："玉台金盏对炎光。全似去年香。有意庄严端午，不应忘却重阳。菖蒲九节，金英满把，同泛瑶觞(shāng)。旧日东篱陶令，北窗正傲羲(xī)皇。"渊明于五六月高卧北窗之下，清风飒至，自谓羲皇上人。用此事于五月菊，诗家叹其精切[②]云。

[注释]

①称赏：称道赞赏。

②精切：精准确切。

[译文]

朱载上是舒州桐城（今属安徽）人，任黄州（今湖北黄冈）教授，他写的诗中有："官闲无一事，蝴蝶飞上阶"的句子。苏东坡见了，再三称道赞赏，把朱载上引为知己。中书舍人朱翌字新仲，是载上的第二个儿子，有家学渊源，十八岁时写游戏之词，有"流水泠泠，断桥斜路梅枝亚"的句子。朱希真见到后书写在扇子上，现在人便以为是希真所写了。朱载上又有折叠扇词说："宫纱蜂赶梅，宝扇鸾开翅。数折聚清风，一捻生秋意。摇摇云母轻，袅袅琼枝细。莫解玉连环，怕作飞花坠。"朱载上亲自书写在稿纸上永远保存，也因为张安国把这首诗写在扇子上，而记录在其著作《于湖集》中。朱载上咏五月菊词说："玉台金盏对炎光。全似去年香。有意庄严端午，不应忘却重阳。菖蒲九节，金英满把，同泛瑶觞。旧日东篱陶令，北窗正傲羲皇。"陶渊明在五六月间高卧于北窗之下，清风飒飒吹来，自称羲皇上人。把陶渊明这件事写进五月菊诗中，诗人们都佩服他用典确切。

金刚经四句偈

今世所行《金刚经》，用姚秦鸠摩罗什所译，其四句偈曰："一切有为法，如梦幻泡影，如露亦如电，应作如是观。"又曰："若以色见我，以音声求我，是人行邪道，不能见如来。"予博观它本[1]，颇有不同。元魏天竺三藏菩提流支译云："一切有为法，如星翳(yì)灯幻，露泡梦电云，应作如是观。"而"不能见如来"之下更有四句云："彼如来妙体，即法身诸佛，法体不可见，彼识不能知。"陈天竺三藏真谛译云："如如不动，恒有正说，应观有为法，如暗翳灯幻，露泡梦电云。若以色见我，以音声求我，是人行邪道，不应得见我。由法应见佛，调御法为身，此法非识境，法如深难见。"唐三藏玄奘译云："诸和合所为，如星翳灯幻，露泡梦电云，应作如是观。诸以色见我，以音声寻我，彼生履邪断，不能当见我。应观佛法性，即导师法身，法性非所识，故彼不能了。"唐沙门义净译前四句，与魏菩提本同，而后云："若以色见我，以音声求我，是人起邪观，不能当见我。"后四句与玄奘本同。予案今人称六如[2]，东坡以名堂者，谓梦幻泡影露电也。而此四译，乃知有九如。《大般若经》，第八会《世尊颂》，第九会《能断金刚分》二颂，亦与玄奘所译同。

[注释]

①博观它本：广泛地考察了其他的版本。

②六如：指梦、幻、泡、影、露、电。

［译文］

现在所流行的《金刚经》，采用了十六时期姚秦国鸠摩罗什的翻译，其中有四句偈语说："一切有为法，如梦幻泡影，如露亦如电，应作如是观。"又说："若以色见我，以音声求我，是人行邪道，不能见如来。"我广泛地考察了其他版本，有很大的不同。元魏时期天竺人三藏菩提流支的翻译说："一切有为法，如星翳灯幻，露泡梦电云，应作如是观。"而"不能见如来"之下还有四句说："彼如来妙体，即法身诸佛，法体不可见，彼识不能知。"南朝陈国天竺人三藏真谛的翻译是："如如不动，恒有正说，应观有为法，如暗翳灯幻，露泡梦电云。若以色见我，以音声求我，是人行邪道，不应得见我。由法应见佛，调御法为身，此法非识境，法如深难见。"唐朝三藏玄奘的翻译是："诸和合所为，如星翳灯幻，露泡梦电云，应作如是观。诸以色见我，以音声寻我，彼生履邪断，不能当见我。应观佛法性，即导师法身，法性非所识，故彼不能了。"唐朝僧人义净翻译的前四句，与元魏菩提流支所译相同，后面几句是："若以色见我，以音声求我，是人起邪观，不能当见我。"后四句与玄奘所译相同。按：今人称六如，苏东坡把六如当作堂名，六如是梦、幻、泡、影、露、电。而以上四人的翻译，使我知道六如应该变成九如。《大般若经》第八卷《世尊颂》、第九卷《能断金刚分》中的两段颂，也和玄奘所译的相同。

四莲花之名

嗢钵摩华，青莲花也；钵特摩华，亦云波头摩，赤莲花也；拘毋陀华，亦云俱物头，亦云俱牟陀，红莲也；奔荼利华，亦云[1]芬陀利，白莲也。堵罗绵，柳絮之类，即兜罗绵也。

［注释］

①亦云：也叫作。

［译文］

嗢钵摩华，是青莲花；钵特摩华，也叫波头摩，是赤莲花；拘毋陀华，也称俱物头，又叫俱牟陀，是红莲；奔荼利华，也叫芬陀利，是白莲花。堵罗绵，是柳絮一类的东西，也就是兜罗绵。

莲

莲与佛的关系密切，佛经把佛国称为"莲界"，把寺庙称为"莲舍"，把和尚的袈裟称为"莲服"，把和尚行法手印称为"莲华合掌"，如此种种，不一而述。

唐孙处约事

《新唐书·来济传》云：“初，济与高智周、郝处俊、孙处约客宣城石仲览家，仲览衍于财[①]，有器识[②]，待四人甚厚。私相与言志。处俊曰：‘愿宰天下。’济及智周亦然。处约曰：‘宰相或不可冀，愿为通事舍人足矣。’后济领吏部，处约始以瀛(yíng)州书佐入调，济遽(jù)注曰：‘如志。’遂以为通事舍人。后皆至公辅。”《高智周传》云：“智周始与郝处俊、来济、孙处约共依江都石仲览。仲览倾产结四人欢[③]，因请各语所期。”处俊曰：“丈夫惟无仕，仕至宰相乃可。”智周、济如之。处约曰：“得为舍人，在殿中周旋吐纳可也。”后济居吏部，处约以瀛州参军人调，济曰：‘如志。’拟通事舍人。毕，降阶劳问平生。”案两传相去才一卷，不应重复如此，可谓冗长。本出韩琬(wǎn)所撰《御史台记》，而所载自不实。《处约传》“贞观中，为齐王祐记室，祐多过失，数上书切谏。王诛，太宗得其书，擢(zhuó)中书舍人。”是岁十七年癸卯。来济次年亦为中书舍人，永徽(huī)三年拜相，六年检校吏部尚书，是岁丁巳，去癸卯首尾十五岁。若如两传所书，大为不合，韩琬之说诚谬，史氏又失于不考。仲览乡里，一以为宣城，一以为江都，岂宣城人而家于广陵也？

［注释］

①衍于财：家境富裕。

②有器识：有肚量见识。

③倾产结四人欢：倾尽家产结交这四人。

［译文］

《新唐书·来济传》上说：“起初，来济和高智周、郝处俊、孙处约都在宣城石仲览家作客，仲览家境富裕，又很有度量见识，对待四人非常好。他们在私下谈论各人的志愿。处俊说：‘我想当宰相。’来济、高智周的志愿与处俊相同。处约说：‘当宰相可能没有希望，我当个通事舍人就满足了。’后来来济当了吏部尚书，孙处约以瀛洲书佐的身份调入朝中，到吏部报到时，来济按照他的资叙授官时说：‘你的愿望实现了。’便任命他为通事舍人。后来二人都当了辅政大臣。”《高智周传》说：“智周最初与郝处俊、来济、孙处约共同投靠江都（今江苏扬州）人石仲览。仲览倾其所有家产结交这四个人，并请四人各自谈谈自己的愿望。处俊说：‘大丈夫不做官也就罢了，要做官得做到宰相才行。’高智周、来济也这样表示。处约说：‘能够当上舍人，在殿堂上来往议论就满意了。’后来来济担任吏部尚书，处约以瀛洲参军的身份奉调入朝，来济说：‘你的愿望实现了。’任命他为通事舍人。事情办完，才走下台阶来慰问处约。”按：两传相隔才一卷，不应当重复得这么多，《高智周传》可说是太冗长了。这件事出自韩琬所撰写的《御史台记》，但这一记载不真实。《新唐书·孙处约传》说：“唐太宗贞观年间，处约任济王李祐记室，李祐多次犯错误，处约曾上书谏止。后来济王被杀，唐太宗看到了处约给济王的谏书，升迁他为中书舍人。”这一年是唐太宗贞观十七年（643），干支是癸卯。来济第二年也当了中书舍人，唐高宗永徽三年（652）任宰相，六年任检校吏部尚书，这一年的干支是丁巳（按：此处有误，永徽六年的干支是乙卯，显庆二年的干支才是丁巳），离癸卯年连头带尾十五年。如果和《新唐书》中来济、高智周二人的传相比较，显然不合，韩琬的说法十分荒谬，但写史的人又不加考察，便弄错了。仲览的家乡，一说是宣城，一说是江都，莫非是宣城人而居住在广陵吗？

卷十四

王元之论官冗

省官[①]之说，昔人论之多矣，唯王元之两疏，最为切当。其一云：“臣旧知苏州长洲县，自钱氏纳土以来，朝廷命官，七年无县尉，使主簿兼领之，未尝阙事[②]。三年增置尉，未尝立一功。以臣详之，天下大率如是。诚能省官三千员，减俸数千万，以供边备，宽民赋，亦大利也。”其二云：“开宝中，设官至少，臣占籍济上，未及第时，止有刺史一人，李谦溥是也，司户一人，孙贲（bì）是也。近及一年，朝廷别不除吏。自后有团练推官一人，毕士安是也。太平兴国中，臣及第还乡，有刺史、通判、副使、判官、推官、监军，监酒榷（què）税算又增四员，曹官之外更益司理。问其租税，减于曩（nǎng）日[③]也，问其人民，逃于昔时也，一州既尔，天下可知。冗兵耗于上，冗吏耗于下[④]，此所以尽取山泽之利而不能

足也。”观此二说，以今言之，何止于可为长太息哉！

［注释］

①省官：裁剪官员。

②未尝阙事：没有什么事情旷缺。

③减于曩日：比过去少了许多。

④冗兵耗于上，冗吏耗于下：多余的士兵在朝廷上消耗钱粮，多余的官吏在地方上消耗钱粮。

［译文］

减少官员的议论，古人谈论已很多了，只有王元之上的两个奏疏，疏文精彩确切。其中一个奏疏说：“臣过去曾当过苏州长洲县知县，那里自从钱氏纳土以来，朝廷派去的官员，七年之间没有县尉，让主簿兼领他的职务，一件事也没有旷缺。设置了三年县尉，没有立过一次功。臣仔细考虑过，天下的情况大致和长洲县相同。如果能减少三千名官员，省掉俸禄数千万两，用这些钱供给边防，减轻百姓负担，对国家是大有益处的。”第二个奏疏说：“宋太祖开宝年间，设置的官员很少，臣的籍贯是济州，没有考中进士时，济州只有刺史一人，就是李谦溥，司户一人，就是孙贲。有将近一年，朝廷没有在济州再安排官吏。以后又增加团练推官一人，就是毕士安。太宗太平兴国年间，我考中进士回到家乡，济州的官员有刺史、通判、副使、判官、推官、监军，监理酒榷税算，又增加了四名官员，曹官之外，又增加了司理一职。询问济州的租税收入，比过去少了许多，询问那里的百姓，逃亡的比过去增多了，一个州是这样，天下的情况可以知道个大概。多余的士兵在朝廷上消耗钱粮，多余的官吏在地方上消耗钱粮，因此刮取完田地河泊中的所有出产也不敷应用。”读完王元之的两个奏折，拿现在的情况看，仅仅为此而叹息是不够的啊！

梁状元八十二岁

陈正敏《遁斋闲览》：“梁灏(hào)八十二岁，雍熙二年状元及第。其谢启[1]云：‘白首穷经，少伏生之八岁；青云得路，多太公之二年。’后终秘书监，卒年九十余。”此语既著，士大夫亦以为口实。予以国史考之，梁公字太素，雍熙二年，廷试甲科，景德元年，以翰林学士知开封府，暴疾卒，年四十二。子固亦进士甲科，至直史馆，卒年三十三。史臣谓：“梁方当委遇，中途夭谢。”又云：“梁之秀颖，中道而摧[2]。”明白如此，《遁斋》之妄不待攻也。

[注释]

①谢启：向天子上的谢表。

②摧：凋谢，喻指死亡。

[译文]

陈正敏著的《遁斋闲览》说："梁灏八十二岁那年，宋太宗雍熙二年(985)考中状元。他向天子上的谢表说：'头发白了还在研究经典，比秦末汉初人、精通《尚书》的伏生仅小八岁；在青云中找到仕进的道路，比姜太公还大两年。'后来梁灏官做到秘书监，死时已九十余岁。"这番话传播出去后，士大夫也认为这是事实。我考察本朝历史，梁灏字太素，雍熙二年，殿试时考中甲科，宋真宗景德元年，他以翰林学士的身份任开封府知府，得暴病而死，那年他四十二岁。他的儿子梁固也考中了进士甲科，在史馆任职，死时三十三岁。史臣说："梁灏正当受到信任之际，突然中途凋谢。"又说："梁灏聪明敏捷，突然中途就死了。"这些记载如此明白无误，《遁斋闲览》一书的荒谬便不攻自破了。

姜尚

姜尚，即姜子牙，是大器晚成的典型，他到八十六岁方才被周文王发现，拜为相，名传千古。

太宗恤民

曾致尧为两浙转运使，尝上言："去岁所部[1]秋租，惟湖州一郡督纳及期，而苏、常、润三州，悉有逋(bū)负[2]，请各按赏罚。"太宗以江、淮频年水灾，苏、常特甚，致尧所言，刻薄不可行，因诏戒之，使倍加安抚，勿得骚扰。是事必已编入《三朝宝训》中，此国史本传所载也。

[注释]

①所部：所管辖的地区。

②逋负：拖欠。

[译文]

曾致尧任两浙转运使时，曾经上书说："去年为臣所辖地区的秋季租税，只有

湖州（今属浙江）一个郡按时交纳，而苏州（今属江苏）、常州（今属江苏）、润州（今江苏镇江）三州，全部都有拖欠，请求按各郡的交纳情况而定赏罚。”太宗因为江、淮地区连年水灾，苏、常二州特别严重，致尧的建议，刻薄寡恩，不可实行，于是下诏告诫他，对未按期交租税的地区加倍安抚，不得骚扰。这件事必然已被编入《三朝宝训》中，这是国朝史曾致尧本人的传记中记载的。

贞元朝士

刘禹锡《听旧宫人穆氏唱歌》一诗云：“曾陪织女度天河，记得云间第一歌。休唱贞元供奉曲，当时朝士已无多。”刘在贞元任郎官、御史，后二纪方再入朝，故有是语[①]。汪藻始采用之，其《宣州谢上表》云：“新建武之官仪，不图重见；数贞元之朝士，今已无多。”汪在宣和间为馆职符宝郎，是时，绍兴十三、四年中，其用事可谓精切。迈尝四用之，《谢侍讲修史表》云：“下建武之诏书，正尔恢张于治具[②]；数贞元之朝士，独怜流落之孤踪。”以德寿庆典[③]，曾任两省官者迁秩，蒙转通奉大夫[④]，谢表云：“供奉当时，敢齿[⑤]贞元之朝士；颂歌大业，愿赓（gēng）至德之中兴。”充[⑥]永思陵桥道顿递使，转宣奉大夫，谢表云：“武德文阶，愧三品维新之泽；贞元朝士，动一时既往之悲。”主上即位，明堂礼成，谢加恩云：“考皇祐（yòu）明堂之故，操以举行；念贞元朝士之存，今其余几？”亦各随事引用。近者单夔（kuí）以知绍兴府进文华阁直学士，谢表云：“数甘泉法从之旧[⑦]，真贞元朝士之余。”夔当淳熙中虽为侍郎，然一朝名臣尚多，又距今才十余岁，似为未稳贴[⑧]也。

［注释］

①故有是语：故而才有这样的感叹。

②正尔恢张于治具：正是恢宏张大治理国家的至治之具。

③以德寿庆典：因为德寿宫宋高宗生日庆典。

④蒙转通奉大夫：蒙受皇恩转为通奉大夫。

⑤齿：比较。

⑥充：担任。

⑦法从之旧：跟随车驾的侍从。

⑧稳贴：稳妥。

[译文]

刘禹锡的《听旧宫人穆氏唱歌》一诗说："曾陪织女度天河，记得云间第一歌。休唱贞元供奉曲，当时朝士已无多。"刘禹锡在唐德宗贞元年间任郎官、御史，被贬出朝，过了二十四年，才再次入朝，因此才有当年朝廷上的官员存者已经不多的感叹。汪藻开始采用了刘禹锡说法，他的《宣州谢上表》说："汉光武帝建武年间制订的新官仪，不料想今日能重新得见；数一数贞元年间留下的朝中有志之士，现在留下来的已经不多了。"汪藻在宣和年间任馆职符宝郎，掌管宫内符玺，写谢表时是绍兴十三四年（1143—1144）间，用事用典可称得上精确。洪迈我曾经四次使用刘禹锡用过的典故，《谢侍讲修史表》中说："天子下了像建武年间那样的诏书，正是恢宏张大治理国家的至治之具；数一数贞元年间朝中的官员，我只可怜那些被贬谪流落的孤独无依的人。"因为德寿宫宋高宗过生日，曾经担任两省（门下省与中书省）官员的都升官，我蒙恩转为通奉大夫，谢表中说："我在当时若侍奉天子左右，敢和贞元年间朝廷上的士子并列；歌颂当今天子的伟大功业，祝愿能和唐肃宗至德年间的中兴一样。"担任永思陵（宋高宗赵构的陵墓）桥道顿递使，转为宣奉大夫，谢表中说："我像唐高祖武德年间的文阶官员一样，享受三品官的待遇使人惭愧；想起贞元年间朝中官员的遭遇，又打动了我对那些受到不公正待遇的人的悲哀。"孝宗即位，帝王宣明政教的地方明堂建成，我写的谢加恩表说："考察宋仁宗年间明堂的那些规矩，操练之后再举行；想起像唐代贞元年间留存下来的朝中士大夫，今天我朝还有几人呢？"这些都是根据情况引用刘禹锡的这一典故的。最近单夔以绍兴府知府的身份升为文华阁直学士，谢表中说："我好似汉代在甘泉宫跟随车驾的侍从，真像唐代贞元年间余留下来的士子。"单夔在淳熙年间虽然是侍郎，但当时朝中名臣还有很多，距现在才十几年，在谢表中引用汉、唐二代的典故，看来不十分妥当。

刘禹锡

刘禹锡，字梦得，晚年自号庐山人，唐代中晚期诗人、哲学家。他与柳宗元同榜考中进士。因其生性耿直，得罪权贵，数遭贬谪。他在贬谪后借鉴民歌，创作出了大量优美的诗词，为后人传诵。

卷十五

徽庙朝宰辅

蔡京擅[①]国命，首尾二十余年，一时士大夫未有不因之以至大用者[②]，其后颇采公议，与为异同。若宰相则赵清宪挺之、张无尽商英、郑华原居中、刘文宪正夫，所行所言，世多知之。其居执政位者，如张康国宾老、温益禹弼、刘逵公路、侯蒙元功者，皆有可录。康国定元祐党籍，看[③]详讲议司编汇奏牍，皆深预密议，及后知枢密院，始浸为崖异[④]。徽(huī)宗察京专愎，阴令狙伺其奸[⑤]，盖尝许[⑥]以相。是时，西北边帅，多取部内好官自辟置，以力不以才。康国曰："并塞当择人以纾忧[⑦]，顾奈何欲私所善乎？"乃随阙选用，定为格[⑧]。京使御史中丞吴执中击之，康国先知之，具以奏。益镇潭州，凡元祐逐臣在湖南者，悉遭侵困，因《爱莫助之图》遂为京用，至中书侍郎，乃时有立异[⑨]。京一日除监司郡守十人，将进画[⑩]，益判其后曰："收。"京使益所厚中书舍人郑居中问之，益曰："君在西掖(yè)，每见所论事，舍人得举职，侍郎顾不许邪？今丞相所拟十人，共皆姻党耳，欲不逆其意，得乎？"逵以附京至中书侍郎。京去相，逵首劝上碎元祐党碑，宽上书邪籍之禁，凡京所行悖理殃民事，稍稍厘正[⑪]之。蒙在政地，上从容问蔡京何如人，对曰："使京能正其心术，虽古贤相何以加。"上颔首，且使密伺京所为，京闻而衔之。凡此数端，皆见于国史本传。

［注释］

①擅：掌控。

②一时士大夫未有不因之以至大用者：一时之间，朝中士大夫没有不借助他的支持而得到重用的。

③看：审定。

④浸：慢慢。崖异：不同。

⑤阴令狙伺其奸：暗中让康国侦察蔡京的奸邪行为。

⑥许：许诺。

⑦纾忧：为国分忧。

⑧乃随阙选用，定为格：便根据缺员多少，挑选有才能的人使用，并定为程式。

⑨乃时有立异：很快便有了变化。

⑩将进画：正准备交给徽宗批准执行。

⑪厘正：改正。

［译文］

蔡京掌握国家政权，先后二十余年，一时之间朝中士大夫没有不借助他的支持而得到重用的，后来这些人采取了公正的立场，与蔡京唱反调。如宰相赵清宪（字挺之）、张商英（号无尽居士）、郑华原（字居中）、刘文宪（字正夫），他们的言论、行动，世人都已知道。当执政的如张康国（字宾老）、温益（字禹弼）、刘逵（字公路）、侯蒙（字元功），皆有值得记载的地方。张康国确定元祐党籍，审定讲议司编排汇集的奏牍时，也参与了处理元祐党人的秘密会议，后来康国改任知枢密院事，才慢慢地不随波逐流，提出了自己的看法。徽宗觉察出蔡京专权、刚愎自用，暗中让康国侦察蔡京的奸邪之状，并且答应他将来当宰相。当时，西北边境上的领兵将领，多数自行选定部下官员，凭借力气大小而不看才能高低。康国说："任命官员当选择有才能的人来为国分忧，为什么专挑与自己关系好的人呢？"便根据缺员多少，挑选有才能的人使用，并定为格式。蔡京指使御史中丞吴执之攻击康国，康国已经预先知道了，便把此事上奏给了徽宗。温益镇守潭州，凡是哲宗元祐年间贬往湖南的大臣，全部遭到侵扰围困，又借《爱莫助之图》受到蔡京重用，官至中书侍郎，立场便有了变化。蔡京一次任命监司、郡守十人，正准备交给徽宗批准执行时，温益在后面写上批语说："收回。"蔡京派和温益关系很好的中书舍人郑居中问他，温益说："你在中书省任职，每次见讨论任命的事，中书舍人推荐的人，哪有被中书侍郎否决的呢？如今丞相所推荐的十个人，统统都是他的姻亲，怎么能使人同意呢？"刘逵因为附和蔡京升为中书侍郎。蔡京被罢相后，刘逵第一个劝徽宗砸碎元祐党人碑，放宽因上书得罪天子而被列入奸邪之籍的禁令，凡是蔡京所做的违背情理、祸国殃民等事，稍稍加以纠正。侯蒙在政府任职，天子从容问他蔡京是什么样人，侯蒙回答说："如果蔡京心术纯正，虽古代的贤明宰相也不比上他的才能。"天子点头称是，让他密切侦察蔡京的所作所为，蔡京知道后非常恨他。以上几件事，都见之于国朝历史他们本人的传记。

经句全文对

予初登词科[1]，再至临安，寓于三桥西沈亮功主簿之馆，沈以予买饭于外，谓为不便，自取家馔[2]日相供。同年汤丞相来访，扣旅食大概，具为言之。汤公笑曰:“主人亦贤矣！”因戏出一语曰:“哀王孙而进食，岂望报乎？”良久，予应之曰:“为长者而折枝，非不能也。”公大激赏[3]而去。汪圣锡为秘书少监，每食罢会茶，一同舍辄就枕不至。及起，亦戏之曰:“宰予昼寝，于予与何诛？”众未有言，汪曰:“有一对，虽于今事不切，然却是一个出处。”云:“子贡方人，夫我则不暇。”同舍皆合词称美。

［注释］

①登词科：由词科考中进士。

②馔：饭食。

③大激赏：十分赞赏。

［译文］

我第一次由词科考中进士后，再次到临安（今浙江杭州），住在三桥西沈亮功主簿家里，沈主簿因我在外边买饭吃，很不方便，便拿来他家的饭让我吃。和我同榜的汤丞相来看我，问我吃住的情况，我一一详细回答。汤公笑着说:“主人是够贤明有道德了！”便开玩笑地说出一句话:“我可怜公子王孙才让他吃饭，哪里希望报答呢？”过了很久，我才应和说:“为年长的人折取树枝，是能够办得到的。”汤公非常赞赏。汪圣锡任秘书少监时，每次吃罢饭喝茶时，他同一宿舍居住的人往往睡觉不来。等他们起床时，汪圣锡就开他们的玩笑说:“孔子的学生宰予白天睡觉，该给他什么样的责备呢？”大家都没有话，汪圣锡说:“我有一个对句，虽然和现在的事不切题，但是也是一个出处。”接着说:“子贡好评论别人的短长，而我却没这个功夫。”同屋住的人一致赞扬对答得好。

卷十六

昔贤为卒伍

三代而上，文武不分，春秋列国军将皆命卿，处则执政，出则将兵[①]，载于《诗》《书》《左传》，可考也。然此特谓将帅耳，乃若卒伍[②]之贱，虽贤士亦为之，不以为异。鲁哀公时，吴伐鲁，次[③]于泗上。微虎欲宵[④]攻王舍，私属徒七百人，三踊于幕庭，卒三百人，有若与焉。杜预云："卒，终也，谓于七百人中，终得三百人任行也。"或谓季孙曰："不足以害吴，而多杀国士，不如已也。"乃止之。此盖后世斫营劫寨[⑤]之类，而有若亦为之。齐伐鲁，冉求帅左师，樊迟为右，季孙曰："须也弱。"有子曰："就用命[⑥]焉。"谓虽年少，能用命也。冉有用矛于齐师，故能入其军。杜预云："言能以义勇也。"皆孔门高弟，而亲卒伍之事，后世岂复有之？

冉求

冉求，字子有，春秋末期鲁国人。曾为孔子的得意门生，跟随鲁国贵族季氏，帮助季氏进行田赋改革，聚敛财富。种种做法受到孔子的严厉批评，孔子甚至宣称与他脱离师徒关系。

[注释]

①处则执政，出则将兵：在朝廷时执政，在外时领兵。

②卒伍：下级士兵。

③次：驻扎。

④宵：晚上。

⑤斫营劫寨：砍杀敌人军营或劫夺敌人粮草。

⑥就用命：能够拼命。

［译文］

夏商周三代以前，官员不分文武，春秋时各个国家军队将领都是受命的大臣，在朝时执政，出外时率兵，这见之于《诗经》《书经》《左传》，可以考证。不过以上所指乃是将帅，至于士兵之类下贱的人，即使是很贤能的人也干过，不认为这有什么耻辱。鲁哀公时，吴国攻打鲁国，军队驻扎在泗上（今江苏西北）。微虎这个人打算乘着夜晚进攻吴王，他有私人部属七百人，三次召集到大帐前的庭阶上，最后有三百人参加，有个叫有若的人也在其中。杜预说："卒，最后之意，是说七百人中，最后有三百人愿去攻打王宫。"有人对季孙说："袭营杀不了吴王，只是使本国人受到损失，不如停止这次行动。"季孙接受了这个意见。这就是后代所谓砍杀敌人军营或劫寨一类，而有若也想这样干。齐国攻打鲁国，冉求率领左师，樊迟率领右师迎战，季孙说："樊迟太软弱。"有子说："但是他能拼命。"意思是说，樊迟虽然年少，但却勇敢拼命。冉有善于用矛进攻齐军，因此能攻入齐军中去。杜预说："冉有因为是正义之军因而勇敢。"以上几人都是孔子的得意学生，但却当了普通的士兵，后代哪里还有这种事呢？

兵家贵于备预

晋盗卢循据广州，以其党徐道复为始兴相，循寇①建康，以为前锋。初，道复遣人伐船材于南康山，至始兴贱卖之，居人争市②之，船材大积，而人不疑。至是悉取以装舰，旬日而办。萧衍镇雍州，以齐室必乱，密修武备，多伐材竹，沈之檀溪，积茅如冈阜③，皆不之用。中兵参军吕僧珍觉其意，亦私具橹数百张。衍既起兵，出竹木装舰，葺(qì)之以茅，事皆立办。诸将争橹，僧珍出先所具者，每船付二张，争者乃息。魏太武南伐盱眙，太守沈璞以郡当冲要，乃缮城浚湟(jùn huáng)④，积材谷，储矢石，为城守之备。魏攻之，三旬不拔⑤，烧攻具退走。古人如此者甚多，道复虽失所从，为畔涣之归，然其事固可称也。

［注释］

①寇：攻打。

②市：购买。
③积茅如冈阜：竹木堆积像小山一样。
④缮城浚湟：修缮城池，疏浚城河。
⑤三旬不拔：三十天还没攻克。

[译文]

晋代大盗卢循占据广州，以他的党羽徐道复作始兴长官，卢循攻打建康（今江苏南京）时，让他担任前锋。起初，道复派人在南康山砍伐造船的木材，运到始兴（今广东韶关）贱价出卖，当地百姓争着购买，造船的木材堆集了很多，但没人怀疑他别有用心。到攻建康时全部取出来装上兵舰，十来天就办好了。萧衍镇守雍州时，预见到南齐必然发生战乱，暗地里准备武装，砍伐了很多成材的竹子，沉到檀溪中去，竹木堆积如山，都没拿出来用。中兵参将吕僧珍觉察出了他的用意，也暗中准备了船桨数百个。萧衍起兵后，取出贮藏的竹木装在战舰上，上面用茅草覆盖，事情很快就办好了。诸位将领争要船桨，僧珍拿出先前所预备的，每只船上发给两个，争议才平息了。魏太武帝拓跋焘向南进攻盱眙（今属江苏），盱眙的地方官沈璞因为这个郡是冲要之地，便修缮城池，疏浚城河，聚积财物粮食，储备弓箭，作守城的准备。魏兵攻打了三十天，还没攻下来，烧掉攻城的器材退走了。古人这样做的很多，道复虽然跟随错了人，成为一个跋扈将领，但他这件事还是值得称道的。

渠阳蛮俗

靖州之地，自熙宁九年收复唐溪洞诚州，元丰四年，仍建为诚州，元祐(yòu)二年，废为渠阳军，又废为寨，五年复之，崇宁二年，改为靖州。始时渠阳县为治所，后改属沅州而治永平，其风俗与中州异。蛮酋自称曰官，谓其所部之长曰都幕(mù)，邦人称之曰土官。酋官入郭①，则加冠巾②，余皆椎髻，能者则以白练布缠之，曾杀人者谓之能。妇人徒跣(xiǎn)③，不识鞋履(lǚ)，以银、锡或竹为钗，其长尺有咫，通以班紬(chóu)布为之裳。纪岁不以建寅为首，随所处无常月④。要约以木铁为契⑤。病不谒医，但杀牛祭鬼，率以刀断其咽，视死所向以卜，多至十百头。凡昏姻，兄死弟继⑥，姑舅之昏，他人取之，必贿男家，否则争，甚则仇杀。男丁受田于酋长，不输租而服其役，有罪则听其所裁，谓之草断。凡贷易之逋⑦，甲不能偿，则掠乙以取直，谓之准撤。长少相犯，则少

者出物，谓之出面。言语相诬，则虚者出物[8]，谓之裹口。田丁[9]之居，峭岩重阜，大率无十家之聚。遇仇杀则立栅布棘以受之[10]。各有门款，门款者，犹言伍籍[11]也，借牛彩于邻洞者，谓之拽门款。方争时，以首博首，获级一二则溃去，明日复来，必相当乃止[12]。欲解仇，则备财物以和，谓之陪头暖心。战之日，观者立其傍和劝之，官虽居其中，不敢犯也。败则走，谓之上坡。志在于掠，而不在于杀，则震以金鼓，而挻其一隅，纵之逸，谓之趖。败者屈而归之，掠其财而还其地，谓之入地。兵器有甲胄、标牌、弓弩，而刀之铁尤良。弩则傅矢于弦而偏架之，谓之偏架弩，以利侔（móu）中土神臂弓，虽暑湿亦可用。凡仇杀，虽微隙[13]必发，虽昔衅[14]必报，父子兄弟之亲不避也。子弟为士人者，隶于学[15]，仇杀则归，罢则复来。荆湖南、北路，如武冈、桂阳之属瑶民，大略如此。

［注释］

①郭：城郭。

②加冠巾：戴上头巾。

③徒跣：光着脚。

④随所处无常月：随处迁徙，都不常住。

⑤要约以木铁为契：定条约时用木头或铁作凭证。

⑥凡昏姻，兄死弟继：凡是结为婚姻的，哥哥死了，弟弟可娶嫂子。

⑦贷易之逋：借贷款。

⑧虚者出物：骗人的人出财物。

⑨田丁：种田的壮丁。

⑩遇仇杀则立栅布棘以受之：遇到相互仇杀便树立栅栏或布置荆棘，以此表示接受对方的挑战。

⑪伍籍：户籍。

⑫必相当乃止：一直到双方死伤人数相等才会住手。

⑬微隙：小的矛盾。

⑭昔衅：过去的仇恨。

⑮隶于学：归学校管理。

［译文］

靖州（今湖南靖州）这个地方，自从宋神宗熙宁九年（1076）收复南唐时的溪洞诚州，元丰四年（1081），仍设诚州，哲宗元祐二年（1087），废诚州为渠阳军，后来又废为寨，五年之后恢复渠阳军，宋徽宗崇宁二年（1103），改为靖州。开始

时靖州治所是渠阳县，后来改属沅州，治所是永平（今湖南靖州），那里的风俗与中原不同。他们的首领自称叫官，他部下的酋长叫都幕，当地人称他们叫土官。蛮酋官入城时，戴上头巾，其余的人只在脑后挽个椎髻，有财力的人头上缠一条白练布，曾经杀过人者被人称为有才能。妇女赤足走路，不知鞋子为何物，用银、锡或竹子做成首饰，长一尺八寸，都穿班细布做成的衣裳。记年岁不把建寅放在首位，随处迁徙，都不常住。定条约时用木头或铁作凭证。有病不求医，只是杀牛祭鬼，常以刀割断牛的咽喉，看牛死的方向占卜，多时杀牛百十头。凡是结为婚姻的，哥哥死了，弟弟可娶嫂子，如果是姑舅结亲，又被别人娶走，必须送给男家钱财，否则便起争端，甚至发生仇杀。男子丁壮从酋长那里得到田地，不缴地租，仅服劳役，如犯罪便听酋长裁决，称为草断。凡是借贷款，如甲不能偿还，便掠夺乙以求取报酬，这叫准撤。老年人和少年人发生矛盾，由少年人出东西，称为出面。用谎言骗人，骗人者出财物，称为裹口。种田壮丁居住之处，都是在陡峭的山岩或大土山上，很少有十家住在一起。遇到相互仇杀便树立栅栏或布置荆棘，以此接受对方的挑战。居民各有门款，门款就是户籍，以五户为单位。向邻洞借牛和彩帛的，称为拽门款。双方争斗时，用头颅换取对方的头颅，杀死对方一二人便溃散跑走，明天再来，一直到双方死的人数相等才住手。如打算与仇敌和解，就准备财物和解，这叫陪头暖心。双方交战那天，旁观者站立在一旁劝解，这时即使有官员在场，也不敢冒犯任何一方。打败了就走，称为上坡。双方斗殴的目的是为了夺取对方钱财，而不在于杀人，争斗时金鼓震天，而放开一角，放纵对方逃跑，这叫作趖。失败者向对方屈服，从逃跑的地方归来，战胜者掠取失败者的财物而归还土地，这叫作入地。兵器有甲胄、标牌、弓弩，而铁制的刀尤为精良。弩弓是把箭安放在弦上，放入偏架上，称为偏架弓，它的锋利可和中原的神臂弓相等，即使暑天发湿也可应用。凡是仇杀，即使有小矛盾也要发难，即使过去的仇也报，就是父子兄弟这样的亲属也不回避。蛮人的子弟是读书人，属学校管理，遇到仇杀便回乡去，报了仇再回来。荆湖南路、北路，如武冈（今属湖南）、桂阳（今属湖南）一带的瑶族人，其风俗大概就是这样。

容斋五笔

卷一

天庆诸节

大中祥符之世，谀佞之臣，造[1]为司命天尊下降及天书等事，于是降圣、天庆、天祺、天贶诸节并兴。始时京师宫观每节斋醮(jiào)[2]七日，旋减为三日、一日，后不复讲[3]。百官朝谒之礼亦罢。今中都[4]未尝举行，亦无休假。独外郡必诣天庆观朝拜，遂休务[5]，至有前后各一日。此为敬事司命过于上帝矣，其当寝明甚，惜无人能建白者。

[注释]

①造：鼓噪，煽动。

②斋醮：请僧道设斋坛，祈祷神佛。

③后不复讲：后来就不再举行了。

④中都：京城。

⑤休务：放下公务。

[译文]

北宋真宗大中祥符年间，一些谄谀奸佞之臣，鼓噪掌管命运的天尊下凡以及上帝下天书等事，于是降圣、天庆、天祺、天贶等节日一并兴起。开始的时候，每遇上述诸节京城的宫观都要设斋坛，向神佛祈祷七天，很快就减为三天、一天，后来就不再举行了。百官朝谒之礼也随即作罢。现在京城已不再举行此类活动，遇上述诸节也无休假。只是有一些地方每遇诸节必到天庆观朝拜，于是他们放下公务，以至有费时达前后两天的。这是敬事司命超过了上帝，很明显，这类活动早就应当禁止，可惜无人能向皇上提出这一建议。

狐假虎威

谚有"狐假虎威"之语，稚子来扣其义，因示以《战国策》《新序》所载。《战国策》云：楚宣王问群臣曰："吾闻北方之畏昭奚恤也，

果诚何如[①]？”群臣莫对。江乙对曰：“虎求百兽而食之，得狐，狐曰：‘子无敢食我矣！天帝使我长百兽[②]，今子食我，是逆天帝命也。子以我为不信[③]，吾为子先行，子随我后，观百兽之见我而敢不走乎？’虎以为然，故遂与之行。兽见之皆走，虎不知兽畏己而走也，以为畏狐也。今王之地方五千里，带甲百万，而专属之昭奚恤，故北方之畏奚恤也，其实畏王之甲兵也，犹百兽之畏虎也。”《新序》并同。而其后云：“故人臣而见畏者，是见君之威也，君不用，则威亡矣。”俗谚盖本诸此[④]。

[注释]

①果诚何如：果真这样吗？

②长百兽：管理百兽，做百兽之王。

③子以我为不信：即“子若不信我”，你如果不相信我。

④本诸此：源于此处。

[译文]

有个成语叫“狐假虎威”，我的幼子向我请教其意义，我就把《战国策》《新序》两书中的有关记载让他看。《战国策》中记载：楚宣王曾问群臣：“我听说北方诸国很害怕昭奚恤将军，果真如此吗？”群臣中一时无人应对。江乙回答说：“老虎天天捉各种动物以充饥，一天，它捉住一只狐狸，狐狸就对老虎说：‘你不敢吃我！上帝让我做百兽之王，今天你要吃我，这是违逆上帝命令的。你如果不相信，我可以在前面走，你紧随我后，看看百兽之中有谁见了我敢不逃跑？’虎信以为真，所以就跟随它一起走。百兽见到它们都慌忙逃窜，老虎不知道百兽是害怕自己而逃跑，还认为它们是害怕狐狸。现在大王您的属地方圆五千里，有百万强大的军队，而把军队委托给昭奚恤指挥，所以北方诸国畏惧奚恤，其实他们害怕的是大王强大的军队，就像是百兽害怕老虎一样。”《新序》中所记载的与此相同。而且在前文之后接着写道：“所以

狐

狐狸自古都被认为是狡黠多变、不能信任的，“狐假虎威”“狐狸和乌鸦”等故事都说明了这个道理。

说人们害怕那些大臣，主要是害怕君主的权力，君主若不将权力赋予大臣，大臣的权威也就不复存在了。”这句成语大概就源出于此。

涂章二先生教人

徐仲车先生为楚州教授，每升堂[1]，训诸生曰：“诸君欲为君子，而劳己之力，费己之财，如此而不为，犹之可也；不劳己之力，不费己之财，何不为君子？乡人贱之[2]，父母恶之[3]，如此而不为可也；乡人荣之[4]，父母欲之[5]，何不为君子？”又曰：“言其所善，行其所善，思其所善，如此而不为君子者，未之有也。言其不善，行其不善，思其不善，如此而不为小人者，未之有也。”成都冲退处士章詧(qiè)隐者，其学长于《易》《太玄》，为范子功解述大旨[6]，再复《摛(chī)》词曰：“‘人之所好而不足者，善也；所丑而有余者，恶也。君子能强其所不足，而拂[7]其所有余，则《太玄》之道几[8]矣。’此子云仁义之心，予之于《太玄》，述斯而已。或者苦其思[9]，艰其言[10]，迂溺其所以为数[11]，而忘其仁义之大，是恶足以语道哉？”二先生之教人，简易明白，学者或未知之，故表出于此。

［注释］

①升堂：开堂讲学，给学生上课。
②乡人贱之：如果乡人都轻贱君子。
③父母恶之：父母厌恶君子。
④乡人荣之：乡人以做君子为荣耀。
⑤父母欲之：父母希望你成为君子。
⑥大旨：要义，主旨。
⑦拂：去除，摒弃。
⑧几：可以达到。
⑨苦其思：为其精深的思想而困惑。
⑩艰其言：被其艰深的言辞吓倒。
⑪迂溺其所以为数：沉溺于它所讲的术数中。

［译文］

大宋朝人徐仲车先生曾为楚州（今江苏淮安）州学教授，每次给学生上课，就教导学生说：“各位都想成为君子，如果为此而耗费了你的精力和钱财，你不想做还说得过去；若不需你出力，也不需你破费，为什么不做君子呢？若同乡人都鄙视君子，父母也讨厌君子，你不想做君子也说得过去；若同乡人以做君子为荣耀，父母也希望你成为君子，为什么不做君子呢？”他又说：“若言、行、思都以善为本，没有不成为君子的。若言、行、思都以恶为源，也没有不成为小人的。”成都冲退居士章詧隐，对《易》《太玄》有精深的研究，他为范子功讲解其中的要旨，用《摛》词解释说：“‘对于人来说，好而从不满足即是善；丑而有余即是恶。若君子能增强其所不足的东西，而摒弃其多余的东西，那么《太玄》中所讲的道理就领悟了。’这是孔子所提倡的仁义之心，我对于《太玄》，也不过是讲述这些罢了。有的人或为其精深的思想而困惑，或为其晦涩的语言所难倒，或沉溺于它所讲的术数，而忘掉了其中最宝贵的东西——仁义，这样的人，怎么能够给他讲道理呢？”二位先生教育人，总是简易明白，学人有的还不知道这些，所以我把他们的事迹记述于此。

王安石弃地

熙宁七年，辽主洪基遣泛使萧禧(xǐ)来言河东地界①，未决。八年再来，必欲以代州天池分水岭为界。诏询于故相文彦博、富弼、韩琦、曾公亮以可与及不可许之状，皆以为不可。王安石当国，言曰：“将欲取之，必固与之。”于是诏不论有无照验，擗(pǐ)拨②与之。往时界于黄嵬(wéi)山麓，我可以下瞰其应、朔、武三州，既以岭与之，虏③遂反瞰忻、代，凡东西失地七百里。

案庆历中，虏求关南十县，朝廷方以西夏为虑，犹不过增岁币以塞其欲④，至于土地，尺寸弗与。熙宁之兵力胜于曩(nǎng)时⑤，而用萧禧坚坐都亭之故，轻弃疆场设险要害之处。安石果于大言，其实无词以却⑥之也。孙权谓：“鲁肃劝吾借刘玄德地云：‘帝王之起，皆有驱除，关羽不足忌。’此子敬⑦内不能辨，外为大言耳！”安石之语亦然。

[注释]

①言河东地界：就宋辽两国河东（今山西太原）一带边界问题进行谈判。
②擗拨：分割。
③虏：此处代指辽国人。
④岁币：朝廷每年向外族输纳的钱物。塞：搪塞，满足。
⑤曩时：往时，以前。
⑥却：退却，拒绝。

⑦子敌：即鲁肃，字子敬，三国时期吴国著名谋臣和武将。

［译文］

北宋熙宁七年（1074），辽国皇帝洪基派遣使者萧禧来宋，谈判宋辽两国河东（今山西太原）一带边界问题，没有结果。第二年萧禧又为此事而来，坚持两国要以代州（今山西代县）天池分水岭为国界。神宗皇帝就能否接受辽国的条件下诏征求前宰相文彦博、富弼、韩琦、曾公亮的意见，他们都认为不能答应。当时，王安石做宰相执掌朝政，上奏皇帝说："要想取之，必先予之。"于是皇帝下诏，不论察看勘验与否，都按萧禧的要求划拨给辽国。以前，宋辽两国边界在黄嵬山麓，我方可以居高临下俯瞰辽国的应州（今山西应县）、朔州（今山西朔州）、武州（今山西神池）三州，现在把黄嵬山岭割给辽国，辽贼反而俯瞰我忻州（今山西忻州）、代县（今属山西代县），从东到西，我国失地总共七百里。

鲁肃

鲁肃，字子敬，三国时期东吴著名政治家、外交家和军事家。鲁肃同意借荆州给刘备，以为不足为患，结果有借无还。王安石同意割让土地的想法其实与鲁肃一样缺乏远见。

而宋仁宗庆历年间，辽提出把关南十县割让给他们的无理要求，朝廷当时正为西夏的入侵而担忧，只不过每年多给辽些钱粮来搪塞了其贪欲，至于国土，却尺寸不让。熙宁年间兵力比庆历年间要强大，只因为萧禧不达目的坚决不走，就轻而易举地放弃了军事上的冲要之地。王安石说大话像是真的一样，其实是因为他没有其他措辞来拒绝辽国的无理要求。三国时吴主孙权曾说："鲁肃劝我把荆州借给刘备时说：'帝王之起，皆有驱除，关羽实不足挂齿。'这是鲁肃不能分辨形势，口吐大话罢了！"王安石的话与鲁肃的话没有什么两样。

双生以前为兄

《续笔》已书《公羊传》注双生子事，兹读《西京杂记》，得一说甚详。云：“霍将军[①]妻一产二子，疑所为兄弟。或曰：‘前生为兄，后生为弟，今虽俱日，亦宜以先生为兄。’或曰：‘居上者宜为兄，居下者宜为弟，居下者前生，今宜以前生为弟。’光曰：‘昔殷王祖甲一产二子，以卯日生嚚，以巳日生良。则以嚚(yín)为兄，以良为弟，若以在上者为兄，嚚亦当为弟矣。’许庄公一产二女，曰妖、曰茂，楚大夫唐勒一产二子，一男一女，男曰正夫，女曰琼华，皆以先生为长。近代郑昌时、文长倩并生二男，滕(téng)公一生二女，李黎生一男一女，并以前生为长。霍氏亦以前生为兄焉。”此最可证。

[注释]

①霍将军：指西汉大将霍光。

[译文]

我在《续笔》中已记载《公羊传》中所注双胞胎的事，最近，我读《西京杂记》，又搜集到一条记载，且说得很详细。《西京杂记》中说：“西汉大将军霍光的妻子生下了一对双胞胎，却搞不清谁应当是兄，谁应当是弟。有人说：‘先生者为兄，后生者为弟，现在俩兄弟虽是一天出世，也应当以先生者为兄。’有人不以为然说：‘在娘胎中居上者应当是兄，居下者应当是弟，居下者先出世，所以应该以先生者为弟。’霍光听完两种意后说：‘从前商王祖甲之妻生下一对双胞胎，嚚先出生，隔了两个时辰才生下良。祖甲就以嚚为兄，以良为弟，假若按居上者为兄来分的话，嚚不应是兄而应当是弟。’春秋时，许庄公之妻生下一对双胞胎女儿，名字分别叫妖和茂，楚国大夫唐勒的妻子也生下了一对双胞胎，一男一女，男孩名叫正夫，女孩名叫琼华，他们都是以先出世者为长。近世的郑昌时、文长倩之妻都是一胞生下两个男孩，滕公之妻一胞生下两个女孩，李黎之妻一胞生下一男一女，他们也都是以先生者为长。霍光也以先生者为兄。”由此可见，双胞胎中以先生者为长是古代流传下来的习惯，这是有据可查的。

卷二

二叔不咸

《左氏传》载富辰之言曰："昔周公吊二叔之不咸[①]，故封建[②]亲戚，以藩屏周。"士大夫多以二叔为管、蔡。案《蔡仲之命》云："群叔流言，乃致辟管叔于商，囚蔡叔，降霍叔为庶人。"盖三叔也。杜预注以为周公伤夏、殷之叔世，疏其亲戚，以至灭亡，故广封其兄弟。是以方叙说管、蔡、霍十六国，其义昭然。所言亲戚者，指兄弟耳。

周公

周公是周文王姬昌第四子。因封地在周，故称周公或周公旦。他仁德过人，辅佐武王定天下。周武王去世后，成王年幼，周公摄政。管叔与蔡叔担心周公所为将不利于成王，故挟武庚叛乱。后被周公旦平定，管叔被杀。自此，周公开始分封诸侯，以巩固王室。

[注释]

①昔周公吊二叔之不咸：从前，周公哀痛二叔不归服。

②封建：分封。

[译文]

《左氏传》中记载富辰之言说："从前，周公哀痛二叔不归服，所以才分封亲戚，作为周朝的屏藩。"士大夫大多都认为二叔是管叔和蔡叔。据《蔡仲之命》记载："群叔散布言论，才导致管叔在商地被处死，蔡叔被囚禁，霍叔被贬为庶人。"大概是他们三人。杜预作的注解认为，周公对夏、殷国运衰落之时疏远其亲戚以至灭亡的教训进行了反思，所以才人封其兄弟为各地诸侯。因此，方才叙说的管、蔡、霍等十六国，其意义是很明白的。所说的亲戚，指的就是兄弟。

官阶服章

唐宪宗时，因数赦，官多泛阶[①]；又帝亲郊[②]，陪祠者授三品、五品，不计考[③]；使府军吏以军功借赐朱紫，率十八；近臣谢、郎官出使，多所赐与。每朝会，朱紫满庭，而少衣绿者，品服太滥，人不以为贵[④]，帝亦恶之，诏太子少师郑余庆条奏惩革。淳熙十六年，绍熙五年，连有覃霈，转官赐服者众。绍熙元年，予自当涂徙会(kuài)稽，过阙，遇起居舍人莫仲谦于漏舍，仲谦云："比赴景灵行香，见朝士百数，无一绿袍者。"又朝议、中奉皆直转行，故五品官不胜计，颇类元和也。

［注释］

①官多泛阶：大多数官员都升了官。

②帝亲郊：每年冬至，皇帝又亲自到南郊祭天。

③不计考：不论考核政绩的优劣。

④人不以为贵：因为赏赐太滥，人们也都不以得受到赏赐为贵。

［译文］

唐宪宗时，由于多次大赦，大多数官员都升迁了官阶；每年冬至，皇帝又亲自到南郊祭天，陪同祭祀的官员不管考核政绩的优劣都授以三品、五品官；军营中的武官大概十个中有八个凭军功被赐予中高级官员所穿的朱紫之衣；皇帝身边的官员调外任向皇帝辞别，郎官受皇帝的派遣出使地方，大多都会受到皇帝的恩赐。每到大臣朝见皇帝的日子，朝廷上的官员都是身着朱紫之衣，很少有穿绿官服的，由于官员服饰赏赐太滥，人们也都不以得之为贵，皇帝也觉得这样太不成体统，就下诏让太子少师郑余庆逐条列出改革意见上奏。南宋淳熙十六年（1189），绍熙五年（1194），广施皇恩，很多人因此升官被赐以朱紫官服。南宋绍熙元年，我以当涂（今安徽南陵东北）调职到会稽（今浙江绍兴），经过京城皇宫时，在漏舍中遇上起居舍人莫仲谦，仲谦告诉我："不久前，我去景灵烧香，见到数百位官员，竟没有一位穿绿袍。"再加上朝议、中奉等散官也身着朱紫，所以五品官有多少都数不过来，很像唐宪宗元和年间那样滥。

庆善桥

饶州学非范文正公所建，予既书之矣。城内庆善桥之说，亦然。比因郡人修桥[①]，拆去旧石，见其上镌云："康定庚辰"。案范公以景祐乙亥为待制，丙子知开封府，黜(chù)知饶州[②]，后徙润、越，至庚辰岁乃复职，帅长安，既去此久矣。

[注释]

①比因郡人修桥：不久前，由于本地人维修这座桥。

②黜知饶州：被贬谪到饶州做知州。

[译文]

饶州（今江西鄱阳）学校并不是北宋范仲淹先生所建，我已经作了记载了。城内的庆善桥也一样不是他修建的。不久前，由于本地人维修这座桥，拆去一块旧石块，只见上面镌刻着几个字："康定庚辰（1040）"。范公在北宋仁宗景祐二年（1035）担任待制职务，第三年担任开封府知府，接着被贬谪到饶州做知州，后来又调职到润、越地任职，到康定元年（1040）就恢复了原来的职务，在长安（今陕西西安）任职，已经离开此地很长时间了。

驾青虬兮骖白螭

螭是传说中一种无角的龙，在各种作品中时而出现，屈原的《离骚》中也经常出现驭龙遨游的词句。他想象自己乘龙，在天地间任意游荡，这种场景后来被许多作家所借鉴。

吕望非熊

自李瀚《蒙求》有"吕望非熊"之句，后来据以为用。然以史策考之，《六韬》第一篇《文韬》说："文王将田[①]，史编布卜曰：'田于渭阳，将大得焉。非龙非螭，非

虎非罴，兆得公侯，天遗汝师②。’文王曰：‘兆致是乎？’史编曰：‘编之太祖史畴，为禹占得皋陶(yáo)兆。’”《史记》云：“吕尚穷困年老，以渔钓干西伯，西伯将出猎，卜之，曰：‘所猎非龙非螭(chī)，非虎非罴(pí)，所获霸王之辅。’”后汉崔骃《达旨》，云“渔父见兆于元龟”，注文乃引《史记》“非龙非螭，非熊非罴”为证。今之《史记》，盖不然也。“非熊”出处，惟此而已。

［注释］

①文王将田：文王将去打猎。田，田猎，狩猎。

②天遗汝师：是上天授予你的国师。

［译文］

自从后晋李瀚的《蒙求集》中有“吕望非熊”之句，后来人都以此为根据加以引用。但是用史策来考证这句话，《六韬》中的第一篇《文韬》中说：“文王要去打猎，史编告诉他占卜结果：‘在渭水之北打猎，将会有大的收获。所获非龙非螭，非虎非罴，预兆会得公侯，是上天送给你的国师。’文王问道：‘征兆会这么准确吗？’史编回答说：‘我的太祖史畴，曾为大禹占卜到获得皋陶的征兆。’”《史记》中说：“吕尚穷困年老，经常在河边钓鱼，希望能遇到西伯，西伯将出去打猎，对这次活动进行了占卜，结果道：‘所获得的东西非龙非螭，非虎非罴，所获得的是帮你成霸王之业的人’。”东汉崔骃在《达旨》中说“渔父（吕尚）从大龟身上见到了征兆”，注文是引用《史记》中的“非龙非螭，非熊非罴”作为证据。今天的《史记》，就不是这样说的。“非熊”的出处，就是从此而来。

唐曹因墓铭

庆元三年，信州上饶尉陈庄发土得唐碑，乃妇人为夫所作。其文曰：“君姓曹，名因，字鄙夫，世为鄱(pó)阳人。祖、父皆仕于唐高祖之朝，惟公三举不第①，居家以礼义自守。及卒于长安之道，朝廷公卿、乡邻耆(qí)旧②，无不太息，惟予独不然。谓其母曰：‘家有南亩，足以养其亲；室有遗文，足以训其子。肖形天地间，范围阴阳内，死生聚散，特世态耳，何忧喜之有哉？’予姓周氏，公之妻室也。归公八载③，恩义有夺④，故赠之铭曰：‘其生也天，其死也天，苟达此理，哀复何言？’”予案唐世上饶本隶饶州，其后分为信，故曹君为鄱阳人。妇人能文达理如此！惜其不传，故书之，以裨(bì)⑤图志之缺。

［注释］

①三举不第：三次参加科举考试都没能获得功名。

②耆旧：耆老世交。

③归公八载：嫁给丈夫八年。

④恩义有夺：夫妻十分恩爱。

⑤裨：补救。

［译文］

南宋宁宗庆元三年（1197），信州上饶（今江西上饶）尉陈庄挖出一块唐代的墓碑，这是一位妇女为其去世的丈夫所作的墓志铭。碑文写道：“我丈夫姓曹，名叫因，字鄙夫，世世代代都是鄱阳（今江西鄱阳北）人。祖父和父亲都在唐高祖之朝做官，只有我丈夫三次参加科举考试都没获取功名，后来就居于家中，以礼义约束自己和全家。到我丈夫死在通往长安（今陕西西安）路上的时候，朝廷公卿、乡邻乡亲、耆老世交，都感到很难过惋惜，只有我不以为然。我对婆母说：‘家有良田，足以养活双亲；家有夫君留下的文章，足以教育子女成人。人生在天地之间，在阴、阳间转换，死生聚散，这就是世间的特征，有什么可忧可喜的呢？’我姓周，是夫君的结发妻子。嫁给我丈夫八年，我们恩爱非常，今天他去世了，我就作一铭文赠送他：‘人活着是天意，死了也是天意，假若明白这个道理，为什么还要说些悲伤的话呢？’”唐朝时，上饶本来隶属于饶州，后来才从饶州分出隶属信州，所以说曹因世代都是鄱阳人。一位妇道人家，能写这样通情达理的文章！可惜她的事迹没有通过史书流传下来，所以我把这件事记录下来，以补史志之缺憾。

卷 三

人生五计

朱新仲舍人常云：“人生天地间，寿夭不齐①，姑以七十为率：十岁为童儿，父母膝下，视寒暖燥湿之节，调乳哺衣食之宜，以须成立，其名曰生计；二十为丈夫，骨强志健②，问津名利之场，秣马厉兵，以取我胜，如骥子伏枥，意在千里③，其名曰身计；三十至四十，日夜注思，择利而行，位欲高，财欲厚，门欲大，子息欲盛，其名曰家计；五十之年，心怠力疲，俯仰世间，智术用尽，西山之日④渐逼，过隙之驹不留。当随缘任运⑤，息念休心，善刀而藏⑥，如蚕作茧，其名

曰老计；六十以往，甲子一周，夕阳衔山，倏尔就木，内观一心，要使丝毫无慊（qiàn）[7]，其名曰死计。”朱公每以语人[8]，以身计则喜，以家计则大喜，以老计则不答，以死计则大笑，且曰：“子之计拙也。”朱既不胜笑者之众，则亦自疑其计之拙，曰：“岂皆恶老而讳死邪？”因为南华长老作《大死庵记》，遂识其语。予之年龄逾七望八，当以书诸绅云。

[注释]

①寿夭不齐：寿命长短不一。

②骨强志健：筋骨强健，志向高远。

③如骥子伏枥，意在千里：就像是千里驹虽然屈伏槽枥，却想着有朝一日能驰骋千里。

④西山之日：死亡的日子，讳称。

⑤随缘任运：听从命运的安排。

⑥善刀而藏：修缮并藏起在名利场上厮杀的工具。

⑦慊：不满，怨恨。

⑧朱公每以语人：朱新仲先生每次把他的人生五计讲给人听。

[译文]

朱新仲经常说：“人生活在天地之间，寿命的长短不一样，姑且以七十岁为准：十岁左右还是儿童，跟随在父母身旁，天气的寒暖燥湿父母都得为他操心，衣食住行都由父母安排，只待长大成人，这叫生计；二十岁时已是成人，筋骨强健，志向高远，开始问津名利场，秣马厉兵，以争取自己获胜，就像是千里驹虽然屈伏槽枥，却想着有朝一日驰骋千里，这叫身计；三十到四十岁之间，日夜苦思，选择有利于己的事情去做，欲求高官厚禄，财源茂盛，门第高大，子孙兴盛，这叫家计；五十岁时，心力已经疲惫，俯仰人世间，自己的聪明才智已经施展殆尽，生命已接近尾声，就像过隙白驹一样，过去的岁月已经一去不复返。这时应当听从命运的安排，收起名利之心，善藏在名利场上拼杀的工具，像蚕作茧一样建一个舒适的安乐窝，这叫老计；六十岁以后，人生已过了一个甲子，生命就像夕阳衔山一样很快要就木入土了，这时应静心修养，使生活安宁，死而无憾，这叫死计。”朱新仲先生每次把他的人生五计讲给人听时，听者的情绪都在不断地变化，讲到身计，听者喜笑颜开；讲到家计，听者欣喜若狂；讲到老计，听者沉默不语；讲到死计，听者则哈哈大笑，并对朱新仲说：“你的五计太笨拙了。”笑话他的人多了，朱新仲自己也对五计产生了怀疑，自言自语地说：“难道人们都讳老忌死吗？”我在为庄子作《大死庵记》时，才真正认识到他讲的人生五计的深刻内涵。我已是七八十岁的人了，觉得他说的人生五计很有道理，所以应把这五计记在腰带间，铭刻在心中。

瀛莫间二禽

瀛(yíng)、莫二州之境，塘泊之上有禽二种。其一类鹄(hú)，色正苍而喙(huì)长，凝立水际不动，鱼过其下则取之，终日无鱼，亦不易地。名曰信天缘。其一类鹜(wù)，奔走水上，不闲腐草泥沙①，唼(shà)唼然②必尽索乃已，无一息少休。名曰漫画。信天缘若无能者，乃与漫画均度一日无饥色，而反加壮大。二禽皆禀性所赋，其不同如此。

[注释]

①不闲腐草泥沙：不停地在腐草泥沙中寻觅食物。

②唼唼然：水鸟或鱼吃食的样子。唼唼，象声词，水鸟或鱼的吃食声。

群 鹜

[译文]

在瀛洲（今河北河间）和莫州（今河北任丘），在河塘湖泊上有二种鸟。一种很像是天鹅，全身灰白色，嘴很长，长时间静立于水边不动，有鱼从它身下经过时，它就用嘴将其捉住吃掉，即使终日无鱼，它也不换地方。它的名字叫信天缘。另一种很像是鸭子，经常在水上游来游去，不停地在腐草泥沙中唼唼寻觅食物，直至找完为止，也不休息。它的名字叫漫画。信天缘好像是很无能，却和漫画一样都要度过一天，且面无饥色，其反比漫画更壮更大。二禽的秉性都是天赋予的，却有如此不同。

元正父子忠死

唐安禄山表权皋入幕府，皋度禄山且叛①，以其猜虐②不可谏，欲行，虑祸及亲，因献俘京师，在道诈死，既唅敛③而逸去。皋母谓④

实死，恸(tòng)哭感行路[⑤]，故禄山不之虞，归其母。皋潜奉侍昼夜南奔。既渡江而禄山反。天下闻其名，争取以为属。甄(zhēn)济居青岩山，诸府五辟[⑥]，诏十至，坚卧不起[⑦]。安禄山入朝，求济于玄宗，授范阳掌书记，济不得已而起。察禄山有反谋，不可谏，因谒归，阳[⑧]呕血不支，舁[⑨]归旧庐。禄山反，使封刀召之[⑩]，曰："即不起，断其首。"济引颈待之。使以实病告。庆绪复使强舆至东都。会广平王平东都，诣军门上谒。肃宗使污贼官罗拜[⑪]，以愧其心。《唐书》列二人于《卓行传》，褒之至矣。

有元正者，在河南幕府，史思明陷河、洛，辇(niǎn)父匿于山中。贼以名召之[⑫]，正度事急，谓弟曰："贼禄不可养亲[⑬]，彼利吾名，难免矣[⑭]。然不污身而死，吾犹生也。"贼既得，诱以高位，嗔目固拒，兄弟皆遇害。父闻，仰药死[⑮]。事平[⑯]，诏录伏节[⑰]十一姓，而正为冠。皋、济之终，与正皆赠秘书少监。予谓皋、济得生，而正一门皆并命[⑱]，故当时以为伏节之冠。而《唐史》不列之《忠义》《卓行》中，但附见其祖万顷《文艺》之末，《资治通鉴》亦不载其事，使正之名寂寥不章显，为可恨也！白乐天作张诚(xián)碑云："以左武卫参军分司东都，属安禄山陷覆洛京，以伪职淫刑，胁劫士庶。公与同官卢巽潜遁(xùn)于陆浑山，食木实，饮泉水者二年，讫不为逆命所污[⑲]。肃宗诏河南搜访不仕贼庭、隐藏山谷者，得六人以应诏，公与巽在焉。繇(yáo)是名节闻于朝，优诏褒美[⑳]，特授密县主簿。"

［注释］

①皋度禄山且叛：权皋估计到安禄山将会反叛朝廷。
②猜虐：猜忌暴虐。
③啥敛：装殓。
④谓：以为。
⑤恸哭感行路：号啕大哭，连路人听到都觉得悲伤。
⑥诸府五辟：官府五次请他做官。
⑦坚卧不起：坚决辞让，绝不出山。
⑧阳：佯装。
⑨舁：抬。
⑩使封刀召之：派使者拿刀召甄济回来。

安禄山反叛兵戈举

安禄山本为胡人，狡黠奸诈，骁勇善战，深受玄宗宠信，他手握重兵，势力日盛。后来，安禄山寻找时机发动叛乱，一时间，天下大乱，大唐许多郡县为安禄山占据。

⑪肃宗使污贼官罗拜：肃宗知道后，就让那些曾投降叛军的官员列队拜见甄济。

⑫贼以名召之：叛贼认为他名声大而召他做官。

⑬养亲：供养亲人。

⑭难免矣：看来我是不能幸免的了。

⑮仰药死：喝毒药自尽。

⑯事平：安史之乱平定后。

⑰伏节：保持名节。

⑱并命：毙命。

⑲讫不为逆命所污：最终没有被叛贼玷污自己的名节。

⑳优诏褒美：皇帝也专门下诏予以褒奖赞扬。

[译文]

唐朝中期，平卢、范阳、河东三镇节度使安禄山上表推荐权皋为自己幕府中的幕僚，权皋估计到安禄山将会反叛朝廷，又因为他猜忌暴虐不听劝谏，就想离开他远走高飞，但又考虑到这样会祸及双亲，于是就趁献俘京师之机，诈称在途中因病而死，装殓以后又逃跑掉。权皋的母亲认为他确实死了，号啕大哭，使人听到了不免感到悲伤，所以安禄山也信以为真，就让权皋的母亲回老家。权皋偷偷地在路上接母亲，侍奉母亲昼夜南奔。刚渡过长江，就听到了安禄山起兵造反的消息。于是，权皋天下闻名，一些地方长官争着聘请他做自己的幕僚。甄济是居住在青岩山的一位隐士，官府五次请他做官，皇帝十次下诏请他出山，他都坚辞不出。安禄山入京朝见唐玄宗时，请求皇帝批准甄济到范阳（今河北涿县）去做官，并授予甄济为范阳掌书记之职，玄宗答应了，这样，甄济不得已被迫赴任。到任后，他发现安禄山阴谋反叛朝廷，而且不能劝谏制止他，因此在谒见安禄山后，假装自己呕血不止，让人抬着重返旧居。安禄山反叛后，派使者拿刀召甄济回来，并对使者说："如果甄济不回来，就砍掉他的头。"使者到后，甄济仍装病不起，引颈待戮。使者无奈只好作罢，回见安禄山时说甄济确实有病。后来，安禄山的儿子安庆绪又派人强行把甄济抬到东都洛阳。不久，广平王收复洛阳，甄济就到广平王处诉说自己的遭遇。肃宗知道后，就让那些曾投降叛军的官员列队拜见甄济，目的使他们感到羞愧。《新唐书》把权皋、甄济二人列入《卓行传》中，大加褒扬。

有位叫元正的人，曾在河南幕府中任职，史思明攻下河洛地区时，元正用车接着其父藏匿于山中。叛贼认为他名声大而召他做官，元正考虑到事情紧急，对他的弟弟说："叛贼的俸禄是不能用来奉养亲人的，他们是想利用我的影响以维持他们的统治，看来我难以逃脱他们的魔掌。但不玷污于身而死，死而犹生，死而犹荣。"叛贼搜捕到元正后，以高官厚禄来引诱他，元正横眉冷对，宁死不从。叛贼恼羞成怒，把他兄弟二人一并杀害。元正父亲知道此事，也喝毒药自杀。安史之乱平定后，皇帝下诏访查了十一家保持了名节的人家，其中元正为第一人。权皋、甄济死后，与元正一样都被皇帝追赠为秘书少监。我想权皋、甄济虽经磨难却得以生存，而元正父子全都为国捐躯，这是人们认为元正是保持名节者之冠的原因。而《新唐书》不把他列放《忠义传》《卓行传》中，只把他附列在《文艺传》其祖父元万顷的传记后面，《资治通鉴》中对其事迹也没有记载，这就使元正的名字鲜为人知，实在是太遗憾！白居易在为张诚作的碑文中记载道："张诚以左武卫参军的职务分司东都洛阳，适逢安禄山攻陷洛阳，以高官厚禄和滥施酷刑，胁迫士人百姓追随他。张诚与同僚卢巽偷偷逃到陆浑山中，靠采摘野果和饮用泉水艰苦地生活了二年，最终没有被叛贼玷污自己的名节。唐肃宗下诏命河南府搜访那些拒绝到叛贼中做官而隐居山野的人，最后找到六人，张诚与卢巽就在其中。因此，张诚的忠义名节朝廷上下尽人皆知，皇帝也专门下诏予以褒奖赞扬，并授予他密县主簿的职务。"

萧颖士风节

萧颖士为唐名人，后之学者但称其才华而已，至以笞(chī)楚[1]童奴为之过。予反复考之，盖有风节识量[2]之士也。为集贤校理，宰相李林甫欲见之，颖士不诣，林甫怒其不下己。后召诣史馆，又不屈，愈见疾[3]，至免官更调河南参军。安禄山宠恣，颖士阴语柳并曰："胡人负宠而骄，乱不久矣。东京其先陷乎！"即托疾去。禄山反，往见河南采访使郭纳，言御守计，纳不用。叹曰："肉食者以儿戏御剧贼，难矣哉！"闻封常清陈兵东京，往观之，不宿而还[4]，身走山南。节度使源洧欲退保江陵，颖士说(shuì)曰："襄阳乃天下喉襟[5]，一日不守，则大事去矣。公何遽(jù)轻土地，取天下笑乎？"洧(wěi)乃按甲不出[6]。洧卒，往客金陵。永王璘(lín)召之，不见。刘展反，围雍丘，副大使李承式遣兵往救，大宴宾客，陈女乐。颖士曰："天子暴露[7]，岂臣下尽欢时邪？夫投兵不测，乃使观听华丽，谁致其死哉？"弗纳。颖士之言论操持如

此，今所称之者浅矣。李太白，天下士也，特以堕永王乱中，为终身累[8]。颖士，永王召而不见，则过之焉。

［注释］

①笞楚：鞭笞。
②有风节识量：高风亮节，有胆识，有肚量。
③愈见疾：越发遭到李林甫的嫉恨。
④不宿而还：连夜返回。
⑤喉襟：咽喉要冲，兵家重地。
⑥按甲不出：按兵不动。
⑦天子暴露：天子逃离京师，风餐露宿。
⑧为终身累：一辈子都受牵连。

［译文］

萧颖士是唐代的名人，后代学者只称赞其才华出众而已，把他鞭笞童奴作为他的过错。我反复考察有关资料后发现，他还是一位高风亮节有胆识有抱负的人。在他担任集贤殿校理时，当时的权相李林甫想召见他，他却辞而不去，李林甫对他不屈从于自己很恼火。后来，李林甫又让他到史馆任职，他仍然不屈服，为此他更遭李林甫所忌恨，以至被免除史官职务外调到河南府（今河南洛阳）任参军。当时，安禄山自恃玄宗的宠信，恣意妄为，萧颖士私下对柳并说："胡人（指安禄山）依仗着皇上的庞信而骄横跋扈，他反叛朝廷的时间不会太久了。东都洛阳到时会最先陷落的！"不久，他便托病很快离开了洛阳。安禄山反叛以后，萧颖士去见河南采访使郭纳，向他进献防守抵御叛军的策略，可郭纳不予采用。萧颖士感叹道："那些身居高位要职的人抵御来势凶猛的叛贼如同玩儿戏，想抵挡住也太难了！"他听说大将封常清陈兵东都洛阳，就去观察了一番，结果很失望，连夜返回，南逃到山南东道（今湖北襄樊）避乱。当地节度使源洧想放弃襄阳，退保江陵（今湖北江陵），萧颖士规劝道："襄阳是天下的咽喉要冲，兵家必争之地，一日不坚守，则大势即去。你何必匆忙轻易放弃这个战略要地，让天下人取笑你呢？"源洧听从了他的建议，就按兵不出。源洧死后，萧颖士又去金陵（今江苏南京），并客居于此。肃宗的弟弟永王李璘慕名要召见他，他坚辞不去。后来，刘展反叛，兵围雍丘，副大使李承式派兵救援，出兵前大宴宾客，歌女环列。萧颖士见此劝李承式说："天子逃离京师，风餐露宿，这难道是臣下尽情欢乐的时候吗？现在要到吉凶难测的战场战斗，临行前却让他们看听如此华丽的歌舞音乐，谁还愿去拼死疆场呢？"李承式拒不接受其建议。萧颖士的言论如此精辟，操持胆识如此卓异，今天对他的议论也太浅薄了。李白，是天下闻名的大诗人，只因身陷永王李璘的叛军之中，而终身受到连累。萧颖士对永王李璘的召见辞而不见，可见他的胆识远远超过李白。

开元宫嫔

自汉以来，帝王妃妾之多，唯汉灵帝、吴归命侯、晋武帝、宋苍梧王、齐东昏、陈后主。晋武至于万人。唐世明皇为盛，白乐天《长恨歌》云“后宫佳丽三千人”；杜子美《剑器行》云“先帝侍女八千人”，盖言其多也。《新唐史》所叙，谓开元、天宝中，宫嫔大率至四万。嘻，其甚矣！隋大业[1]离宫遍天下，所在皆置宫女。故裴寂为晋阳宫监，以私侍高祖。及高祖义师经过处，悉罢之[2]。其多可想。

梅妃

梅妃本名江采苹，其容色绝艳，但不如杨玉环得宠。后宫许多妃子都如梅妃一样，郁郁而终。

[注释]

①隋大业：隋炀帝大业年间。

②悉罢之：把离宫中的宫女悉数释放回家。

[译文]

自汉朝以来，拥有众多妃妾的帝王，只有东汉灵帝刘宏、三国吴归命侯孙皓、西晋武帝司马炎、南朝宋苍梧王刘昱、南朝齐东昏侯萧宝卷、南朝陈后主陈叔宝几人。晋武帝司马炎的后宫中嫔妃近万人。唐代以唐玄宗的嫔妃最多，白居易在《长恨歌》中写道“后宫佳丽三千人”；杜甫在《剑器行》中也写道“先帝侍女八千人”，都是说唐玄宗嫔妃之多。据《新唐书》记载，唐玄宗开元、天宝年间，后宫中嫔妃大概有四万人之多。嘻，这也太过分了！隋炀帝大业年间，离宫遍布天下，每座离宫中都有数量不等的宫女。故此，裴寂才能以晋阳宫监的身份，私下里归奉唐高祖李渊。唐高祖起义兵以后，所到之处，把离宫中的宫女都释放回家。其宫女之多可想而知。

卷 四

东坡文章不可学

东坡作《盖公堂记》云："始吾居乡，有病寒而欬(kài)者，问诸医，医以为虫[1]，不治且杀人。取其百金而治之，饮以虫药，攻伐其肾肠，烧灼其体肤，禁切其饮食之美者[2]。期月而百疾作，内热恶寒而欬不已，垒然真虫者也[3]。又求于医，医以为热[4]，授之以寒药，且朝吐之，莫(mù)夜[5]下之，于是始不能食。惧而反之[6]，则钟乳、乌喙(huì)，杂然并进，而漂疽(jū)、痈(yōng)疥、眩瞀(mào)[7]之状，无所不至。三易医而病愈甚。里老父教之曰：'是医之罪、药之过也。子何疾之有？人之生也，以气为主，食为辅。今子终日药不释口[8]，臭(xiù)味乱于外[9]，而百毒战于内[10]，劳其主[11]，隔其辅[12]，是以病也。子退而休之，谢医却药，而进所嗜，气全而食美矣，则夫药之良者，可以一饮而效。'从之，期(jī)月而病良已。昔之为国者亦然。吾观夫秦自孝公以来，至于始皇，立法更制[13]，以镌磨锻炼其民，可谓极矣。萧何、曹参亲见其斫(zhuó)丧之祸，而收其民于百战之余，知其厌苦、憔悴、无聊，而不可与有为也，是以一切与之休息[14]，而天下安。"

曹操杀神医华佗

华佗是汉末三国时期的神医，善断各种疑难杂症。曹操素有头痛症，华佗一针下去，头痛立刻有所缓解。曹操于是命华佗做贴身侍医，华佗不肯，为曹操所杀。华佗的过人医术也未能流传后世。

是时，熙宁中，公在密州，为此说者，以讽王安石新法也。其议论病之三易，与秦汉之所以兴亡治乱，不过三百言而尽之。

张文潜作《药戒》，仅千言，云：“张子病痞[15]，积于中者，伏[16]而不能下，自外至者，捍[17]而不能纳，从医而问之，曰：‘非下之不可。’归而饮其药，既饮而暴下，不终日，而向之伏者散而无余，向之捍者柔而不支。焦膈(gé)导达，呼吸开利，快然若未始有疾者。不数日，痞复作，投以故药，其快然也亦如初。自是逾月[18]而痞五作五下，每下辄愈。然张子之气，一语而三引[19]，体不劳而汗，股不步而栗，肤革无所耗于外，而其中薾(ěi)然，莫知其所来。闻楚之南有良医焉，往而问之。

医叹曰：‘子无叹是薾然者也。天下之理：其甚快于予心者，其末必有伤[20]；求无伤于终者，则初无望于快吾心。痞横乎胸中，其累[21]大矣。击而去之，不须臾而除甚大之累，和平之物不能为也。必将击搏振挠而后可，其功未成而和气已病[22]。则子之痞，凡一快者，子之和一伤矣。不终月而快者五，则和平之气，不既索乎[23]？且将去子之痞，而无害于和乎！子归，燕居[24]三月，而后予之药可为也。’张子归三月而复请之。医曰‘子之气少[25]全矣’，取药而授之，曰‘服之三月而疾少平[26]，又三月而少康[27]，终年而复常。且饮药不得亟(jí)进。’张子归而行其说。其初使人懑(mèn)然迟之，盖三投其药而三反之也。然日不见其所攻，久较则月异而时不同，盖终岁而疾平。

张子谒医谢，而问其故。医曰：‘是治国之说也。独不见秦之治民乎？敕之以命，捍而不听令；勤之以事[28]，放而不畏法[29]。令之不听，治之不变，则秦之民尝痞矣。商君见其痞也，厉以刑法，威以斩伐，痛划而力锄之。流荡四达，无敢或拒，痞尝一快矣。至于二世，凡几痞而几快矣。积快而不已，而秦之四支枵(xiāo)然[30]，徒有其物而已。民心日离，而君孤立于上，故匹夫[31]大呼，不终日而百疾皆起[32]，欲运其手足肩臂，而漠然不我应。故秦之亡者，是好为快者之过也。昔者先王之民，初亦尝痞矣。先王不敢求快于吾心，阴解其乱[33]，而除去其滞，使之悠然自趋于平安而不自知，于是政成教达[34]，悠久而无后患。则

余之药终年而愈疾者，盖无足怪也。’”

予观文潜之说，尽祖[35]苏公之绪论，而千言之烦，不若三百言之简也。故详书之，俾(bǐ)作文立说者知所矜式[36]，窃料苏公之记，文潜必未之见，是以著此篇，若既见之，当不复屋下架屋[37]也。

［注释］

①医以为虫：医生认为我肚子里有蛔虫。

②禁切其饮食之美者：禁食一切美味佳肴。

③坐然真虫者也：疲惫不堪好像腹中真有虫子一样。

④医以为热：医生认为是内热。

⑤莫夜：通“暮夜”，晚上。

⑥惧而反之：医生恐惧，则反其道而行之。

⑦眩瞀：眩晕。

⑧药不释口：药不离口。

⑨臭味乱于外：外在的味觉被破坏。

⑩百毒战于内：各种病毒在体内发作。

⑪劳其主：气受劳顿。

⑫隔其辅：食物被阻隔。

⑬立法更制：订立法令，更改制度。

⑭与之休息：与民休息，让百姓休养生息。

⑮痞：中医指胸腹间气机阻塞不舒的一种自觉症状，有的仅有胀满的感觉，称“痞块”“痞积”。

⑯伏：气积在胸中。

⑰捍：胸膛里好像有东西顶着，吸气不畅。

⑱逾月：一个多月。

⑲引：停顿。

⑳其末必有伤：最后一定会有所损伤的。

㉑累：危害性。

㉒其功未成而和气已病：还未达到目的但是自己的元气已经被损伤了。

㉓不既索乎：不就损耗完了吗？

㉔燕居：闲居。

㉕少：稍微。

㉖平：缓解，平和。

㉗康：恢复。

㉘勤之以事：不断征发民众。

㉙放而不畏法：人民都放肆而不畏惧律法。

㉚四支楞然：四肢麻木。

㉛匹夫：平民百姓。

㉜起：一起发作。

㉝阴解其乱：暗地里缓解纷乱。

㉞政成教达：国家政令完成，人民教化得以发扬。

㉟祖：根据。

㊱矜式：楷模。

㊲屋下架屋：在屋檐下再造房子，比喻不必要的重复。

[译文]

苏东坡作《盖公堂记》，文章说："以前我在乡下居住的时候，着了凉而咳嗽，询问医生，医生认为有虫，不治疗就会死人。于是我拿出百金来治疗，喝了打虫药，攻伐肾肠，烧灼体肤，禁食一切美味佳肴。一个月以后各种疾病都发作了，忽冷忽热而咳嗽不已，疲惫不堪像真有虫子一样。又请了一个医生，医生认为是内热，给开了清热药，喝下之后一直吐了一天多，于是饭也吃不下去了。医生害怕了，反过来给开了钟乳、乌喙等，喝下之后，疖子、疮疥、眩晕等症状，一齐都来了。三次换药而病得越来越厉害。乡里的老人对我说：'这是医生的责任和吃药的过错。你有什么病？人生在世，以气为主，吃的为辅。现在您一直药不离口，外面的味觉破坏之后，各种病毒发作于体内，气受劳顿，食物被阻，所以真的就病了。您回头休息一下，不找医生，停止服药，喜欢吃什么就吃什么，气全饭也就香了，那时一剂药立即见效。'我听从他的话，一个月后病真的全好了。过去治理天下也是这个理儿。我看秦自孝公以来至于始皇，颁布法令，更改制度，百般地挫磨百姓，可以说已经达到了顶点。萧何、曹参亲眼看到了秦暴政的祸害，他们在百战之后统治天下，知道人民的疾苦和困顿，知道不能再继续使人民劳作了，于是一切与民休息，从而安定了天下。"

当时是宋神宗熙宁中，东坡先生在密州（今山东诸城一带），他写这篇文章的目的在于讽刺王安石的新法。他议论三次换药及秦汉兴亡的原因，不过短短的三百字就把理说透了。

张文潜作过一篇千余字的《药戒》，文章说："张文潜胸中郁闷，气积于中而下不去，从外吸的气，好像有东西顶着进不来，于是他找到了医生，医生说：'必须把气顺下去。'文潜回来服了他开的药，一口气就猛地下去了，以前郁结的气全部散尽，以前顶着的现在也变得十分柔和。焦膈通达，呼吸顺利，畅快得就像不曾有病一样。可是过了没几天，气闷又发作了，服了以前服过的药，也像以前一样畅快。从这以后一个多月而病发作了五次，每次用药之后气也就顺了。然而文潜的气却渐渐跟不上来，说一句话要停顿两三次，经常盗汗，腿不动而发抖，并没有什么劳作消耗，而内中却日见虚弱疲劳，不知道其中的缘故。听说南方有一位名医，文潜于是去拜访他。

这位名医叹惜道：‘你不要感叹这样疲乏无力。天下的事情存在着同一个理：那些一时畅快的东西，最后必然带来损伤；要想最终不受损伤，当初就不要图一时的快活。郁气横于胸中，它的危害性可大了。要想把它赶走，不花费一定的时日就想达到目的，平和的东西是做不到的，一定要搏击震挠而后可，那么，目的没有达到而和气已受了损伤。这样说来，你的病就起因于图一时的痛快。痛快一次，你的和气受了一次损伤；不满一月你痛快五次，那么平和之气不就损耗完了吗？而且要去掉你的气闷，能不伤害和气吗！你回去将息三个月，然后我的药就可以用了。’文潜回来三个月后又去了名医那里。名医说：‘你的气比以前稍微全了些，’取一些药交给文潜，并交代说：‘服用三个月而病缓解，再服三个月身体开始恢复健康，一年后就完全正常了。而且不要喝得太快。’文潜回来后按医嘱行事。刚开始喝的时候使人郁闷气短，反复喝而效果也有反复。终日不见病去，时间一长才见到效果，一年后病也就完全好了。

文潜到医生那里拜谢，并询问治病的道理。医生说：‘这和治理国家的道理是一样的。你没看到秦国是怎样治理它的百姓吗？颁布命令，人民抗法不遵；不断征发，人民放肆而不畏法。人民不服从法令，反复治理而总是改变不了他们，说明秦国的民情已经有些郁结了。商鞅发现了郁结，用刑法进行迫吓，用斩杀进行威胁，痛加铲除而用力锄挖。人民四处流荡而没有人敢于抗拒，秦国的郁结病症得到了一次痛快的宣泄。一直到秦二世，秦国几次郁结而几次宣泄。不停地图痛快，而秦王朝的四肢却已经麻木不仁了。民心日益离散，君主孤立于上，所以匹夫陈胜一声大呼，一天之内秦王朝的各种疾病一起发作，想运动一下手足肩臂，它们却木然没有反应。所以秦的灭亡，正是好图一时痛快的过错。过去先王治理下的百姓，开始时民情也有郁结。先王不敢图一时的痛快，暗地里缓解其纷乱，除去其郁滞，让他们慢慢地在不知不觉中走向平安，于是政令完成而人民被教化，时间虽慢却没有后患。这样说来，我的药一年后才见效就不足为怪了。’”

我看张文潜的说法，全是根据苏东坡先生的范本，一千多字的内容反而不及短短的三百余字丰富。所以我把它们原原本本地抄在这里，让著书立说的人有所参考，我猜想张文潜一定没有见到东坡先生的文章，所以才写了这篇东西，如果他见了，就不会再去重复了。

晋代遗文

故簏（lù）[1]中得旧书一帙，题为[2]《晋代名臣文集》，凡十四家，所载多不能全，真太山一毫芒[3]耳。有张敏者，太原人，仕历平南参军、太子舍人、济北长史。其一篇曰《头责子羽文》，极为尖新[4]，古来文士皆无此作。恐《艺文类聚》《文苑英华》或有之，惜其泯没不传，

谩采之以遗博雅君子。其序云：“太原温长仁、颍川荀景伯、范阳张茂先、士卿刘文生、南阳邹润甫、河南郑思渊。余友有秦生者，虽有姊夫之尊，少而狎[⑤]之，同时昵好。张、荀之徒，数年之中，继踵登朝[⑥]，而此贤身处陋巷，屡沽而无善价[⑦]，抗志自若，终不衰堕，为之慨然。又怪诸贤既已在位，曾无伐木嘤鸣之声，又违王、贡弹冠之义，故因秦生容貌之盛，为头责之文以戏之，并以嘲六子焉。虽似谐谑，实有兴也。”

东方朔

东方朔，字曼倩，平原厌次人，生性诙谐幽默，善辞赋，武帝时大臣、文学家。因文采被汉武帝赏识。据说东方朔不仅作得一手好文章，也擅长神仙方术。

文曰：维太始元年，头责子羽曰：“吾托为子头，万有余日矣。大块禀[⑧]我以精，造我以形，我为子莳发肤，置鼻耳，安眉额，插牙齿。眸子桥光，双权隆起[⑨]。每至出入人间，遨游市里，行者辟易[⑩]，坐者踧(jì)踖[⑪]；或称君侯，或言将军，捧手倾侧，伫立崎岖，如此者，故我形之足伟也。子冠冕弗戴，金银弗佩，艾以当笄[⑫]，帼以代带，百味弗尝，食粟茹莱[⑬]，岁暮年过[⑭]，曾不自悔。子厌我形容，我贱子意态！若此者，必子行已累也。子遇我如仇，我视子如仇，居常不乐，两者俱忧，何其鄙也，子欲为仁贤耶？则当如咎陶、后稷、巫咸、伊陟，保乂(yì)王家，永见封殖[⑮]。子欲为名高耶？则当如许由、子臧、卞随、务光，洗耳逃禄[⑯]，千载流芳。子欲为游说(shuì)耶？则当如陈轸(zhěn)、蒯(kuǎi)通、陆生、邓公，转祸为福，含辞从容[⑰]。子欲为进趋耶？则当如贾生[⑱]之求试，终军之请使，砥(dǐ)励锋颖[⑲]，以干王事。子欲为恬淡耶？则当如老聃之守一，庄周之自逸[⑳]，漠然离俗，志凌云日。子欲为隐遁耶？则当如荣期之带索，渔父之瀺灂(chán zhuó)，栖迟神岳，垂饵巨壑(hè)。此一

介之人，所以显身成名者也。今子上不睎道德，中不效儒、墨，块然穷贱，守此愚惑。察子之情[21]，观子之志[22]，退不为处士[23]，进无望三事，而徒玩日劳形[24]，习为常人之所喜，不亦过乎？”子羽愀然(qiǎo rán)深念[25]而对曰：“凡所教敕，谨闻命矣。受性拘系，不闻礼义，误以天幸，为子所寄。今子欲使吾为忠耶？当如包胥、屈平[26]；欲使吾为信耶？则当杀身以成名；欲使吾为节耶？则当赴水火以全贞[27]。此四者，人之所忌，故吾不敢造意[28]。”头曰：子所谓天刑地网，刚德之尤[29]。不登山抱木，则褰(qiān)裳赴流[30]。吾欲告尔以养性，诲尔以优游，而与虮(jǐ)虱同情[31]，不听我谋，悲哉！俱御人体，而独为子头？且儗人其伦，喻子侪(chái)偶，曾不如太原温颙(yóng)、颍川荀禹、范阳张华、士卿刘许、南阳邹湛、河南郑诩？此数子者，或謇(jiǎn)吃无宫商[32]；或尪(wāng)陋希言语[33]；或淹伊多姿态[34]，或讙哗少智谞[35]；或口如含胶饴[36]；或头如巾齑(jī)杵[37]。而犹以文采可观，意思详序[38]，攀龙附凤[39]，并登天府[40]。夫舐痔(zhì)得车，沉渊窃珠，岂若夫子，徒令唇舌腐烂，手足沾濡[41]哉！居有事之世[42]，而耻为权谋，譬犹凿地抱瓮，难以求富。嗟呼子羽！何异牢槛之熊，沉阱之虎，石间饿蟹，灶中之鼠？事虽多，而见工甚少[43]，宜其卷局煎蹙(cù)[44]，至老无所睎(xī)也。支离其形者，尤能不困，命也夫，与子同处！

其文九百余言，颇有东方朔《客难》、刘孝标《绝交论》之体。《集仙传》所载神女《成公智琼传》，见于《太平广记》，盖敏之作也。邹湛姓名，因羊叔子[45]而传，而字曰“润甫”，则见于此。

[注释]

①篚：竹箱。

②题为：书名是。

③毫芒：微小的杂草。

④尖新：尖锐新颖。

⑤狎：关系亲厚而不尊重。

⑥继踵登朝：相继入朝为官。

⑦善价：好价钱。

⑧禀：赋予。

⑨双权隆起：颧骨突起。权，通“颧”。

⑩辟易：退避。

⑪竦跽：庄重地跪下。

⑫笄：古时插头发的簪子。

⑬食粟茹菜：吃糠咽菜。

⑭岁暮年过：一年一年过去。

⑮永见封殖：永远被分封。

⑯洗耳：事见于许由。许由是尧舜时代的贤人，品德高尚，才智过人，很受部族崇敬。部落联盟领袖唐尧想将天下传给许由，许由坚辞不受，到岐山隐居。唐尧得知后，又派人来请他出任九州长官。许由认为这话是污染了自己的耳朵，于是到河中洗耳。逃禄：隐居不仕。

⑰含辞从容：谈吐从容不迫。

⑱贾生：指贾谊。

⑲砥励锋颖：磨砺锋芒，使之脱颖而出。

⑳庄周：即庄，道家的代表人物，追求恬淡闲适，超然物外。

㉑察子之情：考察你的实际情况。

㉒观子之志：观察你的志向。

㉓处士：隐士。

㉔玩日劳形：虚度时日。

㉕愀然深念：严肃认真地思考。愀然，神色严肃。

㉖包胥、屈平：申包胥和屈原，二人都是不世的忠臣。

㉗全贞：保全贞节的名声。

㉘造意：提倡某种方法，此处代指起念头、动心思。

㉙尤：罪过。

㉚褰裳赴流：撩起衣服投水自杀。

㉛同情：同样的想法。

㉜或蹇吃无宫商：有的口吃五音不全。

㉝或尪陋希言语：形貌猥琐，寡言少语。

㉞淹伊：又作“伊优”，阿谀逢迎的样子。多姿态：故作姿态。

㉟或谨哗少智谞：有的喜爱哗众取宠而缺少智谋。

㊱或口如含胶饴：有的像口里含着胶饴糖一样张不开口。

㊲头如巾齑杵：即头上包着头巾，像捣齑的杵。

㊳意思详序：文意明晰。

㊴攀龙附凤：即攀龙附凤。

㊵并登天府：登上朝官的宝座。

㊶濡：湿。

㊷有事之世：多事之秋。

㊸而见工甚少：而收效甚微。

羊 祜

羊祜，字叔子，泰山南城人，三国两晋时期的名臣。他见识高远，军事才能卓越，辅佐晋武帝平定宇内。后世人都被他卓越的才能、高尚的品行所折服。

㊹卷局煎熬：卷曲煎熬。

㊺羊叔子：即羊祜，三国两晋时名臣，有卓越的军事才能。

［译文］

最近从旧竹箱子里检得一卷旧书，书名为《晋代名臣文集》，一共有十四家，所收文章都不全，就像泰山上的一棵小草一样。其中有一位张敏，太原人，历官平南参军、太子舍人、济北长史。他的文章收入一篇《头责子羽文》，很是尖锐新颖，从来文人没有这种作品。恐怕《艺文类聚》《文苑英华》已经收入，我还是有点担心它泯没不传于后世，所以便抄在这里以传给后世的博雅君子。这篇文章的小序说："太原温长仁、颍川荀景伯、范阳张茂先、士卿刘文生、南阳邹润甫、河南郑思渊。我的朋友秦生，虽然是我的姐夫，但我们从小就玩得很好。张华、荀禹等人，几年之间相继作上了朝官，而你身处陋巷一直卖不出个好价钱，自己却悠然自得，我行我素，我为你感慨万千。张、荀诸贤在位之后，毫无顾念朋友之心，又违王、贡弹冠谦让之义，我对此感到生气，故因秦生的仪表堂堂，写出这篇文章来和他开个玩笑，同时嘲讽上述六位。虽然诙谐，实乃有感而发。"

文章说：泰始元年（265），头指责子羽说："我托生为您的头已经一万多天了。天地赋予我精神和形体，我为您生长毛发，放置鼻子耳朵，安排眉毛额头，插上牙齿。目光炯炯，颧骨隆起。每当穿插于人丛当中，游荡于闹市之上，正在行走的人立即让路，坐着的人庄重地跪下；有的称君侯，有的喊将军，一个个庄严肃穆，这都是因为我形状伟岸的缘故。您没有冠冕可戴，没有金银可佩，用艾棍做笄，用布条为带，各种美味尝不到，一年到头吃糠咽菜也不后悔。您讨厌我的容貌，我还瞧不起您的意态呢！这样一定给您的行为带来不便。您我像仇敌一样，双方都不快活，有什么意思呢？你想作一个仁人贤者吗？那就应当像咎陶、后稷、巫咸、伊陟那样，保护王家平安，您也永远得到分封。您想作名士吗？那就应当像许由、子臧、卞随、务光那样，逃避尘世，流芳千古。您想作游士吗？那就应当像陈轸、蒯通、陆贾、邓公那样，转祸为福、从容谈吐。您想有所进取吗？那就应当像贾谊求试和终军请求出使那样，磨尖锋芒，脱颖而出。您想恬淡利禄吗？那就应当像老聃一样恪守一意和庄周那样飘然自逸，漠然人生，壮志凌云。您想遁世吗？就应当像荣期和渔父那样，栖居山岳，垂钓大壑。这一群人都是些显身成名者。现在您上不注意道德，中不效法儒、墨，孤零零地处于穷贱境地，恪守着您的愚惑。考察您的情形和志向，您退不能为隐士，进不能取三公，每天白白地虚度年华，安于俗人的喜怒哀乐，这样您觉得合适吗？”子羽痛心思考后回答说：“您的教诲我都听到了。由于天性的限制，我不懂什么礼义，幸亏上天把您安置到了我的身上。现在您想让我作忠臣吗？那么下场就像申包胥和屈原；您想让我守信吗？那我就应该杀身以成名；您想让我有气节吗？那我就必须投入水火之中以求得贞节之名。这种种名号，人人忌惮，所以我也不敢想。”头说：您说的是天刑地网、刚德有罪。不是登山抱木而死，就是撩起衣服投水自杀。我想告诉您的则是如何养性，从容地生活，您与虮虱一样不听我的话，太可悲了！都是长在人体上，为什么单单托生为您的头？而且人与人相比，拿您与太原温颙、颍川荀禹、范阳张华、士卿刘许、南阳邹湛、河南郑翔相比，您还不如他们？这几位，有的口吃五音不全；有的猥琐寡言少语；有的迟钝而故作姿态；有的喜欢哗众取宠而缺少智谋；有的像口里含着胶饴一样张不开口；有的头就像木棒一样。然而却以文采可观、思想明晰，最终能够攀龙附凤，登上朝官的宝座。有的靠舔人痔疮而得到彩车，到深渊之中偷到宝珠，您倒好，让唇舌白白腐烂，手足沾湿！在一个多事之秋里生活，却耻于为人出谋划策，就像挖地和抱瓮汲水，这是难以致富的。哎呀子羽！您和牢圈中的熊、陷阱中的虎、乱石中的饿蟹以及炉灶中的鼠有什么区别呢？事干了不少，收效却甚微，您煎熬一生，前途暗淡，真应该呀！支离形体，尚能不困，与您同处一体，这都是命啊！

这篇文章九百多字，和东方朔的《客难》、刘孝标《绝交论》颇为相似。《集仙传》所载神女《成公智琼传》，见于《太平广记》，也是张敏的作品。邹湛姓名，靠羊祜得以传世，而其字润甫，则在这里见到。

汉武帝 田蚡 公孙弘

尚论古人者，如汉史所书，于武帝则讥其好大喜功，穷奢极侈，置生民于涂炭；于田蚡(fén)则诋其负贵骄溢[1]，以肺腑[2]为相，杀窦婴、灌夫；于公孙弘则云：“性意忌[3]，外宽内深，饰诈钓名[4]，不为贤大夫所称述。”然以予考之，三君臣者，实有大功于名教[5]。自秦始皇焚书坑儒，六学散缺，高帝初兴，未遑庠序(huángxiáng)之事[6]，孝惠高后时，公卿皆武力功臣，孝文好刑名[7]，孝景不任儒。至于武帝，田蚡为丞相，黜(chù)黄、老刑名百家之言，延文学儒者以百数。帝详延天下多闻之士[8]，咸登诸朝，令礼官劝学，讲议洽闻，举遗兴礼[9]，以为天下先。而公孙弘以治[10]

《春秋》为丞相，天下学士靡然向风[11]。弘为学官，悼道之郁滞[12]，始请为博士官置弟子，郡国有秀才异等，辄以名闻，请著为令[13]。而《诗》《书》《易》《礼》之学，彬彬并兴，使唐、虞、三代以来稽古礼文[14]之事，得以不废。今之所以识圣人至道之要者，实本于此。史称其“罢黜百家，表章[15]六经，号令文章，焕[16]焉可述，”盖已不能尽其美。然则武帝奢暴，固贻患于一时蚡、弘之为人，得罪于公论，而所以扶持圣教者，乃万世之功也。平帝元始诏书，尚能称弘之率下笃俗[17]，但不及此云。

蒲轮征贤

汉武帝喜好儒术，他征聘当时名儒赵绾、王臧的老师申公，因其年迈，特派了一辆马车，并用蒲草裹住车轮，免其颠簸。从这之后，各方儒士纷纷来朝，汉朝儒学大盛。

［注释］

①负责骄溢：仗势骄傲。

②肺腑：外戚。

③性意忌：性格狭隘。

④饰诈钓名：生性狡诈，沽名钓誉。

⑤名教：指以孔子的“正名”思想为主要内容的封建礼教，魏晋南北朝时期该名称出现。

⑥未遑庠序之事：无暇顾及文化教育事业。庠序，代指学校教育。

⑦刑名：刑律。

⑧详延天下多闻之士：广招天下博学多才之士入朝为官。

⑨举遗兴礼：举遗才，兴礼乐。

⑩治：研究，治学。

⑪靡然向风：风起响应。

⑫道之郁滞：学术荒芜。郁滞，停滞不前。

⑬请著为令：请求用法令的形式将这些内容都确定下来。

⑭稽古礼文：稽古，考察古事；礼文，礼乐仪制。

⑮表章：同“表彰”。

⑯焕：光明。

⑰笃俗：笃正社会风气。

[译文]

谈论古人，就像汉代史书所记载的那样，对武帝则讽刺他好大喜功、穷奢极欲，致使人民生灵涂炭；对田蚡则诋毁他仗势骄傲，以外戚为相，杀窦婴、灌夫；对公孙弘则说他：“生性狭隘，表面宽厚，内心促狭，矫饰沽名，为贤大夫所不赞成。”然而在我看来，这君臣三位，实际上对名教都有大功。自秦始皇焚书坑儒，《诗》《书》《礼》《乐》《易》《春秋》六艺散缺，高帝建国初起，无暇顾及文化事业，惠帝高后时代，公卿都是些武官功臣，孝文帝好刑名之学，孝景帝不喜欢儒生。至于武帝，用田蚡为相，罢黜黄老刑名百家之学，招揽文学儒生上百人。武帝广召天下多闻之士到朝廷，命令礼官鼓励儒学，讲论学术，兴礼乐，举遗才，作为天下的表率。公孙弘于是以治《春秋公羊传》而登上丞相的宝座，天下学士风起响应。公孙弘为学官，对于学术荒芜感到痛心，请求皇上为博士官置弟子员，地方郡国有秀才异等要上报中央，并请求把这些内容用法律的形式肯定下来。《诗》《书》《易》《礼》之学于是彬彬兴起，唐、虞、三代以来的典章制度得以传播下来。现在能够认识圣人之道的基本精神，全赖这些人的努力。史书记载武帝“罢黜百家，表彰儒家六经，于是儒学焕然明白，”已经不能把好处全部记述。然而武帝奢侈暴虐，的确给一代人带来灾难；田蚡、公孙弘的为人处事，得罪了社会舆论，但他们扶持圣教，则是万世之功。平帝元始年间的诏书，还能称赞公孙弘率领下属笃正风气，只是没说到这一点罢了。

卷 五

庾公之斯

《孟子》：“逄(páng)蒙[1]学射于羿，尽羿之道，思天下惟羿为愈己[2]，于是杀羿。孟子曰：‘是亦羿有罪焉。’公明仪曰：‘宜若无罪焉。’曰：‘薄乎云尔，恶得无罪？’”此一段既毕，而继之曰：“郑人使子濯(zhuó)孺子侵卫，卫使庾公之斯追之。子濯孺子曰：‘今日我疾作，不可以执弓，吾死矣夫。’问其仆曰：‘追我者谁也？’其仆曰：‘庾公之斯也。’曰：‘吾生[3]矣。’其仆曰：‘庾公之斯，卫之善射者也，夫子曰吾生，何谓也？’曰：‘庾公之斯学射于尹公之他，尹公之他学射于我。夫尹公之他，端人[4]也，其取友必端也。’庾公之斯至[5]，曰：‘夫子何为不执弓？’曰：‘今

后羿篡夏弑帝相

后羿曾弑帝相而篡夏，他后来被自己教出的学生逄蒙杀死。许多人认为后羿的遭遇实在值得同情，但是孟子却认为后羿本身也有过错。孟子借后羿与子濯相比较，认为应将本领传授给尹公那样的好人。

日我疾作，不可以执弓。’曰：‘小人学射于尹公之他，尹公之他学射于夫子，我不忍以夫子之道[6]反害夫子。虽然，今日之事，君事[7]也，我不敢废。’抽矢，扣轮[8]，去其金，发乘矢而后反。”

《孟子》书子濯、庾公一段，几[9]二百字，其旨以谓使羿如子濯，得尹公而教之，则必无逄蒙之祸。然前段结尾，自澄为文者处之，必云如子濯孺子施教于尹公之他则可，不然，后段之末，必当云：以是事观之[10]，羿之不善取友，至于杀身，其失如此，然后文体相属[11]。兹判为两节，若不关联，而宫商相宣[12]，律吕明焕。立言之妙，是岂步趋模仿所能仿佛哉？人为儿童时，便读此章，未必深识其趣，故因表出而极论之。《左氏传》书卫献公奔齐云：“尹公他学射于庾公差，庾公差学射于公孙丁。他与差为孙林父追公，公孙丁御公。庾公差曰：‘射为背师，不射为戮，射为礼乎！’射两軥(qú)而还。尹公他曰：‘子为师，我则远矣。’乃反之。公孙丁授公辔(pèi)而射之，贯他臂。”即《孟子》所引者，而名字、先后、美恶皆不同。

[注释]

①逄蒙：即逢蒙，后羿的弟子。

②愈己：比自己强。愈，愈加，超过。

③吾生：我的学生。

④端人：正派的人。

⑤至：追上来。

⑥道：技艺。

⑦君事：君主之事，公事。

⑧扣轮：向车轮敲击。扣，敲击。

⑨几：接近。

⑩以是事观之：从这件事看来。

⑪相属：上下贯穿。

⑫宫商相宣：宫和商两音阶互相协调，意即相辅相成。

［译文］

《孟子·离娄下》载：“逢蒙跟随后羿学习射箭，完全获得了后羿的技巧，考虑到天下只有羿比自己强，便把羿杀死了。孟子说：‘这事羿也有过错。’公明仪说：‘好像不是这样。’孟子说：‘过错不大罢了，怎能说一点没有呢？’”这一段说完，《孟子》接着写道：“郑国曾经派子濯孺子去攻打卫国，卫国派庾公之斯来追击他。子濯孺子说：‘现在我的病发作了，拿不了弓，这下是活不成了。’他问赶车人：‘谁在追我？’赶车人回答说：‘是庾公之斯。’子濯孺子说：‘我死不了啦。’赶车人问道：‘庾公之斯是卫国的神射手，您反而说死不了，这是为什么？’子濯回答说：‘庾公之斯跟尹公之他学射，尹公之他又跟我学射。尹公之他是个正派人，他选择的学生一定也正派。’庾公之斯追上来后问道：‘先生您为什么不拿弓？’子濯回答说：‘今天我的病发作了，拿不起弓。’庾公之斯便说：‘我跟尹公之他学射，尹公又学射于您，我不忍心用您的技巧来伤害您自己。但是，今天的事情是公事，我不敢完全废弃。’于是抽出箭向车轮敲了几下，把箭头拔下，射了几箭然后就回去了。”

《孟子》记述子濯、庾公一段，近二百字，他的意思是让后羿像子濯一样，得到像尹公那样的好人才教，这样就不会有逢蒙的祸害。然而在前段结尾处，如果是一般人写文章，一定要说像子濯孺子教尹公之他那样才行，不这样写的话，则要在后段的末尾处加上这样一句话：这样看来，后羿交友不当，以致招来杀身之祸，他的过失就在这里，这样全文上下才能贯穿起来。这里判为两节，好像没有关联，然而却相辅相成，相得益彰。孟子立论的巧妙，这是那些亦步亦趋的人怎能模仿得了的？每个人从小都读《孟子》中的这一章，然而却未必都能够明了它的意趣，所以我把它列出来而详加讨论。《左传》对卫献公出奔于齐是这样记载的：“尹公他学射于庾公差，庾公差学射于公孙丁。尹公他和庾公差替孙林父追赶卫献公，公孙丁为献公赶车。庾公差说：‘向他射击就背叛了老师，不射回去就要被处死，依照礼义射两箭吧！”于是向两个轮子射击后就回来了。尹公他说：‘公孙丁是你的老师，和我就隔得远了。’乃掉过头来准备射击。公孙丁把车缰绳交给献公，向尹公他射击，箭穿透了尹公他的手臂。”这就是《孟子》那段话的出处，只是名字、次序以及各人的美恶都不相同。

万事不可过

天下万事不可过①，岂特此也？虽造化阴阳亦然。雨泽所以膏润②四海，然过则为霖淫③；阳舒④所以发育万物，然过则为燠(yù)亢⑤。赏以劝⑥善，过则为僭(jiàn)⑦；刑以惩恶，过则为滥。仁之过，则为兼爱无父，义之过，则为为我无君。执礼之过，反邻于谄；尚信之过，至于证父；是皆偏而不举之弊，所谓过犹不及者。扬子《法言》云："周公以来，未有汉公之懿(yì)⑧也，勤劳则过于阿衡。"盖谄王莽也。后之议者，谓阿衡之事不可过也，过则反，乃诮⑨莽耳。其旨意固然。

[注释]

①过：超过，逾越。
②膏润：润泽。
③霖淫：暴雨。
④舒：舒展开来，上升。
⑤燠亢：燠热，酷热。
⑥劝：劝勉，鼓励。
⑦僭：僭越。
⑧汉公：安汉公王莽。懿：德行美好。
⑨诮：讥诮。

马援聚米为山

东汉马援把米堆成小山，以代替地形模型，给皇帝讲解分析军事形势、进军计划等，十分清楚明白。

[译文]

天下的各种事情都不可过分，难道只有人事是这样吗？即使阴阳造化也是这样。下雨是为了滋润四海，然而过分后就是暴雨；阳气上升是用来培育万物的，然而过分就是酷热。奖赏是对善德的鼓励，过分就是僭越；惩罚是为了杜绝恶行，过分就是枉滥。过于仁慈，就会像墨家那样兼爱不顾自己的父亲；行义过分，就会像道家那样自私不要君主。过于拘礼，就像是在向邻居献媚；太讲信守，最终会证明自己父亲的过失。这些都是偏执的行为，就像平常所说的，过分和达不到效果是一样的。扬雄的《法言》说："从周公以来，还没有人的德行像安汉公（王莽）这样美好，而其勤劳则超过了阿衡伊尹。"这是向王莽献媚的。后人议论说，阿衡的功德是没法超过的，超过就走向了反面，这是讥讽王莽的。思想本来就是这样。

玉树新声

陈后主在位时，建三座高阁，每天在上，令宫女歌舞。当隋文帝准备伐陈时，他听信孔范的言辞，不做防范。后来陈国灭亡，孔范逃走，而陈后主与妃子躲在枯井中，被隋军俘虏。

大言误国

隗（wěi）嚣谋叛汉，马援劝止之甚力，而其将王元曰："今天水全富[①]，士马最强[②]，案秦旧迹[③]，表里河山。元请以一丸泥为大王东封函谷关。"嚣反遂决，至于父子不得其死，元竟降汉。

隋文帝伐陈，大军临江，都官尚书孔范言于后主曰："长江天堑，古以为限隔[④]南北，今日虏军岂能飞度邪？臣每患官卑，虏若渡江，臣定作太尉公矣[⑤]。"或妄言北军马死，范曰："此是我马，何为而死？"帝笑以为然[⑥]，故不为深备。已而国亡，身窜远裔（yì）[⑦]。

唐元宗有克复中原之志，及下南闽，意以谓诸国可指麾而定，而事力穷薄[⑧]，且无良将。魏岑因侍宴言[⑨]："臣少游元城，好其风物，陛下平中原，臣独乞任魏州。"元宗许之。岑趋墀（chí）下拜谢，人皆以为佞。

孟蜀通奏使王昭远，居常[⑩]好大言，有杂耕渭上之志，闻王师入讨，对宾客挼（ruó）手言："此送死来尔。乘此逐北[⑪]，遂定中原，不烦再举也。"不两月蜀亡，昭元为俘。

此四臣之佞，本为爵禄及一时容悦[⑫]而已，亦可悲哉！

［注释］

①全富：非常富裕。
②士马最强：兵强马壮。
③案秦旧迹：学习秦国的做法。案，按照。
④限隔：隔断，阻隔。
⑤臣定作太尉公矣：我一定能登上太尉的宝座，意谓在抗隋战争中立下大功。
⑥然：正确。
⑦身窜远裔：逃亡远方。
⑧事力穷薄：实力弱小。
⑨因侍宴言：在宴会上说。
⑩居常：平常。
⑪逐北：出兵北伐。
⑫容悦：龙颜大悦，即博得皇帝的宠爱。

［译文］

隗嚣准备叛汉，马援极力阻止，而其部将王元说："现在天水十分富裕，兵强马壮，我们应该像秦人那样，表里山河。请允许我用一个泥丸替大王您封上函谷关。"于是隗嚣反叛的决心下定，最后父子被杀，王元也投降了刘秀。

隋文帝准备伐陈，大军临江，都官尚书孔范对陈后主说："长江天险，自古以来就阻隔着南北方的交通，现在敌军难道能够飞渡吗？我常常为我的官位太低感到不安，敌军如果胆敢渡江，我一定能够立功之后登上太尉的宝座。"有人胡说隋军的战马死了不少，孔范说："这是我们的军马，为什么会死呢？"陈后主笑着表示赞同，并不作认真的准备。不久陈国灭亡，孔范也逃窜远方。

唐元宗有夺取中原的雄心壮志，灭了南闽之后，认为各国可以指麾而定，然而实力弱小，并且没有一员良将。魏岑在宴会上对元宗说："我从小就游历过元城，喜欢这里的风俗和物产，陛下您平定了中原，我单单请求委任我作魏州的地方官。"元宗答应了，魏岑快步到台阶下拜谢，世人认为这是故意在用花言巧语骗人。

后蜀的通奏使王昭远，平常就好说大话，志向是杂耕于渭水之上，听到宋军来攻，对宾客搓着手说："这是来送死的。乘此机会我们北伐，平定中原，不用麻烦再次用兵了。"这话说过不到两个月后蜀也就灭亡了，王昭远本人也被宋军俘虏。

这四位的花言巧语，本来是为了爵禄以及博得一时的宠爱，也太可怜了！

卷　六

鄱阳七谈

鄱阳素无图经地志①，元祐六年，余干进士都颉（jié），始作《七谈》

一篇，叙土风人物云："张仁有篇，徐濯(zhuó)有说，顾雍有论，王德琏(liǎn)有记，而未有形于诗赋之流者，因作《七谈》。"其起事则命以"建端先生"，其止语则以"毕意子"。其一章，言澹(dàn)浦、彭蠡(lí)山川之险胜，番君之灵杰；其二章，言滨湖蒲鱼之利，膏腴七万顷，柔桑蚕茧之盛；其三章，言林麓木植之饶，水草蔬果之衍，鱼鳖(biē)禽畜之富；其四章，言铜冶铸钱，陶埴(zhí)为器；其五章，言宫寺游观，王遥仙坛，吴氏润泉，叔伦戴堤；其六章，言鄱江之水；其七章，言尧山之民，有陶唐之遗风。凡三千余字，自谓八日而成，比之太冲十稔、平子十年为无慊(qiàn)[2]。予偶于故簏(lù)中得之，惜其不传于世，故表著于此。其所引张、徐、王、顾所著者，今不复存，更为可恨[3]也。

[注释]

①图经地志：泛指地理方面的著作。图经，附有图画、地图的书籍或地理志。地志，记载国家或区域的地形、气候、居民、政治、物产、交通等变迁的书。

②无慊：不逊色。

③可恨：可惜。

[译文]

鄱阳地区一直没有地理方面的著作，哲宗元祐六年（1091），余干进士都颉才作了一篇《七谈》，叙述这一地区的风土民情，他写道："张仁、徐濯、顾雍、王德琏等人曾经写过文章，却从来没有人用诗赋的形式对这一地区的风情加以记述，所以我写下这篇《七谈》。"它的记事起于"建端先生"，止于"毕意子"。第一章讲了澹浦、彭蠡的险要山川、番君的英明；第二章讲述湖滨地区发达的渔业、农业和蚕桑业的情况；第三章讲述林业、蔬菜和副业生产的情况；第四章记述冶炼、陶埴等手工业生产；第五章记述寺院情况，王遥仙坛、吴氏润泉、叔伦戴堤；第六章讲鄱江之水；第七章讲当地纯朴的民风。一共三千多字，都颉自己说八天写成，比之太冲十稔、平子十年一点也不逊色。偶然中我从旧籍子里翻到了它，为它没有流传于世而感到惋惜，所以写在这里以示表彰。他所引张、徐、王、顾的著作，现在都已失传，更为可惜了。

卜筮不敬

古者龟为卜，筴(shì)[1]为筮，皆兴神物以前民用。其用之至严，其奉之至敬，其求之至悉，其应之至精[2]。斋戒乃请[3]，问不相袭[4]，故史祝所言，其验若答。周史筮陈敬仲，知其八世之后莫之与京[⑤]，将必代齐有国。史苏占晋伯姬之嫁，而及于为嬴(yíng)败姬，惠、怀之乱。至邃(suì)至赜(zé)[⑥]，通于神明。后世浸以不然，今而愈甚。至以饮食猱(náo)杂之际，呼日者隅坐，使之占卜，往往不加冠裳，一问四五，而责其术之不信，岂有是理哉？善乎班孟坚之论曰："君子将有为也，将有行也，问焉而以言，其受命也如响。及至衰世[⑦]，懈于斋戒，而屡烦卜筮，神明不应。故筮渎不告，《易》以为忌；龟厌不告[⑧]，《诗》以为刺。"谓《周易》之《蒙卦》曰："初筮告，再三渎，渎则不告。"《诗·小旻(mín)》之章云："我龟既厌，不我告犹[⑨]。"言卜问烦数，狎嫚(màn)于龟，龟灵厌之，不告以道也。汉世尚尔，况在于今？未尝顷刻尽敬，而一归咎于淫巫瞽史[⑩]，其可乎哉？

班固

班固，东汉著名的官吏，史学家、文学家。征匈奴时为中护军，兵败受牵连，死狱中。其善辞赋，有《两都赋》等。

［注释］

①筴：蓍草，古时常用来筮算。

②其应之至精：神物的应答也极为精确。

③斋戒乃请：斋戒后才敢请问。

④袭：因袭，重复。

⑤京：抗争。

⑥至赜：极其深奥微妙。亦指极深奥微妙的道理。

⑦衰世：风俗衰败。

⑧龟厌不告：神龟厌烦了也不回答。

⑨不我告犹：即"不告我犹"，不再告诉我们未来的吉凶。

⑩淫巫瞽史：占卜者。

［译文］

古代用龟壳占卜，用蓍草筮算，这些神物都为我们的先民们所使用。先民们使用得非常严格，尊奉得十分虔敬，求问极为详细，所以神物的应答也极为精确。询问以前先斋戒，问题不相重复，所以卜祝的话，就像回答问题一样灵验。周王室史官替陈完占卜，知道他八世之后没有人能与他抗争，必将代姜氏而有齐国。史苏占卜晋国的伯姬出嫁，将赶上怀嬴败坏姬氏，以及晋惠公和晋怀公时代的动乱。这其中的奥妙，简直直通神明。后世浸坏，今天更甚。甚至在吃饭杂闹的时候，让占卜者坐在角落里进行占卜，往往衣冠不整，接连发问，这样却要批评占卜不能应验，哪有这样的道理？班固说得好："君子有所动作，外出行动，问而有答，十分灵验。后世风俗衰败，懈于斋戒，而屡烦卜筮，神明也不应验了。所以亵渎之后神灵就不会告诉你，《周易》以此为忌；神龟烦了就不回答，《诗经》对此进行了批评。"这里说的是，《周易·蒙卦》："初次卜筮，神灵回答你；反复卜筮，亵渎了神明，神明就不回答了。"《诗经·小雅·小旻》说："我们的灵龟已经厌倦，不再告诉我们未来的吉凶。"这是说卜问太多了，狎嫚了灵龟，灵龟厌倦后就不再把吉凶告诉出来。汉代尚且如此，何况今天？顷刻的虔敬也没有，却把不灵验的责任统统归结到占卜者的身上，这怎么能行呢？

糖霜谱

糖霜之名，唐以前无所见。自古食蔗者始为"蔗浆"，宋玉《招魂》所谓"胹(ér)鳖炮羔有柘浆"是也。其后为蔗饧(xíng)[1]，孙亮使黄门就中藏吏取交州献甘蔗饧是也。后又为石蜜，《南中八郡志》云："笮(zhà)甘蔗汁，曝成饴，谓之石蜜。"《本草》亦云："炼糖和乳为石蜜"是也。后又为蔗酒，唐赤土国用甘蔗作酒，杂以紫瓜根是也。唐太宗遣使至摩揭陀国，取熬糖法，即诏扬州上诸蔗，榨沈如其剂，色味愈于西域远甚，然只是今之沙糖。蔗之技尽于此，不言作霜，然则糖霜非古也。历世诗人模奇写异[2]，亦无一章一句言之。唯东坡公过金山寺，作诗送遂宁僧圆宝云："涪江与中泠，共此一味水。冰盘荐琥珀，何以糖霜美。"黄鲁直在戎州，作颂答梓州雍熙长老寄糖霜云："远寄蔗霜知有味，胜于崔子水晶盐。正宗扫地从谁说，我舌犹能及鼻尖。"则遂宁糖霜见于文字者，实始二公。甘蔗所在皆植，独福唐、四明、番禺、广汉、遂宁有糖冰，而遂宁为冠[3]。四郡所产甚微，而颗碎色浅味薄，才比遂之最下者，亦皆起于近世。唐大历中，有邹和尚者，始来小溪之繖(sǎn)山，教民黄氏以造霜之法。 繖山在县北二十里，山前后为蔗田者十之四，糖霜户十之三。蔗有四色，曰杜蔗，曰西蔗，曰艻(lè)蔗，《本草》所谓荻蔗也，曰红蔗，《本草》昆仑蔗也。红蔗止堪[4]生啖，艻蔗可作沙糖，

西蔗可作霜，色浅，土人不甚贵，杜蔗紫嫩，味极厚，专用作霜。凡蔗最困地力，今年为蔗田者，明年改种五谷以息之[5]。霜户器用，曰蔗削，曰蔗镰，曰蔗凳，曰蔗碾，曰榨斗，曰榨床，曰漆瓮，各有制度。凡霜，一瓮中品色亦自不同，堆叠如假山者为上，团枝次之，瓮鉴次之，小颗块次之，沙脚为下。紫为上，深琥珀次之，浅黄又次之，浅白为下。宣和初，王黼（fǔ）创[6]应奉司，遂宁常贡外，岁别进数千斤。是时，所产益奇，墙壁或方寸，应奉司罢，乃不再见。当时因之大扰，败本业者居半，久而未复。遂宁王灼作《糖霜谱》七篇，具载其说，予采取之以广闻见。

[注释]

①饧：糖稀。
②模奇写异：喜欢猎奇。
③冠：首，最好。
④止堪：只适合。
⑤以息之：让田地休息。
⑥创：创立，设立。

[译文]

糖霜的名字，唐以前没有见过。古代吃蔗糖，最早制成的叫作“蔗浆”，宋玉《招魂》所说的“胹鳖炮羔有柘浆”，说的就是这个东西。后来出现了糖稀，孙亮派黄门到中藏吏那里取交州所献的甘蔗饧，甘蔗饧就是糖稀。后来又出现了石蜜，《南中八郡志》说：“榨甘蔗汁，晒成饴状的东西，就叫作石蜜。”《本草》也说：“炼糖和乳而成的东西叫石蜜。”后来又出现了蔗酒，唐时赤土国用甘蔗作酒，杂以紫瓜根，就是这个东西。唐太宗派使者到摩揭陀国去，学来熬糖的方法，太宗立即下诏扬州地区上交甘蔗，用其法榨糖，色味比西域糖强多了，然而只是今天的砂糖。蔗糖制作的技术只有这些，并不曾说过作糖霜的话，那么糖霜的制作只能是晚近的事情。历代诗人喜欢猎奇，也无一章一句提到过。只有苏东坡先生过金山寺时，作诗送给遂宁僧人圆宝才提到：“涪江与中泠，共此一味水。冰盘荐琥珀，何以糖霜美。”黄庭坚先生在戎州，作诗答谢梓州雍熙长老寄赠糖霜时写道：“远寄蔗霜知有味，胜于崔子水晶盐。正宗扫地从谁说，我舌犹能及鼻尖。”遂宁糖霜见于文字记载，的确是从苏、黄二位开始的。甘蔗到处都种，只有福唐、四明、番禺（今属广东）、广汉、遂宁出产糖冰，其中遂宁的最好。其他四个地方的产量低，而且颗碎、色浅、味薄，只能比上遂宁的最低级，也都是近代才学会制作的。唐代宗大历中，有个叫邹和尚的人来到小溪的缴山，开始教当地一个姓黄的老百姓制作糖霜的方法。

缴山在小溪县城北二十里，山前山后十分之四的土地都种上了甘蔗，十分之三的人家从事熬糖的工作。当地的甘蔗有四个品种：杜蔗，西蔗，艻蔗，这就是《本草》所说的荻蔗，红蔗，即《本草》上的昆仑蔗。红蔗只能生吃；艻蔗可作砂糖；西蔗可作糖霜，因其色浅，当地人不很稀罕；杜蔗紫嫩，味极甜，专门用来作糖霜。种甘蔗最耗地力，今年作蔗田，明年必须改种粮食以休息地力。制作糖霜人家所持的器械，有蔗削、蔗镰、蔗凳、蔗碾、榨斗、榨床、漆瓮等，各有标准。一瓮之中的糖霜质量也分不同的等级，堆叠得像假山一样的为上等，像团枝一样的稍次一些，像瓮鉴一样的再次些，小颗粒的再次些，像沙子一样的为末等。从颜色上说，一等为紫色，二等为深琥珀色，浅黄为三等，浅白为下。徽宗宣和初年，王黼创设应奉司，遂宁在定额之外，每年还必须另外贡献几千斤。当时，出产很少，墙壁或方寸，应奉司撤了之后，就再见不到了。搞得人心惶惶，破产者过半，元气很长时间恢复不过来。遂宁人王灼作《糖霜谱》七篇，把这件事记载得很详细，我采摘一些过来使之传播得更广泛些。

汉武帝喜杀人者

汉武帝天资刚严，闻臣下有杀人者，不唯[1]不加之罪，更喜而褒称之。李广以故将军屏居[2]蓝田，夜出至亭，为霸陵醉尉所辱。居无何[3]，拜右北平太守，请尉与俱，至军而斩之，上书自陈谢罪。上报曰："将军者，国之爪牙也，怒形则千里竦[4]，威振则万物伏[5]。夫报忿除害，朕之所图于将军也。若乃免冠徒跣[6]，稽颡（sǎng）请罪[7]，岂朕之指哉？"胡建守军正丞（谓未得真官，兼守之也），时监军御史穿北军垒垣以为贾区[8]，建欲诛之。当选士马日[9]，御史与护军诸校列坐堂皇上，建趋至拜谒，因令走卒曳御史下，斩之。遂上奏曰："案军法，正亡属将军，将军有罪以闻，二千石以下行法焉。丞于用法疑，臣谨以斩。"谓丞属军正，斩御史于法有疑也。制曰："三王或誓于军中，欲民先成其虑也；或誓于军门之外，欲民先意以待事也；或将交刃[10]而誓，致民志也。建有何疑焉？"建由是显名。观此二诏，岂不开妄杀之路乎？

［注释］

①不唯：不但。

②屏居：息官隐居。

③居无何：过了不久。
④竦：惊悚，害怕。
⑤伏：震伏。
⑥免冠徒跣：脱下帽子，赤着脚。
⑦稽颡请罪：磕头谢罪。颡，额头，脑门。
⑧穿：推倒。垒垣：垒起来的土堆，即院墙。贾区：商业集市区。
⑨当选士马日：在挑选士兵的那一天。
⑩交刃：战争。

[译文]

汉武帝天性刚戾，听到臣下有人杀人，不但不加以治罪，反而加以赞扬。李广以故将军的身份退居蓝田，夜出至亭，被醉了酒的霸陵尉羞辱一顿。过了不久，李广被拜为右北平太守，请把霸陵尉调出随他一起走，到了右北平就把他斩首，接着上书谢罪。武帝批示道："将军为国家的爪牙，发怒则千里惊恐，奋威则万物倒伏。报仇除害，正是我对将军你的期望。如果你摘帽赤脚，叩头谢罪，这哪里是我的意思？"胡建代理军正丞，监军御史推倒北军的一堵院墙作为军市，胡建准备斩了他。在挑选战士的那一天，御史和护军诸校尉站在武帝的两边，胡建跨前拜谒过皇上后，命令随从把御史拖下来斩掉。于是上奏武帝说："按照军法，军正不受将军统属，将军有罪要及时报告，二千石以下的官吏可以就地处置。我对军法有点疑问，但我还是把监军御史斩了。"这是说军丞统属于军正，斩御史不知是否合法。武帝答复说："三王之中，有的在军中起誓，这是想让人民不要有疑虑；有的在军门之外誓师，这是让人民先有个思想准备；有的则在战前誓师，这是为了鼓励斗志。你有什么疑虑的呢？"胡建由此出了名。看了这两道诏书之后，怎能不开妄杀之戒呢？

卷　七

盛衰不可常

东坡谓废兴成毁不可得而知[1]。予每读书史，追悼古昔，未尝不掩卷而叹。伶子于叙《赵飞燕传》，极道其姊弟[2]一时之盛，而终之以荒田野草之悲，言盛之不可留，衰之不可推[3]，正此意也。国初时，工部尚书杨玢(bīn)长安旧居，多为邻里侵占，子弟欲以状诉其事，玢批纸尾，有"试上含元基上望，秋风秋草正离离[4]"之句。方去唐末百年，而故宫殿已如此，殆于宗周《黍离》之咏矣。慈恩寺塔有荆叔所题一

赵合德

赵合德是赵飞燕的妹妹，两人同事汉成帝。汉代伶玄写《赵飞燕传》，极力渲染飞燕姐妹一时间的荣宠，却以荒田野草的悲凉作为结尾，让人心生幻灭之感。

绝句，字极小而端劲[5]，最为感人。其词曰："汉国河山在，秦陵草木深。暮云千里色，无处不伤心。"旨意高远，不知为何人，必唐世诗流所作也。李峤(qiáo)[6]《汾阴行》云："富贵荣华能几时？山川满目泪沾衣。不见只今汾水上，唯有年年秋雁飞。"明皇闻之，至于泣下。杜甫《观画马图》云："忆昔巡幸新丰宫，翠华拂天来向东。腾骧(xiāng)磊落三万匹，皆与此图筋骨同。君不见金粟堆前松柏里，龙媒去尽鸟呼风。"《公孙大娘弟子舞剑器行》云："先帝侍女八千人，公孙剑器初第一。五十年间似反掌，风尘澒(hòng)洞昏王室。梨园弟子散如烟，女乐余姿映寒日。"元微之《连昌宫词》云："两京定后六七年，却寻家舍行宫前。庄园烧尽有枯井，行宫门闼(tà)[7]树宛然。"又云："舞榭欹(qī)倾[8]基尚存，文窗[9]窈窕纱犹绿。""上皇偏爱临砌花，依然御榻临阶斜。""寝殿相连端正楼，太真梳洗楼上头。晨光未出簾[10]影黑，至今反挂珊瑚钩。指似傍人因恸哭(tòng kū)，却出宫门泪相续。"凡此诸篇，不可胜记。《飞燕别传》以为伶玄所作，又有玄自叙及桓谭跋(bá)[11]语。予窃[12]有疑焉，不唯其书太媟(xiè)，至云扬雄独知之，雄贪名矫激，谢不与交；为河东都尉，捽(zuó)辱决曹班躅(zhú)，躅从兄子彪续司马《史记》，绌子于无所叙录，皆恐不然。而自云："成、哀之世，为淮南相。"案，是时淮南国绝久矣，可昭其妄也。因序次诸诗，聊载于此。

［注释］

①不可得而知：不能预先得知。

②其姊弟：赵飞燕姐妹。

③推：改变。

④离离：盛多貌，此处指草木茂盛的样子。

⑤端劲：端正遒劲。

⑥李峤：唐朝诗人，对唐代律诗和歌行的发展有一定影响。和杜审言、崔融、苏味道并称“文章四友”。其诗绝大部分为五言近体，风格近似苏味道而文采更甚之。

⑦门阂：宫门。

⑧攲倾：歪倒，歪斜。

⑨文窗：刻有花纹的窗子。

⑩簾：同“帘”。

⑪跋：文章或书籍正文后面的短文，说明写作经过、资料来源等与成书有关的情况。

⑫窃：谦辞，代指自己。

［译文］

苏东坡说兴衰成败不可能预先得知。每当我阅读史书，追思往古的人事，没有一次不是合上书卷便长长感叹。汉代伶玄写《赵飞燕传》，极力渲染飞燕姐妹一时间的荣宠，却以荒田野草的悲凉作为结尾，所谓贵盛不能永留，衰落是不可改变的结局，正是这个意思。宋朝初年，工部尚书杨玢在长安的旧居有不少被邻居们侵占去了，杨家的后代想递状告这件事，杨玢在状纸下面批了几句话，有一句说“试上含元基上望，秋风秋草正离离”。唐朝灭亡还不到一百年，而故宫旧殿就变成这般模样，几乎和宗周《黍离》的歌咏差不多了。慈恩寺的塔壁上有荆叔题写的一首绝句，字很小但很端正遒劲，写得非常感人。这首诗写道：“汉国河山在，秦陵草木深。暮云千里色，无处不伤心。”寓意深沉高远，不知作者荆叔是什么人，但肯定是唐代诗人的笔墨。李峤《汾阴行》说：“富贵荣华能几时？山川满目泪沾衣。不见只今汾水上，唯有年年秋雁飞。”唐玄宗读了之后，竟然为之伤心落泪。杜甫《观画马图》诗说：“忆昔巡幸新丰宫，翠华拂天来向东。腾骧磊落三万匹，皆与此图筋骨同。君不见金粟堆前松柏里，龙媒去尽鸟呼风。”《公孙大娘弟子舞剑器行》说：“先帝侍女八千人，公孙剑器初第一。五十年间似反掌，风尘澒洞昏王室。梨园弟子散如烟，女乐余姿映寒日。”元微之的《连昌宫词》说：“两京定后六七年，却寻家舍行宫前。庄园烧尽有枯井，行宫门阂树宛然。”又说：“舞榭攲倾基尚存，文窗窈窕纱犹绿。”“上皇偏爱临砌花，依然御榻临阶斜。”“寝殿相连端正楼，太真梳洗楼上头。晨光未出簾影黑，至今反挂珊瑚钩。指似傍人因恸哭，却出宫门泪相续。”总之这样的诗篇，多得无法计数。《飞燕别传》世传伶玄所写，其书还载有伶玄的自叙和桓谭的跋语。我对此颇有怀疑，不单单是因为这本书描写猥亵，至于说扬雄了解他，说扬雄由于顾惜名声，掩盖真情，所以不与伶玄交往；还有人说伶玄曾任河东都尉，殴打过决狱官班躅，班躅叔伯兄长的儿子班彪续写司马迁《史记》时，以伶玄没有像样的著述为由把他排除于史书之外，这些说法恐怕都不可信。伶玄的自叙又说：“汉成帝、哀帝时任淮南王相。”按，成帝、哀帝时淮南封国早就亡了，足可证明这种说法的荒谬。因而只摘录上述这些诗篇，附记在此。

叙西汉郊祀天地

郊祀合祭、分祭之论①，国朝元丰、元祐(yòu)、绍圣中三议之矣，莫辩②于东坡之立说，然其大旨驳当时议臣，谓周、汉以来，皆尝合祭，及谓夏至之日行礼为不便。予固赞美之于《四笔》矣，但熟考③《汉史》，犹为未尽。自高皇帝增秦四畤(zhì)为五，以事天地。武帝以来，至于元、成，皆郊见甘泉④。武帝因幸汾(fén)阴，始立后土祠于脽(shuí)上，率岁岁间举之，或隔一岁，常以正月郊泰畤，三月祠后土。成帝建始元年，初立南北郊，亦用正月、三月辛日，而罢甘泉、汾阴之祭。元丰、祐、绍三议，皆未尝及此。盖盛夏入庙出郊，在汉礼元不然也。是时，坡公以非议者所起，故不暇更为之说。似不必深攻⑤合祭为王莽所行，庶几往复考赜⑥，不至矛盾，当复俟知礼者折衷之焉。

刘邦

汉高祖刘邦得了天下后，将秦朝的祭地由原来的四个增加到五个，并以此来敬事天地。

［注释］

①合祭：天神地祇合在一起祭祀。分祭：将天神和地祇分开祭祀。

②辩：明白。

③熟考：仔细考察。

④郊见甘泉：在甘泉宫进行祭祀。

⑤深攻：仔细查究并非议。

⑥考赜：考察。

［译文］

郊祀中的合祭和分祭，本朝元丰、元祐、绍圣年中已经议论了三次，没有比苏轼的议论更明白的，然而苏轼之说的主要目的在于驳斥当时参加议论的大臣，说周、汉以来，都曾是合祭天地，并说夏至这一天行郊祭礼十分不便。我原已在《容斋四笔》中予以赞美，只是仔细地考察《汉书》，感到苏轼之说还不是十分详尽。自从汉高祖刘邦把秦朝的四个祭地增为五个，并以此敬事天地。汉武帝以后，直到元帝、成帝，都在甘泉宫进行祭祀。因汉武帝曾巡行于汾阴，才在脽上建立了后土祠，其后年年都到那里去祭后土，有时也隔一年去一次，通常是正月里祭泰畤，三月里祭后土。汉成帝建始元年（公元前 32），开始设立南北两郊，也还采用正月和三月的辛日祭天地，此后取消了甘泉和汾阴的郊祭活动。元丰、元祐、绍圣间的三次议论，都没有说到这些。看来盛夏之时进入庙中、外出郊野，在汉代的礼制中原本就不是如此。当时，苏东坡由于持错误意见的大臣占了上风，所以来不及再提出详尽的说法。看来似乎没有必要深究合祭是王莽实行的制度，或许可以通过更详密的考证，使之不至于自相矛盾，这就要等待深知礼制的学者来为之折中了。

卷　八

唐臣乞赠祖

唐世赠[1]典唯一品乃及祖，余官只赠父耳。而长庆中流泽[2]颇异。白乐天制集有户部尚书杨於陵，回赠其祖为吏部郎中，祖母崔氏为郡夫人。马总准制赠亡父，亦请回其祖及祖母。散骑常侍张惟素亦然。非常制也[3]。是时崔植为相，亦有《陈情表》云："亡父婴甫，是臣本生；亡伯祐甫，臣今承后。嗣袭虽移，孝心则在。自去年以来，累有庆泽，凡在朝列，再蒙追荣，或有陈乞，皆许回授。臣猥(wěi)[4]当宠擢(zhuó)，而显扬之命，独未及于先人。今请以在身官秩，并前后合叙勋封，特乞回充追赠。"则知其时一切之制如此。伯兄文惠执政，乞以己合转官回赠高祖，既已得旨，而为后省封还。固近无此比[5]，且失于考引唐时故事也。

［注释］

①赠：赠官。朝廷对功臣的先人或本人死后追封爵位官职。

②流泽：流布恩德。

③非常制也：不是通行的制度。

④猥：不才，表自谦。

⑤近无此比：近代没有追赠的这种先例。

［译文］

唐朝赠官的法令规定只有一品官才能追赠他的祖父辈，其余官品的官员只追赠到父辈。然而穆宗长庆年间，皇恩更为浩荡。白居易的制词中有写户部尚书杨於陵的一首，追赠杨的祖父为吏部郎中、祖母崔氏为郡夫人。马总得到恩准，追赠已故的父亲，也请求天子追赠他的祖父和祖母。散骑常侍张惟素也是如此。似乎不是法定制度。当时崔植担任宰相，也有一封《陈情表》说："已故父亲婴甫，是下臣的生身之父；已故伯父祐甫，是下臣的继养之父。虽然过继给伯父祐甫，但孝敬亲父之心却念念不能忘怀。自从去年以来，朝廷对大臣们多有恩泽，凡是在朝的大夫，都得到陛下追赠先人的荣宠，只要是有所陈述，都准许追赠授官。下臣不才，有幸得到陛下的奖拔重用，只是荣显的恩泽还没有施及于先人。如今下臣请求用在身的官位和此前此后应当叙的勋阶和封爵，希望圣上允许追赠先人。"看来当时的法定制度就如此。我的叔伯兄长洪适当宰相时，也曾请求以在身应该迁转的官爵追赠高祖，随即得旨准允，却被中书省封还，不予办理。此种追赠近代确无前例，却没有详细地考察唐朝的旧制度。

卷　九

擒鬼章祝文

东坡在翰林作《擒鬼章奏告永裕陵祝文》云："大猕获禽，必有指踪之自[1]。丰年多廪[2]，孰知耘耔[3]之劳？昔汉武命将出师，而呼韩来庭[4]，效于甘露；宪宗厉精讲武[5]，而河湟(huáng)恢复，见于大中。"其意盖以神宗有平唃(gǔ)氏之志，至于元祐，乃克有成，故告陵归功，谓武帝、宪宗亦经营于初，而绩效在于二宣之世，其用事精切[6]如此。今苏氏眉山功德寺所刻大小二本，及季真给事在临安所刻，并江州本、麻沙书坊《大全集》，皆只自"耘耔"句下，便接"憬(jǐng)彼西戎，古称右臂"。

司马光

司马光为人耿直，朴素节俭，但其行事较偏激，主张法制永远不变，政治思想比较保守。

正是好处，却芟[7]去之，岂不可惜？唯成都石本法帖真迹，独得其全。坡集奏议中登州上殿三札，皆非是[8]。司马季思知泉州，刻温公集，有作中丞日弹[9]王安石章，尤可笑。温公以治平四年解中丞，还翰林，而此章乃熙宁三年者。二集皆出本家子孙，而为妄人所误[10]，季真、季思不能察耳。坡内制有《温公安葬祭文》云：“元丰之末，天步为艰。社稷之卫，中外所属。惟是一老，屏予一人[11]。名高当世，行满天下[12]。措国于太山之安[13]，下令于流水之源。岁月未周，纲纪略定。天若相之[14]，又复夺之。殄瘁之哀，古今所共[15]。知之者神考，用之者圣母。驯致其道[16]，太平可期。长为宗臣，以表后世。往奠其葬，庶知[17]予怀！”而石本颇不同，其词云：“元丰之末，天步惟艰[18]，社稷之卫，存者有几？惟是一老，屏予一人。措国于太山之安，下令于流水之源。岁未及期，纲纪略定。道之将行，非天而谁？天既予之，又复夺之，惟圣与贤，莫如天何！然其所立[19]，天亦不能亡也。知之者神考，用之者圣母。驯致其道，终于太平。永为宗臣，与国无极。于其葬也，告诸其柩[20]。”今莫能考其所以异也。

[注释]

①指踪之自：指挥得当。

②廪：仓廪，仓库，此处代指粮食。

③耘耔：耕耘播种。

④呼韩来庭：单于呼韩邪来到汉廷。
⑤厉精讲武：励精图治，用武力来强国。
⑥精切：精准恰当。
⑦芟：删除。
⑧皆非是：都不是苏轼所写。
⑨弹：弹劾。
⑩而为妄人所误：可是被一些无知的人窜改。
⑪屏予一人：摒弃其他，唯一的人选。
⑫行满天下：他的举止天下人都称颂不已。
⑬措国于太山之安：把国家治理得如同泰山一般安定。
⑭天若相之：上天要任用他为相。
⑮殄瘁之哀，古今所共：他为国家鞠躬尽瘁，人们对他的哀悼也如同古代贤臣。殄：尽，绝，这里代指死亡。瘁，鞠躬尽瘁。
⑯驯致其道：如果按照他的政策治理。
⑰庶知：无人知道。
⑱天步惟艰：宋神宗体弱多病。
⑲然其所立：然而他所立下的功绩和做出的表率。
⑳柩：灵柩，此处代指灵魂。

[译文]

苏轼在担任翰林学士时，写了一篇《擒鬼章奏告永裕陵祝文》，祝文这样写道："出猎而有所获，一定指挥精当。丰年百谷丰收，谁知道耕夫除苗培土的辛劳？当年汉武帝派大将出征，而单于呼韩邪来到朝廷，宣帝甘露年中俯首受降；唐宪宗励精图治，以武强国，而河湟一带复入版图，功劳显于大中年间。"此文本意在于说明宋神宗有扫平西夏唃氏的壮志，直至元祐年间，才取得辉煌战绩，因此祭告先帝之灵，归功于先帝，指明汉武帝、唐宪宗也是开始运筹谋划，真正的成功则在于汉宣帝和唐宣宗之时，苏轼使用典故竟是如此的精当。现今苏氏眉山功德寺所刻的大字本、小字本，以及给事中苏季真在临安府所刻本，还有江州本、建阳麻沙书坊刻本《东坡先生大全集》中，都是在"耘耔之劳"这一句的后面直接"憬彼西戎，古称右臂"句。其实"耘耔之劳"后面的几句才真正是精华之笔，却被删去，怎不令人深觉惋惜？只有成都石印的碑帖真迹还保留了原貌。苏轼文集的奏议部分有登州上殿三封短短的奏札，都不是苏轼所作。司马季思任泉州知州，刻印了《司马温公集》，其中有司马光担任御史中丞时写的弹劾王安石的奏章，尤其令人发笑。司马光在英宗治平四年（1067）便从御史中丞的职位上改官，还到翰林学士院任职，而这篇奏章却是神宗熙宁三年（1070）时所作。这两部文集都是由本家子孙校刻的，可是刻印前已被某些人窜改过，苏季真、司马季思未能审查出来而已。苏轼的翰院制词里有一首《温公安葬祭文》，祭文写道："元丰末年，神宗多病。选择良相，是朝廷上下一致关注的大事。这位老臣，可谓是唯一的人选。他的名声远布天下，他的廉洁举世称颂。把国家治理得安如泰山，发号施令像是流水一样上下贯通。没有多久，朝廷纲纪便井井有条。这是上天要任他为宰相，可偏偏又夺去了他的宰相之职。他为国家鞠躬尽瘁，人们对他的哀悼也如同古代贤臣。真正了解他的是已驾崩的神宗，大胆任用他的是圣明的太后。如果按照他的政策治理，太平盛世指日可待。他多年在朝中担任重臣，可以垂范于后代。如今参加他的葬礼，谁能知道我的沉重和悲哀！”但是石印本的东坡全集字句与上述大有出入，石印本这样写道：“元丰末年，神宗多病，选择良相，真正在世的还有几个人？只有这位老臣，可谓是唯一的人选。他把国家治理得安如泰山，发号令像是流水一样上下贯通。不到一年，朝廷纲纪便井井有条。开明的政令得以实施，这不是上天的意志又是谁呢？上天既把大任交付给他，却又把宰臣之位夺了回去，看来圣人贤人，对于天意也无可奈何！然而他的治理和他的表率，是上天夺不走的。真正了解他的是已驾崩的神宗，大胆任用他的是圣明的太后。如果按照他的政策治理，最终能出现太平盛世。让他久任宰相之职，对国家的贡献则无人可比。如今在他的葬礼上，我以此文来告慰他的英灵。”如今也没有办法来考察二者为什么相差这么多。

欧阳修

欧阳修字永叔，号醉翁、六一居士，“唐宋八大家”之一，其诗、词、散文均为一时之冠。文中许多反映当时社会生活的事件。从他的《送僧慧勤归余杭》这首诗中就能看出当时杭州的繁华景象。

欧公送慧勤诗

国朝承平之时，四方之人，以趋京邑为喜。盖士大夫则用功名进取系心，商要则贪舟车南北之利[①]，后生嬉戏则以纷华盛丽而悦。夷考其实，非南方比也[②]。读欧阳公《送僧慧勤归余杭》之诗可知矣。曰：“越俗僭(jiàn)宫室，倾赀(zī)[③]事雕墙。佛屋尤其侈，耽耽拟侯王。文彩[④]莹丹漆，四壁金焜煌。上悬百宝盖，宴坐以方床。胡为弃不居，栖身客京坊？辛勤营一室，有类燕巢梁。南方精饮食，菌笋比羔羊。饭以玉粒粳，调之甘露浆。一馔(zhuàn)费千金，百品罗成行。晨兴未饭僧，日昃[⑤]不敢尝。乃兹随北客，枯粟充饥肠。东南地秀绝，山水澄清光。余杭几万家，

日夕焚清香。烟霏四面起，云雾杂芬芳。岂如车马尘，鬓发染成霜？三者孰苦乐？子奚勤四方！”观此诗中所谓吴越宫室、饮食、山水三者之胜，昔日固如是矣。公又有《山中之乐》三章送之归。勤后识东坡，为作《诗集序》者。

［注释］

①舟车南北之利：做买卖的利润。古时做买卖都要车马劳顿，转运货物，故有此说。

②非南方比也：不能跟南方相比。

③赀：钱财。

④文彩：文采。

⑤昃：太阳偏西。

［译文］

本朝太平的时节，四面八方的人们都把游京城当作喜欢的事。士大夫们想的大都是到这里求取功名利禄，商人们大都是贪图买卖上的利益，后生少年们游玩，也喜欢京城的繁华热闹。考察事实，还并不能跟南方相比。读到欧阳修的《送僧慧勤归余杭》这首诗就可以清楚了。这首诗说：“越俗僭宫室，倾赀事雕墙。佛屋尤其侈，耽耽拟侯王。文彩莹丹漆，四壁金焜煌。上悬百宝盖，宴坐以方床。胡为弃不居，栖身客京坊？辛勤营一室，有类燕巢梁。南方精饮食，菌笋比羔羊。饭以玉粒粳，调之甘露浆。一馔费千金，百品罗成行。晨兴未饭僧，日昃不敢尝。乃兹随北客，枯粟充饥肠。东南地秀绝，山水澄清光。余杭几万家，日夕焚清香。烟霏四面起，云雾杂芬芳。岂如车马尘，鬓发染成霜？三者孰苦乐？子奚勤四方！”可以看出，此诗当中所说的吴越之地宫室、饮食和山水三方面的出色，北宋时就已经是这样了。欧阳修还有《山中之乐》三章诗，也是送慧勤返回余杭的。慧勤后来也结识了苏轼，就是为苏轼的诗集写序言的那个和尚。

东不可名园

今人亭馆园池，多即其方隅[1]以命名。如东园、东亭、西池、南馆、北榭之类，固为简雅，然有当避就处。欧阳公作《真州东园记》，最显。案：《汉书·百官表》：“将作少府，掌治宫室，属官有东园主章。”注云：“章谓大材也。主章掌大材，以供东园大匠。”绍兴三十年，予为省试参详官，主司委出词科题，同院或欲以“东园主章”为箴[2]，予曰：“君但知汉表耳！《霍光传》：‘光之丧，赐东园温明。’服虔曰：‘东园处此器，以镜置其中，以悬尸上。’师古曰：‘东园，署名也，属

少府。其署主作此器。'《董贤传》：'东园秘器以赐贤。'注引《汉旧议》：东园秘器作棺。若是，岂佳处乎？"同院惊谢而退[3]。然则以东名园，是为不可。予有两园，适居东西，故扁西为西园，而以东为东圃，盖避此也。

［注释］

①方隅：方位。

②箴：考题。

③惊谢而退：大吃一惊，道歉而去。

［译文］

当今人们的亭台楼馆、园林水池，很多都根据它们的方位命名。比如东园、东亭、西池、南馆、北榭之类，这样的名称固然明快典雅，可是还是有应当避而不用的字。欧阳修写《真州东园记》就是很明显的。按：《汉书·百官公卿表》说："将作少府主管修建宫室，他的属官主要有东园主章。"注释说："章指的是硕大的木材。主章主管搜求大木，供东园大匠选用。"绍兴三十年（1160）时，我担任省试的参详官，主管委托我们出词科的考题，同僚中有人想以"东园主章"为题，我说："先生只见到《汉书·百官公卿表》了！《霍光传》说：'霍光死后，朝廷赐予东园所制的葬器。'服虔解释说：'东园所制作的这种葬器，用一面镜子放在其中，镜子恰好悬在尸体上面。'颜师古说：'东园，官署的名称，隶属于少府寺。这个官署负责制作这种葬器。'《董贤传》说：'将东园的秘器赐给董贤。'注释转引《汉旧议》的说法说：东园秘器，就是棺材。这样的地方是什么好去处吗？"同僚听罢，吃了一惊，连忙道歉几句回去了。这样看来，用东字来做园的名称，是不行的。我有两个园子，恰好一东一西，因此把西面的园子称作西园，而把东面的园子称作东圃，主要是避开这个意思。

卷十

哀公问社

哀公问社[1]于宰我，宰我对曰："夏后以松，殷人以柏，周人以栗。"曰："使民战栗？"子闻之曰："成事不说，遂[2]事不谏，既往不咎。"古人立社，但各因其土地所宜木为之，初非求异而取义于彼也。哀公本不必致问，既闻用栗之言，遂起"使民战栗"之语。其意谓古者弗

用命戮于社，所以威民，然其实则非也。孔子责宰我不能因事献可替否，既非成事，尚为可说，又非遂事，尚为可谏，且非既往，何咎之云？或谓“使民战栗”一句，亦出于宰我，记之者欲与前言有别，故加“曰”字以起之，亦是一说。然战栗之对，使出于我，则导君于猛③，显为非宜。出于哀公，则便即时正救④，以杜其始。两者皆失之，无所逃于圣人之责也。哀公欲以越伐鲁而去三家，不克成，卒为所逐⑤，以至失邦，其源盖在于此。何休注《公羊传》云：“松，犹容也，想见其容貌而事之，主人正之意也。柏，犹迫也，亲而不远，主地正⑥之意也。栗犹战栗，谨敬貌，主天正⑦之意也。”然则战栗之说，亦有所本。《公羊》云：“虞(yú)主用桑⑧，练主用栗⑨。”则三代所奉社，其亦为松、柏、栗为神之主乎？非植此木也。程伊川之说有之。

宰予

宰予，字子我，亦称宰我，春秋末期鲁国人，孔子弟子，“孔门十哲”之一。他能言好辩，曾随孔子周游列国，游历期间常受孔子派遣，使于齐国、楚国。宰予思想活跃，好学深思，善于提问，甚至敢对孔子的学说提出质疑。

[注释]

①问社：询问作社主用的树木。
②遂：完成。
③猛：刚猛，严酷。
④正救：用劝谏的方法使之走向正道。
⑤卒为所逐：最后被逐。
⑥地正：地社。
⑦天正：天神。
⑧虞主用桑：国君死丧，做木主要用桑木。
⑨练主用栗：祭奠国君，做木主要用栗木。

［译文］

鲁哀公向宰我询问，作社主用什么木，宰我回答说："夏代用松木，商代用柏木，周代用栗木。"哀公又问："要使人民战栗吗？"孔子听到了这些话，责备说："已经做过的事就不用再解释了，已经完成的事就不便再直言规劝了，已经过去的事就不必再追究了。"古代人为祭土地之神而要为它做一个木主，只是各自根据当地比较常见的树木来制作，最初并不是有意区别并对木的名称有所寓意的。鲁哀公完全没有必要问，听说"用栗木"这样的说法，于是联想到"使人民战栗"这层意思。他的意思是说古时候虽然没有严命，但在社中还是有所象征的，这象征用来震慑百姓，但实际上完全不是这么回事。孔子责备宰我不能根据具体事情讲清楚可以怎样做或还可以怎样做，如果是还没有做的事，还可以再解释，还没有完成的事，还可以再劝谏，又不是已经过去的事，还有什么可追究的呢？还有人说"使民战栗"这一句也出自宰我之口，写书的人想让这句话和前边几句有所区别以示强调，所以又加一个"曰"字来提示，这也可备一说。然而"使民战栗"这句话，如果是出于宰我之口，那么就是引导国君趋向严酷，显然是不恰当的。如果是出于哀公之口，那还可以马上劝谏他，以此来杜绝他趋向严酷。总之两种说法都是不正确的，所以没法逃避圣人的责备。鲁哀公想借越人的力量攻打鲁国的仲孙、叔孙、季孙氏三大家族，没能成功，反而亡了国，它的根源恐怕就在于御下过于严酷了。何休注释《春秋公羊传》说："松，好比说容貌，想到了他的容貌并侍奉他，说的是人君之道。柏，好比说近迫，亲近而并不遥远，说的是地神之道。栗，好比说战栗，谨慎恭敬的样子，说的是天神之道。"看来"使民战栗"的说法也是有所依据的。《公羊传》说："国君死丧，做木主要用桑木；祭奠国君，做木主要用栗木。"看来夏商周三代所供奉的社主，可能真的用松、柏、栗作为神灵的木主吧？这里说的并不是在社周围种的树木。伊川程先生有过这样的说法。

绝句诗不贯穿

"夜凉吹笛千山月，路暗迷人百种花。棋罢不知人换世，酒阑无奈客思家。"此欧阳公绝妙之语。然以四句各一事，似不相贯穿，故名之曰《梦中作》。永嘉士人薛韶(sháo)喜论诗，尝立一说云："老杜近体律诗，精深妥帖，虽多至百韵，亦首尾相应，如常山之蛇[1]，无间断龃龉(jǔ yǔ)[2]处。而绝句乃或不然，五言如'迟日江山丽，春风花草香。泥融飞燕子，沙暖睡鸳鸯'，'急雨捎溪足，斜晖转树腰。隔巢黄鸟并，翻藻白鱼跳'，'江动月移石，溪虚云傍花。鸟栖知故道，帆过宿谁家'，

‘凿井交棕叶，开渠断竹根。扁舟轻袅(niǎo)缆，小径曲通村’，‘日出篱东水，云生舍北泥。竹高鸣翡翠，沙僻舞鹍(kūn)鸡’，‘钓艇收缗(mín)[3]尽，昏鸦接翅稀。月生初学扇，云细不成衣’，‘舍下笋穿壁，庭中藤刺檐。地晴丝冉冉，江白草纤纤’。七言如‘糁(sǎn)径杨花铺白毡，点溪荷叶叠青钱。笋根雉子无人见，沙上凫(fú)雏傍母眠’，‘两个黄鹂鸣翠柳，一行白鹭上青天。窗含西岭千秋雪，门泊东吴万里船’之类是也。”予因其说，以唐人万绝句考之，但有司空图[4]《杂题》云：“驿步[5]堤萦阁，军城鼓振桥。鸥和湖雁下，雪隔岭梅飘”，“舴艋(měng)猿偷上，蜻蜓燕竞飞。樵香烧桂子，苔湿挂莎衣”。

冷月秋水

司空图在《二十四诗品·绮丽》中说：“月照华屋，画桥碧阴。”虽只有短短八个字，意境立现。除对他人诗评外，司空图自己的绝句也写得清丽动人。

[注释]

①常山之蛇：传说中一种能首尾互相救应的蛇。

②间断龃龉：间断梗阻。

③缗：钓鱼用的绳子。

④司空图：字表圣，河中虞乡（今山西运城）人，晚唐诗人、评论家，其诗论《二十四诗品》，对后世影响深远。

⑤驿步：水驿的停船处。

[译文]

“夜凉吹笛千山月，路暗迷人百种花。棋罢不知人换世，酒阑无奈客思家。”这是欧阳修的一首绝妙小诗。此诗四句，每句各说一件事，好像没有一条主线贯穿其中，所以取个诗题叫作《梦中作》。温州士子薛韶喜好评论诗歌，曾创立一家说法说：“杜甫的近体律诗，意义深远，用词熨帖，即使多达一百韵，也能前后呼应，就像是常山巨蛇，中间绝没有间断梗阻的地方。而绝句就不一定如此了，五言绝句像‘迟日江山丽，春风花草香。泥融飞燕子，沙暖睡鸳鸯’，‘急雨捎溪足，斜晖转树腰。隔巢黄鸟并，翻藻白鱼跳’，‘江动月移石，溪虚云傍花。鸟栖知故道，帆过宿谁家’，‘凿井交棕叶，开渠断竹根。扁舟轻袅缆，小径曲通村’，‘日出篱东水，云生舍北泥。竹高鸣翡翠，沙僻舞鹍鸡’，‘钓艇收缗尽，昏鸦接翅稀。月生初学扇，云细不成衣’，‘舍下笋穿壁，庭中藤刺檐。地晴丝冉冉，江白草纤纤’。七言绝句像‘糁径杨花铺白毡，点溪荷叶叠青钱。笋根雉子无人见，沙上凫雏傍母眠’，‘两个黄鹂鸣翠柳，一行白鹭上青天。窗含西岭千秋雪，门泊东吴万里船’之类，都不相贯穿。”我根据他的说法，考察了一万余首唐人的绝句，只有司空图《杂题》说：“驿步堤萦阁，军城鼓振桥。鸥和湖雁下，雪隔岭梅飘”，“舴艋猿偷上，蜻蜓燕竞飞。樵香烧桂子，苔湿挂莎衣”两首如此。

卫宣公二子

卫宣公二子之事，《诗》与《左传》所书，始末甚详①。《乘舟》之诗，为伋(jí)、寿而作也。《左传》云：“宣公烝(zhēng)于庶母夷姜，生伋子。为之娶于齐而美②，公取之③，生寿及朔。宣姜与公子朔谮(zèn)④伋(jí)子。宣姜者，宣公所纳伋之妻，翻谮(zèn)其过⑤。公使诸齐，使盗⑥待诸莘，将杀之。寿子告之，使行，不可。寿子载其旌以先，盗杀之，遂兄弟并命。”案：宣公以鲁隐四年十二月立，至桓十二年十一月卒，凡十有九年。姑以即位之始，便成烝乱，而伋(jí)子即以次年生，势须⑦十五岁然后娶。既娶而夺之，又生寿、朔，朔已能同母谮(zèn)兄，寿又能代为使者以越境，非十岁以下儿所能办也。然则十九年之间，如何消破⑧？此最为难晓也。

［注释］

①始末甚详：来龙去脉都非常详细。

②为之娶于齐而美：为他在齐国娶了一位妻子，非常美丽。

③公取之：宣公霸占了她。

④谮：进谗言诋毁。

⑤翻谮其过：她又反过来谗害她的前夫。谮，谗害。过，以前，这里代指前夫。

⑥盗：武士。

⑦势须：势必。

⑧消破：安排。

［译文］

卫宣公两个儿子的事迹，《诗经》和《左传》所记载的来龙去脉非常详细。《诗经·二子乘舟》，就是为伋子、寿子而作的。《左传》说：“卫宣公和他的庶母夷姜私通，生下了伋子。后来给伋子从齐国娶了一位妻子，十分秀丽，宣公又霸占了去，生下了寿子和朔子。宣姜和公子朔一同谗毁公子伋。宣姜就是卫宣公霸占的伋子的妻子，此人反过来又谗害她的前夫。宣公命伋子到齐国出使，另派了一些武士在莘地埋伏，准备杀掉伋子。寿子把这个消息告了伋子，让他快快逃走，伋子不肯。寿子打着伋子的旌旗先行赴齐，武士们杀死了寿子，后来兄弟二人都被杀死。”按：卫宣公于鲁隐公四年（前 719）十二月立为卫国国君，到鲁桓公十二年（前 700）十一月死去，总共十九年。姑且算他即位当年便与他庶母私通，那么伋子必然在第二年才生下，按常理必得到十五岁才能娶妻。就算伋子刚娶妻便被宣公夺去，又生下寿子和公子朔，公子朔已经能与他母亲一起谗害兄长，而公子寿又能代替伋子为使者出国越境，这肯定不是十岁以下的小孩子所能做到的事。这样分析，那么这些事发生在十九年之内，怎么安排呢？这一点实在难以理解。

谓端为匹

今人谓缣(jiān)帛一匹为壹端，或总言[1]端匹。案《左传》“币锦二两”注云：“二丈为一端，二端为一两，所谓匹也。二两，二匹也。”然则以端为匹非矣。《湘山野录》载夏英公镇襄阳，遇大礼赦恩，赐致仕官束帛，以绢十匹与胡旦，旦笑曰：“奉还五匹，请检《韩诗外传》及诸儒韩康伯等所解‘束帛戋戋(jiān)’之义，自可见证。”英公检[2]之，果见三代束帛、束脩之制。若束帛则卷其帛为二端，五匹遂见十端，正合此说也。然《周易正义》及王弼注、《韩诗外传》皆无其语。文莹多妄诞[3]，不足取信。按《春秋公羊传》“乘马束帛”注云：“束帛谓玄三纁(xūn)二，玄三法天，纁二法地。”若文莹以此为证，犹之可也。

[注释]

①总言：合称。

②检：仔细查看。

③妄诞：任意，荒诞。

[译文]

当今人们把一匹丝帛叫作一端，或者合称为一端匹。按：《左传》“币锦二两”句注释说：“两丈叫作一端，两端为一两，就是通常所说的匹。二两，指两匹。”这样看来，把一端叫作一匹显然不正确。《湘山野录》记载英公夏竦镇守襄阳，遇到朝廷大礼加恩，赐给已经致仕的官吏们束帛，把十匹丝绢赐给胡旦，胡旦笑着说：“我退还五匹，请你查检一下《韩诗外传》这本书以及儒士韩康伯等人对‘束帛戋戋’这句话的解释，就自会明白了。”夏竦查检了这些资料，果然明白了三代时束帛、束脩的制度。像束帛，指把丝帛卷起来便有两端，五匹就有十端，正和上面说的相合。然而今传的《周易正义》和王弼的注解、《韩诗外传》都没有见到这种记载。文莹这个人讲的话十分随便，不足为信。按:《春秋公羊传》“乘马束帛”这句话的注释说：“束帛指的是黑三黄二，黑色三象征天，黄色二象征地。”如果文莹用这句话来证明束帛为五匹，那还是很有说服力的。

图书在版编目(CIP)数据

图解容斋随笔 / 洪迈著,崇贤书院释译. —合肥:黄山书社,2015.11

(经典传家系列丛书)

ISBN 978-7-5461-5330-8

Ⅰ.①图… Ⅱ.①洪… ②崇… Ⅲ.①笔记-中国-南宋-选集 ②《容斋随笔》-通俗读物 Ⅳ.①Z429.442-49

中国版本图书馆 CIP 数据核字(2015)第 286508 号

出品人　任耕耘
总策划　任耕耘　李　克
选题策划　汤吟菲　白剑峰
项目统筹　刘　春
责任编辑　程　景
装帧设计　未　氓
责任印制　戚　帅
出版发行　时代出版传媒股份有限公司(http://www.press-mart.com)
　　　　　黄山书社(http://www.hspress.cn)
地址邮编　合肥市政务文化新区翡翠路 1118 号出版传媒广场 7 层　230071
印　　刷　安徽新华印刷股份有限公司
版　　次　2016 年 3 月第 1 版
印　　次　2016 年 3 月第 1 次印刷
开　　本　700mm×1000mm　1/16
字　　数　450 千
印　　张　28.75
书　　号　ISBN 978-7-5461-5330-8
定　　价　29.80 元

服务热线　0551-63533706

销售热线　0551-63533761

官方直营书店(http://hsssbook.taobao.com)